區域人口學研究

——以中國區域治理為例

王學義、曾永明、周炎炎、王晟哲 著

區域人口學是人口學研究的新方向和人口學的分支學科，
儘管他在學科理論建設上目前還不夠成熟，但不管是從世界範圍來講，
還是從中國來講，都仍然有其形成和發展的現實基礎和理論支持。

實現區域人口可持續發展或區域人口均衡發展，
是中國現實經濟社會發展的必然要求。
區域人口發展的實踐離不開人口理論的指導，
並且區域人口發展的實踐也為區域人口學提供了有效的實驗平台。
追求實現區域人口與經濟社會、資源環境協調發展的戰略目標，
不僅能夠催生區域人口學形成，
而且還必將促進區域人口學在理論上趨於成熟和完美、在實踐上有所建樹。

目 錄

第一章　引論 / 1

　第一節　區域人口學的形成和發展 / 1

　　一、區域人口學形成的現實基礎 / 1

　　二、區域人口學在國內外的應用研究 / 3

　第二節　區域人口學的內容框架和研究方法 / 6

　　一、區域人口學的概念、基本範疇、主要內容 / 6

　　二、區域人口學的研究方法 / 8

　第三節　區域人口學的理論基礎 / 9

　　一、現代西方經典人口理論 / 9

　　二、區域可持續發展理論 / 11

　　三、區域人口學相關學科理論 / 16

　第四節　中國行政區劃和基本人口狀況 / 18

　　一、行政區劃 / 18

　　二、區域基本人口狀況 / 19

第二章　區域 PRED 系統與協調性 / 23

　第一節　區域 PRED 系統相關關係 / 23

一、PRED 系統的基本描述 / 23

　　二、區域 PRED 系統與區域人口均衡發展 / 24

　　三、區域 PRED 系統與區域可持續發展 / 25

第二節　省級區域 PRED 系統協調性評估 / 26

　　一、區域 PRED 系統協調性評估理論方法 / 26

　　二、協調性評估實證 / 30

第三節　市級區域 PRED 系統協調性評估 / 41

　　一、核心評價指標選取及賦權 / 41

　　二、PRED 系統協調性評價 / 43

第三章　區域人口轉變與經濟社會影響 / 48

第一節　人口轉變理論與區域人口轉變研究的問題 / 48

　　一、人口轉變論及對人口轉變后果的研究 / 48

　　二、區域人口轉變研究應注意的幾個問題 / 52

第二節　區域人口政策調整與人口轉變 / 54

　　一、研究區域、數據來源及抽樣調查總和生育率 / 54

　　二、基於總和生育率的生育政策調整方案 / 56

　　三、生育政策完善下戶籍人口變動趨勢 / 67

　　四、生育政策完善下人口年齡結構變動趨勢 / 75

第三節　區域人口轉變及其經濟社會影響分析 / 84

　　一、研究區域與說明 / 84

　　二、人口再生產類型轉變形勢與特點 / 84

　　三、人口素質轉變形勢與特點 / 86

　　四、人口結構轉變形勢與特點 / 90

　　五、人口轉變的經濟社會影響分析 / 94

第四章　區域人口現代化與經濟社會發展 / 96

第一節　人口現代化與經濟社會發展的系統分析 / 96
一、系統含義及系統構成 / 96
二、系統的可協調性、可持續性 / 99

第二節　人口現代化與經濟社會可持續發展評價指標 / 100
一、指標體系構建的意義、原則及思路 / 100
二、指標體系的構建 / 101

第三節　國家人口現代化與經濟社會發展互動支撐能力評估 / 104
一、人口現代化系統與經濟社會發展系統綜合值 / 104
二、國家人口現代化與經濟社會發展的互動支撐能力評估 / 108

第四節　區域人口現代化與經濟社會發展互動支撐能力評估 / 112
一、東、中、西部地區的互動支撐能力評估 / 112
二、省級區域的互動支撐能力評估 / 114

第五節　人口現代化與經濟社會統籌發展路徑 / 120
一、制定和完善統籌發展戰略規劃 / 120
二、建立統籌發展的動力機制 / 120
三、持續強化主體功能區和人口功能區建設 / 121
四、建立和完善統籌發展的創新支撐體系 / 122

第五章　區域人口分佈與人口發展功能區 / 124

第一節　人口分佈、人口發展功能區的基本理論 / 124
一、人口分佈理論 / 124
二、人口發展功能區理論 / 125

第二節　區域人口分佈的空間實證分析 / 127

一、研究區域及相關文獻梳理 / 127

　　　二、人口分佈的空間自相關分析 / 128

　　　三、人口分佈與地形因子的空間計量學分析 / 132

　　　四、研究結論 / 137

　第三節　區域流動人口分佈以及城鄉人口分佈與城鎮化發展 / 139

　　　一、中國各省流動人口分佈分析 / 139

　　　二、中國各省城鄉人口分佈與城鎮化發展 / 141

　第四節　區域人口集聚分佈與人口社會管理風險 / 147

　　　一、研究區域與說明 / 147

　　　二、人口集聚分佈趨勢與人口社會管理風險 / 148

　　　三、人口集聚的人口社會風險預警 / 153

　　　四、政策建議 / 158

　第五節　區域人口發展功能區實證分析 / 160

　　　一、研究區域選擇與概況 / 160

　　　二、人口功能區評價的基礎依據和指標體系 / 160

　　　三、基於因子分析的人口功能區研究 / 163

　　　四、因子分析劃分地方人口發展功能區的適應性 / 173

第六章　區域和城市系統經濟人口承載力與影響因素研究 / 175

　第一節　引論 / 175

　　　一、研究背景及意義 / 175

　　　二、研究內容框架 / 177

　　　三、概念界定與研究對象 / 178

　第二節　中國區域經濟人口承載力估計與預測 / 183

　　　一、中國省域人口與經濟發展現狀 / 183

二、中國四大區域經濟人口承載力 / 188

第三節　中國城市經濟人口承載力估計與影響機制研究
　　　　——以省會為例 / 199

一、中國人口城鎮化的背景 / 199

二、省會城市人口與經濟現狀 / 202

三、經濟人口承載力影響因素分析 / 204

第七章　區域人口競爭力與提升策略 / 215

第一節　人口競爭力的基本理論 / 215

一、基本概念闡釋 / 215

二、主要評價標準、指標和體系 / 216

第二節　區域人口競爭力的實證分析 / 217

一、區域人口競爭力評價方法 / 218

二、區域人口競爭力評價指標 / 219

三、區域人口競爭力評價結果及水平聚類 / 221

第三節　區域城市人口競爭力：基於「北改」案例 / 226

一、研究區域選擇與概況 / 226

二、研究區域的人口競爭力分析 / 228

三、基於「北改」實證的區域人口競爭力提升策略 / 239

第八章　區域人口發展規劃與執行評估 / 242

第一節　區域人口發展規劃 / 242

一、區域人口發展規劃的基本描述 / 242

二、區域人口發展規劃示例 / 244

第二節　區域人口發展規劃執行評估 / 260

一、區域人口發展規劃執行評估的基本描述 / 260

　　　二、區域人口發展規劃執行評估報告 / 262

第九章　區域人口發展監測指標與模型方法 / 267

第一節　人口發展監測相關研究 / 267

　　　一、研究背景、目的及意義 / 267

　　　二、人口發展監測相關研究狀況 / 268

第二節　區域人口發展監測模型方法 / 270

　　　一、國內外人口發展監測指標體系及其構建方法 / 270

　　　二、區域人口發展監測指標體系構建 / 279

第三節　區域人口發展監測指標、模型應用 / 283

　　　一、研究區域、評價要素及指標的賦權處理 / 283

　　　二、數據及方法 / 285

　　　三、人口發展內部要素及其與外部因素的相關性分析 / 287

第十章　區域人口發展的經驗模式 / 296

第一節　天津濱海新區模式：人口均衡發展 / 296

　　　一、人口均衡發展的基本概念 / 296

　　　二、濱海新區人口均衡發展模式 / 297

第二節　成都模式：城鄉人口統籌發展 / 301

　　　一、城鄉人口統籌發展的基本概念 / 301

　　　二、成都城鄉人口統籌發展的模式 / 302

第三節　長三角、珠三角模式：區域人口協作發展 / 307

　　　一、區域人口協作發展的基本概念 / 307

　　　二、長三角、珠三角區域人口協作發展的模式 / 308

參考文獻／ 314

附　錄／ 318
　　附錄1　預測模型及參數設置／ 318
　　附錄2　區域人口集聚風險評價模型方法／ 324

后　記／ 326

第一章 引論

第一節 區域人口學的形成和發展

一、區域人口學形成的現實基礎

區域人口學是人口學研究的新方向和人口學的分支學科，儘管它在學科理論建設上目前還不夠成熟，但不管是從世界範圍來講，還是從中國來講，都仍然有其形成和發展的現實基礎和理論支持。

這些年來，世界人口發展極不平衡，矛盾突出，除南極洲無定居居民以外，亞洲（約占世界總人口的 60%）、歐洲（約占世界總人口的 13.4%）、南美洲（約占世界總人口的 5.6%）、北美洲（約占世界總人口的 8.1%）、非洲（約占世界總人口的 12.3%）、大洋洲（約占世界總人口的 0.5%）這六大洲，其人口增長、人口素質、人口結構、人口分佈、人口生活水平等都存在巨大的區域差異。聯合國《世界人口展望：2012 年修訂版》報告預測，世界人口將從目前約 72 億上升到 2025 年的 81 億、2050 年的 96 億，而新增人口將主要來自發展中國家，尤其是非洲國家。一個殘酷的現實是，發達國家的人口增長極為緩慢或已經停止增長，而發展中國家的人口增長卻依然很快，並且越貧困的國家，其人口增長速度越快。2011 年，亞洲的人口增長率高達 57%，非洲為 26%，南美洲為 9%，而真正富裕的歐洲只有 5%，北美洲為 3%，大洋洲才 1%。[1] 人口分佈情況也極為相似，生活在發達國家的人口不足世界人口的 20%，而超過 80%的人口卻生活在發展中國家，他們在接受教育、醫療衛生、健康和生活水平等方面的狀況總體上都遠不及發達國家，人口素質、生活質量

---

[1] 央視新聞 1+1 專題. 世界第 70 億人口降生引反思　發展不平衡成關鍵 [EB/OL]. http://www.sina.com.cn. 2011-11-01, 00:31.

等受到嚴重影響。聯合國開發計劃署《2014年人類發展》根據多維貧困指數所計算的數據顯示，在91個發展中國家中，目前還有近15億人口被貧困困擾，正在遭受健康、教育和生活水平方面的多重剝奪（全球有近8億人仍可能因為種種因素面臨新的貧困風險）。全球約有80%的人口缺乏全面的社會保障，8.42億人口正遭受長期饑餓，超過15億員工為非正規就業或非固定就業。國際勞工組織《2014年全球就業趨勢報告》顯示，全球就業依然增長乏力，失業人口在未來幾年將繼續增加。2013年，全球近2.02億人沒有工作，比上一年增加了近500萬人，並且將繼續處於上升狀態。到2018年，預計失業人口將超過2.15億。同時，發達國家因為很多國家進入超低生育水平時期，少子化和老齡化趨勢加劇，歐洲成為世界人口老齡化最嚴重的區域，預計到2050年，歐洲老齡人口占總人口的比例將達30%。歐洲勞動年齡人口老化，使得生產率降低、養老和醫療負擔加重、經濟發展緩慢。

由此可見，世界人口在區域上的不均衡增長以及人口素質、結構、分佈等差異，正在給全球經濟社會發展帶來深刻影響。從全球區域來講，正是因為世界人口狀況和未來發展態勢具有顯著的全球區域差異性特徵，區域人口學才有它存在的理由和價值。研究全球區域人口發展現狀和問題，比較全球區域人口發展水平，研判未來全球區域人口發展態勢等，正是廣義區域人口學的重要任務之一。

就中國而言，在其現實性上區域人口學的形成和發展更有它的厚實基礎。改革開放以來，中國國民經濟和社會發展取得令人驚嘆的成就，第二大經濟體的經濟社會地位日趨提高，但人口多、底子薄、未富先老、地區差異大、城鄉差異大等，仍然是中國現在和未來很長時期的基本國情。中國國土面積遼闊，23個省、5個自治區、4個（直轄）市、2個特別行政區、8大地理區（華北地區、東北地區、華東地區、華中地區、華南地區、西南地區、西北地區和港澳臺地區），四大經濟區（東北地區、東部地區、中部地區和西部地區），總人口2013年年末為136,072萬人（未含港澳臺地區）。人口發展的重要特徵之一是區域人口發展極不平衡，區域人口發展的經濟社會、資源環境條件差異很大。這主要體現為：

（1）人口分佈不均衡。第六次人口普查的主要數據顯示，東部地區人口占31個省（區、市）（未含港澳臺地區）常住人口的37.98%，中部地區占26.76%，西部地區占27.04%，東北地區占8.22%。

（2）貧困人口數量大，主要集中於西部地區和目前民族地區。國家統計局貧困監測數據顯示，2001—2009年，西部地區貧困人口比例從61%增加到

66%，民族地區 8 省區（內蒙古、寧夏、新疆、西藏、廣西、貴州、雲南和青海）從 34% 增加到 40.4%，貴州、雲南、甘肅從 29% 增加到 41%。

（3）人口城鎮化進程和水平區域差異大，東、中部地區總體上快於、高於西部地區。2013 年，中國流動人口為 2.45 億人，未來的分佈將逐步形成以東部沿海連綿城市帶為重心、以內陸城市群為中軸、以西部中心城市為集聚點的流動人口分佈格局。區域人口城鎮化和流動人口都會對人口經濟社會發展產生巨大影響。

（4）中國人口老齡化問題突出。截至 2013 年年底，全國老年人口為 2.02 億人，老年人口占總人口的比重為 14.9%，而經濟社會發展大大低於東部地區的西部四川省 60 歲以上人口就約為 1,653.3 萬人，占總人口的比重達 18.1% 之高。老齡化進程和水平，養老產業、養老保險和養老政策、養老經濟社會條件等，都存在區域差異。

（5）就城鄉人口而言，東、中、西部人口的生存、發展條件差異大。體現在 GDP、收入、教育、醫療衛生資源和服務、社會保障等方面的差異明顯。例如，西北 5 省的人均 GDP 只相當於京津冀地區的 50%、珠三角的 20%。

（6）區域經濟的發展，區域工業化、城鎮化的推進，既給區域人口發展帶來物質條件和保障，但同時也會帶來資源耗費、環境污染等諸多問題。

實現區域人口可持續發展或區域人口均衡發展，是中國現時經濟社會發展的必然要求。區域人口發展的實踐離不開人口理論的指導，並且區域人口發展的實踐也為區域人口學提供了有效的實驗平臺。追求實現區域人口與經濟社會、資源環境協調發展的戰略目標，不僅能夠催生區域人口學的形成，而且還必將促進區域人口學在理論上趨於成熟和完善、在實踐上有所建樹。

二、區域人口學在國內外的應用研究

國外在一定意義上的區域人口學研究，始於 20 世紀 50 年代西方地理學將研究對象集中在地理現象空間分佈和區域差異上的區域科學的發展，其促進了區域人口理論的形成和發展，形成了不少運用區域或空間技術研究人口問題的學術成果，出版了《空間人口分析》（REES, Wilson, 1977），甚至以區域人口學命名的代表性著作《區域人口學的進展》（Advances in Regional Demography）、Spatial Population Analysis（P. Congdn, P. Batev, 1977）。后來，蘇聯學者在《人口學體系》一書中提出過「地方人口學」概念（瓦連捷伊），將之看作人口學的分支學科，內涵上類似於區域人口學。國際上以「區域人口學」命名的著述很少發現，但體現區域人口學內涵的著述還是很多，主要反應在人

口地理學研究以及區域人口分佈與移民、區域人口城鎮化、區域生育率變動、區域人口貧困、區域人口政策等方面。

在中國，學科分類與代碼國家標準 GB/T 13745-92 和 GB/T 13745-2009 都明確將區域人口學劃分為人口學的分支學科。但區域人口學學科建設，還非常薄弱，甚至還未起步。國內學者最接近區域人口學內涵的專著，是原國家人口計生委、現國家衛計委副主任王國強所著《中國區域人口與發展研究》①。該書通過對國內外區域人口與發展理論、方法及實踐模式的科學總結，對中國不同區域人口與經濟社會、資源環境的相互關係及其變動趨勢的認識和把握，從區域的層面、人口與發展的視角，提出中長期區域人口發展戰略思路和人口政策建議。從學術論文看，直接探討區域人口學學科的論文只有 1 篇，重點涉及區域人口學的研究內容、區域人口學類型、區域人口學與其他學科的關係（王孝俊，2009）。除此而外，更多的是區域人口學在中國區域人口議題下的應用研究。文獻梳理起來，主要是以下幾大類：

第一類：應用理論與政策研究。①研究區域人口戰略，圍繞目前區域人口發展態勢、問題和挑戰、區域人口發展的方向和目標、實現預期區域人口發展目標的總體思路、戰略重點、推進階段主要措施，以及對擬訂的區域人口發展戰略方案進行論證和完善等展開（楊緒斌，2004）。②研究區域人口安全與可持續發展，認為區域的可持續發展建立在社會、經濟、資源、環境對人口安全系統的支撐之上。因此，關鍵點在於要保持人口與經濟社會協調發展，並維持資源環境對人口發展的持續支撐。基於此，需要建立以人口子系統為中心的社會經濟子系統、資源環境子系統和科技制度子系統三位一體的人口安全和可持續發展的理論體系框架，並對區域人口安全各系統狀態進行因子分析，從制度、文化和社會保障等方面提出了人口安全與可持續發展的相應對策（陳頤，2010）。③研究人口規模、素質、結構在區域可持續發展中的作用與地位（童玉芬，1999）。④研究區域人口均衡發展與主體功能區建設，提出只有確保人口數量適度、人口結構合理、人口素質優良、人口空間分佈優化，才能真正做到科學合理地規劃、建設好主體功能區。同時，主體功能區的科學規劃、建設也是促進區域人口均衡發展的重要條件（張耀軍，陳偉，張穎，2010）。⑤研究區域人口城鎮化，認為全國人口城鎮化是由各個區域的城鎮化來實現的。但受到多種因素的影響，區域之間不平衡的發展極使人口城鎮化的過程在區域和區域之間差別較大，各個區域的城鎮化發展都會有自己的特色和面臨的不同問

---

① 王國強. 中國區域人口與發展研究 [M]. 吉林：長春出版社，2009.

題（黃榮清，2014）。⑥研究區域人口素質對經濟增長的影響，認為人口素質對經濟增長具有影響顯著，人口素質在東、中、西部和東北地區的差異及其對經濟增長的貢獻差異都較大，需要宏觀政策和區域政策進行調控（周明，劉豔軍，朱忠杰，2013）。這些研究，可為區域人口學提供理論支持。

第二類：模型方法研究。①研究人口、資源、環境和發展系統（PRED）協調性評估模型方法。協調發展是一個內涵明確而外延不明確的模糊概念，因此許多學者運用模糊數學進行評估，描述論域中某一元素 X 隸屬於模糊集 A 程度的是隸屬度指標，它是一個閉區間上的實數，稱之為協調系數（徐建華，2002）。另外還有學者從其他角度進行分析（庫向陽，李同升，2000；劉小林，2007；李華，申穩穩，俞書偉，2008；馮玉廣，王華東，1997）。②研究區域人口競爭力評價模型方法。在明確人口競爭力概念基礎上，運用層次分析法（AHP），從人口數量、人口質量、人口結構、人口分佈與遷移以及人口與生態環境的關係五大要素著手構建評價指標體系，對區域人口競爭力實施評價（陳明立，譚遠發，2007）。③研究區域人口承載力模型方法。在構建區域人口承載能力系統框架的基礎上，利用主成分分析法建立區域綜合評價模型，對區域在不同發展階段以及與不同標準相對應的各項資源經濟要素所能提供的人口承載能力進行測算（彭希哲，郭秀雲，2005）。④研究區域適度人口規模。認為在人口、資源、環境、經濟、社會五大系統協調良性發展條件下，人口數量即可視為適度人口規模。因此，可採用 P-E-R 模型對區域適度人口規模進行研究。P-E-R 模型旨在通過計算經濟、資源人口容量求得各地區的人口經濟、資源壓力系數，用以評價區域人口與經濟、資源的協調程度（曾祥旭，2010）。⑤研究區域人口風險測度與評估方法。基於「壓力—狀態—回應」模型原理來建立區域人口風險評價與監測指標體系，構造人口風險函數，提出人口風險評估的模型方法和基本流程（郭秀雲，2008）。學者研究建立 GPCA 模型和使用 ESDA 方法中國評價區域人口安全發展態勢及其空間集聚效應（丁剛，胡聯升，2010）。另外一些學者則利用數據包絡分析模型對區域間人口紅利差異進行分解，利用 Tobit 模型對其技術效率和規模效率進行解釋（王婷，呂昭河，2012）。⑥研究區域人口發展決策支持系統，利用計算機相關技術設計人口預測決策支持系統的總體框架，方法是將人口預測的各項內容分類組織加以分析論述並提出參考對策，再對某一地區人口歷史數據進行模擬預測分析，闡述區域人口分析決策過程（那日薩，林琳，2005）。諸如此類研究，都為區域人口學提供了模型方法基礎。

第三類：案例與比較研究。主要通過定量與定性相結合的方法，對區域人

口發展進行比較研究。例如，李新運、史紀慧（2012）對青島市人口與經濟發展互動關係進行了研究。石貝貝、王金營（2014）研究了人口發展變化對中國31個省、市、自治區（未含港澳臺地區）的消費影響。於瀟、李袁園、雷峻一（2013）利用「五普」和「六普」數據比較分析了中國省際人口遷移及其對區域經濟發展的影響。紀韶、朱志勝（2014）對中國城市群人口流動與區域經濟發展平衡性進行了研究。王可（2011）研究了中國區域人口的均衡分佈問題。周明、劉豔軍、朱忠杰（2013）開展了中國區域人口素質變遷與經濟增長研究。楊慶芳、張航空、武玉（2014）開展了中國東中西部人口城市化水平差異區域模式比較研究。董靖巍、胡瓏瑛（2011）通過哈爾濱案例實證分析了中國人口發展功能區域規劃的相關問題。孫鐵山、李國平、盧明華（2009）對京津冀都市圈人口集聚與擴散及其影響因素進行了研究。黃嘖琳（2013）研究了影響長三角區域經濟增長的文化、城鄉、產業、失業、職業和性別等方面的人口結構變化演變特徵及其對經濟增長的作用機理。由於具體的研究文獻還很多，在此不予贅述。

第二節　區域人口學的內容框架和研究方法

一、區域人口學的概念、基本範疇、主要內容

在國外，目前對包括區域人口學概念在內的研究文獻嚴重不足。在國內，區域人口學當前還是一門隸屬於人口學的新興邊緣分支科學，對它的研究和認識仍然非常有限，對它的定義我們還需要從人口學的定義入手來加以闡釋和引申。西南財經大學吳忠觀教授（2005）在《人口學（修訂本）》中指出，人口學是「研究人口發展，人口與社會、經濟、生態環境等相互關係的規律性和數量關係及其應用的科學總稱」。同時，將人口學劃分為人口理論、人口統計學以及人口應用學科（或分支學科）三大部分，把人口學視為由理論、方法和應用學科組成的統一整體。由此，本研究可以就此將區域與人口學定義結合起來，引申出區域人口學的概念。關於區域的概念，從區域是客觀的還是主觀的討論（John Glasson，1979），到同質區域—極化區域或節點、功能區域—規劃區域的類型劃分（Gore Charles，1984）被中國學者普遍接受，區域概念被進一步簡化為經濟活動相對獨立、內部聯繫相對緊密並具有特定功能的地區空間（王國強，2009）。由此可以做出區域人口學的描述性定義：區域人口學就是研究經濟活動相對獨立、內部聯繫相對緊密並具有特定功能的地區空間的

人口發展，以及地區空間人口與社會、經濟、生態環境等相互關係的規律性和數量關係及其應用的科學總稱。進而，我們可以根據人口學由理論、方法和應用學科構成的內容特點，將區域人口學劃分為區域人口理論、區域人口統計學以及區域應用人口學。在此基礎上，本研究可以進一步明確如下四方面：

其一，區域人口學的研究對象。它以區域人口發展，區域人口與社會、經濟、生態環境等相互關係的規律性和數量關係及其應用為研究對象。即區域人口學是從區域層面解釋人口與發展的關係及其變動規律；從人口發展層面揭示區域經濟社會發展的特點和趨勢；從戰略高度勾畫統籌區域協調發展的思路和對策。區域人口學通過對特定區域人口過程的研究，以總結區域人口特殊規律，提供區域人口決策參考，促進區域人口與經濟社會、資源環境協調發展，以及發揮理論與實踐的互動效應為任務和目的。

其二，區域人口學的研究範圍。就時間範圍而言，區域人口學可以研究一定區域的現階段人口狀況、各歷史時期的人口狀況以及預測研判未來區域人口前景或人口形勢。就空間範圍而言，廣義區域人口學可以研究全球區域人口；狹義的區域人口學則僅研究一個國家內部的區域人口，包括各行政區域、經濟區域、地理區域、城市社區、農村社區或民族區域等的人口。

其三，區域人口學的研究類型。本研究分為三類：①區域人口理論。它是關於區域人口發展的基本觀點、學說，是人們對區域人口發展一般過程的系統化、理論化的認識。區域人口理論對於研究、發現、解決區域人口問題具有重要的方法論意義和實踐價值。②區域人口統計學。它主要通過數據、資料、指標、模型、技術分析等的科學應用，來刻畫區域人口發展、區域人口過程的數量表現，以揭示區域人口現象的本質、規律和發展趨勢。③區域應用人口學。它包括研究區域人口與其他現象之間相互關係的所有分支學科。這些學科都是邊緣性學科，例如區域人口經濟學、區域人口社會學、區域質量人口學、區域人口生態學、區域人口政策學、區域人口規劃學、區域人口史等。在三種研究類型中，區域人口理論是區域人口統計學、區域應用人口學的理論基礎，同時具有方法論指導意義，規避純數據、純模型分析風險。

其四，區域人口學的研究內容。區域人口學的研究內容，是與區域人口學學科定位和學科類型一致的。通過區域人口理論、區域人口統計學、區域應用人口學等的介入，重點研究區域人口內部系統及其協調性、區域人口與外部系統及其協調性以及內外部系統的協調性，區域人口發展的動力機制和制約因素，區域人口發展的特徵和規律，核心範疇是區域人口數量、區域人口素質、區域人口結構、區域人口分佈與遷徙流動、區域人口城鎮化與人口市民化、區

域人口管理、區域人口政策、區域人口規劃、區域人口決策信息系統，以及區域人口安全、區域人口風險、區域貧困人口、區域就業與失業、區域人口均衡、區域可持續發展等。

總體而言，本研究為狹義區域人口學，以中國區域為研究區域來研究人口發展。框架設計理念和基本思路是：依據區域人口學的概念界定、研究對象、研究範圍、研究內容、研究方法以及相關基礎理論來設計本研究的內容框架。第一章著重介紹區域人口學的基本原理；第二章主要通過PRED系統協調性來闡述人口與經濟社會、資源環境的基本關係，確立區域人口學研究的理論內涵；第三章至第十章主要通過區域人口轉變與經濟社會影響、區域人口現代化與經濟社會發展、區域人口分佈與主體功能區、區域和城市系統經濟人口承載力與影響因素研究、區域人口競爭力與協調機制、區域人口發展規劃與執行評估、區域人口監測指標與模型方法、區域人口發展的經驗模式，來反應區域人口學的實際應用、重點研究領域及其應價值、研究方法，確立區域人口學的實踐範式和理論塑造方向。總體上講，本研究力圖構建區域人口學的理論分析框架、研究的理論功能和實踐價值。

二、區域人口學的研究方法

在方法論上，要遵循理論與實際相結合、實證主義與人文主義相結合以及多學科介入的原則，強化區域人口理論的指導作用。在具體方法上，運用區域人口統計學方法，開展調查研究、實驗研究、實地研究和文獻研究，對收集的區域人口統計資料進行系統加工和整理，數據採集具有準確性、及時性和完整性，指標設計、模型方法講求科學性和適用性。研究要深入相關要素層次和關係層次，力求揭示區域人口靜態和動態規律性。目前，在區域人口研究中，區域可持續發展理論與區域PRED系統模型被學者廣泛運用，成為定量研究和定性研究有機結合的研究方法範例。這裡需要特別強調幾點：

一是要有區域針對性地開發評價指標和模型，增強評價客觀性和有效性。例如，開發寇爾—德曼區域模型生命表（1966）——根據世界各大洲192張實際生命表呈現出的死亡率曲線形狀，劃分成有明顯不同特徵的東、北、南、西四種死亡率類型；聯合國發展中國家模型生命表（1982）——根據72張質量較高的發展中國家的實際生命表編製而成，通過聚類分析方法歸納出四種死亡模式類型，即拉美模式、智利模式、南亞模式、遠東模式，以及將它們平均作為綜合模式。這都富有區域針對性和區域應用性。

二是人口集聚的空間分析方法要受到足夠重視。主要通過人口空間密度

CLAIK 負指數關係模型刻畫、分析一定區域人口集聚的空間密度；以 ROXYR 指數方法演示、分析一定區域人口集聚的空間路徑；以全局自相關係數（Moran's I）模型、局域空間自相關 LISA 模型刻畫、分析一定區域人口與經濟空間的關係；以人口多目標自迴歸模型預測模型、Logistic 迴歸模型預測一定區域人口集聚容量；以人口集聚協調度指數模型，通過建立人口集聚協調度評價指標體系綜合評價一定區域人口集聚質量，利用 GIS 技術手段進行人口集聚空間格局分析等。

三是區域人口學需要特別運用綜合比較研究方法，使對區域人口的研究在比較中實現認識的深化和結論的清晰化。

第三節　區域人口學的理論基礎

一、現代西方經典人口理論

現代西方經典人口理論，是開展區域人口學研究的重要基礎理論之一。有影響、有代表性的西方經典人口理論主要是以下幾種[①]：

（1）人口增長控制的相關理論。該理論主要包括：①人口增長與土地負載能力有限論。以皮爾遜（F. A. Pearson）和哈珀（F. A. Harper）的《世界的饑餓》，W. 福格特（W. Vogt）的《生存之路》為主要體現，核心是從人口增長對食物和土地資源的「壓力」來論述人口增長控制的必要性。②人口爆炸與自然資源枯竭論、生態環境惡化論。主要反應在埃利奇夫婦（P. R. Ehrlich and A. H. Ehrlich）的《人口、資源、環境》和《人口爆炸》著述中，核心是從自然資源與生態環境的角度論證人口控制的必要性，其基於生態惡化論的「I＝PAT」公式模型被許多西方學者所接受。③人口增長與經濟增長極限論。梅多斯（D. L. Meadows）的《增長的極限》以地球有限論為理論基礎，以人口（人口增長）、糧食生產供應，資本投資（工業化，包括相應的工業產出）、資源消耗（特別是非再生性資源消耗）和環境五大參數作為子系統，構建起世界動態模型或「世界末日」模型。

（2）人口經濟學視野的生育率理論。該理論主要包括：①邊際孩子合理性選擇理論。H. 萊賓斯坦（H. Leibenstein）通過家庭規模的成本—效應分析來考察家庭生育決策，建立了生育率變動的微觀人口經濟模型，從一個全新的

---

① 王學義. 人口現代化研究［M］. 北京：中國人口出版社，2006.

角度考察了家庭生育率問題，特別是將成本和效用作為決定生育意願影響因素的分析，奠定了生育意願的定量化研究基礎。其思想觀點主要體現於他的《經濟—人口發展理論》《經濟決策理論和生育行為》等著作中。②數量質量替代理論。貝克爾（G. S. Becker）的《生育率的經濟分析》《時間分配理論》以及他與劉易斯（H. G. Lewis）合著的《論孩子數量與質量的相互作用》，最先系統論述了家庭生育決策中孩子數量和孩子質量的替代關係，注重對孩子的質量和時間稀缺資源的分析，用需求、消費理論來解釋家庭生育行為，並建立了孩子質量和數量的選擇模型。基本結論為增加對孩子的投入，將會提高孩子質量，夫婦便可以從孩子身上獲得最大效用，從而用孩子質量取代通過增加孩子數量所取得的效應。③伊斯特林的供給—需求理論。伊斯特林（R. A. Easterlin）在《關於生育率的一種社會—經濟理論》《生育率革命——供給需求分析》中，從對發達國家生育率下降的分析，轉到研究發展中國家生育率居高不下的原因上，探討了生育率轉變的內在機制及其作用過程，從而建立起生育率決定的供給—需求理論模型，其目的在於解釋生育率革命的原因。

（3）適度人口論。索維（A. Sauvy）的《人口通論》、皮茲福特（J. D. Pitchford）的《人口經濟學導論》，反應了當代西方適度人口論追求最適宜的人口數量、人口規模、人口密度、人口質量的理論旨趣和實踐訴求。它力求確定一種人口與經濟變動的相互關係的最優狀態作為人口發展的理想目標；它比較系統地運用動態的全面的均衡分析方法去尋找人口增長與經濟增長的相互關係的最優狀態，並引進技術進步、提高累積率等按時間序列分析適度人口（早期適度人口論是按適度人口的時點分析），著力解釋人口增長與經濟增長互動關係中出現的實際問題；它不僅考察人口總量與經濟總量的最優關係，而且分析了人口增量與經濟增量的最優關係，把適度人口的分析從適度人口規模推進到了人口增長適度率的分析；它提出的福利適度人口、實力適度人口、經濟實力適度人口等概念以及對最優人口目標的追求，綜合了經濟社會、環境資源等各個方面的客觀要求，實際使對適度人口的分析形成了一種多元的系統分析工具和指標體系，其視角和方法有利於分析一個國家甚至全球的人口問題。

（4）人口轉變論。它是一種聯繫社會經濟發展、以人口發展過程及其演變的主要階段為研究對象的人口理論，以西歐出生率和死亡率的歷史資料為依據，對人口發展過程及其主要階段作描述性的分析與說明，並由此推論人口發展未來趨勢，通過建立人口轉變的類型、階段模型及其論證，表達了三大基本觀點：人口發展過程與社會經濟發展過程具有密切聯繫，人口轉變以社會、經濟條件的變化為前提；人口轉變主要通過出生率（生育率）和死亡率來實現，

並且是一個含有不同階段、不同類型的歷史發展過程；在傳統農業社會向現代工業社會演進的初期，出生率的下降滯后於死亡率的下降，因而加速社會經濟現代化的進程、縮短出生率的「時滯」過程，是人口轉變的關鍵問題。這從蘭德里（A. Landry）的《人口的三種主要理論》《人口革命》、諾特斯坦（F. W. Notestein）的《人口長遠觀點》《人口變動的經濟問題》《人口增長與經濟發展》等著作中可以得到體現。

（5）人力資本理論。人力資本理論是一種比較系統的人口經濟學理論，主要體現在舒爾茨（T. Schults）的《人口投資：人口質量經濟學》《教育的經濟價值》、《人力資源》以及貝克爾（G. S. Becher）的有關著作中。他們通過人力資源的微觀經濟分析闡述了許多無法用傳統經濟理論解釋的經濟增長問題，將人力資本看作是當今時代促進國民經濟增長的主要原因，認為人力資本累積是社會經濟增長的源泉，教育是使個人收入的社會分配趨於平等的因素，甚至認為人口質量和知識投資在很大程度上決定了人類未來的前景。

（6）馬克思主義「兩種生產」理論。馬克思在晚年提出了該理論，他從全新的角度闡釋了人類歷史發展的動力問題。在此基礎上，恩格斯在《家庭、私有制和國家的起源》（第一版序言）中對兩種生產理論給予了系統的闡述：「根據唯物主義觀點，歷史中的決定性因素，歸根結蒂是直接生活的生產和再生產。但是，生產本身又有兩種。一方面是生活資料即食物、衣服、住房以及為此所必需的工具的生產；另一方面是人類自身的生產，即種的蕃衍。一定歷史時代和一定地區內的人們生活於其下的社會制度，受著兩種生產的制約：一方面受勞動的發展階段的制約，另一方面受家庭的發展階段的制約。勞動愈不發展，勞動產品的數量、從而社會的財富愈受限制，社會制度就愈在較大程度上受血緣關係的支配。」[①] 表達了物質資料生產和人口生產及其辯證關係的基本觀點。理論內涵和外延的挖掘空間還很大，仍將對經濟社會發展產生積極影響。

二、區域可持續發展理論

可持續發展理論是建立在社會、經濟、人口、資源、環境相互協調和共同發展的基礎上的一種發展理論，區域 PRED 系統論、人口安全與人口均衡發展理論、主體功能區與人口發展功能區理論乃至人口現代化理論等，都是可持續發展理論的承繼、拓展或延伸。可持續發展，包括全球可持續發展以及全球區

---

① 馬克思，恩格斯. 馬克思恩格斯選集：第 4 卷 [M]. 北京：人民出版社，1972：2.

域可持續發展。可持續發展理念早已成為全球共識，並且實際上已經轉化為一個國家或地區及其內部區域可持續發展的政策導向。因此，可持續發展理論在一定意義上講，也轉化為一種重點研究區域人口與經濟社會、資源環境可持續發展的理論。這對區域人口學的研究將產生重大影響。

(一) 區域可持續發展理論

與日俱增的世界性、區域性人口壓力和由此帶來的一系列嚴重問題，使人口與資源、環境、經濟、社會可持續發展成為新的發展理論。可持續發展的理論內涵或要義在於既滿足當代人的需求，而又不危及后代人滿足其需求的發展。它是一個綜合概念，包括以人為中心的生態持續發展、經濟持續發展和社會持續發展三個方面（人口在系統中被視為核心要素）。以 1992 年可持續發展全球行動計劃《21 世紀議程》為標志，可持續發展自此成為世界各國的共同戰略，增強可持續發展能力成為一個國家或地區的重要任務。可持續發展能力是「一個特定系統在規定目標和預設階段內」「成功地延伸至可持續發展目標的能力」①，是區域「發展度」「協調度」和「持續度」的綜合表達（牛文元，1994），它由具有嚴格的邏輯關係的「生存支持系統」「發展支持系統」「環境支持系統」「社會支持系統」和「智力支持系統」這五大支持系統構成（見圖 1-1）。在聯合國相關機構、各國首腦或政要以及社會組織、專家學者的共同努力下，可持續發展理論不斷發展完善，是區域發展理論的創新成果。

(二) 區域 PRED 系統論

區域 PRED 系統論認為，區域 PRED 系統是一個由人口（Population）、資源（Resources）、環境（Environment）、發展（Development）要素構成的複合系統。區域系統與外界環境的相互作用是維持區域 PRED 系統耗散結構的外在條件，人口、資源、環境、經濟、社會等要素之間的協同作用是區域 PRED 系統形成有序結構的內在動因，而區域發展系統運行的可持續性，正蘊藏在區域 PRED 系統結構優化和功能協調及其開放有序的運行之中。區域 PRED 系統具有整體性、地域性、層次性、動態性和可調控性特徵。區域可持續發展的本質要求，是區域 PRED 系統在時間上、空間上、功能上的協調發展。區域 PRED 系統是否協調發展的重要標志，就是系統運行是否符合客觀規律性；區域 PRED 系統是否處於動態平衡協調發展狀態，需要通過經濟增長、社會進步、資源環境支持、可持續發展能力等評價指標體系加以評價。雖然可持續發展與

---

① 中國科學院可持續發展研究組. 2002 中國可持續發展戰略報告 [M]. 北京：科學出版社，2002

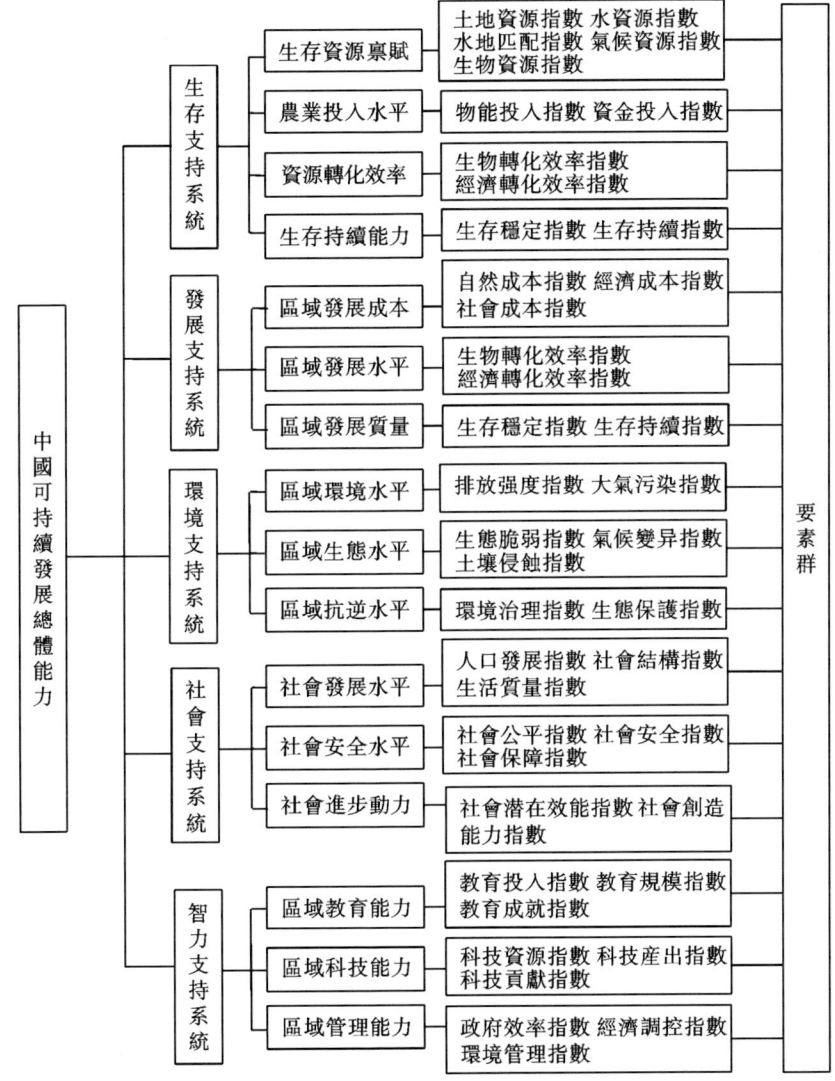

圖1-1　可持續發展能力支持系統模型及測度指標

資料來源：王學義. 人口現代化研究［M］. 北京：中國人口出版社，2006.

區域 PRED 系統協調發展具有一致性目標，但二者在研究重點上的顯著差異在於①：區域 PRED 系統的協調發展著重研究不同區域在某一時期範圍內的人口增長、資源環境同經濟社會發展之間的相互制約和合理匹配的關係，強調系統

---

① 王國強. 中國區域人口與發展研究［M］. 長春：長春出版社，2009.

之間或系統各要素之間的和諧一致，可持續發展則從較長時期著重研究某地區系統之間的相互適應、相互促進的規律，強調各區域內各要素的持續發展和永續利用。

(三) 主體功能區與人口發展功能區理論

主體功能區與人口發展功能區都是根據不同區域的資源環境承載能力、現有開發密度和發展潛力，統籌謀劃未來人口分佈、經濟佈局、國土利用和城鎮化格局來劃分的。從類型上，可以分為國家、省、市等主體功能區和人口發展功能區。目前，相關研究文獻較多，其中，比較有影響力的專著主要有潘玉君和李燦光所著《區域發展與主體功能區系統研究》、杜黎明所著《主體功能區區劃與建設：區域協調發展的新視野》、殷平所著《主體功能區協調發展理論與實踐研究》、國家人口和計劃生育委員會發展規劃司所著《人口發展功能區研究》等。這些著作都對功能區的劃分、評價指標、模型方法、政策等進行了理論探討。

(1) 主體功能區包括四類：①優化開發區（國土開發密度已經較高，資源環境承載能力開始減弱的區域）；②重點開發區（資源環境承載能力較強，經濟和人口集聚條件較好的區域）；③限制開發區（資源承載能力較弱，大規模集聚經濟和人口條件不夠好並關係到全國或較大區域範圍生態安全的區域）；④禁止開發區（依法設立的各類自然保護區域）。通過明確不同區域的功能定位，引導各個區域的產業轉移和佈局，實行差別化的土地利用政策；調控人口總量，引導人口有序流動，逐步形成人口與資金等生產要素同向流動的機制等，逐步形成經濟社會與人口資源環境相協調的各具特色的區域發展格局。

(2) 人口發展功能區一般劃分為四類：①人口限制區（自然環境不適宜人類常年生活和居住的地區，發展定位是生態保護和人口控制）；②人口疏散或收縮區（大都是國家生態屏障地區和國家重點扶貧縣集中分佈地區，發展方向是生態環境保護、人口控制和扶貧）；③人口穩定區（發展潛力不大，對區外人口吸納能力不高，人口規模有待穩定，發展重點是提升人口城鎮化質量和保持經濟持續增長）；④人口集聚區（未來人口和產業的主要集聚區，發展重點是人口集聚規模、經濟增長速度與質量）。建設目標是促進形成人口與資源環境協調發展的人口和產業佈局。

（四）區域人口安全與區域人口均衡發展理論

1. 區域人口安全

在一定的時間、區域和一定的經濟社會發展水平條件下，人口問題可能引發的危機能夠得到避免或者化解，這被定義為人口安全。其核心內容包括：一個國家或地區在一定時期內，人口數量、人口素質、人口結構、人口分佈以及人口遷移等因素，與經濟社會發展相協調，與資源環境承載力相適應，能夠實現協調可持續發展和人的全面發展。該理論確定了人口安全的四大安全維度：①數量維度的安全——人口規模和生育水平；②質量維度的安全——身體素質和文化素質等；③結構維度的安全——年齡、性別等人口自然結構，就業、消費、產業等人口經濟結構，婚姻、家庭、民族、文化、宗教等人口社會結構等；④協調維度的安全——人口與資源和環境承載力適應狀況、與社會經濟發展協調狀況、可持續發展態勢。

2. 區域人口均衡發展

人口均衡發展既包括人口的內部均衡，也包括人口的外部均衡。具體研究資源、環境約束及社會經濟發展中的人口規模均衡，人口規模與年齡結構均衡，出生率、死亡率與年齡結構穩定均衡，生育政策與生育意願的均衡，生育率下降的性別均衡，勞動力供求均衡和養老供求均衡等。區域人口均衡發展就是指區域人口的發展與經濟社會發展水平相協調、與資源環境承載能力相適應，並且區域人口總量適度，人口素質全面提升，人口結構優化，人口分佈合理及人口系統內部各個要素之間協調平衡發展。區域人口安全與區域人口均衡發展理論都應是結合中國經濟社會發展實際，對區域可持續發展理論的具體化拓展。

（五）區域人口現代化理論

所謂區域人口現代化，就是指與經濟社會現代化要求相適應的區域人口發展優化形態。它是伴隨現代化過程產生且與現代化互動或互為基礎、互為前提的，以人口再生產類型、人口素質類型、人口結構類型、人口分佈類型、生育觀念等及相關變量從傳統向現代轉變為標志的，體現了社會歷史性、動態性、漸進性、相對性特點的區域人口發展過程。王學義所著《人口現代化研究》及撰寫的一系列相關學術論文，對人口現代化理論進行了比較系統的研究，構建了人口現代化的理論分析框架（見圖1-2），重點研究了人口現代化評價指標體系、人口現代化的生成或推進模式、人口現代化的效應和人口現代化的制度安排，同時也涵蓋了區域人口現代化的可持續發展方向。

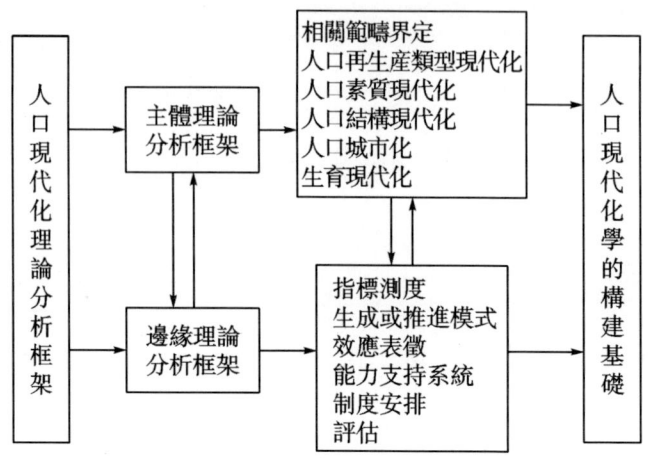

图 1-2 人口现代化理论分析框架模型

资料来源：王學義. 人口現代化研究 [M]. 北京：中國人口出版社, 2006.

三、區域人口學相關學科理論

能夠對以區域性為特徵的區域人口學提供理論支持的區域性學科很多，但關係比較密切的學科主要是人口地理學、發展經濟學以及人口、資源與環境經濟學等。

(一) 人口地理學

人口地理學緣起於人文地理學，是人口學和地理學之間的邊緣科學，它著重研究人口空間分佈和地域差異的變化規律，具有綜合性、區域性特點。在西方，人口地理學興起於 20 世紀初，學科理論方法已經比較完善。在中國，人口地理學起步較晚，主要是由 20 世紀二三十年代留學於西方的青年學者引入國內並加以研究和發展。例如，中國人口地理學創始人之一的胡煥庸，他引進西方近代地理學理論和方法，通過劃分瑷琿—騰衝人口分佈線，揭示了中國人口分佈規律。但真正系統研究還是從 20 世紀 80 年代才開始，例如華東師範大學的張善余教授，成為中國最早對人口地理學進行系統研究的學者之一，著有《中國人口地理》《世界人口地理》《人口地理學概論》等。到目前，已經形成比較完善的學科體系。理論內容上，重點涵蓋人口數量及其地區分佈、人口構成及其分佈、人口自然變動的地區差異、空間位置移動的人口遷移與地理形式的人口城鎮化、人口的合理容量等。研究方法上，傳統研究方法主要是在人口統計資料的基礎上進行空間分析，基本上借助於人口統計學和經濟地理學方法。但現代人口地理學的研究，數學、行為科學、人文科學、區域結構科學以

及 GIS 技術等綜合介入，先進模型方法和分析技術的應用使研究發展到建立人口系統模式、人口移動模式以及確定最佳人口分佈體系等，計算機編繪人口分佈地圖的技術也廣泛應用。

（二）發展經濟學

適應時代的需要，發展經濟學於 20 世紀 40 年代后期在西方國家逐步形成。這是在經濟學體系中逐漸形成的一門具有顯著區域性特徵的新興學科——重點研究貧困落後的農業國家或發展中國家怎樣實現工業化、擺脫貧困、走向富裕的經濟學。發展中國家如何啟動經濟，以及金融自由化、競爭和規則、經濟增長與發展機會、種族多樣性以及地理區位等，近十年來在西方發展經濟學中受到持續關注。發展經濟學長盛不衰，尤其在中國改革開放以來受到足夠重視，形成了大量研究成果，涉及內容更為廣泛，在發展經濟學的框架下形成了富有中國特色的基於倡導機會平等、共享改革開放成果的包容性增長理論，把人的生存和發展水平作為檢驗經濟發展基本尺度的人的發展經濟理論，城鄉統籌、縮小收入差距、改善民生、共同富裕的反貧困理論，區域新型工業化、新型城鎮化的生態文明發展模式理論等。中國發展經濟學的豐富理論內涵，可以幫助區域人口學找到相關契合點。

（三）人口、資源與環境經濟學

在西方，現在暫且未見以「人口、資源與環境經濟學」命名的經濟學學科；在中國，人口、資源與環境經濟學是一門緣起於可持續發展理論的新的理論經濟學學科，目前還在進一步探索、完善過程中。該學科的研究，往往按照人口、資源、環境與經濟發展的內在聯繫確立學科性質、研究對象和方法（鄧宏兵，2011），以人口資源環境的協調發展與培育利用的協同效率為主線，將人口發展過程與資源配置、環境政策、可持續發展戰略等內容緊密結合起來，以此形成人口、資源與環境經濟學的基本理論和分析框架（鐘水映，2011）。核心是應用經濟學的基本理論和方法，來揭示、分析人口經濟過程以及自然資源和生態環境的基本規律和辯證關係，評價和指導制定相關政策。在實際應用方面，人口、資源與環境經濟學的區域性特點得到展示：區域人口、資源、環境的協調發展；區域人口、資源、環境的整合配置（高效利用現有資源）與培育（在利用中創新培育新興資源，改善環境）；區域協同效率，即追求綜合效率、長遠效率、深層次效率。區域人口、資源與環境經濟學的研究任務是解決人類生存與發展中的區域資源、環境約束，提高區域配置與培育的協同效率。

（四）區域人口學與人口地理學、發展經濟學及人口、資源與環境經濟學的區別和聯繫

（1）區域人口學與人口地理學。二者在研究內容上都涉及人口分佈和遷移。但人口地理學重點研究影響人口分佈與遷移的地理原因與地理影響，較少涉及人口分佈和人口遷移本身，而區域人口學的重點恰恰在於研究人口分佈和人口遷移本身；人口地理學以人口要素為單元，研究重點為各種人口現象的空間變化規律及人口與地理環境之間的相互關係，而區域人口學以區域為單元，重點研究各個區域人口特徵之間的差異和聯繫。

（2）區域人口學與發展經濟學。這兩門學科也都涉及區域貧困人口問題，都宣揚公平性價值觀。但發展經濟學區域更宏大，更多研究貧困落后的農業國家或發展中國家怎樣實現工業化、減少貧困人口、擺脫貧困、走向富裕，對策措施大都屬於戰略性的，總體體現對人類命運的關懷；而區域人口學則更多研究特定區域具體的貧困人口問題，側重對區域貧困人口數量、結構、分佈、經濟狀況、生活生計等的描述和比較，並提出解決區域貧困人口問題的具體對策和措施。

（3）區域人口學與人口、資源與環境經濟學。區域人口學也可以研究人口、資源與環境經濟學的議題，但區域人口學的側重點在於研究特定區域人口均衡發展，包括人口內部系統的均衡發展和外部系統（人口與資源環境、經濟社會）的均衡發展，以及建立人口內部系統和外部系統之間的協調關係；而人口、資源與環境經濟學遵循經濟學投入、產出原理，側重於經濟活動產出的代際公平性和可持續性。

第四節　中國行政區劃和基本人口狀況

一、行政區劃

《中華人民共和國憲法》明確規定了目前中國的行政區劃：①全國分為省、自治區、直轄市；②省、自治區分為自治州、縣、自治縣、市；③縣、自治縣分為鄉、民族鄉、鎮。直轄市和較大的市分為區、縣。自治州分為縣、自治縣、市。自治區、自治州、自治縣都是民族自治地方。國家在必要時得設立特別行政區。在特別行政區內實行的制度按照具體情況由全國人民代表大會以法律規定。全國共計23個省、5個自治區、4個直轄市、2個特別行政區。具體區劃情況如表1-1所示。

表 1-1　　　　　　　　　2014 年中國行政區劃　　　　　　　單位：個

省級行政區數	自治區數	直轄市數	特別行政區數	地級區劃數	地級市數	縣級區劃數	市轄區數	縣級市數	縣數	自治縣數	鄉鎮級區劃數	鎮數	鄉數	街道辦事處
23	5	4	2	333	288	2,854	897	361	1,425	117	40,381	20,401	12,282	7,696

資料來源：國家統計局數據庫（省級以下未含港澳臺地區）

二、區域基本人口狀況

2014 年年末，全國內地總人口為 136,782 萬人（比上年末增加 710 萬人）。其中，城鎮常住人口為 74,916 萬人，占總人口的比重為 54.77%。全年出生人口 1,687 萬人，出生率為 12.37‰；死亡人口 977 萬人，死亡率為 7.16‰；自然增長率為 5.21‰。全國人戶分離的人口為 2.98 億人[①]，其中流動人口為 2.53 億人。[②] 中國區域人口基本狀況如表 1-2、表 1-3、表 1-4 所示：

表 1-2　　　　　　　中國總人口及區域年末常住人口

地區	常住總人口（萬人） 2014	2010	出生率（‰） 2014	2010	死亡率（‰） 2014	2010	自然增長率（‰） 2014	2010	人口城鎮化率 2014	城市人口密度（人/km²） 2014
北京	2,152	1,962	9.75	7.48	4.92	4.41	4.83	3.07	86.34	1,498
天津	1,517	1,299	8.19	8.18	6.05	5.58	2.14	2.6	82.27	2,843
河北	7,384	7,194	13.18	13.22	6.23	6.41	6.95	6.81	49.32	2,483
山西	3,648	3,574	10.92	10.68	5.93	5.38	4.99	5.3	53.78	3,526
內蒙古	2,505	2,472	9.31	9.3	5.75	5.54	3.56	3.76	59.52	1,059
遼寧	4,391	4,375	6.49	6.68	6.23	6.26	0.26	0.42	67.05	1,663
吉林	2,752	2,747	6.62	7.91	6.22	5.88	0.40	2.03	54.83	3,135
黑龍江	3,833	3,833	7.37	7.35	6.46	5.03	0.91	2.32	58.02	4,922
上海	2,426	2,303	8.35	7.05	5.21	5.07	3.14	1.98	89.57	3,809
江蘇	7,960	7,869	9.45	9.73	7.02	6.88	2.43	2.85	65.21	2,016
浙江	5,508	5,447	10.51	10.27	5.51	5.54	5.00	4.73	64.87	1,818
安徽	6,083	5,957	12.86	12.7	5.89	5.95	6.97	6.75	49.15	2,359

---

① 人戶分離的人口是指居住地與戶口登記地所在的鄉鎮街道不一致且離開戶口登記地半年以上的人口。

② 流動人口是指人戶分離人口中扣除市轄區內人戶分離的人口。市轄區內人戶分離的人口是指一個直轄市或地級市所轄區內和區與區之間，居住地和戶口登記地不在同一鄉鎮街道的人口。

表1-2(續)

地區	常住總人口（萬人）2014	常住總人口（萬人）2010	出生率(‰) 2014	出生率(‰) 2010	死亡率(‰) 2014	死亡率(‰) 2010	自然增長率(‰) 2014	自然增長率(‰) 2010	人口城鎮化率 2014	人口城鎮化率 2010	城市人口密度（人/km²）2014
福建	3,806	3,693	13.70	11.27	6.20	5.16	7.50	6.11	61.80		2,570
江西	4,542	4,462	13.24	13.72	6.26	6.06	6.98	7.66	50.22		4,542
山東	9,789	9,588	14.23	11.65	6.84	6.26	7.39	5.39	55.01		1,361
河南	9,436	9,405	12.80	11.52	7.02	6.57	5.78	4.95	45.20		4,982
湖北	5,816	5,728	11.86	10.36	6.96	6.02	4.90	4.34	55.67		2,505
湖南	6,737	6,570	13.52	13.1	6.89	6.7	6.63	6.4	49.28		3,317
廣東	10,724	10,441	10.80	11.18	4.70	4.21	6.10	6.97	68.00		3,066
廣西	4,754	4,610	14.07	14.13	6.21	5.48	7.86	8.65	46.00		1,543
海南	903	869	14.56	14.71	5.95	5.73	8.61	8.98	53.82		1,946
重慶	2,991	2,885	10.67	9.17	7.05	6.4	3.62	2.77	59.61		1,847
四川	8,140	8,045	10.22	8.93	7.02	6.62	3.20	2.31	46.30		2,900
貴州	3,508	3,479	12.98	13.96	7.18	6.55	5.80	7.41	40.02		3,406
雲南	4,714	4,602	12.65	13.1	6.45	6.56	6.20	6.54	41.73		2,415
西藏	318	300	15.76	15.8	5.21	5.55	10.55	10.25	25.79		1,820
陝西	3,775	3,735	10.13	9.73	6.26	6.01	3.87	3.72	52.58		5,541
甘肅	2,591	2,560	12.21	12.05	6.11	6.02	6.10	6.03	41.68		3,916
青海	583	563	14.67	14.94	6.18	6.31	8.49	8.63	49.74		2,924
寧夏	662	633	13.10	14.14	4.53	5.1	8.57	9.04	53.63		1,253
新疆	2,298	2,185	16.44	15.99	4.97	5.43	11.47	10.56	46.08		4,361

資料來源：國家統計局數據庫

表1-3　　　　　　　　人口年齡構成和撫養比

地區	65歲及以上人口數（人口抽樣調查）（人）2014	總撫養比（%）2014	少年兒童撫養比（%）2014	老年人口撫養比（%）2014	平均預期壽命（歲）2010	平均預期壽命（歲）2000
北京	1,518	23	23	10.5	80.18	76.1
天津	1,462	29	29	15.1	78.89	74.91
河北	5,682	38.8	38.8	12.9	74.97	72.54
山西	2,566	30.5	30.5	11.1	74.92	71.65
內蒙古	1,929	29.7	29.7	12.1	74.44	69.87

表1-3(續)

地區	65歲及以上人口數（人口抽樣調查）（人）	總撫養比（%）	少年兒童撫養比（%）	老年人口撫養比（%）	平均預期壽命（歲）	
	2014				2010	2000
遼寧	4,407	28.9	28.9	15.7	76.38	73.34
吉林	2,310	28.8	28.8	13.1	76.18	73.1
黑龍江	2,971	26.6	26.6	11.9	75.98	72.37
上海	1,938	24.7	24.7	12.1	80.26	78.14
江蘇	7,925	34.8	34.8	16.3	76.63	73.91
浙江	4,374	27.6	27.6	12.3	77.73	74.7
安徽	5,231	39.5	39.5	14.5	75.08	71.85
福建	2,383	33.7	33.7	10.1	75.76	72.55
江西	3,464	42.8	42.8	13.2	74.33	68.95
山東	9,267	37.5	37.5	15.8	76.46	73.92
河南	6,821	42.2	42.2	12.5	74.57	71.54
湖北	4,922	35.6	35.6	13.9	74.87	71.08
湖南	6,045	41.2	41.2	15.4	74.7	70.66
廣東	7,322	32.9	32.9	11	76.49	73.27
廣西	3,741	45.8	45.8	13.9	75.11	71.29
海南	571	36.4	36.4	10.5	76.3	72.92
重慶	3,487	41.6	41.6	20	75.7	71.73
四川	9,398	43.3	43.3	20	74.75	71.2
貴州	2,670	45.6	45.6	13.4	71.1	65.96
雲南	3,393	38.3	38.3	12.1	69.54	65.49
西藏	144	43	43	7.9	68.17	64.37
陝西	3,306	34.3	34.3	14.3	74.68	70.07
甘肅	1,910	33.9	33.9	12	72.23	67.47
青海	342	34.1	34.1	9.5	69.96	66.03
寧夏	370	36.1	36.1	9.2	73.38	70.17
新疆	1,303	38.9	38.9	9.5	72.35	67.41

註：平均預期壽命為人口普查數據；其他為人口抽樣調查數據
資料來源：國家統計局數據庫。

表 1-4　2014 年東中西部地區常住人口、城鄉人口及人口城鎮化率

地區	年末常住人口（萬人）	城鎮人口（萬人）	鄉村人口（萬人）	人口城鎮化率（%）
東部地區	56,559.81	36,144.86	20,414.95	63.91
中部地區	42,847.64	21,788.11	21,059.53	50.85
西部地區	36,839.23	17,450.59	19,388.64	47.37

第二章　區域 PRED 系統與協調性

第一節　區域 PRED 系統相關關係

一、PRED 系統的基本描述

PRED 問題是當今世界關注的焦點。人口（Population）、資源（Resource）、環境（Environment）和發展（Development）之間的矛盾在世界範圍內也廣泛存在（張彩霞，梁婉君，2006）。特別是 PRED 系統中各因子的協調發展成為可持續發展問題研究的熱點。

人口、資源、環境和發展之間存在錯綜複雜的關係，既相互獨立，又相互依存。人口、資源、環境與發展組成了一個相互作用、相互依賴的整體（王黎明，1997）。它們關係到人類社會的生存與發展，人口、資源、環境與發展問題的實質是發展問題。在人口、資源、環境與發展的關係中，人口是關鍵因素，人口數量的變化會引發包括環境、資源、經濟狀況、社會變動等方面的一系列變化，人口可以破壞資源環境，也可以與資源環境共生可持續發展。第一，人口的持續增長會導致自然資源的嚴重短缺。比如中國的國土面積為世界第三，但是重要資源的面積人均佔有量不足，人均耕地面積、人均森林面積、人均草原面積以及人均礦產面積都嚴重不足，使得中國人均資源短缺。另外，隨著人口持續增長，對各類自然資源的人均需求量會大幅度上升，導致各類自然資源的人均佔有量持續下降；隨著經濟的持續增長，也會出現自然資源的持續下降。第二，人口的持續增長會導致環境的污染，使得人類的生存環境日益惡化，而自然環境影響及制約人口數量以及人均資源佔有量，因此環境的惡化會導致自然環境中資源的短缺，從而造成人均資源佔有量的減少，而經濟的發展又會導致環境的污染，從而危及人類自身的生存與發展。

1. 人口與環境、資源的關係

人口的數量、質量、結構、分佈等與環境、資源有著密切的關係，對其有著很大的影響。人可以促進經濟發展，使資源利用合理和環境優化；也可以阻礙經濟發展，造成資源過度開採和環境惡化。可見，人口對資源、環境和經濟發展的影響是極其深刻的。這就要求人口本身也應當是可持續發展的，但又不能孤立地發展。這是因為，離開了資源、環境，就不可能有人類；離開了經濟、社會，就不可能有人口發展。人類生存和發展都是有條件的，不顧生存和發展條件的人口增長是不能長久的。

2. 資源、環境與經濟發展的關係

資源和環境是經濟發展的前提。在經濟大系統中，資源和環境是人類賴以生存和發展的必要物質條件。資源不僅為人類生存所必需，而且是經濟發展的直接投入要素，在一定技術條件下，轉化成能為人類利用的物質、能量和信息，是人類生存和發展的基礎。環境是人類周圍一切物質、能量和信息要素的總和，是經濟發展的前提。經濟發展離不開資源、環境的供給。經濟的發展也給資源和環境帶來了影響。一方面，經濟的發展、技術的進步，使得人們改變了生產、生活方式，減輕了空氣污染、水污染等環境污染問題。另一方面，這也使我們更加合理、更加充分地利用了各類自然資源。

3. 人口與經濟發展的關係

經濟發展是為了滿足人類物質文化生活的需要，即人口發展。同時，人口又處於經濟發展中的核心地位，是經濟發展中資源的重要組成部分，是環境的能動要素。一方面，人口本身就是一種資源，科技的創新、技術的進步、經濟的發展都離不開人才資源，人口資源推動著經濟的發展。另一方面，中國人口基數大，人口素質偏低，對經濟發展也起到了阻礙作用。

上述諸方面既相互獨立又相互依存的關係說明，只有各方面都能持續發展，同時也為別的方面創造條件，人類生存和發展才能步入良性循環軌道。因此，必須堅持人口、資源、環境與經濟全面、協調、可持續發展，因為 PRED 系統是一個整體。

二、區域 PRED 系統與區域人口均衡發展

人口、資源與環境的均衡發展是可持續發展的主要內容。人口、資源與環境是相互作用、相互影響的有機統一體。中國繼提出建設「兩型社會」（資源節約型社會和環境友好型社會）目標後，又提出建設人口均衡型社會（李輝，劉雲德，2013），這是順理成章的、極其自然的。人口均衡發展是可持續發展

的重要內容，是實現可持續發展的關鍵因素。可持續發展包括 4 個方面的均衡，即人口的均衡、資源的均衡、環境的均衡和（經濟）發展的均衡。

實現人口均衡是建設和諧社會的內在要求，而建設人口均衡型社會是建設和諧社會的基礎性內容之一。人口是社會生產行為的基礎和主體。如果構成社會主體的人口發展極不均衡，這個社會就不可能是協調的、和諧的、可持續的。

中國自改革開放進入工業化初期，以經濟建設為中心，處於經濟增長型社會。但人口基數大，降低了中國的經濟發展水平和生活水平，使按人均計算的各類資源和產品都遠遠落後於發達國家。當時，人口供給大於人口需求，而人口數量增長過快是那時人口發展面臨的主要矛盾，所以嚴格控制人口增長成為核心任務。由於通過社會經濟發展來實現人口均衡發展所需成本極大，所以當時國家主動實施控制人口數量來抑制人口供給的發展的戰略，以壓縮進入人口均衡發展時間，為實現「翻兩番」「三步走」目標提供了良好的人口環境。統計表明，1970—2000 年，伴隨人口自然增長率從 28‰ 降至 6‰，人均 GDP 迅速上升到 7,800 元，創造了經濟快速發展和人口再生產類型轉變兩大奇跡，實現了人口控制與經濟增長的均衡發展。

進入 21 世紀，處於工業化中期，中國提出全面建成小康社會和中等發達國家發展目標，但同時面臨氣候變暖、資源約束和環境惡化等問題，所以主要從可持續發展角度考慮人口問題，聚焦人的全面發展和科學發展。可持續發展理念深入人心，統籌解決人口問題、促進人口長期均衡發展成為核心任務。這一時期，中國人口發展面臨的主要矛盾仍是人口眾多與生產力發展水平較低的矛盾，並凸顯為人口自身，人口與經濟、社會、資源、環境不協調等形式，人口均衡發展問題成為事關經濟社會發展的基礎性、戰略性問題。

以上表明，PRED 系統是人口均衡發展的基本保障，同時，提出人口均衡發展的任務，又來源於 PRED 系統的局部不協調。因此，PRED 系統與人口均衡發展如出一轍，兩者互為一體。

三、區域 PRED 系統與區域可持續發展

眾所周知，可持續發展已不再是單純追求經濟的發展，而是強調以人為中心的人口（Population）、資源（Resource）、環境（Environment）、經濟（Economy）、社會（Society）的協調發展（馮年華，2003）。可持續發展是一種不同於傳統的全新的發展觀，有別於迄今為止的任何經濟社會發展模式，是人類對以往生產活動進行深刻反思的結果。可持續發展早已成為世界各國普遍接

受和遵循的發展原則。由於不同國家發展階段、自然條件和文化等諸多方面的差異，各國對可持續發展的理解和關注也各不相同，對其的探索程度自然也就不同，但本質是一致的。

中國作為一個正在崛起的發展中國家，可持續發展的經驗累積並不足，中國開始以可持續發展實驗區的形式在局部地區試點，形成示範加以推廣是理智的選擇，且重點要考慮到區域 PRED 的綜合協調發展。概括起來，中國的可持續發展可理解如下：

一是突出發展的主題。PRED 的根本任務還是發展，發展的內涵包括了經濟、社會、科技、文化等諸多方面，它與經濟強調經濟增長有著根本的區別，但不可否認經濟發展是基礎，也是實現人口、資源、環境等各方面協調發展的保障。

二是可持續的發展。資源特別是不可再生的自然資源，是實現可持續發展的物質基礎，然而其數量和承載能力是有限的，要成功實現自然資源的永續利用，就要求人類的經濟社會發展程度不能超越資源和環境的承載能力。

三是人與自然的協調共生。可持續發展是一種全新的發展模式，要實現可持續發展，須轉變人們的傳統思想觀念和行為習慣，建立新的道德觀和價值觀，使人民大眾自覺行動，尊重自然，實現人口、資源、環境、經濟協調發展。

四是人與人關係的公平性。可持續發展既要考慮當代人發展的合理需要和訴求，又要考慮后代人發展的需要。這就要求人們解決好有限資源在當代人與后代人之間的合理配置和發展。

第二節　省級區域 PRED 系統協調性評估[①]

一、區域 PRED 系統協調性評估理論方法

（一）區域 PRED 系統基本因子

要研究 PRED 系統的協調性，必須分解出該大系統的基本因子，各個擊破，找到相關指示性指標，才能考慮接下來的協調性評估。顯然，PRED 基本上包含人口、資源、環境和發展四個基本因子，而為了更具體，發展因子可由經濟和（或）社會發展因子來具體指代。

---

① 感謝四川師範大學張春豔對本節實證所做的貢獻。

1. 區域人口因子

人口是一切社會生產行為中最積極的因素，是區域經濟發展中最主要的推動者，同時也是生態系統中最具能動性的類群。因此，人口是區域可持續協調發展中的主體和核心要素，是整個系統中最積極、最活躍的因素。人口的數量和質量直接影響著區域可持續發展系統的協調狀況。

人口子系統主要從人口數量、人口結構方面反應區域人口發展的特徵及變動情況。具體指標有：城鎮化率、人口密度、就業人口占總人口的比例及二、三產業就業人員比重等。

2. 區域環境因子

良好的生態環境是實現區域可持續協調發展的基礎和必要條件。環境質量的好與壞直接影響著人類的生活質量，同時也影響著資源利用的廣度和深度。環境子系統主要從生態條件和環境治理兩個方面進行描述。具體指標有：人均公共綠地面積、人均公園綠地面積、森林覆蓋率、建成區綠化覆蓋率、污水處理率等。

3. 區域資源因子

資源是實現區域可持續發展的物質基礎，社會經濟的發展需要各種資源的支持。合理地開發、利用和保護資源是實現區域可持續協調發展的前提。資源子系統指標體系主要從資源條件和資源利用兩個方面進行描述。具體指標有：人均耕地面積、單位 GDP 能耗等。

4. 區域經濟因子

經濟子系統是可持續發展的核心內容，只有經濟發展，才能提高人類的生活水平與質量，同時也是強化環境保護的資金和技術基礎。經濟子系統主要從經濟規模、經濟結構和經濟效益三個方面反應和描述。具體指標有：地區生產總值、人均地區生產總值、工業化率及二、三產業產值比重等。

5. 區域社會因子

社會的協調發展是可持續發展的最終目標，其質量是實現區域可持續協調發展的關鍵。社會子系統主要從生活水平和生活條件兩個方面進行描述。具體指標有：農村居民人均純收入和城鎮居民人均可支配收入的比值、農村居民人均消費和城鎮居民人均消費的比值、千人擁有醫生數、中小學教師學生比等等。

(二) 區域 PRED 系統協調評估理論方法

認清區域 PRED 系統的基本因子之後，對該系統各基本因子進行協調性分析就有了基本對象。然而，什麼是協調發展，以及如何對人口、資源、環境與

經濟系統的協調發展程度進行定量描述和評價,許多學者進行了探討。但面對如此複雜的開放巨系統,在目前的科學發展水平上,還沒有一種公認的理論和方法。不過該類型的理論方法在於對「協調」的理解和度量,可稱為協調系數。

協調程度的評估就是對可持續發展各子系統的實際觀測值與其協調值接近程度的定量描述。所謂協調值或協調系數就是某一系統與其他系統相適應的數值。在評價某一系統的協調發展狀況時,不能僅僅用協調和不協調來衡量。事實上,更多系統的協調發展狀況都處於協調與不協調之間。因此,協調發展是一個內涵明確而外延不明確的模糊概念,因此許多學者應用模糊集合論對它進行研究。在模糊數學中(徐建華,2002),描述論域中某一元素 x 隸屬於模糊集 A 程度的是隸屬度指標,它是一個閉區間上的實數,稱為協調系數。另外還有學者從其他角度進行分析(庫向陽,李同升,2000;劉小林,2007;李華,申穩穩,俞書偉,2008;馮玉廣,王華東,1997)。這裡給出一種易於理解且常用的評估協調度的簡便方法進行詳細分析,並應用於后面的實證研究。

第一步:數據無量綱化

由於所選指標的種類、單位、量綱等不同,原始指標數據無法直接進行綜合和比較,所以首先將數據無量綱化,消除單位的影響。本書主要採用直線型指標無量綱化方法。其公式如下:

$$y_j = \frac{x_j}{\max x_j} \quad \text{當 } x_j \text{ 為正指標時} \tag{2-1}$$

$$y_i = \frac{\max x_j + \min x_j - x_j}{\max x_j} \quad \text{當 } x_j \text{ 為逆指標時} \tag{2-2}$$

第二步:確定指標權重

指標權重是對各指標的重要程度進行量化,其合理與否對整個綜合評價有著至關重要的作用。權重的確立方法主要分為兩種:主觀賦權法和客觀賦權法。

主觀賦權法主要依靠個人的主觀能動性,根據自己意見對指標進行排序,具有主觀性和模糊性,如德爾菲法、模糊綜合評判法、層次分析法等。而客觀賦權法是依據原始數據間的相關關係來確定其權重,其數學理論依據較強,如變異系數法、主成分分析法等。

由於本研究是一個探索性研究,指標權重的科學確定存在較大難度,主觀確定權重的方法會影響結果的準確性,所以本文採用客觀的信息熵方法(羅世俊,焦華福,王秉建,2009)確定權重,完全從指標信息中獲得權重,不受

任何主觀的干擾。

熵值法確定指標權重的步驟如下：

設 x_{ij} 表示樣本 i 的第 j 個指標的數值，總共有 n 個樣本，每個樣本有 p 個指標。

首先計算標準化指標值的比重：

$$S_{ij} = \frac{x_{ij}}{\sum_{i=1}^{n} x_{ij}}$$

其中 $i = 1, 2, \cdots, n; j = 1, 2, \cdots, p$，且 $x_{ij} \neq 0$ \hfill (2-3)

其次計算指標的熵值：

$$h_j = -\sum_{i=1}^{n} S_{ij} \ln S_{ij}$$

其中 $i = 1, 2, \cdots, n; j = 1, 2, \cdots, p$ \hfill (2-4)

再次計算差異值：

$$g_i = 1 - h_j$$

其中 $i = 1, 2, \cdots, n; j = 1, 2, \cdots, p$ \hfill (2-5)

最后計算指標 x_j 的權重：

$$w_j = \frac{g_j}{\sum_{j=1}^{p} g_j}$$

其中 $i = 1, 2, \cdots, n; j = 1, 2, \cdots, p$ \hfill (2-6)

第三步：計算人口、資源環境、經濟、社會綜合發展水平

$$x_i = \sum_{j=1}^{p} w_j x_j$$

其中 $i = 1, 2, \cdots, n; j = 1, 2, \cdots, p$ \hfill (2-7)

第四步：分析系統的協調度

依據虞春英（2010）的方法，運用效益理論與平衡理論的原理，對系統的協調度進行構造。效益理論是指人口效益、資源環境效益、經濟效益、社會效益四個方面須同步發展，才能發揮最大的綜合效益，一般以四種效益之和表示。平衡理論是指人口效益、資源環境效益、經濟效益、社會效益四種效益保持一種協調的平衡狀態，任何一方效益的增加和發展不損害另一方的效益，是一種複合效益，一般以四種效益之積表示。我們的目標就是在綜合效益最大的基礎上，求得最大複合效益。構造以下公式：

$$D = \sqrt{C \times F}$$ \hfill (2-8)

$$C = \left\{ \frac{X \cdot Y \cdot Z \cdot W}{[(X+Y+Z+W)/4]^4} \right\}^k \tag{2-9}$$

$$F = (X+Y+Z+W)/4 \tag{2-10}$$

其中：

X——人口子系統的發展水平

Y——資源環境子系統的發展水平

Z——經濟子系統的發展水平

W——社會子系統的發展水平

C——綜合效益指數

F——綜合發展水平

D——系統的協調度

k——調整系數，一般取 $k=8$

協調等級的劃分如表2-1所示，若 $C=0$，協調度極小；若 $C=1$，協調度極大。

表 2-1　　　　　　　協調發展水平的度量標準

協調度	0.90~1.00	0.80~0.89	0.70~0.79	0.60~0.69	0.50~0.59	0.40~0.49	0.0~0.39
協調等級	優質協調	良好協調	中級協調	初級協調	勉強協調	瀕臨失調	失調

二、協調性評估實證

本研究以中國人口大省四川的PRED協調度測算與分析為例。

（一）指標體系構建

1. 指標體系構建的基本原則

基於PRED的複雜性，指標應該能夠反應人口、資源、環境、經濟和人類社會之間的發展狀況。本研究在構建四川省可持續發展實驗區協調發展指標體系時，應遵循以下四方面的原則：

（1）系統性與層次性相統一

可持續發展本身就是一個巨大的系統，並由不同的層次和要素構成，其指標體系也應由多層結構組成，並反應各層次的特徵和系統的協調性。

（2）科學性與實用性相統一

指標體系的建立和選取應建立在科學的基礎之上，能全面地反應人口、資

源、環境、經濟和社會的各個方面，同時必須以公認的科學理論為依據，其統計指標應考慮可獲取性和定量化的可行性，應具有一定的代表性，指標數量不宜太多。

（3）動態性與靜態性相統一

區域的協調可持續發展並不是靜止不動的，而是按照一定的規律和方式不斷地運動和變化著，其指標體系建立應反應系統動態性的特點，並能預測未來的發展趨勢。然而在一定時期內，為反應協調發展的現狀，指標體系內容應保持相對的穩定性。所以，指標體系應有動態指標和靜態指標，並注意二者之間的統一。

（4）普遍性與特殊性相統一

由於區域之間自然條件、經濟發展水平、社會發展狀況等各方面的差異，各區域間發展水平和狀況不一，因而不同區域影響其協調發展的主要因素各不相同。因此在建立指標體系時，應將指標的普遍性與特殊性相結合，在遵循共同原則的基礎上，與區域實際相結合，構建符合自身協調發展的指標體系。

2. 指標體系的構成及內涵

協調性的度量不是單純由一個或簡單的幾個指標就能全面度量和評價的，故應依據可持續發展的內涵，建立一套科學、嚴密、合理的綜合指標體系。根據上面提出的原則，結合四川省人口、資源、環境、經濟、社會的發展狀況，提出反應該系統協調發展水平的人口（Population）、資源（Resource）、環境（Environment）、經濟（Economy）、社會（Society）為關鍵要素構成的綜合評價指標體系，即 PREES 系統模型，見表 2-2。該體系由系統層、子系統層、準則層、指標層構成，其中指標層構成準則層，準則層構成子系統層，子系統層構成系統層。系統層反應評價的目標，用以衡量系統的協調發展狀況；子系統層分為人口子系統、資源子系統、環境子系統、經濟子系統、社會子系統；準則層反應各子系統發展水平；指標層反應各準則層的具體內容。

表 2-2　　　　　四川省 PRED 協調發展程度評價指標體系

子系統層指標	準則層指標	指標層（指標因子）
系統層 / 人口	人口數量	城鎮化率（%）
		人口密度（人/平方公里）
	人口結構	就業人口占總人口的比例（%）
		二、三產業就業人員比重（%）
資源	資源條件	人均耕地面積（畝）
	資源利用	單位 GDP 能耗
環境	生態條件	人均公共綠地面積（平方米）
		人均公園綠地面積（平方米）
		森林覆蓋率（或歸一化植被指數 NDVI）（%）
		建成區綠化覆蓋率（%）
	環境治理	污水處理率（%）
經濟	經濟規模	地區生產總值（億元）
		人均地區生產總值（元）
	經濟結構	工業化率（%）
		二、三產業產值比重（%）
		固定資產投資額（億元）
	經濟效益	規模以上工業企業總資產貢獻率（%）
社會	生活水平	農村居民人均純收入和城鎮居民人均可支配收入的比值
		農村居民人均消費和城鎮居民人均消費的比值
		城鎮職工養老保險徵繳率（%）
	生活條件	千人擁有床位數（床）
		千人擁有醫生數（個）
		中小學教師學生比

（二）四川省可持續發展實驗區協調度計算與分析

1. 原始數據的整理

根據已經確立的指標體系，以《四川省統計年鑒》為主要數據來源，收集整理的數據如表 2-3～表 2-6。

表 2-3　　　　　　　　　　人口因子原始數據

年份	城鎮化率（%）	人口密度（人/平方公里）	就業人口占總人口的比例（%）	二、三產業就業人員比重（%）
2000	26.69	173.4	55.41	43.26
2001	27.20	174.0	55.29	44.35
2002	28.20	174.8	55.08	46.06
2003	29.40	175.9	54.91	46.99
2004	31.10	179.9	54.58	47.86
2005	33.00	180.4	54.41	48.50
2006	34.30	168.4	54.06	51.07
2007	35.60	167.6	53.67	52.10
2008	37.40	167.8	53.21	53.88
2009	38.70	168.8	52.94	54.92
2010	40.18	166.0	53.02	56.35
2011	41.83	166.0	52.83	57.30

表 2-4　　　　　　　　　　資源環境因子原始數據

年份	人均耕地面積（畝）	人均公共綠地面積（平方米）	人均公園綠地面積（平方米）	建成區綠化覆蓋率（%）	森林覆蓋率（%）
2000	0.95	31.87	1.61	19.22	39.70
2001	0.94	31.87	1.61	19.59	39.70
2002	0.90	34.79	2.62	22.39	39.70
2003	0.87	37.98	6.88	25.77	39.70
2004	0.88	37.68	7.70	28.54	27.94
2005	0.88	32.59	7.90	31.04	28.98
2006	0.88	29.01	7.99	33.54	30.27
2007	0.89	29.00	8.37	34.20	31.27
2008	0.89	29.04	8.74	35.30	30.79
2009	0.89	32.29	9.49	36.40	34.41
2010	0.91	31.35	10.19	37.88	34.82
2011	0.91	34.92	10.73	38.21	35.10

表 2-5　　　　　　　　　　　經濟因子原始數據

年份	地區生產總值（億元）	人均地區生產總值（元）	工業化率（%）	二、三產業產值比重（%）	固定資產投資額（億元）
2000	3,928.20	4,956	29.39	75.93	1,403.85
2001	4,293.49	5,376	29.19	77.14	1,573.80
2002	4,725.01	5,890	29.05	77.82	1,805.20
2003	5,333.09	6,623	30.09	78.84	2,158.20
2004	6,379.63	7,895	31.57	78.37	2,648.46
2005	7,385.10	9,060	34.22	79.94	3,477.68
2006	8,690.24	10,613	36.19	81.64	4,521.74
2007	10,562.39	12,963	37.13	80.76	5,855.30
2008	12,601.23	15,495	39.33	82.41	7,602.40
2009	14,151.28	17,339	40.13	84.17	12,017.28
2010	17,185.48	21,182	43.24	85.55	13,581.96
2011	21,026.68	26,133	45.14	85.81	15,124.09

表 2-6　　　　　　　　　　　社會因子原始數據

年份	農村居民純人均收入和城鎮居民人均可支配收入的比值	農村居民人均消費和城鎮居民人均消費的比值	城鎮職工養老保險徵繳率（%）	千人擁有床位數（床）	千人擁有醫生數（個）	中小學教師學生比值
2000	0.32	0.31	92.8	220	282	0.045,9
2001	0.31	0.29	94.0	220	282	0.045,1
2002	0.32	0.29	94.9	221	293	0.045,2
2003	0.32	0.30	94.7	220	288	0.045,5
2004	0.33	0.32	94.9	223	282	0.045,7
2005	0.33	0.33	96.8	226	283	0.047,2
2006	0.32	0.32	97.2	231	293	0.046,8
2007	0.32	0.32	98.0	243	300	0.047,9
2008	0.33	0.32	97.8	274	311	0.050,5

表2-6(續)

年份	農村居民純人均收入和城鎮居民人均可支配收入的比值	農村居民人均消費和城鎮居民人均消費的比值	城鎮職工養老保險徵繳率（％）	千人擁有床位數（床）	千人擁有醫生數（個）	中小學教師學生比值
2009	0.32	0.38	96.0	307	337	0.052,5
2010	0.33	0.32	97.9	336	360	0.054,6
2011	0.34	0.34	97.9	370	390	0.055,9

2. 指標數據的無量綱化

對原始數據進行無量綱化，可得無量綱化后的標準數據（如表2-7~表2-10所示）。在此基礎上便可以進行相關計算。

表2-7　　　　　　　　人口因子原始數據無量綱化

年份	城鎮化率	人口密度	就業人口占總人口的比例	二、三產業就業人員比重
2000	0.638,1	0.960,9	1.000,0	0.754,9
2001	0.650,3	0.964,5	0.997,9	0.774,0
2002	0.674,2	0.969,0	0.994,1	0.803,9
2003	0.702,8	0.975,1	0.991,0	0.820,0
2004	0.743,5	0.997,2	0.985,0	0.835,3
2005	0.788,9	1.000,0	0.982,0	0.846,4
2006	0.820,0	0.933,5	0.975,6	0.891,3
2007	0.851,1	0.929,0	0.968,6	0.909,2
2008	0.894,1	0.930,2	0.960,4	0.940,3
2009	0.925,2	0.935,7	0.955,5	0.958,5
2010	0.960,6	0.920,2	0.956,9	0.983,4
2011	1.000,0	0.920,1	0.953,5	1.000,0

表 2-8　　　　　　　　資源環境因子原始數據無量綱化

年份	人均耕地面積	人均公共綠地面積	人均公園綠地面積	建成區綠化覆蓋率	森林覆蓋率
2000	1.000,0	0.839,1	0.150,0	0.502,9	1.000,0
2001	0.989,9	0.839,1	0.150,0	0.512,7	1.000,0
2002	0.940,4	0.915,9	0.244,2	0.585,9	1.000,0
2003	0.912,7	1.000,0	0.641,2	0.674,4	1.000,0
2004	0.920,1	0.992,0	0.717,3	0.746,8	0.703,8
2005	0.927,8	0.857,9	0.736,3	0.812,3	0.730,0
2006	0.927,0	0.763,8	0.744,6	0.877,7	0.762,5
2007	0.930,7	0.763,5	0.780,1	0.895,0	0.787,7
2008	0.929,8	0.764,5	0.814,5	0.923,8	0.775,6
2009	0.934,5	0.850,1	0.884,4	0.952,6	0.866,8
2010	0.950,1	0.825,3	0.949,7	0.991,3	0.877,1
2011	0.950,8	0.919,3	1.000,0	1.000,0	0.884,1

表 2-9　　　　　　　　經濟因子原始數據無量綱化

年份	地區生產總值	人均地區生產總值	工業化率	二、三產業產值比重	固定資產投資額
2000	0.186,8	0.189,6	0.651,1	0.884,8	0.092,8
2001	0.204,2	0.205,7	0.646,6	0.898,9	0.104,1
2002	0.224,7	0.225,4	0.643,6	0.906,9	0.119,4
2003	0.253,6	0.253,4	0.666,5	0.918,7	0.142,7
2004	0.303,4	0.302,1	0.699,3	0.913,3	0.175,1
2005	0.351,2	0.346,7	0.758,1	0.931,6	0.229,9
2006	0.413,3	0.406,1	0.801,7	0.951,4	0.299,0
2007	0.502,3	0.496,0	0.822,5	0.941,2	0.387,2
2008	0.599,3	0.592,9	0.871,3	0.960,4	0.502,7
2009	0.673,0	0.663,5	0.888,9	0.980,8	0.794,6
2010	0.817,3	0.810,5	0.958,0	0.997,0	0.898,0
2011	1.000,0	1.000,0	1.000,0	1.000,0	1.000,0

表 2-10　　　　　　　社會因子原始數據無量綱化

年份	農村居民純人均收入和城鎮居民人均可支配收入的比值	農村居民人均消費和城鎮居民人均消費的比值	城鎮職工養老保險徵繳率	千人擁有床位數	千人擁有醫生數	中小學教師學生比值
2000	0.943,2	0.804,2	0.946,9	0.594,6	0.722,5	0.821,4
2001	0.912,4	0.758,4	0.959,2	0.594,6	0.722,5	0.807,5
2002	0.931,2	0.770,7	0.968,4	0.597,3	0.751,2	0.808,8
2003	0.924,9	0.795,3	0.966,3	0.594,9	0.736,9	0.814,6
2004	0.977,4	0.827,4	0.968,4	0.602,2	0.722,1	0.817,9
2005	0.976,1	0.865,1	0.987,8	0.609,7	0.724,5	0.843,7
2006	0.937,8	0.834,4	0.991,8	0.625,5	0.749,4	0.837,0
2007	0.933,3	0.828,6	1.000,0	0.657,1	0.767,8	0.857,3
2008	0.952,8	0.847,2	0.997,7	0.740,7	0.797,2	0.902,9
2009	0.941,6	1.000,0	0.979,6	0.828,8	0.864,2	0.939,1
2010	0.960,9	0.844,1	0.999,0	0.907,0	0.922,9	0.976,4
2011	1.000,0	0.894,9	0.999,0	1.000,0	1.000,0	1.000,0

3. 指標權重的確定

根據權重計算公式可求得人口、資源環境、經濟、社會指標因子的權重，如表 2-11 所示。由表可看出，客觀賦權的方法給了每個指標不盡相同的權重，這是數據本身生成的結果，比較客觀實際。

表 2-11　　四川省人口、資源環境、經濟、社會系統複合指標權重

子系統層	指標層（指標因子）	權重
人口因子	城鎮化率	0.248,8
	人口密度	0.250,6
	就業人口占總人口的比例	0.250,6
	二、三產業就業人員比重	0.25

表2-11(續)

子系統層	指標層（指標因子）	權重
資源環境因子	人均耕地面積	0.204,4
	人均公共綠地面積	0.203,8
	人均公園綠地面積	0.187,6
	建成區綠化覆蓋率	0.200,9
	森林覆蓋率	0.203,3
經濟因子	地區生產總值	0.196,6
	人均地區生產總值	0.196,8
	工業化率	0.215,7
	二、三產業產值比重	0.217,3
	固定資產投資額	0.173,6
社會因子	農村居民純人均收入和城鎮居民人均可支配收入的比值	0.167,2
	農村居民人均消費和城鎮居民人均消費的比值	0.166,9
	城鎮職工養老保險徵繳率	0.167,2
	千人擁有床位數	0.165,2
	千人擁有醫生數	0.166,6
	中小學教師學生比值	0.166,9

4. 各子因子綜合發展水平計算

根據前面的計算公式計算出各子因子的發展水平，如表2-12和圖2-1所示。從圖中可以看出四川省人口、資源環境、經濟、社會四個因子的發展水平從總體上呈現出上升趨勢，但每個系統因子的初始發展水平和發展過程都不盡相同。人口系統因子的綜合發展水平2000—2011年沒有大的波動，呈現出平緩的上升趨勢，表明人口因素在PRED內發展比較平穩，受衝擊不大，這也可能與四川宏觀穩健的人口調控有關。資源環境系統2000—2003年快速增長後緩慢下降，到2005年後再一直平緩上升。這可能與四川從2000年開始的西部大開發有關。前幾年由於西部大開發開始，資源環境開發比較迅速，在2003年達到高點，然後進入比較穩定的發展水平。經濟系統相對其他三個系統而言，協調發展水平的起點較低，按時間序列呈現明顯上升趨勢，並快速增長。這與西部大開發有直接的關係，前幾年發展比較緩慢，後面幾年其發展優勢逐

步顯現。社會系統在2005年以前基本上呈水平線發展，2005年后與人口系統一樣保持穩定增長。

表2-12　四川省人口、資源環境、經濟、社會子因子發展水平

年份	人口系統 X	資源環境系統 Y	經濟系統 Z	社會系統 W
2000	0.838,9	0.707,9	0.422,9	0.805,9
2001	0.847,1	0.707,8	0.433,5	0.792,9
2002	0.860,6	0.745,7	0.445,1	0.805,0
2003	0.872,6	0.849,4	0.467,9	0.805,9
2004	0.890,6	0.817,9	0.498,8	0.819,7
2005	0.904,6	0.814,2	0.543,1	0.835,0
2006	0.905,3	0.816,2	0.592,7	0.829,8
2007	0.914,6	0.832,1	0.645,5	0.841,1
2008	0.931,3	0.841,9	0.718,4	0.873,4
2009	0.943,7	0.897,8	0.805,7	0.925,8
2010	0.955,2	0.918,0	0.899,4	0.935,0
2011	0.968,3	0.949,9	1.000,0	0.982,3

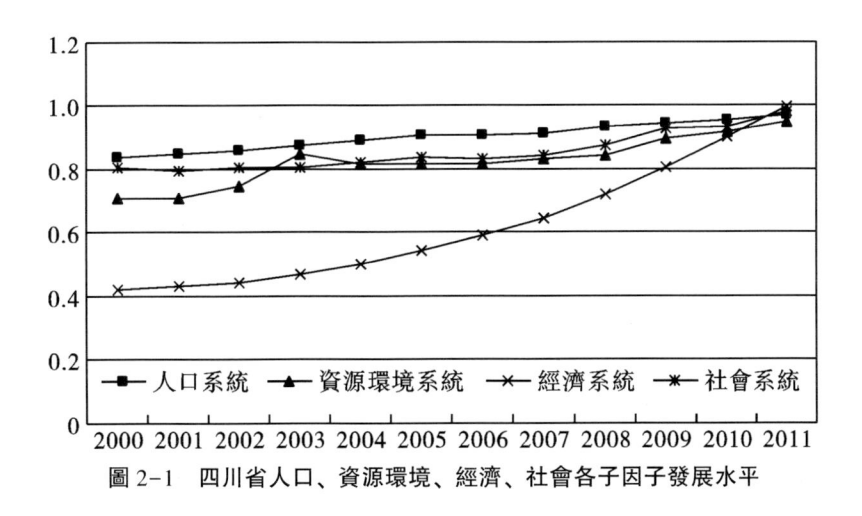

圖2-1　四川省人口、資源環境、經濟、社會各子因子發展水平

5. 綜合指數及系統協調度的計算與分析

根據相關計算公式可得到人口、資源環境、經濟、社會四個因子的綜合效

益指數 C 和綜合發展水平 F，最終得到 PRED 系統的協調度 D，如表 2-13 及圖 2-2 所示。從圖中可以看出：首先，綜合效益指數 C 在 2000 年處於中等水平，為 0.580,8，然后穩定發展到 2011 年的 0.997,2。其次，綜合發展水平 F 在 2000 年處於比較高的水平，為 0.693,9，然后緩慢增長到 2011 年的 0.975,1。最後，分析協調度 D。四川省人口、資源環境、經濟、社會系統的協調度總體呈現上升趨勢：2000 年為瀕臨失調狀態，處於較低水平，這與當時中國區域發展的大格局有關；2001—2004 年協調發展水平略有好轉，為勉強協調，2005—2007 年再次快速上升，發展為中級協調，2008 年為良好協調，2009—2011 年為優質協調。其中從 2003 年開始到 2009 年這幾年間協調性的增長水平都保持較高位置。從 2000 年的瀕臨失調狀態發展到 2011 年的優質協調狀態，經歷了幾個協調發展階段，協調發展水平增長迅速且增長趨勢處於穩定狀態，並在 2011 年達到歷年來的最高值 0.984,7。按照中國區域發展的新戰略，特別是隨著第二輪西部大開發的宏偉目標的確立及可持續發展理念的不斷深入，相信四川的區域 PRED 協調發展會取得更大成就。

表 2-13　　　　四川省 PRED 系統綜合指數和協調度水平

年份	綜合效益指數 C	綜合發展水平 F	協調度 D	協調等級
2000	0.580,8	0.693,9	0.483,7	瀕臨失調
2001	0.604,2	0.695,3	0.503,8	勉強協調
2002	0.611,4	0.714,1	0.516,7	勉強協調
2003	0.622,6	0.749,0	0.538,8	勉強協調
2004	0.680,2	0.756,8	0.591,7	勉強協調
2005	0.746,7	0.774,2	0.657,1	初級協調
2006	0.821,9	0.786,0	0.728,7	中級協調
2007	0.877,5	0.808,3	0.788,9	中級協調
2008	0.930,9	0.841,3	0.853,9	良好協調
2009	0.971,1	0.893,3	0.917,8	優質協調
2010	0.996,0	0.926,9	0.958,9	優質協調
2011	0.997,2	0.975,1	0.984,7	優質協調

圖 2-2　四川省 PRED 系統協調度發展進程

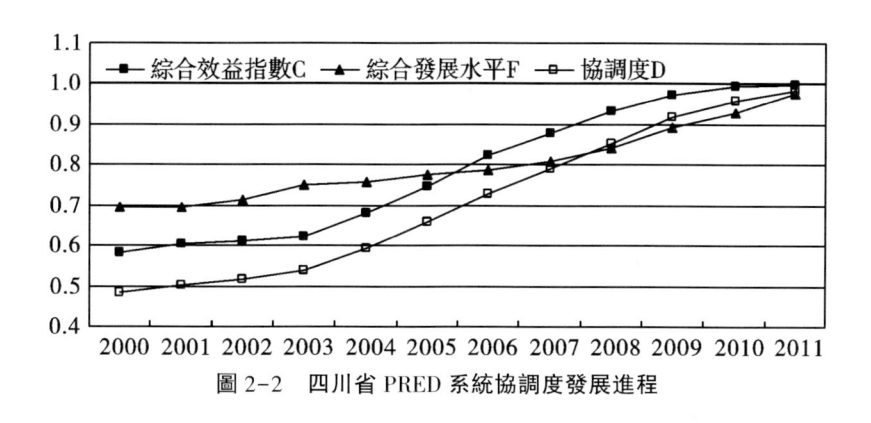

第三節　市級區域 PRED 系統協調性評估

這裡，我們以四川省遂寧市 PRED 系統協調評估為例。PRED 系統協調性評估的模型方法，除上述對四川評估的指標、模型、權重處理方法而外，還有其他評估指標、模型、權重處理方法。本研究採用王學義教授主持的 2011 年四川人口發展戰略課題《四川人口發展監測指標體系和監測方法研究》《四川人口現代化與經濟社會統籌發展研究》中的評估指標、模型、權重處理方法，構成遂寧市 PRED 系統或人口均衡發展評價模型（參見本研究的第四章、第九章的指標、模型方法）。

一、核心評價指標選取及賦權

在參考指標確定的基礎上，遵循代表性、可測得性原則，在反覆徵詢專家意見的基礎上確定最終的核心評價指標，並通過因子分析法計算出各指標權重（表 2-14）。在系統要素層次，研究參考同類研究並結合專家意見進行權重分配，最終賦權結果為 $Q_{人口內部均衡} = 0.6$（$Q_{人口數量} = 0.4，Q_{人口素質} = 0.3，Q_{人口結構} = 0.3$）；$Q_{人口外部均衡} = 0.4$（$Q_{人口與經濟社會} = 0.5，Q_{人口與資源環境} = 0.5$）。最終各維度權重分配后構成遂寧市人口均衡發展評價模型（表 2-15）。

表 2-14　　　　　各指標對應維度下的因子載荷度

系統要素	指標變量	載荷度
人口數量	自然增長率	1

表2-14(續)

系統要素	指標變量	載荷度
人口素質	人口平均預期壽命	0.993
	人口平均受教育年限	0.996
人口結構	65歲以上老年人口比例	−0.992
	第三產業就業人口比例	0.973
	城鎮人口比例	0.993
人口外部均衡	人均GDP	0.947
	農村恩格爾系數	−0.852
	城鄉收入比	0.303
	人均耕地面積	0.578
	人均公園綠地面積	0.876

註：各維度下因子分析均在0.05顯著度以下通過檢驗，KMO值也均大於0.5。下文中各對應序號所示指標同此表。

表 2-15　遂寧市 PRED 人口均衡發展評價模型構成

系統要素	要素權重	監測指標	指標對應權重	歸一化權重
人口數量	0.24	自然增長率	1	0.24
人口素質	0.18	人口平均預期壽命	0.499,2	0.089,9
		人口平均受教育年限	0.500,8	0.090,1
人口結構	0.18	65歲以上老年人口比例	0.335	0.060,3
		第三產業就業人口比例	0.329	0.059,2
		城鎮人口比例	0.336	0.060,5
人口協調	0.4	人均GDP	0.266,5	0.106,6
		農村恩格爾系數	0.239,5	0.095,8
		城鄉收入比	0.085,2	0.034,1
		人均耕地面積	0.162,5	0.065,0
		人均公園綠地面積	0.246,3	0.098,5

二、PRED 系統協調性評價

（一）數據收集和標準化

首先，在評價指標體系模型建立的基礎上，收集 2001—2010 年遂寧市相應指標數據（表 2-16），為消除不同數據間的量綱影響，進一步將數據進行標準化（表 2-17），數據標準化公式為：

$$\text{正向指標：} Z_i = \frac{X_i - X_{\min}}{X_{\max} - X_{\min}} \quad i = 1, 2, 3, \cdots, n \tag{2-11}$$

$$\text{負向指標：} z_i = \frac{X_{\max} - X_i}{X_{\max} - X_{\min}} \quad i = 1, 2, 3, \cdots, n \tag{2-12}$$

其中，Z_i 為數據標準化值，X_i 為數據原始值，$X_{\max}$ 為原始數據組中最大值，$X_{\min}$ 為原始數據組中最小值。

表 2-16　遂寧市 2001—2010 年人口均衡發展原始數據

年份 項目	2001	2002	2003	2004	2005	2006	2007	2008	2009	2010
自然增長率（‰）	2.2	2.4	3.7	4	1.3	1.4	2.03	2.3	2.3	1.15
平均預期壽命（歲）	72.34	72.78	73.23	73.67	74.12	74.57	75.03	75.49	75.95	76.41
平均受教育年限（年）	6.54	6.73	6.94	7.14	7.36	7.57	7.8	8.03	8.27	8.52
老年人口比例（%）	8.15	8.46	8.78	9.11	9.46	9.81	10.19	10.57	10.97	11.39
三產就業人口比例（%）	30.57	31.54	32.67	33.82	35.02	35.56	33.99	36.5	36.26	35.93
城鎮人口比例（%）	26.96	28.04	29.16	30.2	31.7	33.2	35.1	36.6	38.4	38.4
人均 GDP（元）	3,451	3,773	4,246	5,410	5,789	6,762	8,565	10,467	11,530	14,498
農村恩格爾系數（%）	57.51	50.44	53.78	57.44	52.98	53.77	52.39	55.73	48.18	43.90
城鄉收入比（倍）	2.46	2.49	2.47	2.35	2.36	2.51	2.51	2.47	2.60	2.56
人均耕地面積（公頃）	0.043	0.043	0.043	0.043	0.042	0.043	0.043	0.043	0.043	0.048
人均綠地面積（公頃）	1.9	3.63	6.81	8.1	8.26	8.26	7.69	8.13	7.67	7.77

註：「平均預期壽命」和「平均受教育年限」相應年份數據為根據五普六普測算後採用線性插值的推算數據

表 2-17　遂寧市 2001—2010 年 PRED 人口均衡發展標準化數據

年份 項目	2001	2002	2003	2004	2005	2006	2007	2008	2009	2010
自然增長率	0.63	0.56	0.11	0.00	0.95	0.91	0.69	0.60	0.60	1.00
平均預期壽命	0.00	0.11	0.22	0.33	0.44	0.55	0.66	0.77	0.89	1.00
平均受教育年限	0.00	0.10	0.20	0.30	0.41	0.52	0.64	0.75	0.87	1.00
老年人口比例	0.00	0.10	0.19	0.30	0.40	0.51	0.63	0.75	0.87	1.00
三產就業人口比例	0.00	0.16	0.35	0.55	0.75	0.84	0.58	1.00	0.96	0.90
城鎮人口比例	0.00	0.09	0.19	0.28	0.41	0.55	0.71	0.84	1.00	1.00

表2-17(續)

年份 項目	2001	2002	2003	2004	2005	2006	2007	2008	2009	2010
人均 GDP	0.00	0.03	0.07	0.18	0.21	0.30	0.46	0.64	0.73	1.00
農村恩格爾系數	0.00	0.52	0.27	0.01	0.33	0.27	0.38	0.13	0.69	1.00
城鄉收入比	0.54	0.45	0.52	1.00	0.97	0.35	0.37	0.50	0.00	0.18
人均耕地面積	0.17	0.17	0.17	0.17	0.08	0.13	0.25	0.25	0.19	1.00
人均綠地面積	0.00	0.27	0.77	0.97	1.00	1.00	0.91	0.98	0.91	0.92

(二) 協調性評價

1. 指數測算

人口均衡發展主要考察人口內外部的均衡發展狀況，在具體的統計分析中可通過人口均衡指數量化展現，其計算步驟如下：

首先將人口內部發展指數和人口外部發展指數分別記為兩個評價函數 $f(pin)$ 和 $f(pex)$，兩個評價函數通過代入表 2-17 數據和表 2-15 中指標歸一化權即可求得。然后計算內外部兩個評價函數的協調系數：

$$C = \left[\frac{f(pin) \times f(pex)}{\left(\frac{f(pin) + f(pex)}{2} \right)^2} \right]^k \tag{2-13}$$

其中 k 為調節系數。

其次計算人口發展綜合指數：

$$F = \alpha f(pin) + \beta f(pex) \tag{2-14}$$

其中 α 和 β 分別代表兩個要素的權重。

最后計算人口均衡發展指數：

$$D = \sqrt{C \times F} \tag{2-15}$$

最終將表 2-17 相關數據代入公式 2-13、公式 2-14、公式 2-15 即可求得最終人口均衡發展指數（見表 2-18）。

表 2-18　　中國 2001—2010 年人口發展內外部協調度

年份項目	人口內部發展指數 $f(pin)$	人口外部發展指數 $f(pex)$	人口發展綜合指數 F	協調系數 C	人口均衡發展指數 D
2001	0.252	0.074	0.181	0.013	0.05
2002	0.290	0.265	0.280	0.077	0.15
2003	0.180	0.345	0.246	0.056	0.12

表2-18(續)

項目 年份	人口內部 發展指數 $f(pin)$	人口外部 發展指數 $f(pex)$	人口發展 綜合指數 F	協調系數 C	人口均衡 發展指數 D
2004	0.207	0.402	0.285	0.075	0.15
2005	0.663	0.477	0.589	0.308	0.43
2006	0.714	0.442	0.605	0.298	0.42
2007	0.663	0.510	0.602	0.332	0.45
2008	0.727	0.526	0.647	0.373	0.49
2009	0.787	0.615	0.718	0.477	0.58
2010	0.990	0.910	0.958	0.900	0.93

2. 評價結果

（1）通過圖2-3的人口發展均衡指數值變動趨勢的總體分析發現，遂寧市在近10年來人口均衡發展水平起點相對很低，2001年僅為0.05，但近10年來增速相對明顯，到2010年已經達到相對2001年19倍左右的均衡發展水平值。其間，均衡指數經歷了2001—2004年的低水平緩慢增長後，在2005年開始躍升，然後經歷5年左右的平穩增長後又從2009年的0.58躍升至2010年的0.93。進一步結合表2-16、表2-17的指標數據變動分析，這種帶有較強波動性的跨越式發展在數量上歸結為如自然增長率、第三產業就業人口比例、農村恩格爾系數以及人均公園綠地面積等指標數據層面在前期的較大波動性。可以說，從協調均衡的角度看，遂寧市人口發展從2005年開始才相對進入一個穩定上升時期，且在2010年之前其均衡發展狀況相對並不理想。

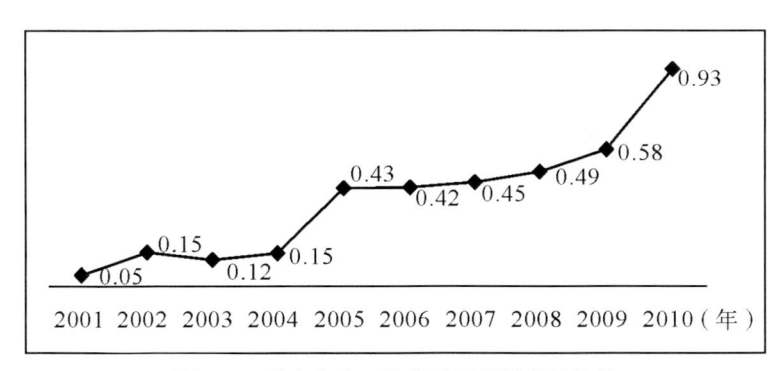

圖2-3 遂寧市人口均衡發展指數變動趨勢

（2）從人口內部和人口外部發展指數變動趨勢（圖2-4）看，二者相對起點都較低，但人口內部發展指數波動趨勢更為明顯，人口外部發展指數變動增長在2010年前均較為平緩，但指數值水平總體落后於人口內部發展指數。無論是內部發展指數還是外部發展指數，均在2005年后才開始出現平穩增長勢頭，且在2010年實現一定幅度的跨越。

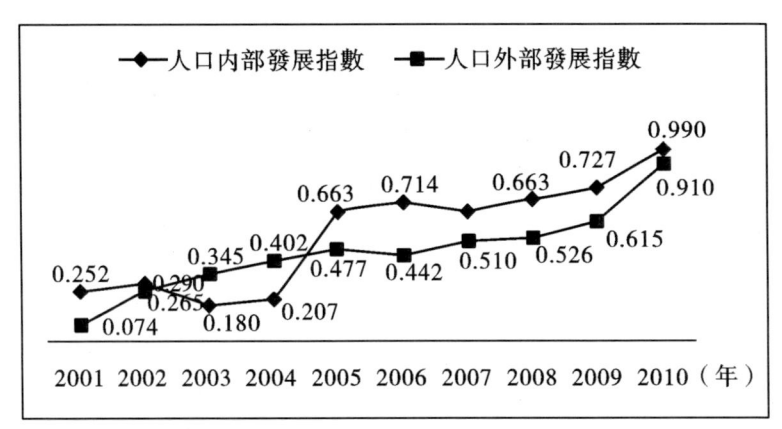

圖2-4　遂寧市人口內外部發展指數變動趨勢

（3）將人口均衡發展指數實施五分法相對評價遂寧市近10年來的人口均衡發展狀況。均衡指數區間為0~0.1表示處於嚴重失調時期；均衡指數區間為0.1~0.4表示處於輕度失調時期；均衡指數區間為0.4~0.6表示處於向協調過渡發展時期；均衡指數區間為0.6~0.9表示處於向協調縱深時期；均衡指數區間為0.9~1表示處於協調發展時期。依據這一標準，分類評價結果見表2-19：

表2-19　　　　遂寧市相關年份人口均衡發展水平

年份 \ 項目	人口均衡發展狀況	評價標準
2001	嚴重失調	$0 \leq D < 0.1$
2002	失調	$0.1 \leq D < 0.4$
2003		
2004		

表2-19(續)

年份＼項目	人口均衡發展狀況	評價標準
2005	向協調過渡	$0.4 \leqslant D < 0.6$
2006		
2007		
2008		
2009		
-	向協調縱深	$0.6 \leqslant D < 0.9$
2010	協調發展	$0.9 \leqslant D < 1$

第三章 區域人口轉變與經濟社會影響

第一節 人口轉變理論與區域人口轉變研究的問題

一、人口轉變論及對人口轉變后果的研究

人口轉變論是西方人口理論的重要組成部分，它是在西歐 19 世紀末 20 世紀初人口經濟發展的歷史背景下形成的，並在當代得到了重大補充和發展。人口轉變理論，首先由美國人口學家湯姆遜（U. S. Thomson）於 1929 年提出，后來又由法國人口學家蘭德里（A. Landry）和美國人口學家諾特斯坦（F. W. Notestein）加以補充、完善。該理論主要用於對西歐、北美的人口死亡率和生育率下降的歷史過程進行描述和解釋，同時也用於對發展中國家人口發展的趨勢進行預測。其核心是通過考察社會經濟發展和以出生率、死亡率的變動為標志的人口發展階段的關係，來說明人口轉變過程及原因與后果。[①] 該理論認為人口轉變與社會經濟發展過程密切相關，人口轉變主要通過出生率（生育率）和死亡率的變動與相互均衡來完成（在工業化初期出生率的下降往往滯后於死亡率）；實現人口轉變的關鍵是實現生育率的下降（向低生育率、低死亡率、低自然增長率轉變並保持低位均衡是人口轉變最基本的特徵），而實現生育率下降的關鍵則是實現社會經濟現代化。[②] 世界人口轉變遵循既定規律，變遷路途大致相同，分階段推進。1968 年，聯合國將人口轉變過程描述為以下四個階段：

一是人口轉變發生之前的階段。這是在高死亡率（25‰以上）、高出生率（35‰左右）影響下所形成的人口低速增長的階段，這是傳統農業社會的基本

[①] Notestein, F. W. Population: the Long View [A] //Schultz T. W. Food for the World [C]. Chicago: The University of Chicago, 1945.

[②] 王學義. 論中國人口轉變面對的幾個突出問題 [J]. 理論與改革, 2002 (5).

特徵。

　　二是人口轉變的起步階段。該階段的明顯特徵是死亡率下降、出生率高位徘徊和自然增長率上升。工業化和醫療衛生技術的進步是這一階段得以到來的前提。

　　三是人口轉變的關鍵階段。在這一階段，伴隨女性社會地位的持續提高與勞動參與率的上升，人口出生率會下降到15‰以下。在死亡率相對比較穩定的情況下，出生率的下降會直接導致自然增長率的下降。這是工業化進一步加深時期的人口特徵。

　　四是人口轉變的完成階段。這一歷史時期的主要特徵是出生率與死亡率大致接近，人口平均預期壽命延長，老齡化水平高位維持。這是高度工業化社會的基本特徵。

　　從寬泛意義上使用人口轉變概念而言，20世紀以來西方人口學說的主要學派、主要代表人物，其研究領域不少都涉及人口轉變對經濟社會發展的影響問題。一方面研究人口轉變對經濟社會現代化的積極影響，另一方面也重點研究人口轉變給經濟社會現代化帶來的消極影響，並且大都側重於對人口轉變后果的研究。在后果研究方面，著重從人口發展過程與社會經濟的密切相關性來強調人口減少的危害。現代人口轉變論者對人口轉變過程中的人口結構問題，以及人口老齡化、勞動力短缺等問題給予了更多、更具體的關注。此外，當代西方人口增長控制學說，可以看作是規避人口轉變后果的研究思路與研究方法。

　　人口衰減對經濟發展的不良影響，為持「經濟停滯」論的西方人口經濟學家所重視。他們把當時發達國家的經濟危機歸因於有效需求不足，並認為造成有效需求不足的一個根本原因在於西方發達國家的人口衰減（凱恩斯，1936），人口衰退甚至被認為是消費需求不足、經濟衰退的決定性因素（凱恩斯，1937）。[1] 有學者更明確地把經濟增長的長期停滯歸因於人口增長的長期停滯（A. 漢森，1936；1940）。英國經濟學家R. 哈德羅也在其經濟增長模型中把勞動人口增長率看成是決定經濟「自然增長率」的重要因素。[2] 近些年，西方學者面對一些發達國家持續低生育率、人口負增長帶來的經濟負面效應，主要針對德國、法國、加拿大、俄羅斯等國進行實證研究，試圖找到解決問題的滿意答案。

---

[1] 凱恩斯. 凱恩斯全集：第14卷 [M]. 劍橋：劍橋大學出版社，1973：120-135.
[2] 李競能. 現階段中國人口經濟問題研究 [M]. 北京：中國人口出版社，1999：21-23.

產生於19世紀末20世紀初的以 A. Sauvy 等為代表創立的適度人口論，把一個國家或地區的特定人口規模、人口增長率與資源培植的關係作為研究的重點，追求既非「過剩」又非「不足」的最理想的人口規模和人口增長率，以避免或減少人口轉變過程中非適度人口導致的經濟社會后果。[①] 與此相聯繫，「人口零增長論」基於「人口停滯理論」明確提出了人口零增長的主要消極后果[②]：①加劇結構性失業；②不利於人口的垂直流動和水平流動；③老年人口保險性下降、社會負擔加重等（J. Spengler，1971；1975；1978）。

人口老齡化趨勢及其社會經濟影響，一直是西方人口老齡化理論研究的重點。20世紀80年代以前，研究主要集中在人口老齡化對消費、儲蓄、投資、勞動生產力以及經濟增長的影響上，其中包括對經濟增長、社會發展的負面影響研究。20世紀80年代以後，關於人口老齡化社會經濟后果研究表現出一些新的特點：①研究範圍從西歐、北美等發達國家擴展到發展中國家；②特別注重高齡老年人口和貧窮老年人口；③在主流人口學、人口經濟學的基礎上，非規範人口學或非經濟學、非市場經濟學以及人口生物學的研究視角逐步增多，涉及人口老齡化的社會、政治、文化、人權、人道、健康等后果分析；④更突出具體的政策、制度等應對戰略及措施等。

西方人口學者特別注重從宏觀和微觀兩方面深刻描述人口遷移及人口城市化的社會經濟后果研究。西方宏觀遷移理論主要研究在遷移模式既定的情況下遷移的社會后果、經濟后果、生態、文化后果怎樣；西方微觀遷移理論主要從社區和個人的微觀層次研究遷移動因的后果以及遷移選擇性的后果，包括年齡和性別的選擇性后果、教育的選擇性后果、職業和社會階層的選擇性后果等。[③] 西方人口遷移后果研究從20世紀70年代開始轉向重視實證研究並且具有多學科介入的特點，遷移新經濟學、二元勞動力市場理論、世界體系理論以及網路、制度、因果關係累積、遷移體系等理論將人口遷移社會經濟后果研究不斷推向深入。人口城市化的社會經濟后果研究重點相對集中於發展中國家城市化過程及后果，深刻分析人口城市化所引起的社會壓力、教育壓力、就業壓力、貧困、生活條件惡化、環境污染等社會結構問題與經濟問題。

國內研究視野中的人口轉變理論內涵比西方人口轉變理論內涵更寬泛，研究著力點曾經主要集中於人口數量控制、降低生育率以及計劃生育的正面效應方面。但隨著中國人口轉變與中國經濟社會、資源環境的聯繫更趨多樣化、複

---

① 卡爾·桑德斯. 人口問題：人類進化的研究 [M]. 北京：商務印書館，1983：475-478.
② 李競能. 現代西方人口理論 [M]. 上海：復旦大學出版社，2004：312.
③ 李競能. 現代西方人口理論 [M]. 上海：復旦大學出版社，2004：167-174.

雜化，國內學者認為中國人口轉變過程更加富有矛盾性，人口轉變、人口政策的社會、經濟等后果會逐漸暴露出來（蔡昉，都陽，辜勝阻，曾毅，等，2004；李新建，張翼，等，2005），並且在不同地區或區域具有差異性表現。因此，人口轉變研究視野進一步擴大，區域性人口轉變的社會、經濟後果研究正在開始成為中國人口轉變研究的基本方向之一。

國內學者對人口轉變特別是現行低生育率水平是否會導致消極後果的研究存在分歧。一些學者認為不會帶來什麼消極後果並指出：①不要將一孩化和人口減少「妖魔化」；②加速老齡化將會更有利於老年人口的生活保障；③一胎化不會使中國出現勞動力短缺（李小平，2003）。一些學者則認為會帶來嚴重後果，指出：①只追求減少人口數量就是人口數量決定論；②一個人口不斷減少、年齡結構迅速老化的動態過程，並不能支持社會經濟的可持續發展；③中國不如歐盟富裕卻要面臨同樣的老齡化問題，加速老齡化不利於國民收入的提高；④經濟增長與人口規模和人口結構都是影響一個社會、一個國家、一個文明興衰的重要變量，減少人口數量風險太大（李建新，2003）。

國內學者對人口轉變後果的研究主要集中在嚴格生育政策條件下生育率下降後果方面。後果性問題主要包括：家庭規模、家庭結構和居住方式問題、人口年齡結構老化問題、代際關係問題、獨生子女問題、出生性別比問題、婚姻市場問題、性別平等問題、生育健康問題、人口遷移和人口城市化問題、人口素質問題、少數民族人口問題、區域人口發展不平衡問題、生育權和人權問題以及計劃生育的國際形象等問題（於學軍，2002）。

人口結構性問題是中國人口學者研究人口轉變、人口政策後果的主流。他們認為：①出生人口性別比嚴重失衡，將導致婚齡人口擠壓現象逐漸凸顯；②出生缺陷人口居高不下、愛滋病等傳染性疾病的增長對人口安全帶來嚴重影響；③老齡化水平將隨新生人口的下降而增加，從而引發綜合性問題；④未來數年內，中國新增勞動力會迅速下降，出現勞動力短缺問題；⑤人口機械遷移帶來社會問題；從農村流動到城市的人口在城市裡存在邊緣化問題，弱勢者將逐漸形成城市和農村新的貧困人口；尤其是流動人口子女存在邊緣化危險，教育問題凸顯；⑥伴隨少數民族人口的迅速增長，其聚集區的生態環境壓力大大增加（辜勝阻，2004；張翼，2005）。其中，性別比失衡、人口老齡化問題、勞動力供給優勢衰減是國內目前關注的重點，蔡昉、翟振武、穆光宗、李建新、曾毅、孫常敏、於學軍、王國強、蔣正華等學者、官員都展開了大量論述，包括基本理論問題探討、現狀調查和對策研究以及國外人口轉變後果研究借鑑等。此外，國內對上海、浙江、瀋陽等部分地區或地區內部區域已經出現

的人口負增長現實及其社會經濟后果開始給予關注。

另外，國內學者近些年還非常注重開展人口轉變對經濟社會發展影響的綜合性效應的實證研究。例如，王穎、倪超（2013）基於經濟收斂理論，構建了人口轉變與經濟發展的關係模型（固定效應模型和隨機效應模型）。具體方法是：納入 1950—2009 年 26 個 OECD（經濟合作與發展組織）國家的面板數據，通過模型間與變量間的比較來考察人口結構因素對經濟增長的影響。研究發現：①勞動力人口增長率與總人口增長率之差與人均 GDP 增長率呈現顯著正向關係，少兒撫養比與人均 GDP 增長率的關係呈現顯著負向關係；②老年撫養比與人均 GDP 的關係是不顯著的。研究還同時考察了 OECD 國家人口轉變過程中不同歷史時期人口轉變因素對經濟增長的影響，研究發現 1965—1985 年這一期間，人口轉變因素對經濟增長的貢獻最大，而受二戰後嬰兒潮的影響，1950—1965 期間，人口結構轉變因素對經濟增長的影響是負向的。① 馬妍、劉爽（2011）綜合運用新中國成立以來人口自然變動以及生育和死亡轉變的數據，應用聚類分析的方法，描述了中國省級人口轉變在時間和空間上的演變進程。時間序列聚類結果顯示：中國省際的生育率轉變、死亡率轉變和人口自然變動的過程具有不同步性（例如死亡率轉變開始較早的省份並不一定生育率轉變也開始得較早，反之亦然）。而多時點連續聚類的結果，又顯示了中國省際人口轉變在空間上的擴散過程和在時間上的推移過程。同時，中國省際人口轉變格局與中國經濟發展水平的分佈格局具有相似性。中國省際人口轉變進程，其與經濟社會發展進程存在一致性和不一致性。② 余廣源、周潔等（2013）利用《湖北省統計年鑒》相關數據，利用 LEFF 模型以及迴歸方程，對湖北省人口轉變的情況和年齡結構變動進行了實證研究。實證結果表明：湖北省在 20 世紀 90 年代就迎來了人口紅利時期。湖北省年齡結構、負擔系數、居民儲蓄存款、社會從業人員比重變動，對湖北省經濟增長具有明顯的促進作用。尤其是過去 20 多年的總撫養比下降，為湖北省地區經濟增長的貢獻達到 1/4 左右。③

二、區域人口轉變研究應注意的幾個問題

中國東、中、西部地區人口轉變存在較大區域差異性，尤其是西部地區與

---

① 王穎，倪超. OECD 國家人口轉變與經濟增長的關係研究 [J]. 中國人口·資源與環境，2013（5）：106-112.
② 馬妍，劉爽. 中國省級人口轉變的時空演變進程 [J]. 人口學刊，2011（1）：16-23.
③ 余廣源，周潔，等. 人口轉變、人口紅利與經濟增長 [J]. 中國市場，2013（20）：33-37.

東部地區相比，人口轉變問題更加突出，研究中必須注意把握好以下幾個問題：

（1）西部人口轉變過程更具有複雜性、多樣性、深刻性的特徵，西部人口轉變、人口政策在促進西部經濟增長方面發揮了積極影響和重要作用。但是，它抑制經濟增長的負面影響也開始有所表現，如不注意調整人口政策，不在穩定低生育水平的基礎上優化人口結構、提高人口素質、綜合治理人口資源環境問題，將勢必影響經濟增長的可持續性。這些抑制經濟可持續增長的負面影響不只是人口老齡化問題、人口性別比失調問題，還應包括人口結構性失業，人口素質被人口數量所衝淡，貧困人口社會經濟地位被邊緣化，人口遷移流動與人口城市化的社會、經濟、文化、生態層次的綜合問題，社會壓力、教育壓力、就業壓力、貧困與社會保障壓力、生活條件惡化壓力、資源環境壓力、政策壓力等。這都應是人口轉變、人口政策影響經濟可持續增長研究的應有之義。①

（2）西部出現人口老齡化問題和出生性別比失調問題等與中國計劃生育的人口控制政策具有相關性，人口老齡化問題和出生性別比失調問題將逐漸成為困擾西部社會經濟發展的焦點問題。其一，西部人口老齡化速度快於社會經濟發展速度，老年負擔系數將逐年提高，人口老齡化水平已經從城市高於農村轉變為農村高於城市，老年人口內部的老年人口高齡化趨勢日漸顯露，解決老齡化問題的物質社會條件與發達地區相比具有明顯差距。人口老齡化速度與養老保障發展速度不協調，是西部人口轉變中的突出問題。其二，20世紀80年代以來，西部在生育率不斷下降的同時，出生人口性別比迅速攀升，且有逐漸上升勢頭。這直接影響到西部人口總體結構、婚姻、家庭形態和結構，從而也將對西部社會經濟的健康發展產生嚴重影響。而導致男女比例失衡的因素是眾多而複雜的，不僅有生育政策，還有生育意願、人工技術鑒定選擇、出生的女嬰漏報、瞞報等因素。因此，必須對性別比上升這一嚴峻問題給予足夠的認識，並提出積極可行的解決方案。

（3）人口的現代轉變始終會伴隨人口遷移流動和人口城市化過程，既有巨大正面效應，也有不可低估的負面影響，如對城市能源和基礎設施、城市生活秩序、城市治安、就業、階層分化與貧困人口、教育、生態環境以及城市計劃生育管理帶來消極後果。儘管西部目前城市化水平整體上尚低於工業化水平，但隨著西部社會經濟發展水平逐漸提高，西部人口轉變過程中的人口遷移

---

① 王學義. 人口現代化研究 [M]. 北京：中國人口出版社，2006：162-169.

流動水平、人口城市化水平在 2010 年前後迅速提高，且地區差異更加明顯，人口遷移流動、人口城市化前所未有地向發達區域、中心城市集中，人口遷移流動、人口城市化進程可能明顯遭遇前述一系列困難和問題，「城市病」成為西部人口轉變中的一個重要特徵。解決好這一問題，是促進西部經濟可持續增長的必要措施。

（4）對西部人口轉變的社會經濟不良後果要有客觀、公正、理性的認識，穩定西部人口低生育水平仍是人口和計劃生育工作的重中之重，控制人口數量、優化人口結構、提高人口素質是處理西部人口與社會經濟、資源環境協調發展關係的基本方向。同時，西部人口轉變過程的社會經濟不良後果已經正在或將要對西部社會經濟發展造成一定阻礙，預防、矯正、解決西部人口轉變的社會經濟不良後果，必須受到政府、社會各界尤其是理論界的高度重視，要建立比較完善的西部人口轉變後果控制系統，包括法律法規政策控制系統、社會控制系統、生育文化控制系統、技術控制系統四大配套控制系統與相應的運行機制，從而使人口轉變後果得到有效控制甚至根本解決，使人口轉變的正面效應能夠充分發揮，保證西部人口轉變有利於西部經濟的可持續增長。

第二節　區域人口政策調整與人口轉變

如果國家在實施「開單獨」生育政策基礎上，再實施「開傷殘」「開再婚」及其組合的生育政策，那麼會發生怎樣的人口轉變狀況？本研究以四川為例加以闡釋。①

一、研究區域、數據來源及抽樣調查總和生育率

本課題研究區域為四川省，使用的數據主要來自於四川省人口和計劃生育委員會 2012—2013 年對全省育齡婦女家庭生育率的抽樣調查數據（全省5‰人口發展狀況抽樣調查），包括育齡婦女年齡別生育率②、總和生育率③、「開單獨」、「開傷殘」、「開再婚」家庭戶的比重等。戶籍人口總數和分年齡組數

---

① 本節內容可參看本書作者主持的四川人口發展戰略基金項目「四川人口發展態勢研究」。
② 年齡別生育率是指按年齡組分別計算的婦女生育率，即各年齡組每千名婦女平均生育的嬰兒數。
③ 總和生育率是分析研究平均每個婦女一生中生育了多少個小孩數的指標，其在技術處理上是育齡婦女年齡別生育率之和。

據來自歷年四川省統計局、四川省公安廳、四川省人口計生委等部門的相關數據。此外，還參考了四川省 2000 年第五次人口普查資料和 2010 年第六次人口普查資料數據。

抽樣調查按照隨機等距分層抽樣的原則，抽樣育齡婦女總規模 15 萬人，樣本點涵蓋全省 18 個市、125 個縣、256 個樣本村（居）。

抽樣調查對象包括 1963 年 3 月 1 日零時出生至 2013 年 2 月 28 日 24 時樣本點 15~49 周歲育齡婦女（含育齡婦女發生生育行為后死亡婦女）分年齡、分孩次（小孩出生后死亡的）生育狀況。具體情況如下：

（1）戶口在本鄉（鎮、街道）（以下簡稱鄉）村委會（居委會）（以下簡稱村（居）），現住本鄉本村（居）的；

（2）戶口不在本鄉本村（居），現住本鄉本村（居）的；

（3）戶口不在本鄉本村（居），現住本鄉本村（居）以外的；

（4）戶口待定，現住本鄉本村（居）的。

「現住本鄉本村（居）」人口包含因就醫、旅遊、探親、訪友、出差等原因臨時離開本鄉本村（居）的人口。通過相關部門信息，發現在本鄉本村（居）出生、戶口和現住地都不在本鄉本村（居）的出生人口及其母親也要進行登記。

主要核查內容是育齡婦女及其子女相關信息（包括姓名、性別、公民身分證號碼、出生日期、現居住地、戶籍所在地等）。所有育齡婦女均應填寫《入戶調查表》（育齡婦女的女兒滿 15 周歲及以上的應單獨填寫《入戶調查表》），其中育齡婦女的女兒嫁到樣本村（居）以外的不統計，戶口未遷出樣本村（居）的，應統計。

本次抽樣調查分為五個階段：

第一階段：前期準備階段（2013 年 2 月 28 日前）

第二階段：信息採集、核查階段（2013 年 3 月 1 日~3 月 8 日）

第三階段：信息錄入階段（2013 年 3 月 9 日~3 月 13 日）

第四階段：信息上報階段（2013 年 3 月 14 日~3 月 17 日）

第五階段：復查評估階段（2013 年 3 月 18 日~3 月 29 日）

抽樣結果表明，2012—2013 年度，四川除甘孜、阿壩、涼山三州外的抽樣調查總和生育率為 1.67；按照政策生育率的設計，推算三州總和生育率的結果，其中阿壩、甘孜總和生育率均為 2.1，涼山為 2.5。再通過戶籍人口加權處理方法，獲取全省總和生育率。2012 年全省戶籍人口總數為 9,097.4 萬人，阿壩、甘孜、涼山分別為 91.4 萬人、110.3 萬人、497.2 萬人。通過加權

處理，得到如下總和生育率：

$$1.67 \times \frac{9,097.4 - 91.4 - 110.3 - 497.2}{9,097.4}$$

$$+ 2.1 \times \frac{91.4 + 110.3}{9,097.4} + 2.5 \times \frac{497.2}{9,097.4}$$

$$= 1.72$$

抽樣調查總和生育率和政策生育率比較，四川省的政策生育率是1.33，而2012年實際生育率為1.72。由計算可知，2012年的政策執行力度為77.3%。

二、基於總和生育率的生育政策調整方案

（一）相關概念及生育政策調整方案

首先，對如下幾個概念做出解釋：①「開單獨」，即一方是獨生子女且只有一個子女的夫妻，可再生育一個子女。②「開傷殘」，指現有一個子女且傷殘不能成為正常勞動力的，或者符合規定生育兩個子女且都傷殘不能成為正常勞動力的，或夫妻一方為三級以上傷殘、家庭現有一個子女的家庭，可再生育一個子女。③「開再婚」，子女數合計不超過兩個且無共同生育子女的再婚夫妻，可再生育一個子女。

其次，設定六種生育政策調整方案。

方案一：保持目前的實際總和生育率1.72不變。

方案二：只「開單獨」。

方案三：只「開傷殘」。

方案四：只「開再婚」。

方案五：「開單獨、傷殘」。

方案六：「開單獨、傷殘、再婚」。

（二）六種生育政策調整方案

1. 方案一：保持目前的實際總和生育率

該方案下，保持目前的實際總和生育率1.72不變。

2. 方案二：「開單獨」

（1）確定「開單獨」未來照顧生育的規模

從新增照顧生育看。根據本次課題專門做的抽樣調查結果（「開單獨」的家庭占被調查的已婚育齡婦女家庭戶數的比重為7.19%）、相關婚姻登記資料，扣除三州地區（因為三州地區生育政策相對寬鬆），基本不存在「開單

獨」的問題，所以忽略為 0。從而除三州外的地區在「開單獨」以後對全省總和生育率的增加數為 7.19%×93.6%×1①。再結合 2000—2012 年的年均出生人口數、內地家庭戶數占全省家庭戶數的比重等數據，估算出的每年「開單獨」後新增照顧生育數為 4.5 萬人②左右。

從補償生育看。統計數據表明，2012 年全省已婚育齡婦女家庭的比重為 57.1%③，全省戶籍人口家庭戶數為 3,112.1 萬戶，所以全省戶籍已婚育齡婦女的家庭戶數為 1,776.07 萬戶。抽樣調查數據顯示，已婚育齡婦女中「開單獨」的比重為 7.19%，扣除三州地區，再綜合考慮群眾的生育意願、生育能力以及實際工作水平等因素，估算出補償生育總量約為 73.38 萬人④。假設在 2014⑤—2018 年五年內全部完成（五年分攤比例分別為 10%、25%、25%、25%、15%），2014 年、2015 年、2016 年、2017 年、2018 年每年補償生育分別約為 7.34 萬人、18.34 萬人、18.34 萬人、18.34 萬人、11.01 萬人。

（2）確定「開單獨」后未來的生育水平

方法：建立標準生育模式，按每年新增照顧生育人口、補償生育人口（按五年分比例攤入）和目前的超生規模，推算年齡別生育率，計算總和生育率（以下簡稱 TFR），等於 1.33+7.19%×93.6%×1（新增生育）+各年補償的生育+超生生育的部分⑥+已經超生的單獨家庭生育⑦。

2014 年的實際總和生育率為：

1.33+7.19%×93.6%×1（新增生育）+7.34/4.5×7.19%×93.6%（當年補償生育）+（0.39−0.036）（超生部分⑧）+0.036（已經超生的單獨家庭生

---

① 93.6%為 2011 年內地家庭戶數占全省家庭戶數的比重，假定保持這一比重。
② 2000—2012 年年均出生人口數約為 115 萬人，所以：115/1.72×7.19%×93.6%＝4.5 萬人，即每年新增約 4.5 萬人。
③ 計生系統和公安系統的數據。
④ 全省戶籍已婚育齡婦女的家庭戶數為 1,776.07 萬戶，結合各個年齡段育齡婦女生育能力和生育意願（此數據來源有再生育服務的調查數據）比重。35 歲以下的育齡婦女再生育的比重為 68.25%，35~39 歲的育齡婦女再生育能力為 66.40%，40 歲及以上的育齡婦女的再生育能力為 44.80%。結合這些數據最終算出截至 2013 年有生育意願且有生育能力的「開單獨」家庭戶數是 73.38 萬戶，即累計要出生 73.38 萬人。
⑤ 因為 2013 年還沒有實行「開單獨、傷殘、再婚」的政策，所以從 2014 年開始預測。2013 年還是保持目前的總和生育率 1.72。
⑥ 未來的超生水平將由於「開單獨」政策的實施而部分下降。
⑦ 超生部分為 1.72−1.33＝0.39，其中已經超生的單獨家庭對總和生育率的貢獻為：0.39×單獨家庭占比 9.3%（此單獨家庭占比包括已經超生和還沒有超生的單獨家庭）＝0.036。
⑧ 所以未來的超生水平將由於「開單獨」政策的實施，下降 0.39−0.036＝0.354。

育①）= 1.897

2015 年的實際總和生育率為：

1.33+7.19%×93.6%×1（新增生育）+18.34/4.5×7.19%×93.6%（當年補償生育）+（0.39-0.036）（超生部分）+0.036（已經超生的單獨家庭生育）= 2.062

2016 年的實際總和生育率為：

1.33+7.19%×93.6%×1（新增生育）+18.34/4.5×7.19%×93.6%（當年補償生育）+（0.39-0.036）（超生部分）+0.036（已經超生的單獨家庭生育）= 2.062

2017 年的實際總和生育率為：

1.33+7.19%×93.6%×1（新增生育）+18.34/4.5×7.19%×93.6%（當年補償生育）+（0.39-0.036）（超生部分）+0.036（已經超生的單獨家庭生育）= 2.062

2018 年的實際總和生育率為：

1.33+7.19%×93.6%×1（新增生育）+11.01/4.5×7.19%×93.6%（當年補償生育）+（0.39-0.036）（超生部分）+0.036（已經超生的單獨家庭生育）= 1.952

2019 年及以后各年的實際總和生育率為：1.33+7.19%×93.6%×1（新增生育）+（0.39-0.036）（超生部分）+0.036（已經超生的單獨家庭生育）= 1.787

結論：「開單獨」生育政策實施后，政策生育率從 1.33 提高到 1.33+7.19%×93.6%×1+0.39×9.3%= 1.434，補償生育總量為 73.38 萬人，假設在 2014—2018 年五年內全部完成（五年分攤比例為 10%、25%、25%、25%、15%），2014 年、2015 年、2016 年、2017 年、2018 年每年補償生育分別約為 7.34 萬人、18.34 萬人、18.34 萬人、18.34 萬人、11.01 萬人。

3. 方案三：「開傷殘」

（1）確定「開傷殘」后未來照顧生育的規模

從新增照顧生育看。根據本次課題專門做的抽樣調查結果（「開傷殘」家庭占被調查的已婚育齡婦女家庭戶數的比重為 0.08%）、相關婚姻登記資料，扣除三州地區（因為三州地區生育政策相對寬松），基本不存在「開傷殘」的問題，所以忽略為 0。從而除三州外的地區在「開傷殘」以後對全省總和生育

---

① 已經超生的單獨家庭未來也將變成合法生育，所以還要加上 0.036。

率的增加數為 0.08%×93.6%×1。再結合 2000—2012 年的年均出生人口數、內地家庭戶數佔全省家庭戶數的比重等數據，估算出的「開傷殘」後每年新增照顧生育數為 0.05 萬人左右。

從補償生育看。統計數據表明，2012 年全省已婚育齡婦女家庭的比重為 57.1%①，全省戶籍人口家庭戶數為 3,112.1 萬戶，所以全省戶籍已婚育齡婦女的家庭戶數為 1,776.07 萬戶。抽樣調查數據顯示已婚育齡婦女中「開傷殘」的比重為 0.08%，扣除三州地區，再綜合考慮群眾的生育意願、生育能力以及實際工作水平等因素，估算出補償生育總量約為 0.816 萬人②。假設在 2014③—2018 年五年內全部完成（五年分攤比例分別為 10%、25%、25%、25%、15%），所以，2014 年、2015 年、2016 年、2017 年、2018 年每年補償生育分別約為 0.082 萬人、0.204 萬人、0.204 萬人、0.204 萬人、0.122 萬人。

（2）確定「開傷殘」后未來的生育水平

方法：建立標準生育模式，按每年新增照顧生育人口、補償生育人口（按五年分比例攤入）和目前的超生規模，推算年齡別生育率，計算總和生育率（以下簡稱 TFR），等於 1.33+0.08%×93.6%×1（新增生育）+各年補償的生育+超生生育的部分④+目前已經超生的傷殘家庭生育⑤。

2014 年的實際總和生育率為：

1.33+0.08%×93.6%×1（新增生育）+0.082/0.05×0.08%×93.6%（當年補償生育）+（0.39-0.000,4）（超生部分⑥）+0.000,4（目前已經超生的傷殘家庭生育⑦）= 1.722,0

2015 年的實際總和生育率為：

1.33+0.08%×93.6%×1（新增生育）+0.204/0.05×0.08%×93.6%（當年

---

① 計生系統和公安系統的數據。

② 全省戶籍已婚育齡婦女的家庭戶數為 1,776.07 萬戶，結合各個年齡段育齡婦女生育能力和生育意願（此數據來源有再生育服務的調查數據）比重。35 歲以下的育齡婦女再生育的比重為 68.25%，35~39 歲的育齡婦女再生育能力為 66.40%，40 歲及以上的育齡婦女的再生育能力為 44.80%。結合這些數據最終算出截至 2013 年有生育意願且有生育能力的「開傷殘」家庭戶數是 0.816 萬戶，即累計要出生 0.816 萬人。

③ 因為 2013 年還沒有實行「開單獨、傷殘、再婚」的政策，所以從 2014 年開始預測。2013 年還是保持目前的總和生育率 1.72。

④ 未來的超生水平將由於「開傷殘」政策的實施而部分下降。

⑤ 超生部分為 1.72-1.33=0.39，其中已經超生的傷殘家庭對總和生育率的貢獻為：0.39×傷殘家庭佔比 0.10%（此傷殘家庭佔比包括已經超生和還沒有超生的傷殘家庭）= 0.000,4。

⑥ 所以未來的超生水平將由於「開傷殘」政策的實施下降為 0.39-0.000,4=0.389,6。

⑦ 已經超生的傷殘家庭未來也將變成合法生育，所以還要加上 0.000,4。

補償生育）+（0.39-0.000,4）（超生部分）+0.000,4（已經超生的傷殘家庭生育）=1.723,8

2016年的實際總和生育率為：

1.33+0.08%×93.6%×1（新增生育）+0.204/0.05×0.08%×93.6%（當年補償生育）+（0.39-0.000,4）（超生部分）+0.000,4（已經超生的傷殘家庭生育）=1.723,8

2017年的實際總和生育率為：

1.33+0.08%×93.6%×1（新增生育）+0.204/0.05×0.08%×93.6%（當年補償生育）+（0.39-0.000,4）（超生部分）+0.000,4（已經超生的傷殘家庭生育）=1.723,8

2018年的實際總和生育率為：

1.33+0.08%×93.6%×1（新增生育）+0.122/0.05×0.08%×93.6%（當年補償生育）+（0.39-0.000,4）（超生部分）+0.000,4（已經超生的傷殘家庭生育）=1.722,6

2019年及以后各年的實際總和生育率為：1.33+0.08%×93.6%×1（新增生育）+（0.39-0.000,4）（超生部分）+0.000,4（已經超生的傷殘家庭生育）=1.720,7

結論：「開傷殘」生育政策實施后，政策生育率從1.33提高到1.33+0.08%×93.6%×1+0.39×0.10%=1.331，補償生育總量為0.816萬人。假設在2014—2018年五年內全部完成（五年分攤比例分別為10%、25%、25%、25%、15%），2014年、2015年、2016年、2017年、2018年每年補償生育分別約為0.082萬人、0.204萬人、0.204萬人、0.204萬人、0.122萬人。

4. 方案四：「開再婚」

（1）確定「開再婚」后未來照顧生育的規模

從新增照顧生育看。根據本次課題專門做的抽樣調查結果（「開再婚」家庭占被調查的已婚育齡婦女家庭戶數的比重為0.55%）、相關婚姻登記資料，扣除三州地區（因為三州地區生育政策相對寬松），基本不存在著「開再婚」的問題，所以忽略為0。從而除三州外的地區在「開再婚」以後對全省總和生育率的增加數為0.55%×93.6%×1。再結合2000—2012年的年均出生人口數、內地家庭戶數占全省家庭戶數的比重等數據，估算出的每年「開再婚」后新

增照顧生育數為 0.368 萬人①左右。

從補償生育看。統計數據表明，2012 年全省已婚育齡婦女家庭的比重為 57.1%②，全省戶籍人口家庭戶數為 3,112.1 萬戶，所以全省戶籍已婚育齡婦女的家庭戶數為 1,776.07 萬戶。抽樣調查數據顯示已婚育齡婦女中「開再婚」的比重為 0.55%，扣除三州地區，再綜合考慮群眾的生育意願、生育能力以及實際工作水平等因素，估算出補償生育總量約為 5.613 萬人③。假設在 2014④—2018 年五年內全部完成（五年分攤比例分別為 10%、25%、25%、25%、15%），所以，2014 年、2015 年、2016 年、2017 年、2018 年每年補償生育分別約為 0.561 萬人、1.403 萬人、1.403 萬人、1.403 萬人、0.842 萬人。

（2）確定「開再婚」后未來的生育水平

方法：建立標準生育模式，按每年新增照顧生育人口、補償生育人口（按五年分比例攤入）和目前的超生規模，推算年齡別生育率，計算總和生育率（以下簡稱 TFR），等於 1.33+0.55%×93.6%×1（新增生育）+各年補償的生育+超生生育的部分⑤+目前已經超生的再婚家庭生育⑥。

2014 年的實際總和生育率為：

1.33+0.55%×93.6%×1（新增生育）+0.561/0.368×0.55%×93.6%（當年補償生育）+（0.39-0.002,8）（超生部分⑦）+0.002,8（已經超生的再婚家庭生育⑧）= 1.734

2015 年的實際總和生育率為：

1.33+0.55%×93.6%×1（新增生育）+1.403/0.368×0.55%×93.6%（當年補償生育）+（0.39-0.002,8）（超生部分）+0.002,8（已經超生的再婚家

---

① 2000—2012 年年均出生人口數約為 115 萬人，所以：115/1.72×0.55%×93.6% = 0.344 萬人，即每年新增約為 0.344 萬人。

② 計生系統和公安系統的數據。

③ 全省戶籍已婚育齡婦女的家庭戶數為 1,776.07 萬戶，結合各個年齡段育齡婦女生育能力和生育意願（此數據來源有再生育服務的調查數據）比重。35 歲以下的育齡婦女再生育的比重為 68.25%，35~39 歲的育齡婦女再生育能力為 66.40%，40 歲及以上的育齡婦女的再生育能力為 44.80%。結合這些數據最終算出截至 2013 年有生育意願且有生育能力的「開再婚」家庭戶數是 5.613 萬戶，即累計要出生 5.613 萬人。

④ 因為 2013 年還沒有實行「開單獨、傷殘、再婚」的政策，所以從 2014 年開始預測。2013 年還是保持目前的總和生育率 1.72。

⑤ 未來的超生水平將由於「開再婚」政策的實施而部分下降。

⑥ 超生部分為 1.72-1.33 = 0.39，其中已經超生的再婚家庭對總和生育率的貢獻為：0.39×再婚家庭占比 0.71%（此再婚家庭占比包括已經超生和還沒有超生的再婚家庭）= 0.002,8。

⑦ 所以未來的超生水平將由於「開再婚」政策的實施下降為 0.39-0.002,8 = 0.387,2。

⑧ 已經超生的再婚家庭未來也將變成合法生育，所以還要加上 0.002,8。

庭生育）= 1.746

2016 年的實際總和生育率為：

1.33+0.55%×93.6%×1（新增生育）+1.403/0.368×0.55%×93.6%（當年補償生育）+（0.39-0.002,8）（超生部分）+0.002,8（已經超生的再婚家庭生育）= 1.746

2017 年的實際總和生育率為：

1.33+0.55%×93.6%×1（新增生育）+1.403/0.368×0.55%×93.6%（當年補償生育）+（0.39-0.002,8）（超生部分）+0.002,8（已經超生的再婚家庭生育）= 1.746

2018 年的實際總和生育率為：

1.33+0.55%×93.6%×1（新增生育）+0.842/0.368×0.55%×93.6%（當年補償生育）+（0.39-0.002,8）（超生部分）+0.002,8（已經超生的再婚家庭生育）= 1.738

2019 年及以后各年的實際總和生育率為：1.33+0.55%×93.6%×1（新增生育）+（0.39-0.002,8）（超生部分）+0.002,8（已經超生的再婚家庭生育）= 1.725

結論：「開再婚」生育政策實施后，政策生育率從 1.33 提高到 1.33+0.55%×93.6%×1+0.39×0.71%＝1.338，補償生育總量為 5.613 萬人。假設在 2014—2018 年五年內全部完成（五年分攤比例分別為 10%、25%、25%、25%、15%），2014 年、2015 年、2016 年、2017 年、2018 年每年補償生育分別約為 0.561 萬人、1.403 萬人、1.403 萬人、1.403 萬人、0.842 萬人。

5. 方案五：「開單獨、傷殘」同時進行

（1）確定「開單獨、傷殘」后未來照顧生育的規模

從新增照顧生育看。根據本次課題專門做的抽樣調查結果（「開單獨、傷殘」家庭占被調查的已婚育齡婦女家庭戶數的比重為 7.27%）、相關婚姻登記資料，扣除三州地區（因為三州地區生育政策相對寬松），基本不存在「開單獨、傷殘」的問題，所以忽略為 0。從而除三州外的地區在「開單獨、傷殘」以后對全省總和生育率的增加數為 7.27%×93.6%×1。再結合 2000—2012 年的年均出生人口數、內地家庭戶數占全省家庭戶數的比重等數據，估算出的「開單獨、傷殘」后每年新增照顧生育數為 4.55 萬人左右。

從補償生育看。統計數據表明，2012 年全省已婚育齡婦女家庭的比重為

57.1%①，全省戶籍人口家庭戶數為 3,112.1 萬戶，所以全省戶籍已婚育齡婦女的家庭戶數為 1,776.07 萬戶。抽樣調查數據顯示已婚育齡婦女中「開單獨、傷殘」的比重為 7.27%，扣除三州地區，再綜合考慮群眾的生育意願、生育能力以及實際工作水平等因素，估算出補償生育總量約為 79.196 萬人②。假設在 2014③—2018 年五年內全部完成（五年分攤比例分別為 10%、25%、25%、25%、15%），所以，2014 年、2015 年、2016 年、2017 年、2018 年每年補償生育分別約為 7.420 萬人、18.549 萬人、18.549 萬人、18.549 萬人、11.129 萬人。

（2）確定「開單獨、傷殘」后未來的生育水平

方法：建立標準生育模式，按每年新增照顧生育人口、補償生育人口（按五年分比例攤入）和目前的超生規模，推算年齡別生育率，計算總和生育率（以下簡稱 TFR），等於 1.33+7.27%×93.6%×1（新增生育）+各年補償的生育率+各年補償的生育+超生生育的部分④+目前已經超生的單獨、傷殘家庭生育⑤。

2014 年的實際總和生育率為：

1.33+7.27%×93.6%×1（新增生育）+7.420/4.55×7.27%×93.6%（當年補償生育）+（0.39-0.039）（超生部分⑥）+0.039（已經超生的單獨、傷殘家庭生育⑦）= 1.899,0

2015 年的實際總和生育率為：

1.33+7.27%×93.6%×1（新增生育）+18.549/4.55×7.27%×93.6%（當年補償生育）+（0.39-0.039）（超生部分）+0.039（已經超生的單獨、傷殘家庭生育）= 2.065,5

---

① 計生系統和公安系統的數據。
② 全省戶籍已婚育齡婦女的家庭戶數為 1,776.07 萬戶，結合各個年齡段育齡婦女生育能力和生育意願（此數據來源有再生育服務的調查數據）比重。35 歲以下的育齡婦女再生育的比重為 68.25%，35~39 歲的育齡婦女再生育能力為 66.40%，40 歲及以上的育齡婦女的再生育能力為 44.80%。結合這些數據最終算出截至 2013 年有生育意願且有生育能力的「開單獨、傷殘」家庭戶數是 79.196 萬戶，即累計要出生 79.196 萬人。
③ 因為 2013 年還沒有實行「開單獨、傷殘、再婚」的政策，所以從 2014 年開始預測。2013 年還是保持目前的總和生育率 1.72。
④ 未來的超生水平將由於「開單獨、傷殘」政策的實施而部分下降。
⑤ 超生部分為 1.72-1.33=0.39，其中已經超生的單獨和傷殘家庭對總和生育率的貢獻為：0.39×單獨和傷殘家庭占比 10%（此單獨、傷殘家庭占比包括已經超生和還沒有超生的單獨、傷殘家庭）= 0.039。
⑥ 所以未來的超生水平將由於「開單獨、傷殘」政策的實施而下降為 0.39-0.039=0.351。
⑦ 已經超生的單獨、傷殘家庭未來也將變成合法生育，所以還要加上 0.039。

2016年的實際總和生育率為：

1.33+7.27%×93.6%×1（新增生育）+18.549/4.55×7.27%×93.6%（當年補償生育）+（0.39-0.039）（超生部分）+0.039（已經超生的單獨、傷殘家庭生育）= 2.065,5

2017年的實際總和生育率為：

1.33+7.27%×93.6%×1（新增生育）+18.549/4.55×7.27%×93.6%（當年補償生育）+（0.39-0.039）（超生部分）+0.039（已經超生的單獨、傷殘家庭生育）= 2.065,5

2018年的實際總和生育率為：

1.33+7.27%×93.6%×1（新增生育）+11.129/4.55×7.27%×93.6%（當年補償生育）+（0.39-0.039）（超生部分）+0.039（已經超生的單獨、傷殘家庭生育）= 1.954,5

2019年及以后各年的實際總和生育率為：1.33+7.27%×93.6%×1（新增生育）+（0.39-0.039）（超生部分）+0.039（已經超生的單獨、傷殘家庭生育）= 1.788,0

結論：「開單獨、傷殘」生育政策實施后，政策生育率從1.33提高到1.33+7.27%×93.6%×1+0.39×10% = 1.435，補償生育總量為79.196萬人。假設在2014—2018年五年內全部完成（五年分攤比例分別為10%、25%、25%、25%、15%），2014年、2015年、2016年、2017年、2018年每年補償生育分別約為7.420萬人、18.549萬人、18.549萬人、18.549萬人、11.129萬人。

6. 方案六：「開單獨、傷殘、再婚」三種情況同時發生

（1）確定「開單獨、傷殘、再婚」后未來照顧生育的規模

從新增照顧生育看。根據本次課題專門做的抽樣調查結果（「開單獨、傷殘、再婚」家庭占被調查的已婚育齡婦女家庭戶數的比重為7.82%）、相關婚姻登記資料，扣除三州地區（因為三州地區生育政策相對寬松），基本不存在「開單獨、傷殘、再婚」的問題，所以忽略為0。從而除三州外的地區在「開單獨、傷殘、再婚」以后對全省總和生育率的增加數為7.82%×93.6%×1。再結合2000—2012年的年均出生人口數、內地家庭戶數占全省家庭戶數的比重等數據，估算出的「開單獨、傷殘、再婚」后每年新增照顧生育數為4.89萬人左右。

從補償生育看。統計數據表明，2012年全省已婚育齡婦女家庭的比重為

57.1%①，全省戶籍人口家庭戶數為 3,112.1 萬戶，所以全省戶籍已婚育齡婦女的家庭戶數為 1,776.07 萬戶。抽樣調查數據顯示已婚育齡婦女中「開單獨、傷殘、再婚」的比重為 7.82%，扣除三州地區，再綜合考慮群眾的生育意願、生育能力以及實際工作水平等因素，估算出補償生育總量約為 79.809 萬人②。假設在 2014③—2018 年五年內全部完成（五年分攤比例分別為 10%、25%、25%、25%、15%），2014 年、2015 年、2016 年、2017 年、2018 年每年補償生育分別約為 7.981 萬人、19.952 萬人、19.952 萬人、19.952 萬人、11.971 萬人。

（2）確定「開單獨、傷殘、再婚」后未來的生育水平

方法：建立標準生育模式，按每年新增照顧生育人口、補償生育人口（按五年分比例攤入）和目前的超生規模，推算年齡別生育率，計算總和生育率（以下簡稱 TFR），等於 1.33+7.82%×93.6%×1（新增生育）+各年補償的生育+超生生育的部分④+目前已經超生的單獨、傷殘和再婚家庭生育⑤

2014 年的實際總和生育率為：

1.33+7.82%×93.6%×1（新增生育）+7.981/4.89×7.82%×93.6%（當年補償生育）+0.39-0.04（超生部分⑥）+0.04（已經超生的單獨、傷殘和再婚家庭生育⑦）= 1.912,6

2015 年的實際總和生育率為：

1.33+7.82%×93.6%×1（新增生育）+19.952/4.89×7.82%×93.6%（當年補償生育）+（0.39-0.04）（超生部分）+0.04（已經超生的單獨、傷殘和再婚家庭生育）= 2.091,6

---

① 計生系統和公安系統的數據。

② 全省戶籍已婚育齡婦女的家庭戶數為 1,776.07 萬戶，結合各個年齡段育齡婦女生育能力和生育意願（此數據來源有再生育服務的調查數據）比重。35 歲以下的育齡婦女再生育的比重為 68.25%，35~39 歲的育齡婦女再生育能力為 66.40%，40 歲及以上的育齡婦女的再生育能力為 44.80%。結合這些數據最終算出截至 2013 年有生育意願且有生育能力的「開單獨、傷殘、再婚」家庭戶數為 79.809 萬戶，即累計要出生 79.809 萬人。

③ 因為 2013 年還沒有實行「開單獨、傷殘、再婚」的政策，所以從 2014 年開始預測。2013 年還是保持目前的總和生育率 1.72。

④ 未來的超生水平將由於「開單獨、傷殘、再婚」政策的實施而部分下降。

⑤ 超生部分為 1.72-1.33=0.39，其中已經超生的單獨、傷殘和再婚家庭對總和生育率的貢獻為：0.39×單獨和傷殘家庭占比 10.11%（此單獨、傷殘和再婚家庭占比包括已經超生和還沒有超生的單獨、傷殘和再婚家庭）= 0.04。

⑥ 所以未來的超生水平將由於「開單獨、傷殘、再婚」政策的實施而下降為 0.39-0.04=0.35。

⑦ 已經超生的單獨、傷殘和再婚家庭未來也將變成合法生育，所以還要加上 0.04。

2016 年的實際總和生育率為：

1.33+7.82%×93.6%×1（新增生育）+19.952/4.89×7.82%×93.6%（當年補償生育）+（0.39-0.04）（超生部分）+0.04（已經超生的單獨、傷殘和再婚家庭生育）= 2.091,6

2017 年的實際總和生育率為：

1.33+7.82%×93.6%×1（新增生育）+19.952/4.89×7.82%×93.6%（當年補償生育）+（0.39-0.04）（超生部分）+0.04（已經超生的單獨、傷殘和再婚家庭生育）= 2.091,6

2018 年的實際總和生育率為：

1.33+7.82%×93.6%×1（新增生育）+11.971/4.89×7.82%×93.6%（當年補償生育）+（0.39-0.04）（超生部分）+0.04（已經超生的單獨、傷殘和再婚家庭生育）= 1.972,2

2019 年及以后各年的實際總和生育率為：1.33+7.82%×93.6%×1（新增生育）+（0.39-0.04）（超生部分）+0.04（已經超生的單獨、傷殘和再婚家庭生育）= 1.793,2

結論：「開單獨、傷殘、再婚」政策實施后，政策生育率從 1.33 提高到 1.33+7.82%×93.6%×1+0.39×10.11% = 1.443，補償生育總量為 79.809 萬人。假設在 2014—2018 年五年內全部完成（五年分攤比例分別為 10%、25%、25%、25%、15%），2014 年、2015 年、2016 年、2017 年、2018 年每年補償生育分別約為 7.981 萬人、19.952 萬人、19.952 萬人、19.952 萬人、11.971 萬人。

不同方案下 2013—2030 年的總和生育率如表 3-1 所示：

表 3-1　　　　　　　　不同方案下的總和生育率

年份	方案一	方案二	方案三	方案四	方案五	方案六
2013	1.72	1.720	1.720,0	1.720	1.720,0	1.720,0
2014	1.72	1.897	1.722,0	1.734	1.899,0	1.912,6
2015	1.72	2.062	1.723,8	1.746	2.065,5	2.091,6
2016	1.72	2.062	1.723,8	1.746	2.065,5	2.091,6
2017	1.72	2.062	1.723,8	1.746	2.065,5	2.091,6
2018	1.72	1.952	1.722,6	1.738	1.954,5	1.972,2
2019	1.72	1.787	1.720,7	1.725	1.788,0	1.793,2

表3-1(續)

年份	方案一	方案二	方案三	方案四	方案五	方案六
2020	1.72	1.787	1.720,7	1.725	1.788,0	1.793,2
2021	1.72	1.787	1.720,7	1.725	1.788,0	1.793,2
2022	1.72	1.787	1.720,7	1.725	1.788,0	1.793,2
2023	1.72	1.787	1.720,7	1.725	1.788,0	1.793,2
2024	1.72	1.787	1.720,7	1.725	1.788,0	1.793,2
2025	1.72	1.787	1.720,7	1.725	1.788,0	1.793,2
2026	1.72	1.787	1.720,7	1.725	1.788,0	1.793,2
2027	1.72	1.787	1.720,7	1.725	1.788,0	1.793,2
2028	1.72	1.787	1.720,7	1.725	1.788,0	1.793,2
2029	1.72	1.787	1.720,7	1.725	1.788,0	1.793,2
2030	1.72	1.787	1.720,7	1.725	1.788,0	1.793,2

基於抽樣調查的總和生育率，以下分別按照六種方案對四川戶籍人口進行預測。人口預測模型、預測模型確定以及參數設置見附件1。預測時間為2013—2030年。

三、生育政策完善下戶籍人口變動趨勢

(一) 戶籍人口總量、出生人口、死亡人口、自然增加人口預測

1. 戶籍人口總量預測

預測顯示，在六種方案條件下，四川省2013—2030年戶籍人口總量均呈現增多趨勢（表3-2、表3-3）。

表3-2　　　　四川省2013—2030年戶籍人口總量預測　　　單位：萬人

年份	方案一	方案二	方案三	方案四	方案五	方案六
2013	9,151.26	9,151.26	9,151.26	9,151.26	9,151.26	9,151.26
2014	9,202.02	9,214.10	9,202.16	9,202.98	9,214.24	9,215.17
2015	9,249.43	9,284.50	9,249.82	9,252.13	9,284.87	9,287.56
2016	9,293.76	9,351.36	9,294.40	9,298.18	9,351.96	9,356.36
2017	9,334.05	9,413.65	9,334.94	9,340.14	9,414.48	9,420.56

表3-2(續)

年份	方案一	方案二	方案三	方案四	方案五	方案六
2018	9,370.41	9,464.52	9,371.46	9,377.63	9,465.50	9,472.69
2019	9,402.04	9,500.14	9,403.14	9,409.56	9,501.18	9,508.68
2020	9,429.02	9,530.98	9,430.15	9,436.82	9,532.08	9,539.88
2021	9,450.51	9,556.20	9,451.68	9,458.59	9,557.36	9,565.45
2022	9,466.78	9,576.07	9,467.99	9,475.13	9,577.28	9,585.64
2023	9,478.51	9,591.26	9,479.76	9,487.12	9,592.52	9,601.16
2024	9,485.99	9,602.08	9,487.27	9,494.84	9,603.40	9,612.29
2025	9,488.93	9,608.28	9,490.25	9,498.03	9,609.65	9,618.79
2026	9,488.70	9,611.23	9,490.05	9,498.03	9,612.64	9,622.03
2027	9,485.34	9,610.98	9,486.72	9,494.90	9,612.43	9,622.07
2028	9,479.14	9,607.83	9,480.55	9,488.93	9,609.33	9,619.20
2029	9,468.99	9,600.68	9,470.43	9,479.00	9,602.23	9,612.33
2030	9,456.98	9,591.63	9,458.45	9,467.22	9,593.22	9,603.56

數據來源：本課題組預測數據

表3-3　　　　不同方案下的戶籍人口峰值年份和峰值數

方案 項目	方案一	方案二	方案三	方案四	方案五	方案六
峰值年份	2025	2026	2025	2025	2026	2027
峰值數據 （萬人）	9,488.93	9,611.23	9,490.25	9,498.03	9,612.64	9,622.07

2. 出生人口、死亡人口、自然增加人口預測

(1) 出生人口變動趨勢

預測顯示，在方案一、三、四條件下，2013—2030年，戶籍出生人口在2013年達到峰值，此後呈現逐年減少的趨勢；在方案二、五、六條件下，戶籍出生人口均在2015年達到峰值，2016年戶籍出生人口開始進入下降通道（表3-4~表3-6）。

表 3-4　　四川省 2013—2030 年戶籍出生人口數量預測　　單位：萬人

年份	方案一	方案二	方案三	方案四	方案五	方案六
2013	119.44	119.44	119.44	119.44	119.44	119.44
2014	117.89	130.03	118.03	118.85	130.16	131.10
2015	116.24	139.36	116.50	118.00	139.59	141.36
2016	114.03	136.70	114.28	115.75	136.94	138.67
2017	111.52	133.70	111.77	113.21	133.93	135.62
2018	108.69	123.35	108.86	109.83	123.51	124.63
2019	105.27	109.37	105.31	105.58	109.43	109.75
2020	101.53	105.49	101.57	101.83	105.54	105.85
2021	97.72	101.52	97.76	98.00	101.58	101.88
2022	94.04	97.70	94.08	94.31	97.76	98.04
2023	90.59	94.11	90.62	90.85	94.17	94.44
2024	87.53	90.94	87.57	87.78	90.99	91.26
2025	85.06	88.37	85.10	85.31	88.42	88.68
2026	83.03	86.26	83.06	83.27	86.31	86.56
2027	81.28	84.44	81.31	81.51	84.49	84.74
2028	79.79	82.90	79.83	80.03	82.95	83.19
2029	78.35	81.41	78.38	78.58	81.45	81.69
2030	76.91	79.92	76.94	77.14	79.97	80.20

表 3-5　　不同方案下的戶籍出生人口峰值年份和峰值數

方案　項目	方案一	方案二	方案三	方案四	方案五	方案六
峰值年份	2013	2015	2013	2013	2015	2015
峰值數據（萬人）	119.44	139.36	119.44	119.44	139.59	141.36

表3-6　不同方案下四川省2013—2030年戶籍出生人口數量差異

單位：萬人

年份	方案二-方案一	方案三-方案一	方案四-方案一	方案五-方案一	方案六-方案一
2013	0.00	0.00	0.00	0.00	0.00
2014	12.13	0.14	0.96	12.27	13.20
2015	23.11	0.26	1.76	23.35	25.11
2016	22.67	0.25	1.72	22.91	24.64
2017	22.18	0.25	1.69	22.40	24.09
2018	14.66	0.16	1.14	14.82	15.94
2019	4.10	0.04	0.31	4.16	4.48
2020	3.96	0.04	0.30	4.01	4.32
2021	3.81	0.04	0.28	3.86	4.16
2022	3.66	0.04	0.27	3.72	4.00
2023	3.53	0.04	0.26	3.58	3.86
2024	3.41	0.04	0.25	3.46	3.73
2025	3.31	0.03	0.25	3.36	3.62
2026	3.23	0.03	0.24	3.28	3.53
2027	3.17	0.03	0.24	3.21	3.46
2028	3.11	0.03	0.23	3.15	3.40
2029	3.06	0.03	0.23	3.10	3.34
2030	3.01	0.03	0.22	3.05	3.29

（2）死亡人口變動趨勢

預測顯示，2013—2030年，在六種方案條件下，全省死亡人數變化較小。未來一段時期，全省死亡人數總體呈現不斷增多的趨勢，其主要原因在於老齡化程度的日益加深，屬於人口變動的自然現象（參見表3-7）。

表3-7　不同方案下四川省2013—2030年戶籍死亡人口數量　單位：萬人

年份	方案一	方案二	方案三	方案四	方案五	方案六
2013	65.53	65.53	65.53	65.53	65.53	65.53

表3-7(續)

年份	方案一	方案二	方案三	方案四	方案五	方案六
2014	67.14	67.19	67.14	67.14	67.19	67.19
2015	68.84	68.95	68.84	68.84	68.95	68.96
2016	69.70	69.85	69.70	69.71	69.85	69.86
2017	71.23	71.41	71.23	71.25	71.41	71.42
2018	72.33	72.49	72.33	72.34	72.49	72.50
2019	73.64	73.75	73.64	73.65	73.75	73.76
2020	74.55	74.64	74.55	74.56	74.64	74.65
2021	76.23	76.30	76.23	76.23	76.31	76.31
2022	77.77	77.84	77.77	77.78	77.84	77.84
2023	78.86	78.92	78.86	78.86	78.92	78.93
2024	80.06	80.12	80.06	80.06	80.12	80.12
2025	82.11	82.17	82.12	82.12	82.17	82.18
2026	83.26	83.32	83.26	83.27	83.32	83.32
2027	84.64	84.70	84.64	84.64	84.70	84.70
2028	86.00	86.05	86.00	86.00	86.05	86.06
2029	88.50	88.56	88.50	88.51	88.56	88.56
2030	88.92	88.97	88.92	88.92	88.97	88.98

（3）自增人口變動趨勢

預測顯示，2013—2030年，在方案一、三、四條件下，自增人口在2013年達到峰值，均在2026年進入零增長或負增長狀態。在方案二、五、六條件下，自增人口均在2015年達到峰值，在2027年左右進入負增長或零增長時代（參見表3-8、表3-9）。

表3-8　不同方案下四川省2013—2030年戶籍自然增長人口數量

單位：萬人

年份	方案一	方案二	方案三	方案四	方案五	方案六
2013	53.91	53.91	53.91	53.91	53.91	53.91
2014	50.76	62.84	50.89	51.71	62.97	63.90

表3-8(續)

年份	方案一	方案二	方案三	方案四	方案五	方案六
2015	47.41	70.40	47.66	49.15	70.64	72.39
2016	44.33	66.86	44.58	46.04	67.09	68.81
2017	40.29	62.29	40.54	41.96	62.52	64.20
2018	36.36	50.87	36.52	37.49	51.02	52.13
2019	31.63	35.62	31.67	31.93	35.68	35.99
2020	26.98	30.84	27.02	27.27	30.90	31.20
2021	21.49	25.22	21.53	21.77	25.28	25.57
2022	16.27	19.86	16.31	16.54	19.92	20.20
2023	11.73	15.19	11.77	11.99	15.25	15.52
2024	7.47	10.82	7.51	7.72	10.87	11.13
2025	2.95	6.20	2.98	3.19	6.25	6.50
2026	-0.23	2.94	-0.20	0.00	2.99	3.24
2027	-3.36	-0.25	-3.33	-3.13	-0.20	0.04
2028	-6.20	-3.15	-6.17	-5.97	-3.10	-2.87
2029	-10.15	-7.15	-10.12	-9.93	-7.10	-6.87
2030	-12.00	-9.05	-11.97	-11.78	-9.00	-8.78

表3-9　不同方案下的戶籍人口自然增加峰值年份和峰值數

方案＼項目	方案一	方案二	方案三	方案四	方案五	方案六
峰值年份	2013	2015	2013	2013	2015	2015
峰值數據（萬人）	53.91	70.40	53.91	53.91	70.64	72.39

(二) 人口出生率、死亡率、自然增長率預測

1. 出生率變動趨勢

2013—2030年，四川省戶籍人口出生率總體呈現下降的趨勢（參見表3-10、表3-11）。

表 3-10　　不同方案下四川省 2013—2030 年戶籍人口出生率　　單位:‰

年份	方案一	方案二	方案三	方案四	方案五	方案六
2013	13.05	13.05	13.05	13.05	13.05	13.05
2014	12.81	14.11	12.83	12.91	14.13	14.23
2015	12.57	15.01	12.59	12.75	15.03	15.22
2016	12.27	14.62	12.30	12.45	14.64	14.82
2017	11.95	14.20	11.97	12.12	14.23	14.40
2018	11.60	13.03	11.62	11.71	13.05	13.16
2019	11.20	11.51	11.20	11.22	11.52	11.54
2020	10.77	11.07	10.77	10.79	11.07	11.10
2021	10.34	10.62	10.34	10.36	10.63	10.65
2022	9.93	10.20	9.94	9.95	10.21	10.23
2023	9.56	9.81	9.56	9.58	9.82	9.84
2024	9.23	9.47	9.23	9.25	9.47	9.49
2025	8.96	9.20	8.97	8.98	9.20	9.22
2026	8.75	8.98	8.75	8.77	8.98	9.00
2027	8.57	8.79	8.57	8.59	8.79	8.81
2028	8.42	8.63	8.42	8.43	8.63	8.65
2029	8.27	8.48	8.28	8.29	8.48	8.50
2030	8.13	8.33	8.13	8.15	8.34	8.35

表 3-11　　不同方案下的戶籍人口出生率峰值年份和峰值數

方案＼項目	方案一	方案二	方案三	方案四	方案五	方案六
峰值年份	2013	2015	2013	2013	2015	2015
峰值數據（‰）	13.05	15.01	13.05	13.05	15.03	15.22

2. 死亡率變動趨勢

總體看，2013—2030 年，四川省戶籍人口死亡率均呈上升趨勢。具體來看，2013 年，所有方案下，波動都不大，六種方案下的死亡率為 7.16‰，之後死亡率均處於上升狀態。死亡率的上升和老年人口比重的上升有直接關係

第三章　區域人口轉變與經濟社會影響 | 73

（參見表3-12）。

表3-12　不同方案下四川省2013—2030年戶籍人口死亡率　　單位:‰

年份	方案一	方案二	方案三	方案四	方案五	方案六
2013	7.16	7.16	7.16	7.16	7.16	7.16
2014	7.30	7.29	7.30	7.30	7.29	7.29
2015	7.44	7.43	7.44	7.44	7.43	7.43
2016	7.50	7.47	7.50	7.50	7.47	7.47
2017	7.63	7.59	7.63	7.63	7.58	7.58
2018	7.72	7.66	7.72	7.71	7.66	7.65
2019	7.83	7.76	7.83	7.83	7.76	7.76
2020	7.91	7.83	7.91	7.90	7.83	7.83
2021	8.07	7.98	8.07	8.06	7.98	7.98
2022	8.22	8.13	8.21	8.21	8.13	8.12
2023	8.32	8.23	8.32	8.31	8.23	8.22
2024	8.44	8.34	8.44	8.43	8.34	8.34
2025	8.65	8.55	8.65	8.65	8.55	8.54
2026	8.77	8.67	8.77	8.77	8.67	8.66
2027	8.92	8.81	8.92	8.91	8.81	8.80
2028	9.07	8.96	9.07	9.06	8.95	8.95
2029	9.35	9.22	9.35	9.34	9.22	9.21
2030	9.40	9.28	9.40	9.39	9.27	9.26

3. 人口自然增長率變動趨勢

不論在哪種方案下，人口自然增長率整體都呈下降趨勢，並且2025年后開始出現人口負增長。其中，2026年方案一至方案三呈人口負增長趨勢；2027年方案一至方案五呈人口負增長趨勢；2028—2030年六種方案都呈人口負增長趨勢（參見表3-13、表3-14）。

表3-13　不同方案下四川省2013—2030年戶籍人口自然增長率　　單位:‰

年份	方案一	方案二	方案三	方案四	方案五	方案六
2013	5.89	5.89	5.89	5.89	5.89	5.89

表3-13(續)

年份	方案一	方案二	方案三	方案四	方案五	方案六
2014	5.52	6.82	5.53	5.62	6.83	6.93
2015	5.13	7.58	5.15	5.31	7.61	7.79
2016	4.77	7.15	4.80	4.95	7.17	7.35
2017	4.32	6.62	4.34	4.49	6.64	6.81
2018	3.88	5.37	3.90	4.00	5.39	5.50
2019	3.36	3.75	3.37	3.39	3.76	3.78
2020	2.86	3.24	2.87	2.89	3.24	3.27
2021	2.27	2.64	2.28	2.30	2.64	2.67
2022	1.72	2.07	1.72	1.75	2.08	2.11
2023	1.24	1.58	1.24	1.26	1.59	1.62
2024	0.79	1.13	0.79	0.81	1.13	1.16
2025	0.31	0.65	0.31	0.34	0.65	0.68
2026	-0.02	0.31	-0.021,2	0.00	0.31	0.34
2027	-0.35	-0.03	-0.35	-0.33	-0.02	0.004
2028	-0.65	-0.33	-0.65	-0.63	-0.32	-0.30
2029	-1.07	-0.74	-1.07	-1.05	-0.74	-0.71
2030	-1.27	-0.94	-1.27	-1.24	-0.94	-0.91

表3-14 不同方案下的戶籍人口自然增長率峰值年份和峰值數

方案 項目	方案一	方案二	方案三	方案四	方案五	方案六
峰值年份	2013	2015	2013	2013	2015	2015
峰值數據（‰）	5.89	7.58	5.89	5.89	7.61	7.79

四、生育政策完善下人口年齡結構變動趨勢

(一) 少兒人口數和少兒系數變動趨勢

總體看，各種方案情況下，2027年少兒系數和少兒人口數呈現持續增長趨勢，2027年達到峰值後，由增長進入下降拐點（參見表3-15～表3-17）。

表 3-15　不同方案下四川省 2013—2030 年戶籍人口少兒人口數

單位：萬人

年份	方案一	方案二	方案三	方案四	方案五	方案六
2013	1,358.95	1,358.95	1,358.95	1,358.95	1,358.95	1,358.95
2014	1,379.52	1,391.60	1,379.65	1,380.47	1,391.73	1,392.66
2015	1,401.61	1,436.68	1,402.00	1,404.31	1,437.06	1,439.74
2016	1,424.08	1,481.68	1,424.73	1,428.50	1,482.29	1,486.69
2017	1,447.08	1,526.69	1,447.97	1,453.17	1,527.51	1,533.59
2018	1,470.22	1,564.33	1,471.27	1,477.44	1,565.31	1,572.50
2019	1,482.34	1,580.44	1,483.43	1,489.85	1,581.48	1,588.98
2020	1,491.59	1,593.55	1,492.72	1,499.39	1,594.65	1,602.45
2021	1,493.07	1,598.76	1,494.24	1,501.15	1,599.92	1,608.00
2022	1,489.16	1,598.44	1,490.37	1,497.51	1,599.66	1,608.02
2023	1,485.80	1,598.55	1,487.05	1,494.41	1,599.81	1,608.45
2024	1,483.87	1,599.96	1,485.15	1,492.72	1,601.28	1,610.17
2025	1,486.67	1,606.02	1,487.98	1,495.76	1,607.38	1,616.53
2026	1,491.68	1,614.21	1,493.03	1,501.02	1,615.62	1,625.01
2027	1,499.99	1,625.63	1,501.36	1,509.55	1,627.08	1,636.72
2028	1,461.00	1,589.69	1,462.41	1,470.79	1,591.19	1,601.07
2029	1,422.10	1,541.82	1,423.41	1,431.17	1,543.23	1,552.42
2030	1,383.40	1,483.26	1,384.48	1,390.96	1,484.48	1,492.15

表 3-16　不同方案下的戶籍少兒人口數峰值年份和峰值數

方案 項目	方案一	方案二	方案三	方案四	方案五	方案六
峰值年份	2027	2027	2027	2027	2027	2027
峰值數據 （萬人）	1,499.99	1,625.63	1,501.36	1,509.55	1,627.08	1,636.72

表 3-17　　　　　不同方案下四川省 2013—2030 年
　　　　　　　戶籍人口 0~14 歲少兒人口比重　　　　單位:%

年份	方案一	方案二	方案三	方案四	方案五	方案六
2013	14.85	14.85	14.85	14.85	14.85	14.85
2014	14.99	15.10	14.99	15.00	15.10	15.11
2015	15.15	15.47	15.16	15.18	15.48	15.50
2016	15.32	15.84	15.33	15.36	15.85	15.89
2017	15.50	16.22	15.51	15.56	16.23	16.28
2018	15.69	16.53	15.70	15.75	16.54	16.60
2019	15.77	16.64	15.78	15.83	16.65	16.71
2020	15.82	16.72	15.83	15.89	16.73	16.80
2021	15.80	16.73	15.81	15.87	16.74	16.81
2022	15.73	16.69	15.74	15.80	16.70	16.78
2023	15.68	16.67	15.69	15.75	16.68	16.75
2024	15.64	16.66	15.65	15.72	16.67	16.75
2025	15.67	16.71	15.68	15.75	16.73	16.81
2026	15.72	16.80	15.73	15.80	16.81	16.89
2027	15.81	16.91	15.83	15.90	16.93	17.01
2028	15.41	16.55	15.43	15.50	16.56	16.64
2029	15.02	16.06	15.03	15.10	16.07	16.15
2030	14.63	15.46	14.64	14.69	15.47	15.54

(二) 人口老齡化變動趨勢

2013—2030 年，方案一和方案六下[1]，老年人口數和比重均呈現逐年增加的趨勢。方案一、方案六下的老年人口數都一樣，2013 年老年人口數為 986.03 萬人，之後逐年不斷上升，2030 年達到 1,732.05 萬人。老年人口比重也呈現不斷上升的趨勢。2013 年為 10.77%，2030 年時，方案一下的老年人口比重為 18.32%，方案六下為 18.04%。無論方案一還是方案六，都顯示人口老

---

[1] 由於各種方案下 2013—2030 年的老年人口數都一樣，比重略有不一樣，所以這裡僅列舉方案一和方案六兩種情況，比較其老年人口比重的變化趨勢。

齡化的趨勢不斷加劇，方案六下的老年人口比重比方案一略低，說明政策完善后，老年人口比重有所緩解（參見表3-18）。

表3-18　　　方案一和方案六下的四川省2013—2030年
老年人口數和比重

年份	方案一		方案六	
	人口數（萬人）	比重（%）	人口數（萬人）	比重（%）
2013	986.03	10.77	986.03	10.77
2014	1,032.1	11.22	1,032.1	11.2
2015	1,066.65	11.53	1,066.65	11.48
2016	1,106.87	11.91	1,106.87	11.83
2017	1,174.27	12.58	1,174.27	12.46
2018	1,233.48	13.16	1,233.48	13.02
2019	1,293.92	13.76	1,293.92	13.61
2020	1,347.25	14.29	1,347.25	14.12
2021	1,389.06	14.7	1,389.06	14.52
2022	1,428.85	15.09	1,428.85	14.91
2023	1,456.12	15.36	1,456.12	15.17
2024	1,446.95	15.25	1,446.95	15.05
2025	1,432.16	15.09	1,432.16	14.89
2026	1,414.41	14.91	1,414.41	14.7
2027	1,451.03	15.3	1,451.03	15.08
2028	1,561.35	16.47	1,561.35	16.23
2029	1,645.48	17.38	1,645.48	17.12
2030	1,732.05	18.32	1,732.05	18.04

（三）人口撫養系數變動趨勢

方案一和方案六下的人口撫養系數均呈現上升的趨勢。具體來看，2013年方案一和方案六下少兒撫養系數均為19.97%，2030年分別上升為21.81%和23.39%；2013年方案一和方案六下，老年撫養系數均為14.49%，2030年分別上升到27.31%和27.15%；2013年方案一和方案六下，總撫養系數均為34.45%，2030年分別上升到49.13%和50.54%。可見，到2030年時，總人

口撫養系數均上升到50%左右，我省人口撫養負擔進一步加重，尤其是老年人口的養老問題值得我們高度關注（參見圖3-1、圖3-2）。

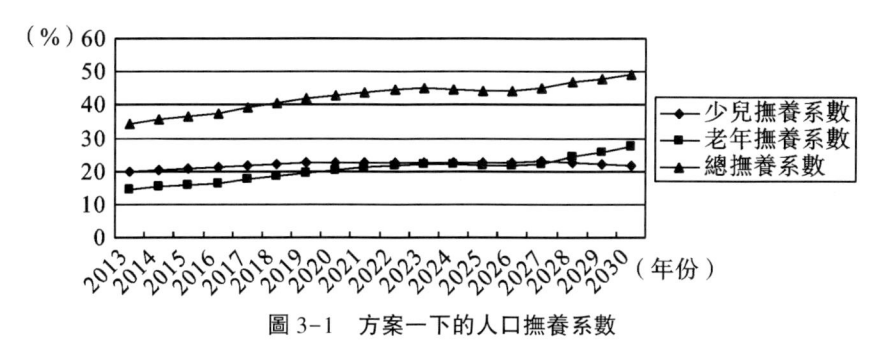

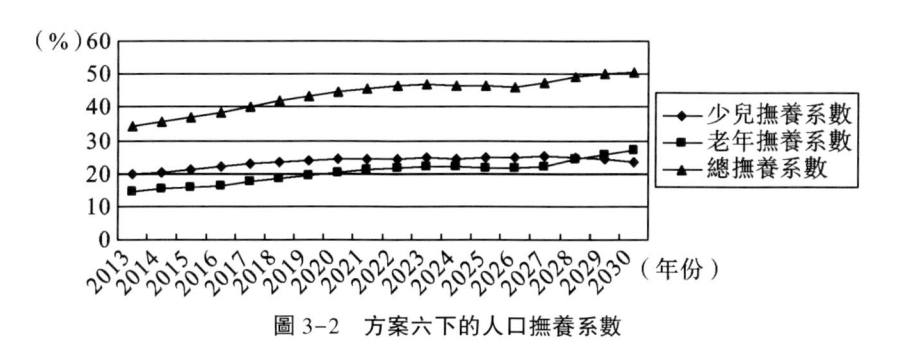

圖3-1　方案一下的人口撫養系數

圖3-2　方案六下的人口撫養系數

（四）勞動年齡人口年齡結構變動趨勢

勞動年齡人口結構呈現老化的趨勢。2013—2027年，不同方案下，勞動年齡人口年齡結構的數量均無變化，所以這裡僅列舉方案一和方案六下的勞動年齡人口年齡結構變化趨勢。2013年勞動年齡人口還比較年輕，25~44歲勞動年齡人口比重最大，為48.63%。2030年，在方案一下，45~64歲老年勞動力人口比重達到了55.81%，方案六下，該比重達到55.42%。15~24歲青年勞動力人口比重都呈現下降的趨勢，但是方案六下的比重略高於方案一下的比重。這說明「開單獨」「開傷殘」「開再婚」三種政策都實施后，有緩解四川勞動力老化的趨勢（參見表3-19、表3-20）。

表 3-19　方案一下的四川省 2013—2030 年戶籍勞動人口年齡結構

年份	人口數（萬人）			比重（%）		
	15~24 歲	25~44 歲	45~64 歲	15~24 歲	25~44 歲	45~64 歲
2013	1,278.36	3,115.25	2,412.67	19.95	48.63	37.66
2014	1,213.98	3,084.35	2,492.08	19.23	48.86	39.48
2015	1,154.11	3,023.54	2,603.53	18.64	48.82	42.04
2016	1,115.48	2,946.77	2,700.56	18.35	48.48	44.43
2017	1,080.02	2,859.38	2,773.29	18.13	48.01	46.56
2018	1,037.28	2,788.06	2,841.37	17.75	47.71	48.63
2019	1,006.01	2,714.11	2,905.67	17.53	47.29	50.63
2020	967.96	2,659.19	2,963.03	17.14	47.09	52.47
2021	943.93	2,623.56	3,000.90	16.89	46.95	53.70
2022	930.87	2,607.33	3,010.56	16.74	46.89	54.14
2023	915.74	2,601.57	3,019.28	16.53	46.96	54.50
2024	908.28	2,583.38	3,063.51	16.47	46.84	55.54
2025	896.84	2,568.17	3,105.09	16.34	46.78	56.56
2026	883.78	2,525.16	3,173.67	16.26	46.46	58.39
2027	868.69	2,473.17	3,192.45	16.18	46.07	59.46
2028	902.38	2,448.10	3,106.30	16.78	45.52	57.75
2029	926.95	2,433.52	3,040.93	17.20	45.15	56.42
2030	950.75	2,392.25	2,998.54	17.69	44.52	55.81

表 3-20　方案六下的四川省 2013—2030 年戶籍勞動人口年齡結構

年份	人口數（萬人）			比重（%）		
	15~24 歲	25~44 歲	45~64 歲	15~24 歲	25~44 歲	45~64 歲
2013	1,278.36	3,115.25	2,412.67	19.95	48.63	37.66
2014	1,213.98	3,084.35	2,492.08	19.23	48.86	39.48
2015	1,154.11	3,023.54	2,603.53	18.64	48.82	42.04
2016	1,115.48	2,946.77	2,700.56	18.35	48.48	44.43

表3-20(續)

年份	人口數（萬人）			比重（%）		
	15~24歲	25~44歲	45~64歲	15~24歲	25~44歲	45~64歲
2017	1,080.02	2,859.38	2,773.29	18.13	48.01	46.56
2018	1,037.28	2,788.06	2,841.37	17.75	47.71	48.63
2019	1,006.01	2,714.11	2,905.67	17.53	47.29	50.63
2020	967.96	2,659.19	2,963.03	17.14	47.09	52.47
2021	943.93	2,623.56	3,000.90	16.89	46.95	53.70
2022	930.87	2,607.33	3,010.56	16.74	46.89	54.14
2023	915.74	2,601.57	3,019.28	16.53	46.96	54.50
2024	908.28	2,583.38	3,063.51	16.47	46.84	55.54
2025	896.84	2,568.17	3,105.09	16.34	46.78	56.56
2026	883.78	2,525.16	3,173.67	16.26	46.46	58.39
2027	868.69	2,473.17	3,192.45	16.18	46.07	59.46
2028	902.38	2,448.10	3,106.30	16.78	45.52	57.75
2029	939.98	2,433.52	3,040.93	17.40	45.04	56.29
2030	988.57	2,392.25	2,998.54	18.27	44.21	55.42

（五）6~11歲小學人口數量變動趨勢

2013—2030年，四川省戶籍人口6~11歲小學人口數量，在2018年前無變化，因政策完善後，新增加人口還未進入該年齡段。具體來看：方案一下，小學人口數量在2024年達到最高峰680.51萬人，之后逐年下降，到2030年為571.31萬人；方案二下，小學人口數量在2024年達到最高峰774.29萬人，之后逐年下降，到2030年為593.56萬人；方案三下，小學人口數量在2024年達到最高峰681.56萬人，之后逐年下降，到2030年為571.54萬人；方案四下，小學人口數量在2024年達到最高峰687.70萬人，之后逐年下降，到2030年為572.97萬人；方案五下，小學人口數量在2024年達到最高峰775.27萬人，之后逐年下降，到2030年為593.89萬人；方案六下，小學人口數量在2024年達到最高峰782.43萬人，之后逐年下降，到2030年為595.62萬人（參見表3-21~表3-24）。

表 3-21　　　　四川省 2011—2030 年小學人口數量預測　　　　單位：萬人

年份	方案一	方案二	方案三	方案四	方案五	方案六
2013	547.37	547.37	547.37	547.37	547.37	547.37
2014	553.04	553.04	553.04	553.04	553.04	553.04
2015	557.21	557.21	557.21	557.21	557.21	557.21
2016	546.54	546.54	546.54	546.54	546.54	546.54
2017	532.49	532.49	532.49	532.49	532.49	532.49
2018	509.40	509.40	509.40	509.40	509.40	509.40
2019	530.55	530.55	530.55	530.55	530.55	530.55
2020	554.14	566.15	554.27	555.09	566.28	567.21
2021	580.55	615.44	580.94	583.24	615.81	618.48
2022	611.96	669.29	612.60	616.35	669.89	674.27
2023	645.12	724.40	646.00	651.19	725.23	731.28
2024	680.51	774.29	681.56	687.70	775.27	782.43
2025	666.65	764.86	667.73	674.14	765.50	772.97
2026	650.60	745.13	651.59	657.43	741.28	748.14
2027	632.40	707.75	633.18	637.78	703.81	709.22
2028	612.75	661.81	613.32	616.69	665.18	669.16
2029	592.14	622.46	592.50	594.68	625.96	628.53
2030	571.31	593.56	571.54	572.97	593.89	595.62

數據來源：本課題組預測數據

表 3-22　　　不同方案下的小學人口數峰值年份和峰值數

方案＼項目	方案一	方案二	方案三	方案四	方案五	方案六
峰值年份	2024	2024	2024	2024	2024	2024
峰值數據（萬人）	680.51	774.29	681.56	687.70	775.27	782.43

表 3-23　　　　四川省 2011—2030 年 6 歲組人口數量預測　　　單位：萬人

年份	方案一	方案二	方案三	方案四	方案五	方案六
2013	97.11	97.11	97.11	97.11	97.11	97.11
2014	93.14	93.14	93.14	93.14	93.14	93.14
2015	88.69	88.69	88.69	88.69	88.69	88.69
2016	81.50	81.50	81.50	81.50	81.50	81.50
2017	77.27	77.27	77.27	77.27	77.27	77.27
2018	72.24	72.24	72.24	72.24	72.24	72.24
2019	118.21	118.21	118.21	118.21	118.21	118.21
2020	116.71	128.72	116.84	117.66	128.85	129.78
2021	115.10	137.98	115.35	116.84	138.22	139.97
2022	112.93	135.39	113.18	114.64	135.62	137.33
2023	110.47	132.44	110.72	112.14	132.67	134.34
2024	107.69	122.22	107.85	108.82	122.37	123.48
2025	104.32	108.39	104.37	104.63	108.45	108.76
2026	100.64	104.56	100.68	100.93	104.62	104.92
2027	96.88	100.65	96.92	97.16	100.71	101.00
2028	93.25	96.88	93.29	93.52	96.94	97.22
2029	89.84	93.34	89.88	90.10	93.39	93.67
2030	86.83	90.21	86.86	87.08	90.26	90.52

表 3-24　　　不同方案下的 6 歲人口數峰值年份和峰值數

方案＼項目	方案一	方案二	方案三	方案四	方案五	方案六
峰值年份	2019	2021	2019	2019	2021	2021
峰值數據（萬人）	118.21	137.98	118.21	118.21	138.22	139.97

第三節　區域人口轉變及其經濟社會影響分析

一、研究區域與說明

根據王學義教授主持的國家衛計委《分區域（西南地區）人口和計劃生育形勢分析 2013》課題研究成果，案例區域為大西南地區，涵蓋廣西、海南、重慶、四川、貴州、雲南、西藏這四省、一直轄市、兩自治區。本案例重點分析西南區域人口轉變形勢、特點及其經濟社會影響。研究發現：西南地區人口規模調控成效顯著，但人口素質提高、人口結構改善與人口素質偏低、人口結構性失衡問題同時並存，區域人口轉變極不平衡，這將長期困擾人口發展和計生工作，影響西南地區經濟社會可持續發展。為此，必須促進人口轉變，維持人口內部系統以及人口外部系統協調運轉，逐步實現人口長期均衡發展。

二、人口再生產類型轉變形勢與特點

（一）人口占全國的比重略有下降，區域增減差異較大

2000—2013 年，西南地區總人口從 24,450 萬人增加到 25,292 萬人，占全國人口的比重基本穩定在 19%左右，但總體呈下降趨勢，由 2000 年的 19.3%下降到 2013 年的 18.6%。具體來看，各區域常住人口總量變化差異較大，2012 年，廣西為 4,682 萬人，相比 2000 年增長 6.8%；海南為 887 萬人，相比 2000 年增長 17.3%；重慶為 2,945 萬人，相比 2000 年減少 3.5%；四川為 8,076 萬人，相比 2000 年減少 1.9%；貴州為 3,484 萬人，相比 2000 年減少 1.2%；雲南為 4,659 萬人，相比 2000 年增長 10%；西藏為 308 萬人，相比 2000 年增長 17.7%（參見表 3-25）。

表 3-25　2000—2013 年西南地區各省、直轄市、自治區的常住人口

單位：萬人、%

	廣西	海南	重慶	四川	貴州	雲南	西藏	西南地區	全國	西南地區人口占比
2000 年	4,385	756	3,051	8,235	3,525	4,236	262	24,450	126,743	19.3
2006 年	4,719	836	2,808	8,169	3,690	4,483	285	24,990	131,448	19.0

表3-25(續)

	廣西	海南	重慶	四川	貴州	雲南	西藏	西南地區	全國	西南地區人口占比
2007年	4,768	845	2,816	8,127	3,632	4,514	289	24,991	132,129	18.9
2008年	4,816	854	2,839	8,138	3,596	4,543	292	25,078	132,802	18.9
2009年	4,856	864	2,859	8,185	3,537	4,571	296	25,168	133,450	18.9
2010年	4,610	869	2,885	8,042	3,479	4,602	300	24,787	134,091	18.5
2011年	4,645	877	2,919	8,050	3,469	4,631	303	24,894	134,735	18.5
2012年	4,682	887	2,945	8,076	3,484	4,659	308	25,041	135,404	18.5
2013年	4,817	895	2,970	8,107	3,502	4,687	314	25,292	136,072	18.6
2006—2013年均增減	14.0	8.4	23.1	-8.9	-26.9	29.1	4.1	43.1	660.6	—

數據來源：歷年中國及各省、直轄市、自治區統計年鑒、抽樣調查。西藏2013年數據為計生表數據

從年均人口增長情況看，2006—2012年，西南地區常住人口年均增長660.6萬人。其中，雲南、重慶常住人口年均增長人口最多，廣西、海南、西藏均有不同程度的增長；貴州年均減少規模最大，四川年均減少近9萬人。不論規模增減大小，這都有可能與計劃生育政策執行力度、流動人口流量、流向等因素密切相關。

(二) 人口再生產類型轉變為現代類型，「三低」特徵明顯

西南地區常住人口出生率、死亡率、自然增長率基本形成「三低」現代人口再生產類型。這與經濟社會發展、持續的計劃生育政策和公共服務供給相關。

2000—2012年，西南地區的人口出生率從14.90‰下降到12.03‰，四川、貴州、雲南、西藏的人口出生率下降明顯。2012年，西南地區人口出生率比全國低0.07個千分點。人口出生率從高到低，第一梯隊為西藏（15.48‰）、海南（14.66‰）、廣西（14.20‰）；第二梯隊為貴州（13.27‰）、雲南（12.63‰）；第三梯隊為重慶（10.66‰）、四川（9.89‰）。

2000—2012年，西南地區的人口死亡率從7.02‰降至6.65‰。2012年，西南地區死亡率比全國低0.5個千分點。其中，西藏死亡率最高，達6.96‰；海南最低，為5.81‰。自然增長率從7.88‰降至5.38‰，但2012年自然增長

率比全國高出 0.43 個千分點（參見表 3-26）。

表 3-26　　　　　　2000 年和 2012 年西南地區常住
人口出生率、死亡率、自然增長率　　　　單位:‰

地區	出生率		死亡率		自然增長率	
	2000 年	2012 年	2000 年	2012 年	2000 年	2012 年
廣西	13.60	14.20	5.70	6.31	7.90	7.89
海南	15.67	14.66	5.80	5.81	9.87	8.85
重慶	11.43	10.86	7.98	6.86	3.45	4.00
四川	12.10	9.89	7.00	6.92	5.10	2.97
貴州	20.59	13.27	7.53	6.96	13.06	6.31
雲南	19.05	12.63	7.57	6.41	11.48	6.22
西藏	19.50	15.48	6.60	5.21	12.90	10.27
西南地區	14.90	12.03	7.02	6.65	7.88	5.38
全國	14.03	12.10	6.45	7.15	7.58	4.95

數據來源：歷年中國及各省、直轄市、自治區統計年鑒

三、人口素質轉變形勢與特點

（一）人口受教育程度得到較大改善，受教育年限大大延長

2000—2012 年，西南地區人口受教育程度得到較大改善，大專及以上人口比重[①]從 2.6% 提升到 8.2%，高中人口比重從 8.5% 上升到 12.6%，初中人口比重從 29.6% 上升到 36.6%。小學和未上過學的人口比重大大下降，分別從 46.9%、12.5% 下降到 35.2%、7.4%。海南、重慶大專及以上人口接近全國平均水平，其他均低於全國平均水平，西藏、廣西作為民族自治區最低。這表明，西南地區必須優先發展教育，解決人口素質偏低問題。同時，西南地區受教育年限從 6.9 年延長到 8.2 年，延長 1.3 年，但是仍然比全國平均水平少 0.7 年。2012 年，海南人均受教育年限最長，達到 9.1 年，其次是重慶、四川、廣西。雲南、貴州、西藏年限較短，都在 8 年以下，尤其是西藏，才 5.1 年。正因為如此，西南地區人口受教育年限延長空間較大，但這必須建立在推進各類教育發展基礎之上（參見表 3-27、表 3-28 及圖 3-3）。

---

① 大專及以上人口數占 6 歲及以上總人口的比重，以下同。

表 3-27　　2000 年和 2012 年西南地區人口受教育程度構成　　單位:%

地區	未上過學 2000	未上過學 2012	小學 2000	小學 2012	初中 2000	初中 2012	高中 2000	高中 2012	大專及以上 2000	大專及以上 2012
廣西	6.2	4.1	45.6	34.3	35.2	42.9	10.4	12.2	2.6	6.5
海南	9.4	4.6	37.7	22.4	35.6	45.5	13.7	17.2	3.5	10.2
重慶	9.0	5.4	46.8	34.1	31.8	35.7	9.3	14.8	3.0	10.0
四川	10.9	6.9	46.4	33.0	31.8	37.1	8.3	13.1	2.7	9.9
貴州	19.1	11.4	49.1	36.9	23.3	34.9	6.4	10.2	2.2	6.6
雲南	17.2	8.4	49.6	41.3	23.6	31.3	7.3	12.2	2.2	6.8
西藏	52.9	34.3	34.5	42.9	7.2	13.6	4.0	5.1	1.5	4.2
西南地區	12.5	7.4	46.9	35.2	29.6	36.6	8.5	12.6	2.6	8.2
全國	11.0	5.3	30.3	26.9	39.7	41.1	14.4	16.1	4.6	10.6

數據來源：歷年中國及各省、直轄市、自治區統計年鑒

表 3-28　　2000—2012 年西南地區人均受教育年限比較　　單位：年

地區 年份	廣西	海南	重慶	四川	貴州	雲南	西藏	西南地區	全國
2000	7.6	7.7	7.3	7.1	6.1	6.3	3.4	6.9	7.9
2010	8.4	8.9	8.5	8.2	7.4	7.6	5.3	8.0	8.8
2011	8.6	8.9	8.8	8.2	7.6	7.7	5.5	8.2	8.8
2012	8.4	9.1	8.6	8.5	7.6	7.8	5.1	8.2	8.9

數據來源：歷年中國及各省、直轄市、自治區統計年鑒

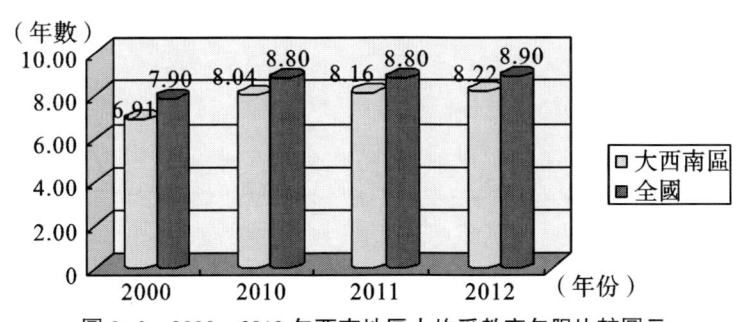

圖 3-3　2000—2012 年西南地區人均受教育年限比較圖示

(二)人口文盲率大大下降,下降幅度最高地區達到54.2%

2000—2012年西南地區人口文盲率①從11.7%下降到7.4%,比全國仍然高出2.4個百分點,掃盲任務艱鉅。各區域人口文盲率均有所下降,從2000年到2010年,廣西下降到3.8%,下降29.2%;海南下降到4.5%,下降54.2%;重慶下降到5.3%,下降40.8%;四川下降到6.9%,下降30.6%;貴州下降到12.0%,下降39.7%;雲南下降到2012年的8.3%,下降46.0%;西藏下降到34.8%,下降26.3%。總體來看,目前西藏文盲率最高,為34.8%;廣西最低,為3.8%(參見圖3-4)。

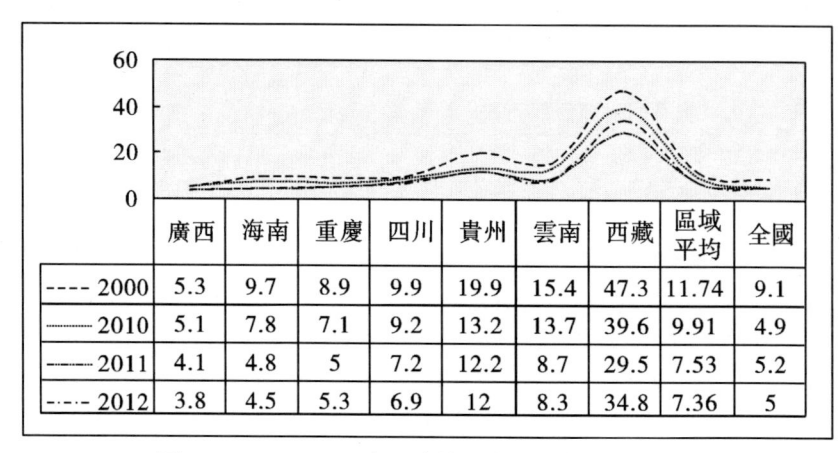

	廣西	海南	重慶	四川	貴州	雲南	西藏	區域平均	全國
---- 2000	5.3	9.7	8.9	9.9	19.9	15.4	47.3	11.74	9.1
······ 2010	5.1	7.8	7.1	9.2	13.2	13.7	39.6	9.91	4.9
—— 2011	4.1	4.8	5	7.2	12.2	8.7	29.5	7.53	5.2
-·-· 2012	3.8	4.5	5.3	6.9	12	8.3	34.8	7.36	5

圖3-4 2000—2012年西南地區人口文盲率比較圖示

(三)人口預期壽命增加明顯,但仍然低於全國平均水平

平均預期壽命是衡量人口、經濟社會發展水平、質量的重要指標。隨著經濟社會發展,西南地區人口健康素質提高,人口預期壽命不斷延長。2000—2010年,西南地區人口預期壽命從69.5歲增加到73.4歲,增加3.9歲,其中男性增加3歲,女性增加4.9歲,男女之間的差距進一步擴大。2010年全國的人均預期壽命為74.8歲,比西南地區高1.4歲。從各區域看,人口預期壽命均有所提高,但提高幅度尚有差別。廣西、海南、重慶、四川、貴州、雲南、西藏分別從2000年的71.3歲、72.9歲、71.7歲、71.2歲、66.0歲、65.5歲、64.4歲,提高到2012年的75.1歲、76.3歲、75.7歲、74.8歲、71.1歲、69.5歲、68.2歲,分別提高5.4%、4.6%、5.5%、5.0%、7.8%、6.2%、5.9%。目前,海南人均預期壽命最長,為76.3歲,西藏最低,僅為68.2歲,

---

① 文盲率=15歲及以上的文盲人數/15歲及以上的總人口數×100%。

貴州的人均預期壽命增加最快。從整體情況看，改善醫療衛生條件、加快社會養老保障體系建設還任重道遠（參見表3-29）。

表3-29　　　　2000年和2010年西南地區人口預期壽命　　　　單位：歲

地區	2000年			2010年		
	總人口	男	女	總人口	男	女
廣西	71.3	69.1	73.8	75.1	71.8	79.1
海南	72.9	70.7	75.3	76.3	73.2	80.0
重慶	71.7	69.8	73.9	75.7	73.2	78.6
四川	71.2	69.3	73.4	74.8	72.2	77.6
貴州	66.0	64.5	67.6	71.1	68.4	74.1
雲南	65.5	64.2	66.9	69.5	67.1	72.4
西藏	64.4	62.5	66.2	68.2	66.3	70.1
西南地區	69.5	67.7	71.6	73.4	70.7	76.5
全國	71.4	69.6	73.3	74.8	72.4	77.4

數據來源：2013年中國統計年鑒

（四）圍產兒死亡率下降，與全國平均水平的差距縮小

2009—2011年，西南地區的圍產兒死亡率①從8.9‰下降到6.9‰，下降兩個千分點，與全國相比，差距從1.2個千分點縮小到0.6個千分點。具體來看，2011年，廣西、海南、重慶、四川、貴州、雲南、西藏的圍產兒死亡率分別為8.3‰、6.7‰、4.6‰、5.9‰、5.4‰、9.6‰、20.3‰。目前，重慶的圍產兒死亡率最低，西藏的圍產兒死亡率最高。西南地區還需要進一步提高出生人口素質，做好母嬰保健工作，降低圍產兒死亡率以及嬰兒死亡率（參見表3-30）。

表3-30　　　　2009—2011年西南地區圍產兒死亡率　　　　單位：‰

年份	廣西	海南	重慶	四川	貴州	雲南	西藏	西南地區	全國	比較
2009	9.4	7.7	5.6	7.1	11.8	10.7	23.5	8.9	7.7	1.2
2010	8.7	7.4	5.2	5.9	9.3	9.9	23.3	7.7	7.0	0.7
2011	8.3	6.7	4.6	5.9	5.4	9.6	20.3	6.9	6.3	0.6

數據來源：歷年中國衛生統計年鑒

---

① 圍產兒死亡率是指孕滿28周或出生體重≥1,000克的胎兒（含死胎、死產）至產後7天內新生兒死亡數與活產數（孕產婦）之比。一般以‰表示。

四、人口結構轉變形勢與特點

（一）人口年齡結構呈現老齡化、少子化及城鄉差異化趨勢，養老問題更加突出

2012年，西南地區的少兒人口比重為19.2%，比2000年下降9.1個百分點；勞動年齡人口比重為70.7%，比2000年上升2.8個百分點；老年人口比重為10.1%，比2000年上升3.1個百分點。與全國相比，少兒人口比重比全國高2.7個百分點，老年人口比重比全國高0.7個百分點，勞動年齡人口比重比全國低3.7個百分點。

具體來看，各區域人口年齡結構差異較大。2012年，廣西、貴州、西藏的少兒人口比重均超過20%，其他區域在20%以下；海南、重慶、四川、雲南、西藏的勞動年齡人口比重在70%以上，其他省份在70%以下；重慶、四川的老年人口比重超過10%，其他省份在10%以下，其中西藏的老年人口比重最低，僅為5.4%。西南地區必須認識到人口紅利衰減、養老負擔不斷加重的問題（參見表3-31、圖3-5）。

表3-31　　　　　2000年和2012年西南地區人口年齡結構　　　　單位:%

地區	0~14歲 2000	0~14歲 2012	15~64歲 2000	15~64歲 2012	65歲及以上 2000	65歲及以上 2012
廣西	26.2	22.6	66.5	68.1	7.3	9.3
海南	27.4	19.1	65.8	73.6	6.7	7.3
重慶	21.8	16.4	70.2	70.7	8.0	12.9
四川	22.6	16.2	69.9	72.0	7.6	11.8
貴州	30.2	23.0	63.9	67.9	6.0	9.2
雲南	26.0	19.6	68.0	72.7	6.1	7.8
西藏	31.2	22.1	64.1	72.5	4.8	5.4
西南地區	25.1	19.2	67.9	70.7	7.0	10.1
全國	22.9	16.5	70.1	74.1	7.0	9.4

數據來源：歷年中國及各省、直轄市、自治區統計年鑒

同時，西南地區年齡結構的城鄉差異明顯，尤其是農村人口老齡化程度比城鎮高，面臨養老保障問題也更突出。從城鎮來看，2012年，西南地區的城鎮少兒人口比重為16.0%，比2000年下降3.5個百分點；城鎮勞動年齡人口

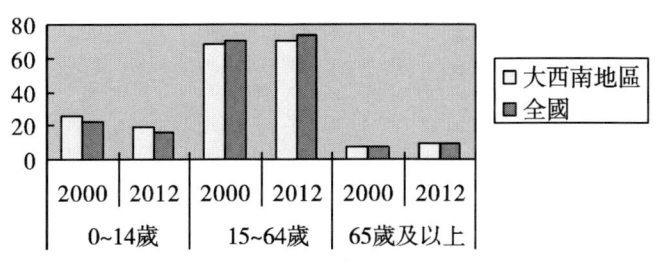

圖 3-5 2000 年和 2012 年西南地區人口年齡結構圖示

比重為 75.5%，比 2000 年上升 1.4 個百分點；城鎮老年人口比重為 8.5%，比 2000 年上升 2.1 個百分點。與全國城鎮人口相比，城鎮少兒人口比重比全國高 1.7 個百分點，城鎮勞動年齡人口比重比全國低 1.8 個百分點。城鎮老年人口比重比全國高 0.1 個百分點。二是從農村來看，2012 年，西南地區的農村少兒人口比重為 21.6%，比 2000 年下降 5.5 個百分點；農村勞動年齡人口比重為 67.0%，比 2000 年上升 1.4 個百分點；農村老年人口比重為 11.4%，比 2000 年上升 4.1 個百分點。與全國農村人口相比，農村少兒人口比重比全國高 2.7 個百分點，農村老年人口比重比全國高 0.8 個百分點，農村勞動年齡人口比重比全國低 3.5 個百分點（參見表 3-32）。

表 3-32　　2000 年和 2012 年西南地區城鎮人口年齡結構　　單位:%

地區	0~14 歲 2000	0~14 歲 2012	15~64 歲 2000	15~64 歲 2012	65 歲及以上 2000	65 歲及以上 2012
廣西城鎮	21.0	19.6	72.8	72.3	6.2	8.1
廣西農村	28.2	24.9	64.0	64.8	7.8	10.3
海南城鎮	23.6	17.1	71.0	76.8	5.4	6.2
海南農村	30.1	21.3	62.3	70.3	7.6	8.5
重慶城鎮	16.9	14.4	75.4	75.5	7.7	10.1
重慶農村	24.3	19.1	67.6	64.3	8.2	16.6
四川城鎮	17.6	13.8	75.5	77.1	6.8	9.1
四川農村	24.4	18.1	67.7	67.9	7.8	13.9
貴州城鎮	24.0	19.0	70.4	73.5	5.6	7.6
貴州農村	32.1	25.3	61.8	64.7	6.1	10.1
雲南城鎮	19.5	15.3	75.0	77.1	5.6	7.6

表3-32(續)

地區	0~14歲 2000	0~14歲 2012	15~64歲 2000	15~64歲 2012	65歲及以上 2000	65歲及以上 2012
雲南農村	27.9	22.3	65.8	69.9	6.3	7.8
西藏城鎮	21.4	14.8	75.5	79.2	3.1	5.8
西藏農村	33.6	24.2	61.3	70.5	5.1	5.3
西南城鎮	19.5	16.0	74.1	75.5	6.4	8.5
全國城鎮	18.4	14.3	75.2	77.3	6.4	8.4
與全國比	1.1	1.7	-1.1	-1.8	0.0	0.1
西南農村	27.1	21.6	65.0	67.0	7.3	11.4
全國農村	25.5	18.9	67.0	70.5	7.5	10.6
與全國比	1.6	2.7	-2	-3.5	-0.2	0.8
西南地區城鄉差值	-7.6	-5.6	8.5	-8.5	-0.9	-2.9

數據來源：歷年中國人口和就業統計年鑒

(二) 家庭戶規模縮減，家庭養老功能弱化

2000—2012年，西南地區平均家庭戶規模從3.70人/戶縮減到3.07人/戶，縮小0.63人/戶，比全國平均水平高，與全國平均水平的差值從0.26人/戶縮減到0.05人/戶。各區域平均家庭戶規模均有所縮減。總體來看，目前，西藏平均家庭戶規模最大，重慶最小，縮減程度最快，廣西最慢。如果西南地區家庭戶規模的縮減情況不能得到遏制，對傳統居家養老模式將造成較大衝擊。因此，需要調整和完善生育政策，解決家庭規模縮減問題（參見表3-33）。

表3-33　　2000—2012年西南地區各省、直轄市、自治區平均家庭戶規模　　單位：人/戶

年份	廣西	海南	重慶	四川	貴州	雲南	西藏	西南地區	全國
2000	3.88	4.32	3.34	3.48	3.81	3.90	4.92	3.70	3.44
2006	3.52	3.93	2.98	2.97	3.57	3.64	4.85	3.34	3.17
2007	3.58	3.85	2.91	3.03	3.54	3.65	4.70	3.35	3.17
2008	3.55	3.75	2.88	3.03	3.60	3.63	4.60	3.35	3.16

表3-33(續)

年份	廣西	海南	重慶	四川	貴州	雲南	西藏	西南地區	全國
2009	3.57	3.75	2.75	3.01	3.61	3.58	4.71	3.32	3.15
2010	3.34	3.46	2.70	2.95	3.18	3.54	4.23	3.17	3.10
2011	3.15	3.54	2.78	2.83	3.11	3.31	4.21	3.05	3.02
2012	3.32	3.64	2.67	2.85	3.10	3.26	4.07	3.07	3.02

數據來源：歷年中國及各省、直轄市、自治區統計年鑒

（三）人口城鎮化進程加快，但整體水平偏低

2000—2012年，西南地區的城鎮化水平從27.3%上升到43.4%，提升了16.1個百分點，但是與全國相比，仍然相差9.2個百分點。總體來看，區域人口城鎮化水平差異較大。目前，重慶的城鎮化水平最高，超過全國平均水平，西藏最低，還不及全國平均水平的一般；重慶城鎮化水平上升幅度也最快，西藏最慢。

人口城鎮化是經濟增長的引擎，如果推動進程滯后，將嚴重影響經濟增長。人口城鎮化水平和推進速度，與經濟社會發展水平密切相關。西南地區經濟社會發展水平落後於東部地區，人口城鎮化水平整體偏低，除了重慶與海南較高外，其他區域縮小人口城鎮化差距的任務還十分艱鉅（參見表3-34）。

表3-34　　　　2000—2012年西南地區城鎮人口比重　　　　單位:%

年份	廣西	海南	重慶	四川	貴州	雲南	西藏	西南地區	全國
2000	28.2	40.7	33.1	27.1	24.0	23.4	19.4	27.3	36.2
2006	34.6	46.1	46.7	34.3	27.5	30.5	21.1	34.3	44.3
2007	36.2	47.2	48.3	35.6	28.2	31.6	21.5	35.6	45.9
2008	38.2	48.0	50.0	37.4	29.1	33.0	21.9	37.2	47.0
2009	39.2	49.1	51.6	38.7	29.9	34.0	22.3	38.5	48.3
2010	40.0	49.8	53.0	40.2	33.8	34.9	22.7	39.9	50.0
2011	41.8	50.5	55.0	41.8	35.0	36.8	22.7	41.5	51.3
2012	43.5	51.6	57.0	43.5	36.4	39.3	22.8	43.4	52.6
2013	—	—	58.3	44.9	—	40.5	—	—	53.7

數據來源：歷年中國及各省、直轄市、自治區統計年鑒

(四) 流動人口比重上升，上升幅度區域差異明顯

2000—2010年，西南地區流動人口比重從8.17%上升到14.8%。2010年，西南地區流動人口比重比全國流動人口比重低4.8個百分點。具體來看，各區域流動人口比重均有所上升，但是上升幅度差異明顯。2010年，海南的流動人口比重最高，為21.26%，西藏的比重最低，為8.73%。十年間，西藏流動人口比重增加幅度最小，僅為6.8%，重慶的比重增加最明顯，增幅達到119.2%（參見表3-35）。

表3-35　　　　2000年和2010年西南地區各省、
直轄市、自治區流動人口比重　　　　　單位:%

年份	廣西	海南	重慶	四川	貴州	雲南	西藏	西南地區	全國
2000	7.38	12.94	8.6	8.09	6.85	9.14	8.17	8.7	8.8
2010	13.67	21.26	18.86	14.59	13.32	13.17	8.73	14.8	19.6

數據來源：2000年和2010年人口普查資料

五、人口轉變的經濟社會影響分析

其一，西南地區人口再生產類型成功轉變為現代類型，其對經濟社會發展的正效應顯而易見，且無可置疑。但以計劃生育政策干預為核心實現的現代人口轉變，其所產生的人口結構性失衡等問題也將同樣制約西南地區乃至中國的人口與經濟社會發展。例如，「失獨家庭」在一定意義上講是計劃生育獨生子女政策實施的負面伴生物，涉及相關家庭、人群的規模較大，它的多方面消極影響在未來一定時期將呈現出顯在化、長期化趨勢，政府、人口計生部門要在現有對策措施基礎上創新工作思路，探索新的解決方法。實施好現行「單獨二孩」政策並在「十三五」期末、「十四五」期初全面實施普遍二孩生育政策，可能是緩解人口轉變過程中人口數量與人口結構、人口素質矛盾的根本途徑之一。

其二，西南地區人口素質有較大提高，但與經濟社會發展要求還有一定差距。人力資本是一個國家或地區經濟發展的核心資本，人口素質的現代轉變如果滯後，必將對經濟社會發展帶來嚴重障礙。提高人口素質，仍是統籌解決人口問題、促進人口與經濟社會協調發展的最重要的任務之一。西南地區必須優先投資於人的全面發展，將提高出生人口素質與優先發展教育相結合，促進人口現代化進程。需要政府促進區域經濟社會發展，從改善教育、醫療衛生條件

入手逐步解決。

其三，西南地區人口結構有較大改善和優化，但人口老齡化、人口性別比失衡、家庭規模縮減問題依然成為困擾區域未來經濟社會發展的重要因素，必須採取有效措施，從經濟、社會、制度、立法等方面綜合解決。雖然調整和完善生育政策，實施「單獨二孩」政策，人口紅利終將逐步耗盡，但依然可以改善人口結構，延緩人口紅利收穫期，使出生人口性別比趨於正常。因此，從根本上講，需要通過計劃生育政策調整、完善以及健全法制逐步實現人口結構優化。要加快推進人口城鎮化進程，促進從空間轉移型人口城鎮化向結構型人口城鎮化、質量型人口城鎮化轉換。

其四，西南地區人口轉變極不平衡，在人口規模、素質、結構轉變方面，以及在生育政策設定、公共服務資源配置、人口信息化建設、人口行業管理等方面，都表現出比較明顯的區域差異。人口轉變的區域不平衡，將導致區域經濟社會發展的不平衡。因此，需要建立區域協調發展機制，促進區域人口協調發展。要按照「生育政策公平化、公共服務均等化、全員人口信息化、行業管理法治化」的工作新思路，統籌區域人口計劃生育工作開展，整體提升區域人口和計劃生育的工作效率和工作質量。

第四章 區域人口現代化與經濟社會發展

第一節 人口現代化與經濟社會發展的系統分析

系統分析的關鍵在於首先在一定的標準下對系統進行結構劃分，界定諸子系統的概念和範疇，在此基礎上才能科學合理地對其相互聯繫展開分析。各學科在具體開展系統分析的實踐中大都採用本學科的視角，借鑑本學科的理論來具體確立系統範疇和區分各個子系統。「當代人口理論的研究對象是作為社會生活主體的人口發展的規律性，以及人口和社會、經濟、環境諸現象的本質聯繫」[1]，若以人口學的視角來研究社會系統的發展，必須在秉持系統觀點的基礎上，切實把握人口學的研究視角和立場，把社會系統劃分為人口子系統和經濟社會子系統兩大類，以此才能科學合理地分析作為社會生活主體的人口其內部要素和關係互動的規律及其與外部環境相互作用的客觀規律。

一、系統含義及系統構成

(一) 人口現代化系統及系統構成

人口現代化，是中國學者在 20 世紀 90 年代所開闢的一個新的研究領域。無論是從人口學的研究思路和視角看，還是適應中國現代化和可持續發展研究的實際需要層面，研究現代化的具體呈現，都必須關注現代化在人口層面的過程和結果——人口現代化。西方現代化研究中代表學者英克爾斯的現代化指標體系中 (表 4-1) 的 10 個具體指標都與人口有著必然聯繫，后 7 個指標甚至直接從人口角度考察現代化水平。

---

[1] 劉錚，李競能. 人口理論教程 [M]. 北京：中國人民大學出版社，1985：16.

表 4-1　　　　　　　　英克爾斯現代化指標評價體系

現代化指標	現代化標準
人均國民生產總值（美元）	3,000 以上
非農產業總值占國民生產總值的比例（%）	85 以上
第三產業產值占國民生產總值的比例（%）	45 以上
城市人口占總人口比重（%）	50 以上
非農業就業人口占就業人口比重（%）	70 以上
大學生占 20~24 歲年齡人口比重（%）	10~15
人口淨增長率（%）	1 以下
平均預期壽命（歲）	70 以上
每名醫生服務人數（人）	1,000 以下
成人識字率（%）	80 以上

資料來源：朱慶芳，吳寒光．社會指標體系［M］．北京：社會科學出版社，2001．

綜上所述，在整個社會領域的現代化發展狀況，實際正體現在人口現代化系統和經濟社會系統相互作用的動態發展過程中。據此，本課題研究的宏觀系統分析框架設計如圖 4-1：

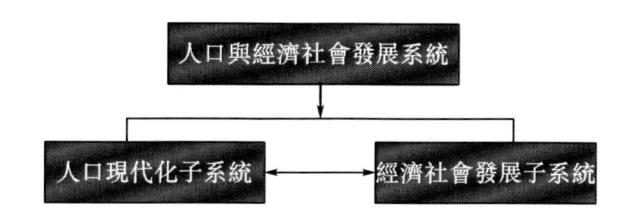

圖 4-1　人口現代化與經濟社會發展系統分析模型（宏觀）

在確定人口現代化與經濟社會發展系統的宏觀分析模型后，必須進一步界定人口現代化系統、經濟社會發展系統及其系統構成，以便為其后通過定量分建立微觀模型提供有效的基礎分析框架。

1. 人口現代化系統的含義

所謂人口現代化，就是指「與經濟社會現代化要求相適應的人口發展優化形態，它是伴隨現代化過程產生且與現代化互動或互為基礎、互為前提的，以人口再生產類型、人口素質類型、人口結構類型、人口分佈類型、生育觀念等及相關變量從傳統向現代轉變為標志的，體現了社會歷史性、動態性、漸進

性、相對性特點的人口發展過程」①。雖然目前學者對人口現代化內涵和外延的認定尚未達成一致，但基本觀點是一致的，即都認為人口現代化是對人口發展狀態的一種描述，是傳統人口向現代人口轉變的一個過程。基於此，本課題研究結合研究需要，把人口現代化系統具體界定為現代化在人口系統中的影響及其表現形式。具體而言，人口現代化系統是指在人口現代化背景下，人口系統從傳統向現代轉變和發展狀態中，其內部各要素的轉變及其相互聯繫和相互作用的一般過程與狀態，是現代化的影響在人口層面上的動態展現。

2. 人口現代化系統的構成

為了研究需要，本課題研究在操作思路上並沒有將人口與外部關聯而導致的人口經濟社會層面納入人口現代化系統中，而是基於可行性、重要性、典型性和實用性的原則，從人口學視角，結合國內外學者相關研究成果，把人口現代化系統按照人口內部要素標準具體劃分為3個子系統——人口再生產類型現代化子系統、人口素質現代化子系統和人口結構現代化子系統。由此，人口現代化系統構成如圖4-2所示：

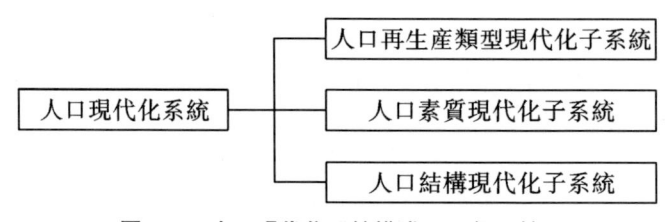

圖4-2　人口現代化系統構成（二級系統）

（二）經濟社會發展系統含義及系統構成

當前人類經濟發展與生態及資源環境的矛盾日益突出，這也要求學者們在進行現代化和發展研究時必須拋棄既定的傳統分析框架，打破原有「經濟增長型」和「重經濟」而「輕社會」的思路，把「社會」納入新的發展分析模型中，構建新的可協調、可持續的經濟社會發展系統。參照中國目前廣泛應用的經濟社會可持續發展指標體系構成，本課題研究把經濟社會發展系統具體劃分為四個維度：經濟發展、人民生活、社會發展及和諧和可持續發展。具體系統構成見圖4-3。

---

① 王學義. 人口現代化研究［M］. 北京：中國人口出版社，2006.

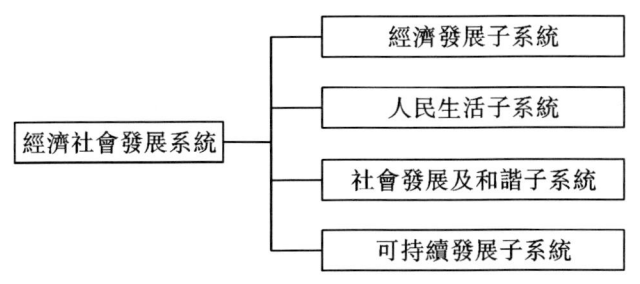

圖4-3 經濟社會發展系統構成（二級系統）

二、系統的可協調性、可持續性

無論從發展觀的演進脈絡還是以人口學、社會學等學科視角，可協調、可持續的發展系統都應該綜合考慮人口與經濟社會相互聯繫、相互作用的一般關係狀態。根據圖4-1所示宏觀分析框架，可建立具體系統模型，如圖4-4所示：

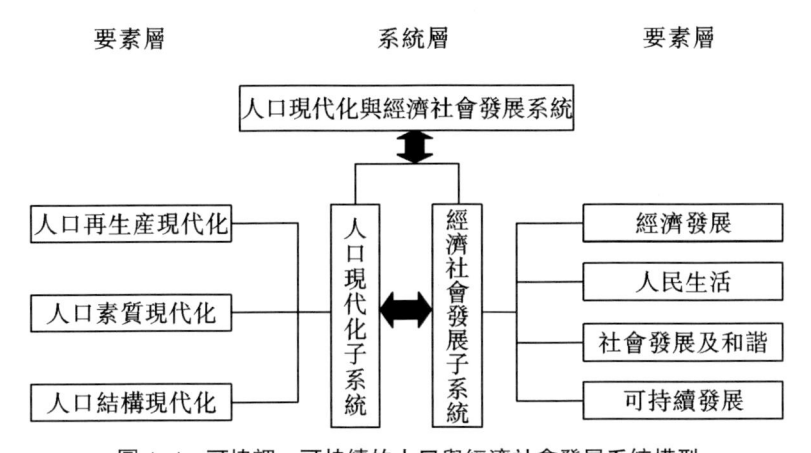

圖4-4 可協調、可持續的人口與經濟社會發展系統模型

註：本模型作為后期定量分析的宏觀分析框架基礎，在此未列出指標層

由此，本研究對人口現代化與經濟社會統籌發展的戰略定位與戰略模式予以確立。西方早發現代化國家採取的是自下而上的內生型發展模式，而中國的現代化則是在黨和政府推動和主導下的自下而上的過程。兩種性質的現代化類型也決定了中國人口現代化與經濟社會統籌發展的戰略定位必然不同於西方發達國家。縱觀中國的現代化過程可以發現，中國人口現代化與經濟社會發展系統中，經濟社會統籌發展是推進人口現代化的基礎和前提。正是在經濟社會發

展的一定歷史階段以及一定的物質文化條件下,人口現代化才得以展開和深化;而人口現代化的推進則是實現經濟社會統籌發展的關鍵,人口現代化在經濟社會發展的推動下,伴隨其內部各要素的整合優化必然為經濟社會統籌發展提供強大的推動力和協調力,深化經濟社會統籌發展。綜上所述,中國人口現代化與經濟社會統籌發展的戰略定位必須擺脫傳統的「點」的發展思路,有序推進人口現代化和經濟社會統籌綜合發展,從而使二者相輔相成,實現中國全面現代化。因此,本研究認為應根據以上人口現代化與經濟社會可持續發展系統構成,科學合理地制定和選擇人口現代化與經濟社會統籌發展的戰略模式。具體而言,要求在一定的經濟社會發展條件和人民生活水平下,針對當前要求並預見未來需要,保持適度的人口規模,不斷提高人口素質,合理優化人口結構,從而保障與經濟社會統籌發展相適應的人口現代化水平,充分把握人口的主體關鍵性,進一步深化經濟社會統籌發展,進而推進人口與經濟社會系統可持續發展。

第二節　人口現代化與經濟社會可持續發展評價指標

一、指標體系構建的意義、原則及思路

人口現代化與經濟社會可持續發展指標體系的研究,實質是關於可持續發展系統的定量認識體系,其並非只反應了統計技術的進步,而是隨著發展觀的演進和人們對現代化的反思的深入探尋可持續發展道路的需要。設計這套指標體系需要一定的統計技術,更需要關於人口與經濟社會統籌發展的理論基礎。指標體系構建的重要意義在於:①秉持系統論觀點,把握人口與經濟社會可持續發展系統的特徵,把客觀上存在聯繫的、說明人口現代化過程與經濟社會發展過程本質性質的諸多指標,科學地分類並組合形成相對清晰的指標體系,進而通過建立的指標體系,切實考察國家或地區在一定歷史階段的社會可持續發展狀況及進程,為政府相關部門決策提供政策參考。②通過指標體系定量評價某一區域人口與經濟社會可持續發展的總體水平,瞭解其中存在的不足與問題,及時提供給當地管理部門,以便採取對策,最終為制定區域人口與經濟社會協調可持續發展戰略提供現實依據,促進區域的人口與經濟社會可持續發展。

在指標體系構建的原則上,必須首先秉持科學性原則,即指標的選擇、指標權重系數的確定、數據的選取、計算與合成必須以統計理論為依據。同時必

須在對四川經濟社會大系統的運行過程及諸方面的相互關係做出準確、全面的分析和描述基礎上,綜合考慮人口、生態環境和經濟社會等諸多方面及其協調性,同時又要避免指標之間的重疊。其次,應遵循客觀性原則。要求所設計的指標必須以客觀存在的事實為基礎,作為計量和評價基礎。再次,應遵循簡便性原則。指標體系的設置要避免過於繁瑣,要避免描述和評價同一內容的指標重複出現。再其次,必須遵循可行性原則。指標體系所涉及的數據必須是目前中國統計制度中具有且通過各種途徑能夠收集到的,這樣才能使其具有較強的可操作性。最后,為了便於與中東部地區進行對比,要求指標數據的選取和計算採取通行的原則。

在指標體系設計上,本課題研究主要按照如下思路:確定理論依據→確定宏觀模型→文獻研究→確定參考指標群→統計分析並剔除無效或低效指標→進行最終指標選取並構成指標體系→統計分析→后期互動支撐評估。

二、指標體系的構建

（一）人口現代化指標體系構建

本研究綜合國內外相關研究,基於人口現代化子系統的系統構成（3個方面）,歸納出7個要素共23個指標從而構成參考指標群,並根據研究需要,借鑑同類研究經驗並參考相關學者的觀點,選取8個核心指標作為待選的評價指標（參見表4-2）。

表4-2　　　　　　　　　　人口現代化指標體系

子系統	二級子系統	要素	參考指標群	核心指標
人口現代化系統	人口再生產類型現代化	出生率	出生率	出生率;死亡率;人口自然增長率
			總和出生率	
		死亡率	死亡率	
			分年齡段死亡率	
		人口增長率	人口自然增長率	
			淨增人口數	
			人口增長速度	

表4-2(續)

子系統	二級子系統	要素	參考指標群	核心指標
人口現代化系統	人口素質現代化	科學文化素質	成人識字率	人口平均受教育年限；人口平均預期壽命；公共衛生保健支出
			高等教育率	
			人口平均受教育年限	
			教師數	
		身體素質	出生平均預期壽命	
			嬰兒死亡率	
			平均體重、身高	
			千人擁有醫生數	
			公共衛生保健支出	
	人口結構現代化	人口自然結構	性別比	城鎮人口比重；第三產業就業人口比重
			65歲以上人口比重	
		人口經濟社會結構	城鎮人口比重	
			非農勞動力人口比重	
			第三產業就業人口比重	
			大學生人口比重	
			中產階級人口比重	

註：指標構建源自王學義博士論文《人口現代化研究》

(二) 經濟社會可持續發展指標體系構建

不同於人口現代化指標體系研究，針對中國經濟社會可持續發展的指標體系研究成果非常豐富，國家權威部門也發展歸納出可以反應中國經濟社會發展方方面面的綜合指標系統。結合研究性質和特徵，本研究在反覆探究和徵求專家意見的基礎上，按照經濟社會發展系統的系統構成（4類），參照前期國內外研究成果共選擇31個參考指標構成指標體系，並進一步結合文獻研究，選取代表性較強的15個指標構成待選的核心評價指標（參見表4-3）。

表 4-3　　　　　　　　經濟社會發展指標體系

子系統	二級子系統	要素	參考指標群	核心指標
經濟社會發展	經濟發展	經濟增長	GDP GDP 增長率 人均 GDP 全社會固定資產投資總額	人均 GDP；全社會固定資產投資總額；全社會勞動生產率；第三產業產值占 GDP 的比重
		經濟結構優化	全社會勞動生產率 第三產業產值占 GDP 的比重 城鄉就業人員總數 非農業人口比例	
	社會發展	社會進步	PQLI 生活質量指數 學齡兒童入學率 每萬人在校大學生人數 教育支出占的 GDP 比重 醫療衛生支出占 GDP 的比重	PQLI 生活質量指數；教育支出占 GDP 的比重；衛生支出占 GDP 的比重；城鎮基尼系數
		社會公平	城鄉居民收入比 城鎮基尼系數	
	人民生活	生活水平	居民人均消費水平 居民人均儲蓄餘額 城鎮居民人均可支配收入 農村居民人均純收入 電視覆蓋率	居民人均消費水平；城鎮居民人均住房面積；農村恩格爾系數
		生活質量	城鎮居民人均住房面積 農村居民人均使用房屋面積 城鎮恩格爾系數 農村恩格爾系數	
	可持續發展	環境承載力	森林覆蓋率 人均水資源量 人均耕地面積	森林覆蓋率；人均水資源量；工業廢水排放達標率；城市污水處理率
		環境治理	工業固體廢物綜合利用率 工業廢水排放達標率 城市污水處理率 城市生活垃圾無害化處理率	

縱觀國內相關文獻，發現較少有人側重從人口系統和經濟社會發展系統互動關係及互動支撐方面進行研究，往往是把相關人口指標納入經濟社會發展綜合指標體系，由此產生兩種視角：或旨在研究包含人口在內的眾因素對經濟社會發展的影響因素，或期望表明應如何利用經濟社會發展成果推動人口發展。

本研究認為，要深入考察人口與經濟社會可持續發展，必須首先分析這一系統中的人口子系統與經濟社會發展系統的互動支撐能力。雖然較少有學者綜合分析人口系統與經濟社會系統的互動影響，但結合諸多關於人口數量、質量、結構對經濟社會發展的影響研究，以及如何利用經濟社會發展推動人口發展的研究，就可以基本明確一個重要內涵，即人口現代化過程與經濟社會發展是互相作用、相輔相成的。本研究也首先通過結合定量定性分析來綜合評估中國東中西部地區、省域人口現代化與經濟社會發展互動支撐能力，並進一步深入比較東中西部的互動支撐能力差異。

第三節　國家人口現代化與經濟社會發展互動支撐能力評估

一、人口現代化系統與經濟社會發展系統綜合值

對於國家人口現代化與經濟社會發展互動支撐能力的評估，本研究擬以1995—2013年的統計數據為基礎數據，主要採用主成分分析法在待選核心指標中選取最終研究指標並代入歷年數據進行相關計算，最終得出人口現代化系統和經濟社會發展系統的綜合水平值，最后對兩個綜合水平值進行雙變量分析，考察二者的互動支撐能力。通過主成分分析法確定的研究指標見表4-4、表4-5：

表4-4　　　　人口現代化子系統主成分分析及指標確定

主成分	初始主成分			選取主成分		
	特徵值	方差貢獻率（%）	累計貢獻率（%）	特徵值	方差貢獻率（%）	累計貢獻率（%）
1	4.911	98.214	98.214	4.911	98.214	98.214
2	0.048	0.962	99.177			
3	0.023	0.466	99.643			
…	…	…	…			
指標			負荷系數			
人口自然增長率			−0.989			
（6歲）人口平均受教育年限			0.993			

表4-4(續)

主成分	初始主成分			選取主成分		
	特徵值	方差貢獻率（%）	累計貢獻率（%）	特徵值	方差貢獻率（%）	累計貢獻率（%）
人口平均預期壽命			0.998			
老年人口比重			0.984			
城鎮人口比重			0.991			
KMO＝0.811		χ^2＝176.419		$P<0.001$		

註：因子提取方法為主成分法

表4-5　經濟社會發展子系統主成分分析及指標確定

主成分	初始主成分			選取主成分		
	特徵值	方差貢獻率（%）	累計貢獻率（%）	特徵值	方差貢獻率（%）	累計貢獻率（%）
1	5.821	83.158	83.158	5.821	83.158	83.158
2	0.695	9.929	93.087			
3	0.304	4.340	97.427			
…	…	…	…			

指標	負荷系數
人均GDP（ES1）	0.926
第三產業產值占GDP的比重（ES2）	0.929
萬元GDP能耗（ES3）	－0.947
學齡兒童入學率（ES4）	0.837
每萬人在校大學生數（ES5）	0.944
城鎮恩格爾系數（ES6）	－0.866
森林覆蓋率（ES7）	0.928
KMO＝0.761　　χ^2＝148.030　　$P<0.001$	

註：因子提取方法為主成分法

　　由表4-4分析，所有變量可抽取5個主成分，但其中第一主成分對總體的方差累積貢獻率超過98%，第一主成分即可足夠概括全部數據的特性，因此最終抽取一個主成分，這一主成分包括人口自然增長率等5個人口變量。由表4-5分析，抽取的第一個主成分累計方差貢獻率達到83.158%，因此只選取這

個主成分可概括全部數據特性，這一主成分共包含人均 GDP 等 7 個經濟社會發展指標變量。

各子系統主成分得分可反應當前各子系統發展水平的標準數值。

$$F_{人口} = \sum Z_i X_i \tag{4-1}$$

$$F_{經濟社會} = \sum Z_j X_j \tag{4-2}$$

（X_i、X_j 為對應指標變量，Z_i、Z_j 為對應 X 的特徵值。註：代入的 X 變量數據並非原始數據，而是均值為 0、標準偏差為 1 的標準化數據）

根據主成分分析法選取 5 個反應人口現代化水平和 7 個反應經濟社會發展水平的最終研究指標，代入歷年對應指標原始數據及其標準化數據（見表 4-6、表 4-7），並按照式（4-1）和（4-2）計算可得出系統綜合得分：

人口現代化綜合值 = − 0.989P_1 + 0.993P_2 + 0.998P_3 + 0.984P_4 + 0.991P_5

經濟社會發展綜合值 = 0.926ES1 + 0.929ES2 − 0.947ES3 + 0.837ES4 + 0.944ES5 − 0.866ES6 + 0.928ES7。

表 4-6　人口現代化系統評價指標歷年數據及其標準化綜合值

年份	自然增長率（‰）	平均預期壽命（歲）	平均受教育年限（年）	老年人口比重（%）	城鎮人口比重（%）	標準化人口現代化綜合值[①]
1995	10.55	69.80	6.72	6.2	29	−8.07
1996	10.42	70.11	6.79	6.4	29.4	−7.51
1997	10.06	70.44	7.01	6.5	29.9	−6.72
1998	9.14	70.76	7.09	6.7	30.4	−5.76
1999	8.18	71.08	7.18	6.9	30.9	−4.77
2000	7.58	71.40	7.6	7.0	36.2	−2.95
2001	6.95	71.72	7.68	7.1	37.7	−2.08
2002	6.45	72.03	7.73	7.3	39.1	−1.24
2003	6.01	72.36	7.91	7.5	40.5	−0.33
2004	5.87	72.69	8.01	7.6	41.8	0.21
2005	5.89	73.02	7.83	7.7	43	0.26

① 標準化后計算出的綜合數值僅為其后統計應用作基礎而並非用於反應人口現代化和經濟社會發展的真實水平。

表4-6(續)

年份	自然增長率(‰)	平均預期壽命(歲)	平均受教育年限(年)	老年人口比重(%)	城鎮人口比重(%)	標準化人口現代化綜合值[①]
2006	5.28	73.35	8.04	7.9	43.9	1.24
2007	5.17	73.68	8.19	8.1	44.9	1.90
2008	5.08	74.01	8.27	8.3	45.7	2.40
2009	5.05	74.35	8.38	8.5	46.6	2.89
2010	4.79	74.83	8.5	8.9	49.7	4.80
2011	4.79	75.16	8.85	9.1	51.3	5.74
2012	4.95	75.50	8.84	9.4	52.6	6.14
2013	4.92	75.84	8.93	9.7	53.7	6.74
2014	5.21	76.19	8.92	10.1	54.8	7.11

數據來源：《中國統計年鑑1996—2015》。其中「平均預期壽命」相關年份數據為推算數據，「平均受教育年限」數據根據歷年人口抽樣數據測算得出

表4-7　經濟社會發展系統評價指標歷年數據及其標準化綜合值

年份	人均GDP(元)	第三產業產值比重(%)	萬元GDP能耗(噸煤)	學齡兒童入學率(%)	萬人在校大學生數(人)	城鎮恩格爾系數(%)	森林覆蓋率(%)	標準化經濟社會發展綜合值
1995	4,854	30.7	2.2	98.5	24.0	49.9	13.39	-10.31
1996	5,634	30.8	2	98.8	24.68	48.6	13.39	-8.93
1997	6,079	32.1	1.9	98.9	25.7	46.4	13.93	-7.65
1998	6,392	32.9	1.7	98.9	27.3	44.5	13.93	-6.62
1999	6,534	33	1.5	99.1	32.9	41.9	16.56	-4.22
2000	7,078	33.2	1.4	99.1	43.9	39.2	16.56	-3.24
2001	7,543	33.6	1.4	99.1	56.3	38.2	16.56	-2.77
2002	8,184	33.5	1.4	98.6	70.3	37.7	16.55	-3.42
2003	9,101	33.2	1.4	98.7	85.8	37.1	18.21	-2.26
2004	10,561	31.9	1.4	98.9	102.5	37.7	18.21	-1.86
2005	14,040	39.9	1.2	99.2	119.4	36.7	18.21	1.19
2006	16,084	39.4	1.2	99.3	132.3	35.7	18.21	1.83
2007	18,934	40.1	1.16	99.5	142.7	36.3	18.22	2.68

第四章　區域人口現代化與經濟社會發展

表4-7(續)

年份	人均GDP(元)	第三產業產值比重(%)	萬元GDP能耗(噸煤)	學齡兒童入學率(%)	萬人在校大學生數(人)	城鎮恩格爾係數(%)	森林覆蓋率(%)	標準化經濟社會發展綜合值
2008	22,698	40.1	1.102	99.5	152.2	37.9	18.21	2.90
2009	25,575	43.4	1.077	99.4	160.7	36.5	20.36	4.65
2010	29,992	43.1	1.03	99.7	166.4	35.7	20.36	5.83
2011	35,181	43.4	1.01	99.8	171.3	36.3	20.36	6.43
2012	38,420	44.6	0.77	99.9	176.6	36.2	20.36	7.71
2013	43,320	46.1	0.76	99.7	181.4	35.0	21.63	8.67
2014	46,629	48.1	0.76	99.8	186.3	35.2	21.63	9.45

數據來源：《中國統計年鑑1996—2015》

二、國家人口現代化與經濟社會發展的互動支撐能力評估

人口是經濟社會發展的主體，人口發展狀況影響到經濟社會統籌發展的進程。相關研究表明，人口現代化程度與經濟社會發展水平呈正相關關係，適度的人口規模、日益提高的人口質量以及優化合理的人口結構可以對經濟社會發展起到強大的支撐作用；同時，經濟社會發展所打下的物質文化基礎，也能夠保障人口現代化的順利推進。

（一）相關矩陣和多元迴歸模型的建立

變量間因果關係的成立首先必須建立在其存在相關關係的基礎上，即考察人口現代化與經濟社會發展的互動支撐能力應首先考察人口現代化與經濟社會發展系統間是否存在相關性。通過建立二者評價指標變量及其與綜合指數間的相關矩陣（表4-8），發現二者存在非常顯著的相關關係。

表4-8　　人口現代化與經濟社會發展系統
各指標變量及綜合值相關性

指標變量	P_1	P_2	P_3	P_4	P_5	人口現代化綜合值
ES1	-0.713**	0.941**	0.905**	0.975**	0.919**	0.910**
ES2	-0.787**	0.928**	0.903**	0.956**	0.927**	0.920**
ES3	0.932**	-0.947**	-0.962**	-0.937**	-0.950**	-0.967**

表4-8(續)

指標變量	P_1	P_2	P_3	P_4	P_5	人口現代化綜合值
ES4	-0.732**	0.882**	0.855**	0.890**	0.853**	0.861**
ES5	-0.908**	0.956**	0.961**	0.957**	0.980**	0.973**
ES6	0.969**	-0.836**	-0.885**	-0.789**	-0.865**	-0.888**
ES7	-0.926**	0.957**	0.970**	0.951**	0.964**	0.975**
經濟社會發展綜合值	-0.906**	0.979**	0.978**	0.981**	0.981**	0.986**

註：* 表示 $p<0.05$；** 表示 $p<0.01$

為深入分析人口現代化與經濟社會發展系統內部有哪些指標變量對另一系統構成實際影響，以定量手段評價它們的互動支撐作用，本書分別選取兩個系統中其中一個的評價指標變量為自變量與另一系統綜合指數構建多元線性迴歸模型：

$$y_{es} = \alpha_p + \beta_{p_1}\chi_{p_1} + \beta_{p_2}\chi_{p_2} + \beta_{p_3}\chi_{p_3} + \beta_{p_4}\chi_{p_4} + \beta_{p_5}\chi_{p_5}$$

$$y_p = \alpha_{es} + \beta_{es1}\chi_{es1} + \beta_{es2}\chi_{es2} + \beta_{es3}\chi_{es3} + \cdots + \beta_{es7}\chi_{es7}$$

採用逐步迴歸法的最終迴歸結果見表4-9、表4-10：

表4-9　人口現代化評價指標對經濟社會發展影響的迴歸分析結果

模型	變量	常數	B	Beta	容許度	VIF	P	adjusted-R^2
模型1		-28.558					0.000	0.960
	城鎮人口比重 (P_5)	-	0.687	0.981	1.000	1.000	0.000	
模型2		-34.813	-	-	-	-	0.000	0.972
	城鎮人口比重 (P_5)	-	0.352	0.502	0.047	21.217	0.000	
	老年人口比重 (P_4)	-	2.575	0.491	0.047	21.217	0.000	
模型3		-24.391	-	-	-	-	0.174	0.981
	城鎮人口比重 (P_5)	-	-0.108	-0.154	0.016	64.467	0.553	
	老年人口比重 (P_4)	-	4.503	0.858	0.029	34.768	0.000	
	自然增長率 (P_1)	-	-0.973	-0.324	0.095	10.538	0.006	
模型4		-25.473					0.000	0.982
	老年人口比重 (P_4)	-	3.938	0.751	0.288	3.468	0.000	
	自然增長率 (P_1)	-	-0.819	-0.273	0.288	3.468	0.000	

表4-10 經濟社會發展評價指標對人口現代化影響的迴歸分析結果

模型	變量	常數	B	Beta	容許度	VIF	P	adjusted-R²
模型1		-31.862	-	-	-	-	0.000	0.948
	森林覆蓋率（ES7）	-	1.796	0.975	1.000	1.000	0.000	
模型2		-20.888	-	-	-	-	0.000	0.975
	森林覆蓋率（ES7）	-	0.952	0.517	0.270	3.698	0.000	
	每萬人在校大學生數（ES5）	-	0.038	0.487	0.270	3.698	0.000	
模型3		-7.610	-	-	-	-	0.174	0.983
	森林覆蓋率（ES7）	-	0.480	0.261	0.088	11.345	0.060	
	每萬人在校大學生數（ES5）	-	0.035	0.441	0.259	3.858	0.000	
	萬元GDP能耗（ES3）	-	-3.784	-0.313	0.145	6.918	0.008	

表4-9顯示，經過逐步迴歸后最終選取模型4，其中人口現代化5個評價指標變量只保留了「老年人口比重」和「自然增長率」2個指標，綜合分析模型調勻判定系數（adjusted-R² = 0.982）值、假設檢驗和共線性診斷結果可知該模型成立且具備較好的擬合效果。模型表達式可以寫成 $y_{es} = -25.473 + 0.751 X_{p_4} - 0.273 X_{p_1}$。

表4-10顯示的是逐步迴歸每一步后建立的迴歸模型，最終選取了模型2，其中在經濟社會發展7個評價指標變量中只保留了「森林覆蓋率」和「城鎮恩格爾系數」兩個變量，其余相關指標變量均被剔除。在最終選取的模型4中，常數項和兩個自變量均通過 $p < 0.001$ 的顯著性檢驗，模型經調勻的判定系數 $R^2 = 0.975$，容許度和方差膨脹因子（VIF）項結果也可拒絕其共線性假設，迴歸模型成立且擬合效果較好。最終模型表達式為 $y_p = -20.888 + 0.487 X_{es5} + 0.517 X_{es7}$。

（二）國家人口現代化與經濟社會發展互動支撐能力的實證結論

一方面，綜合分析標準化后的人口現代化和經濟社會發展綜合值變動趨勢（圖4-5）可以發現，中國從1995年到2014年的人口現代化子系統綜合得分與經濟社會發展子系統綜合得分基本上逐年保持同向增長，在近20年的時間維度內，經濟社會發展系統綜合數值變量較人口現代化綜合數值變量明顯離散，且標準值由負變正相對較晚，但經歷了2004至2005年前后的轉變，經濟社會發展綜合數值增進速度明顯加快。上述情況說明：1995年至今，中國經濟社會發展速度較快，人口現代化進程則相對平緩；中國人口現代化與經濟社會發展並非保持同步遞進，人口現代化進程的深入略超前於經濟社會發展。

另一方面，雖然中國人口現代化和經濟社會發展系統內各評價指標變量均

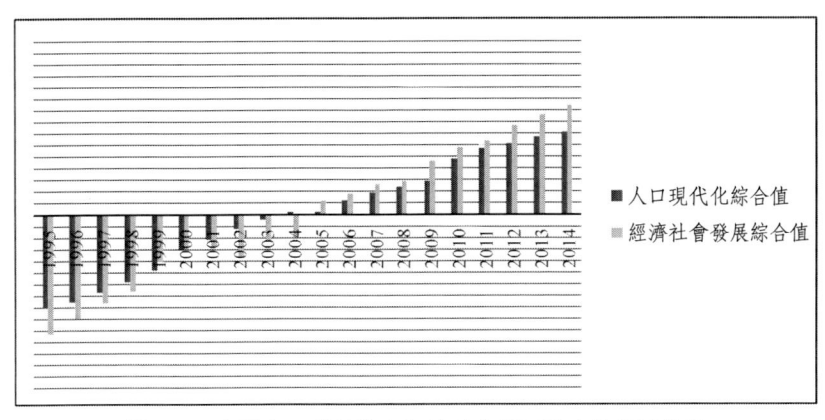

图 4-5　中國人口現代化與經濟社會發展綜合值變動趨勢

與另一方總體綜合值變量存在較強的相關關係，但從統計分析結果看，中國人口現代化對經濟社會發展的直接支撐能力主要通過代表人口素質的「老年人口比重」和「自然增長率」指標變量起作用，而反應人口素質和城鄉結構的指標變量在近20年的時間維度內在統計學意義上並沒有對中國經濟社會發展起到最為直接的支撐作用；在經濟社會發展對人口現代化的支撐作用層面，主要通過代表教育發展和資源環境承載力的「每萬人在校大學生數」和「森林覆蓋率」指標變量體現，而反應經濟增長層面的指標變量如「人均GDP」「第三產業產值占GDP的比重」等並不構成中國人口現代化的直接推動力。

此外，研究進一步提出了對於本次實證結論的一些反思：①書中一些統計分析結論與相關學者的研究結論可能存在一定的差異，這很可能是研究視角、具體統計分析方法和評價指標選取的差異性導致。②通過1995年至今中國人口現代化和經濟社會發展綜合值的變動趨勢分析中國人口現代化與經濟社會發展狀況，發現人口現代化略提前於經濟社會發展，也恰恰足以反應中國當前一大現實，即正是由於人的二重性和人口的主體地位，如果沒有人口現代化進程的深入和真正意義上的人口發展，在現實中就不可能實現整體義上的經濟社會可持續發展。③本書分析結果表明在人口現代化系統中只有代表人口生產類型和人口年齡結構的指標變量對經濟發展起到直接影響，這似乎正與中國前期勞動密集型的粗放式經濟增長方式和較大程度上依賴人口「紅利」的經濟發展類型吻合。④本書相關結論也說明了單純追求經濟增長的發展觀只能使經濟社會發展局限在數字層面上，人民生活水平的提高和社會的進步才能直接有效地推動人口現代化進程的深入。

第四節　區域人口現代化與經濟社會發展互動支撐能力評估

一、東、中、西部地區的互動支撐能力評估

區域發展不平衡是中國現代化過程的典型特徵。因此，中國總體的人口現代化與經濟社會發展互動支撐能力並不能完全代表各地的實際情況，有必要對中國東、中、西部的人口現代化與經濟社會發展水平及其互動支撐能力做出評估和比較分析。

鑒於典型性和可比性原則，研究選取江蘇省、河南省和四川省分別作為各自區域的代表性省份。在此基礎上，對應研究指標收集三個省份 2000、2005 和 2010 年的實際數據，以中國 2010 年數據為參照值進行標準化，最後進行加權處理得出其實際的人口現代化與經濟社會發展指數，最終對比三個省份的人口現代化與經濟社會發展實際指數來推廣分析中國東、中、西部人口現代化與經濟社會發展的互動支撐能力的差異（表 4-11）。

表 4-11　　東中西部三省人口與經濟社會發展指標數據

指標	江蘇省 2000 年	江蘇省 2005 年	江蘇省 2010 年	河南省 2000 年	河南省 2005 年	河南省 2010 年	四川省 2000 年	四川省 2005 年	四川省 2010 年	參考值
自增率（‰）	2.56	2.21	2.85	7.1	5.3	4.95	5.10	2.90	2.31	4.79
人口平均預期壽命（歲）	74.1	75.3	76.63	71.5	72	74.57	71.2	72.5	74.75	74.83
（6 歲）平均受教育年限（年）	7.4	8.1	8.6	7.2	7.9	7.9	7.06	7.51	7.91	8.5
老年人口比重（%）	8.76	10.87	10.89	6.96	8.23	8.52	7.45	10.92	10.95	8.9
城鎮人口比重（%）	41.5	50.5	60.6	23.2	30.7	38.8	26.7	33.0	40.2	49.7
人均 GDP（元）	11,765	24,616	52,840	5,450	11,346	24,446	4,956	9,060	21,182	29,992
第三產業產值占 GDP 的比重（%）	35.9	35.6	41.4	31.6	30.0	28.6	39.4	38.4	35.1	43.1
萬元 GDP 能耗（噸煤）	0.92	0.92	0.73	1.38	1.40	1.12	1.72	1.60	1.28	1.03
學齡兒童入學率（%）	99.8	99.7	99.6	99.8	99.7	99.9	99.1	99.4	99.7	99.7
萬人在校大學生人數（人）	64.8	162.1	225.5	28.3	87.2	154.9	28	89.7	135.1	166.4
城鎮恩格爾系數（%）	41.1	37.2	36.5	36.2	34.2	33.0	41.5	39.3	39.5	35.7
森林覆蓋率	-	-	-	-	-	-	-	-	-	-

數據來源：《中國統計年鑒》《江蘇統計年鑒》《河南統計年鑒》2001、2006、2011 各年數據；《衛生統計年鑒》（2008）；四川統計局《社會的進步·四川篇》（2009）；江蘇教育廳網站；河南教育廳網站；人口平均預期壽命和人口平均受教育水平指標數據為測算數據

根據表 4-11 數據計算得出三省相應年份的人口現代化水平指數及經濟社會發展指數，見表 4-12。

表 4-12　　東中西部三省人口與經濟社會發展水平指數

子系統	江蘇省			河南省			四川省		
	2000 年	2005 年	2010 年	2000 年	2005 年	2010 年	2000 年	2005 年	2010 年
人口現代化指數（%）	99.1	108.6	113.5	76.4	86.2	91.7	78.8	95.1	98.8
經濟社會發展指數（%）	95.7	103.6	121.6	73.3	75.9	85.6	73.9	76.8	83.2

由表 4-12 可見，江蘇省的人口現代化水平及經濟社會發展水平明顯比處於中、西部的河南和四川高。從人口現代化系統來看，2005 年江蘇人口現代化指數較 2000 年增加約 9.6%，河南省增加約 12.83%，四川省增加約 20.69%。在這 5 年間，作為西部省份的四川其人口現代化增進速度明顯大於東部的江蘇省和中部的河南省；2010 年，江蘇人口現代化指數較 2005 年又增加約 4.5%，河南增加約 6.4%，四川增加約 3.9%。這 5 年間，四川人口現代化增幅明顯放緩，作為中部省份的河南同比增幅較高，人口現代化進程較江蘇和四川加快。對應經濟社會發展水平來看，2005 年，江蘇經濟社會發展指數較 2000 年增加 8.3% 左右，河南約 3.5%，四川約 3.9%；2010 年，江蘇經濟社會發展指數較 2005 年增加約 17.4%，河南約 12.8%，四川約 8.3%。綜合 2000—2010 年的情況，東部省份江蘇經濟社會發展提速明顯高於中部的河南和西部的四川，中、西部兩個省份在經濟社會發展增速上大致持平。

在綜合三個省份人口現代化與經濟社會發展的相關程度（如表 4-13 所示，不同區域的經濟社會發展存在顯著差異，而人口現代化進程不存在區域差異，人口現代化與經濟社會發展存在顯著的強相關關係也表明不同程度的人口現代化水平，其經濟社會發展水平不同，反之亦然）后分析，三個省份的人口現代化水平和經濟社會發展程度同步增加，且（三省）綜合相關係數為 0.892，說明其人口現代化與經濟社會發展存在顯著的強相關關係。結合表 4-12 具體分析，作為西部省份的四川，2000—2010 年在經濟社會發展遞增最緩的情況下其人口現代化的加速度明顯高於中東部的江蘇和河南；東部省份江蘇的人口現代化和河南及四川相比雖遞增最緩，其經濟社會發展水平卻同步提高最快。僅從人口現代化與經濟社會發展系統內部看，四川在經濟社會發展水平增速較緩的情況下人口現代化水平實現度較高，江蘇在人口現代化水平增速較緩的情況下經濟社會發展水平遞增卻最快，三省中河南在人口現代化與經濟社會發展的同步水平上處於中間狀態。

表 4-13　不同區域、人口現代化水平、經濟社會發展水平相關矩陣

	人口現代化水平	經濟社會發展水平	區域
人口現代化水平	1	0.892**	
經濟社會發展水平	0.892**	1	-0.767*
區域		-0.767*	1

註：* 表示在 0.05 顯著度下（$p<0.05$）通過假設檢驗；** 表示在 0.01（$p<0.01$）顯著度下通過假設檢驗

二、省級區域的互動支撐能力評估

本研究選取西部人口大省四川作為省域人口現代化與經濟社會發展互動支撐能力評估樣本。通過評估，明確人口與經濟社會發展之間的協調狀況及趨勢，考察人口現代化與經濟社會發展的互動支撐能力，對於深化區域可持續發展、加速城鄉一體化進程及全面推進小康社會進程有著重要意義。

（一）四川人口現代化質素與經濟社會發展指數測度

本研究主要通過對官方發布的統計數據進行整理分析，運用定量方式得出結果從而評估四川人口現代化與經濟社會發展互動能力。目前一般採用兩種定量分析技術考察不同變量間的關係：

（1）對人口現代化與經濟社會發展的綜合指數進行相關分析及迴歸分析，直觀考察二者的相互影響關係。這種方法的優點在於可通過得出的相關係數及迴歸係數直觀考察人口現代化與經濟社會發展綜合（加權）變量之間的互動關係和程度，但其結果的準確性必須建立在對各指標合理分配權重的基礎上，且不易排除其他變量的影響效果。

（2）鑒於所選取變量具有相關關係，運用因子分析方法探尋對可觀測變量的變化起支配作用的潛在因子，建立因子模型。這種方法可方便考察不同關聯變量的共有影響因子，但對變量關係的解釋不夠直觀。

綜合上述兩種研究方法，本研究針對區域人口現代化與經濟社會發展互動支撐能力評估，主要採用綜合指數評價法進行評估：先採用主成分分析法從待選核心指標中選取研究指標，再用主成分分析中觀測的變量貢獻度並結合文獻研究確定各指標的權重，最後採用相關分析和迴歸分析法對四川人口現代化與經濟社會發展的互動支撐能力進行評估。具體步驟如下：

首先，根據主成分分析法從待選核心指標中抽取 5 個反應區域人口現代化程度和 7 個反應區域經濟社會發展水平的指標（見表 4-14）作為最終評估指

標。由於具體年份的相關數據很難收集齊全，研究僅選取了 2010—2013 年四川省相關人口與經濟社會發展數據。其次，選取各指標 2013 年的國家數據作為參照數據，由於本次評估是針對特定區域，考慮到可比性問題參照點並未選擇國際數據，而以中國 2013 年整體宏觀數據為準。再次，進行數據轉換消除量綱，得出相應指標的具體指數。計算公式為 $F=n_i/N_i$，逆向指標操作 $F=N_i/n_i$。其中，F 表示指標指數；n_i 表示四川省指標數據；N_i 表示參照指標數據。最後，用轉換好的指標數據乘以相應指標歸一化權重並求和得出人口現代化指數及經濟社會發展指數。具體見表 4-15、表 4-16。

表 4-14　　四川人口現代化與經濟社會發展指標主成分分析

主成分	初始主成分			選取主成分		
	特徵值	方差貢獻率（%）	累計貢獻率（%）	特徵值	方差貢獻率（%）	累計貢獻率（%）
1	4.414	88.277	88.277	4.414	88.277	88.277
2	0.521	10.411	98.668			
3	0.033	0.667	99.355			
…	…	…	…			
指標				負荷系數		
人口自然增長率				−0.761		
（6 歲）人口平均受教育年限				0.971		
人口平均預期壽命				0.972		
第三產業就業人口比重				0.987		
城鎮人口比重				0.986		
KMO=0.830　　X^2=116.800　　$P<0.001$						
主成分	初始主成分			選取主成分		
	特徵值	方差貢獻率（%）	累計貢獻率（%）	特徵值	方差貢獻率（%）	累計貢獻率（%）
1	5.332	88.859	88.859	5.332	88.859	88.859
2	0.352	5.859	94.718			
3	0.199	3.314	98.032			
…	…	…	…			
指標				負荷系數		

表4-14(續)

人均 GDP	0.983
第三產業產值占 GDP 的比重	−0.933
萬元 GDP 能耗	−0.978
城鄉收入比	−0.847
人均消費水平	0.985
人均耕地面積	0.217
人均公園綠地面積	0.918
KMO＝0.614　　$X^2＝174.807$	$P<0.001$

表4-15　四川人口現代化測度指標歷年數據及測算指數值

年份	自然增長率(‰)	平均預期壽命(歲)	平均受教育年限(年)	第三產業就業人口比重(%)	城鎮人口比重(%)	人口現代化指數(%)
2000	5.1	71.2	7.06	24.6	26.7	75.58
2001	4.4	71.46	7.15	25.8	27.8	79.45
2002	3.9	71.72	7.29	26.9	28.9	83.22
2003	3.1	71.98	7.41	27.6	30.1	89.72
2004	2.8	72.24	7.45	28.4	31.1	93.48
2005	2.90	72.5	7.51	28.8	33.0	93.67
2006	2.86	72.76	7.59	31.0	34.3	96.03
2007	2.92	73.02	7.73	29.6	35.6	95.60
2008	2.39	73.3	7.82	30.5	37.4	103.16
2009	2.72	73.56	7.82	30.9	38.7	99.90
2010	2.31	74.75	7.91	31.4	40.2	106.52
2011	2.98	74.95	8.13	32.0	41.8	100.25
2012	2.97	75.25	8.48	32.8	43.53	102.36
2013	3.00	75.57	8.45	33.4	44.9	102.97
參照值	4.92	75.84	8.93	38.5	53.7	100

數據來源：《中國統計年鑒（2001—2014）》；《四川統計年鑒（2001—2014）》

表 4-16　四川經濟社會發展測度指標歷年數據及測算指數值

年份	人均GDP（元）	第三產業產值比重（%）	萬元GDP能耗（噸煤）	城鄉收入比（倍）	人均消費水平（元）	人均耕地面積（公頃）	人均公園綠地面積（平方米）	經濟社會發展指數（%）
2000	4,956	39.4	1.718	3.09	2,385	0.052	4.75	48.16
2001	5,376	40.5	1.651	3.2	2,466	0.051	5.1	49.01
2002	5,890	41.1	1.695	3.14	2,621	0.048	2.62	46.48
2003	6,623	41.0	1.717	3.16	2,839	0.046	6.88	52.01
2004	7,895	39.3	1.669	2.99	3,643	0.048	7.70	55.04
2005	9,060	38.4	1.599	2.99	4,130	0.048	8.00	56.50
2006	10,613	38.2	1.549	3.11	4,501	0.049	7.74	56.92
2007	12,963	36.8	1.480	3.13	5,259	0.049	8.37	59.38
2008	15,495	36.2	1.421	3.07	6,072	0.049	8.74	62.27
2009	17,339	36.8	1.338	3.1	6,863	0.049	9.49	65.55
2010	21,182	35.1	1.275	3.01	8,182	0.050	10.19	69.92
2011	26,133	33.4	1.221	2.92	9,903	0.050	10.73	75.00
2012	29,608	34.5	1.113	2.91	11,280	0.050	10.79	79.61
2013	32,454	35.9	1.078	2.83	12,485	0.049	11.21	84.00
參照值	43,320	46.1	0.76	3.03	13,220	0.089	12.64	100

數據來源：《中國統計年鑒（2001—2014）》；《四川統計年鑒（2001—2004）》

表 4-15、表 4-16 結果顯示：以中國 2013 年各指標數據水平為基準，四川人口現代化發展呈現出良好態勢，從 2000 年的 75.58 上升到 2013 年的 102.97。其中，四川人口再生產類型現代化實現程度高於全國平均水平，出生率從 2000 年起始終低於 2013 年全國平均水平；人口素質現代化實現程度較好，人口平均受教育年限逐年上升，到 2013 年已經接近全國平均水平；根據「五普」和「六普」數據，人口出生平均預期壽命從 2000 年的 71.2 歲增加到 2010 年的 74.75 歲，年均增長 0.3 歲以上；人口結構現代化中，第三產業就業人口比重有所反覆，但實現程度依然較高，到 2013 年達到全國平均水平的 90% 左右，而城鎮人口比重則始終低於歷年全國平均水平，2013 年城鎮化率低於全國同期平均水平約 9 個百分點。

經濟社會發展方面，四川的經濟社會發展水平相對較低，雖然保持著逐年增長勢頭，但整體依然處於中下水平，以 2013 年為例，與全國同期平均水平比較，四川的經濟社會發展指數仍然低於 85%。其中，雖然經歷了十余年的高

速增長，但 2013 年四川人均 GDP 仍然不足全國同期平均水平的 75%，第三產業產值比重也從 2000 年開始同比下降，反應經濟集約效能的「萬元 GDP 能耗」至 2013 年仍然高於全國同期平均水平約 42%；反應社會發展及人民生活的具體指標中，人均消費水平增長速度較快，到 2013 年已基本接近全國同期平均水平，城鄉收入差距得到有效控制，至 2013 年已經顯著低於全國同期平均水平。

在資源環境方面，數據顯示四川省近年來人均耕地面積雖較全國水平偏低，但從 2000 年以來基本穩定在 0.05 公頃左右，人均公共綠地面積從 2000 年的 4.75 平方米增加到 2013 年的 11.21 平方米，相當於全國同期平均水平的 89% 左右。

綜合而言，四川的人口現代化水平與經濟社會發展程度總體保持同向增進（圖 4-6），本研究也將進一步通過相關定量分析手段具體考察二者的互動支撐能力。

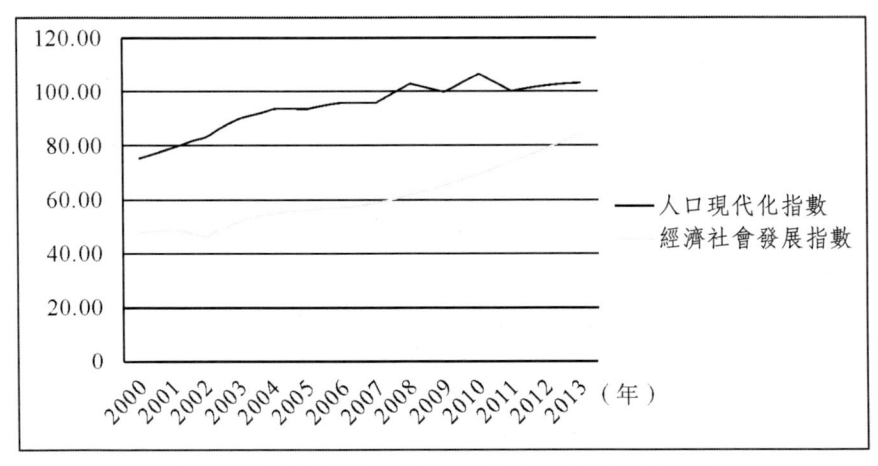

圖 4-6　四川人口現代化與經濟社會發展指數趨勢圖

（二）四川經濟社會發展的人口現代化支撐能力評估

根據分析思路，針對收集到的數據，本研究首先採用雙變量相關分析法來考察四川經濟社會發展的人口現代化支撐能力。

（1）設 $Y=$ 經濟社會發展水平，$X=$ 人口現代化水平；X 與 Y 的積距相關係數為：

$$r = \frac{\sum (x - \bar{x})(y - \bar{y})}{\sqrt{\sum (x - \bar{x})^2 \sum (y - \bar{y})^2}} \qquad (4-3)$$

將 X、Y 值代入式（4-3），求得 $r = 0.967$。

對 r 進行假設檢驗：

$$F = \frac{r^2(n-2)}{1-r^2}, \quad df_1 = 1, \quad df_2 = n - 2 \tag{4-4}$$

將 $r = 0.967$ 代入式（4-4），求得 $F = 57.957 > F_{(1-\partial)} = 7.71$（$\alpha = 0.05$, $df_1 = 1$, $df_2 = 4$），發現 X、Y 存在相關關係，通過假設檢驗。

通過上述分析，研究發現，在95%的置信度下，四川人口現代化與經濟社會發展存在高強度的正相關關係（$r = 0.967$），已知人口現代化水平去解釋預測經濟社會發展水平，可減少93.5%（$r^2 = 0.935$）的誤差。

（2）又由於 $r = 0.967$，接近於1，因此可建立簡單線性迴歸方程：

$$Y = bX + a \tag{4-5}$$

$$其中，b = \frac{\sum(x-\bar{x})(y-\bar{y})}{\sum(x-\bar{x})^2}, \quad a = \frac{\sum y - b(\sum x)}{n} \tag{4-6}$$

將 X、Y 代入式（4-5），求得迴歸係數 $b = 0.927$，截距 $a = -17.836$，進一步代入式（4-6）求得四川人口現代化與經濟社會發展的簡單線性迴歸方程：

$Y = 1.036X - 36.420$，$F = 24.554 > F_{(1-\partial)} = 7.71$（$\alpha = 0.05$, $df_1 = 1$, $df_2 = 4$）

$b = \frac{\Delta y}{\Delta x}$，代表每增加或減少一個單位 X 時 Y 變化的大小，通過上述分析發現，四川人口現代化對經濟社會發展呈正向影響，影響大小為1.036個單位。

綜上，四川人口現代化對經濟社會發展具有很強的支撐能力，人口現代化綜合水平每上升1%，其將推動經濟社會發展綜合水平提高約1.036%。

（三）四川人口現代化推進的經濟社會支撐能力評估

（1）由前述可知人口現代化水平與經濟社會發展水平呈正相關關係，相關係數 $r = 0.967$。因積距相關係數 r 是一種對稱相關測量法，由此可得出結論，經濟社會發展水平與人口現代化水平呈正相關關係，$r = 0.967$，在已知四川經濟社會發展水平的情況下，預測四川人口現代化水平也同樣可減少93.5%的誤差。

（2）將人口現代化水平定義為因變量 Y，經濟社會發展水平定義為自變量 X，建立簡單線性迴歸方程：$Y = bX + a$。將數據代入式（4-6），求得迴歸係數 $b = 0.648$，截距 $a = 54.607$，$F = 57.957 > F_{(1-\partial)} = 7.71$（$\alpha = 0.05$, $df_1 = 1$, $df_2 = 4$），再將 a、b 代入方程即得以經濟社會發展水平為自變量和人口現代化水平為因變量的簡單線性迴歸方程 $Y = 0.648X + 23.738$。

上述表明，經濟社會發展水平對人口現代化的支撐作用非常明顯，經濟社

會發展水平每變化1個百分點,人口現代化水平相應同向變化0.648個百分點左右。

通過對四川人口現代化與經濟社會發展互動支撐能力的定量考察發現,近年來,四川的人口現代化與經濟社會發展是同步加速深入的,人口現代化對經濟發展的推動主要表現在人口規模、素質及區域產業結構對經濟社會發展的影響上,而經濟社會發展對加速人口現代化進程的保障又集中表現在經濟增長和人民生活水平提高的貢獻中。從目前的發展態勢來看,四川人口現代化與經濟社會發展已經形成良性互動,共同加速人口與經濟社會系統的全面發展。

第五節　人口現代化與經濟社會統籌發展路徑

一、制定和完善統籌發展戰略規劃

首先,做好人口現代化發展專項規劃,建立人口現代化發展政策支撐體系以及人口現代化發展規劃監測與評估機制。專項規劃確定的約束性指標,具有法律效力,規劃確定的目標、重點任務和政策,納入各地區、各部門經濟社會發展綜合評價和績效考核。推進人口問題綜合治理,統籌協調人口現代化戰略、規劃、政策以及人口相關經濟社會發展政策的制定和實施,形成多部門通力合作、綜合推進人口現代化建設的工作機制。

在此基礎上,制定和完善生產人口現代化與經濟社會統籌發展戰略規劃。戰略規劃要以人口現代化理論、經濟社會可持續發展理論以及人口現代化與經濟社會之間可協調性、可持續性關係理論為基礎,以人口現代化與經濟社會統籌發展的互動支撐能力或現狀為實踐依據,重點規劃、打造人口現代化與經濟社會統籌發展的一體化戰略模式。在一體化戰略模式框架下,優先投資於人力資本戰略,勞動力資源配置、產業結構調整與優化、社會分層結構優化等內容,都能較好體現人口現代化、經濟社會統籌發展戰略要求。

二、建立統籌發展的動力機制

人口現代化因素推動了區域經濟長期平穩較快增長和社會發展,經濟增長、社會發展又會推動人口現代化發展水平的提高。因此,通過不斷完善調控人口子系統,促使人口的綜合發展成為推動經濟社會持續發展的加速器。保持經濟社會持續快速發展以促進人口系統的不斷完善,是區域未來經濟增長、社會發展和人口發展的現實需要。因而,我們需要從建立人口現代化與經濟社會

統籌發展的動力機制出發，突破人口現代化、經濟社會現代化進程中的人口制約瓶頸，保障經濟社會沿著可持續發展方向積極推進，從根本上解決統籌發展的推動力問題。

未來的首要任務是加快推進生產經濟發展方式的轉變，調整經濟結構，調整推動經濟增長的動力結構，優化社會階層結構，為人口發展、人口現代化效應的實現形成推力。要把穩定適度低生育水平作為促進區域人口與經濟社會協調發展的一個基點，控制人口數量的快速增長，並通過適時調整生育政策尋求人口長期均衡協調發展。把大力提高人口質量、優先開發人力資源作為實施人口現代化發展戰略的關鍵環節，貫徹優先投資於人的全面發展的戰略理念，推動教育事業快速發展。創新人才開發機制和人才流動機制，加大人力資本投資力度，加快建立多渠道、多層次的人力資本融資體制，促進人力資源向人力資本轉變，使其作為實現區域轉變經濟增長方式和跨越式發展的重要保障。要積極應對人口老齡化的嚴峻挑戰，推進人口城市化又好又快發展。要創造收穫人口紅利的有利條件，推動公共衛生事業的實質進步以及教育水平的大幅度提高，形成靈活有效的勞動力市場、對外開放和提高儲蓄水平的經濟政策等。要以民生為重點統籌城鄉發展，逐步實現城鄉基本公共服務均等化。

三、持續強化主體功能區和人口功能區建設

根據不同區域的資源環境承載能力、現有開發強度和發展潛力，統籌謀劃未來人口分佈、經濟佈局、國土利用和城鎮化格局，確定不同區域的主體功能，並據此明確開發方向和政策，推進形成優化開發、重點開發、限制開發和禁止開發四大主體功能區，是黨中央、國務院做出的重要戰略部署，是深入貫徹落實科學發展觀的重大戰略舉措。人口現代化是與經濟社會、資源環境可持續發展要求相適應的人口發展形態，人口現代化建設與經濟社會、資源環境可持續發展要實現協同推進，持續強化主體功能區建設無疑是一個很好的戰略，它涵蓋了協同推進的內、外部聯繫。

各區域要以國家主體功能區規劃為指導，推動主體功能區建設，在此基礎上，進一步推進人口發展功能區的形成。在政策推動上，要按照國家人口和計劃生育委員會的部署，在七大方面作出努力：一是把人口流向作為確定中央財政轉移支付方向的重要依據。綜合平衡人口集聚區承接人口轉移的成本以及限制區、疏散區生態保護的代價，完善中央對各地區的財政轉移支付制度，逐步做到基本公共服務的均等化。二是適當增加對集聚區和穩定區公共事業的投入，加快區內公共設施的發展，提高人口吸納能力和對外區人口的拉力。三是

確保人口遷出區與人口遷入區共同受益。四是積極穩妥推行耕地占補平衡制度。五是繼續實施優先投資於人的戰略。限制區和疏散區要切實加強農村義務教育、職業教育與勞動技能培訓，提高農民轉移就業的能力。集聚區和穩定區要改革戶籍、教育、就業、住房、社會保障等制度，促進農民工就業定居。六是研究和實施與人口發展功能分區相適應的行政管理體制改革，努力降低行政成本，不斷提高行政效能。七是在發揮市場對人力資源配置的基礎性作用的基礎上，明確人口集聚區和穩定區的城市化政策，促進人口與經濟社會的協調發展。

四、建立和完善統籌發展的創新支撐體系

通過對上述對人口現代化與經濟社會發展的互動支撐能力的評估分析，我們發現中國及地方人口現代化與經濟社會發展的相互作用、支持力度不夠大，人口現代化與經濟社會的統籌發展缺乏內外部系統相互銜接、共同支撐的要素力量，這就會受到人力資源、科技創新、社會推進、文化發展的約束，需要建立可持續的人力資源支持系統、科技創新支持系統、社會發展支持系統、文化支持系統，來推動人口現代化與經濟社會互為支撐、統籌發展。

1. 人力資源支持系統

該系統至少包括三個方面的內容：一是加大政府對人力資源的投入力度；二是開放人力資源（資本）投資市場，鼓勵社會資金積極進入人力資源（資本）投資領域；三是以市場為導向，建立人力資源（資本）合理流動和有效經營機制。

2. 科技創新支持系統

除了提高教育科學文化水平外，還需要深化科技體制改革，建立和完善科研機構管理制度、科技評價制度和科技投入機制，建立適應社會主義市場經濟體制和科技自身發展規律的科技創新體系。同時，營造良好的科技環境，為科技創新提供良好的軟環境。建立有利於科技創新和科技成果迅速轉化的有效運行機制，建設一支高素質的科技人才隊伍。

3. 社會發展支持系統

社會發展是一個系統工程，必須全面兼顧社會發展系統的各個組成要素，堅持經濟、政治、文化各要素全面發展，社會整體才能進步。社會發展支持系統反應了社會發展過程的穩定能力。如果社會支持系統出現問題，出現譬如社會分配不公、貧富差距懸殊、各利益集團之間的矛盾不可調和、社會成員之間相互仇視、社會動盪不安甚至爆發戰爭等，以及在就業、養老、醫療等方面出

現問題，社會的穩定得不到保證，則整個人口現代化的實現以及經濟社會可持續發展就會變得困難重重。

4. 文化支持系統

本研究所指文化支持系統是針對人口現代化進程中生育現代化出現的「異化」現象而提出的一種解決方法，其核心內容是生育文化。其內容表現為內涵性的生育文化（如觀念生育文化、科技生育文化、信息生育文化、行為生育文化、規範和法制生育文化、組織生育文化）和外延性的生育文化（如婚姻文化、婦女文化、養育文化、養老文化）。

第五章　區域人口分佈與人口發展功能區

第一節　人口分佈、人口發展功能區的基本理論

一、人口分佈理論

（一）基本概念

人口分佈是指特定時點人口在地理空間位置上的分佈狀態。它是通過自然變動和遷移變動不斷調整的人口再分佈過程的瞬時表現，也是人口動態變化的靜態映象（趙榮，王恩湧，張小林，2006）。具體來說，它是人口在一定時間內的空間存在形式、分佈狀況，包括各類地區總人口的分佈以及某些特定人口（如城市人口、民族人口）、特定的人口過程和構成（如遷移、性別等）的分佈等。人口分佈是受自然、社會、經濟和政治等多種因素作用的結果。自然環境條件（如緯度、海拔、距海遠近等）對人口分佈起著重要作用，但工業革命以來，隨世界範圍的工業化和城市化進程的加速，社會、經濟和政治等因素對人口分佈的影響越來越大（杜本峰，2011）。

（二）基本特徵與規律

1. 人口分佈的影響因素

影響人口分佈的因素有自然環境、經濟條件和歷史條件（胡煥庸，張善余，1984）。自然環境對人口分佈的影響，主要通過緯度、地勢地形和氣候反應出來。緯度過高或過低對人類生活都不適宜，高緯度地帶的限制尤為嚴酷。寒冷、土壤凍結、光照不足使土地得不到開發。地勢高、起伏大也妨礙人類居住。中緯度地帶居民多定居在地勢較低的地方。乾燥氣候和濕熱氣候都有礙於人口分佈，隨著科技與醫學的進步，濕熱環境的不利影響正在克服，但干旱的

環境仍然是人口活動的重大障礙。

儘管自然環境提供了人口分佈的地理框架，而人口分佈的格局則決定於社會經濟條件。在前資本主義社會，農業是壓倒一切的生產部門，人口分佈表現為土地依存型或農牧業依存型，相對分散而均衡，政治中心和文化中心常常集中大量人口。在資本主義社會和社會主義社會，工業、交通、商業、國際貿易的發展，使人口分佈轉向工業依存型。在這一轉變中，工業是動力，交通運輸業是槓桿。工業在城鎮的集聚，相應地吸收著基本人口和服務人口，使鄉村人口源源不斷地轉入城鎮，城鎮體系逐漸形成，人口分佈格局從散布型走向點、軸集中型。

歷史條件也是影響人口分佈的一個因素。歷史上人口長期增殖的結果，往往造成在開發較早、歷史悠久的地區人口一般較多，例如舊大陸的人口密度比新大陸要高。人口分佈的狀況，往往與歷史上的人口大遷移有關，由於遷移的背景不同，有時會產生奇特的分佈現象。例如，阿爾及利亞境內冬冷夏干的崎嶇山地，人口密度反而比全國平均數大幾倍的反常現象，就是歷史上異族入侵，迫使當地居民進山避難所造成的。

2. 人口分佈的基本規律

人口有水平分佈和垂直分佈之分（李玉江，2011）。前者是人口按陸地平面投影的地理位置分佈的狀況；后者則是人口按海拔高度所在的分佈狀況。就世界人口而言，其水平分佈很不均勻——按緯度地帶來說，主要分佈在 20°~60°的範圍之內，除局部地區外，人口偏少，高緯度地帶更為稀少；按地區來說，亞洲東南半壁、歐洲以及北美洲東部是3個最大的人口稠密區，其人口數佔世界人口總數的70%左右。其餘地區，除規模較小的密集區外，大都為人口稀疏區。

人口分佈在水平方向上，主要集中在北半球，北半球居住著地球上90%的人口，而南半球只有10%的人口；在北半球，人口又多集中在北緯 20°~60°的溫帶和亞熱帶地區。人口分佈還有集中於沿海地區的趨勢。

人口分佈在垂直方向上，大量集中在比較低平的地方，海拔高的地方人口相對稀少。世界海拔200米以下地區人口占全球的56.2%，海拔200~1,000米的地區人口占全球的35.6%；世界距海岸200千米以內地區雖只占全球陸地面積不足30%，但擁有世界總人口的一半以上。

二、人口發展功能區理論

（一）概念來源——主體功能區理論

人口發展功能區直接來源於主體功能區的概念，是為了解決人口發展問題

而在主體功能區的基礎上進行的理論和實踐拓展，所以有必要對主體功能區先進行分析，再過渡到人口發展功能區。

2006年國家「十一五」規劃綱要明確提出要推進形成區域主體功能區，促使經濟發展與人口、資源、環境相協調，把經濟社會發展切實轉入全面協調可持續發展的軌道。主體功能區規劃即根據區域的資源環境承載能力、現有開發密度和發展潛力，統籌考慮未來中國人口分佈、經濟佈局、國土利用和城鎮化格局，將國土空間劃分為優化開發、重點開發、限制開發和禁止開發4類主體功能區，按照主體功能定位調整完善區域政策和績效評價，規範空間開發秩序，形成合理的空間開發結構（國務院，2010）。主體功能區劃是構築中國有序區域發展格局的依據，對經濟地理學理論和方法創新提出了緊迫的要求。闡釋了功能區形成應有利於實現空間均衡正向（差距縮小）的演變過程，空間均衡的前提是資源要素在區域間的合理流動；認為區劃方案效益最大化是同區域如何劃分和對地域功能隨時間變化的正確把握程度相關的（樊杰，2007）。這將有利於逐步打破行政區劃分割、改善政府在區域空間開發和管理中的方式和機制，是促進區域經濟社會協調發展的新思路，是構築中國有序區域發展格局的依據，是對國土空間開發體制和機制方面的一項重大創新（馬凱，2006）。

全國主體功能區由國家主體功能區和省級主體功能區組成，分國家和省級兩個層次編製規劃；市縣兩級行政區空間尺度較小，空間開發和管理的問題更具體，不必再劃定主體功能區（李憲坡，袁開國，2007），主要任務是落實國家和省級主體功能區規劃對本市縣確定的主體功能定位，明確各功能區的空間「紅線」和發展方向，管制開發強度，規範開發秩序等。

（二）人口發展功能區基本理論及其類型與特徵

「人口發展功能區」的概念（有時也稱人口功能區），是進入21世紀后為貫徹落實科學發展觀、適應中國區域佈局的調整而提出的。提出這個概念的目的，是根據不同區域的資源環境承載力和經濟社會發展條件，制定並實施一組既相聯繫又相區別的人口發展政策體系。「人口發展功能區」就是實施這類有差別的政策體系的人口發展空間單元。國家人口發展功能區規劃將全國劃分為人口限制區、人口疏散（收縮）區、人口穩定區、人口集聚區4類人口發展功能區。

人口限制區，主要是自然環境不適宜人類常年生活和居住的地區，發展定位是生態保護和人口控制；人口疏散（收縮）區大都是國家生態屏障地區和國家重點扶貧縣集中分佈地區，發展方向是生態環境保護、人口控制和扶貧；人口穩定區發展潛力不大，對區外人口吸納能力不高，人口規模有待穩定，發

展重點是人口城鎮化質量和經濟增長持續性；人口集聚區是中國未來人口和產業的主要集聚區，發展重點是人口集聚規模、經濟增長速度與質量。通過人口發展功能分區與統一規劃，逐步形成「聚集區人口成網連片、穩定區人口連線成軸、收縮/疏散區人口以線串點」的人口和產業佈局。

研究人口發展功能區分佈、集聚和管理政策的基本點是：堅持以人為本，以科學發展觀和構建和諧社會為指導，科學界定人口發展功能區，引導人口有序流動和適度集聚，擴大人口的生存和發展空間，增進人口發展的機會公平，促進不同區域內的人口與資源環境協調和可持續發展。人口功能區的劃分和評價研究是以科學發展觀為指導的科學研究，可為實現全面小康提供重要的決策和參考依據，也是區域中長期發展規劃必須考慮的基本參數，因此人口發展功能區研究對中長期人口發展規劃和國民經濟和社會發展規劃具有重要的參考價值和戰略意義。

第二節　區域人口分佈的空間實證分析

一、研究區域及相關文獻梳理

關於區域人口分佈的實證分析，本節選取自然環境惡劣、自然災害破壞性大、經濟發展相對落后的川西高寒山區這種空間異質性更強的區域作為研究對象，這對於研究區域人口分佈具有代表性。「川西」主要包括甘孜藏族自治州、阿壩藏族羌族自治州、涼山彝族自治州。一般「川西」應包括攀枝花市，但由於攀枝花市與這3個州的自然環境和社會經濟都存在較大區別，本書所指川西不包括攀枝花。川西是中國少數民族特別是藏族、羌族和彝族的主要聚集地。川西總面積為29.04萬平方千米，占四川省面積的60%，整個川西地區地形複雜，環境惡劣，可以說川西地區是中國地形最為複雜的地區之一，其人口分佈受到地形因子的極大影響。截至2010年年末，川西地區轄48個縣域單元，總人口670.9萬，占四川人口總數的8%，人口密度為23.24人/平方千米，遠低於四川省的166人/平方千米和全國的143人/平方千米。受自然環境和經濟發展的約束，人口分佈稀少，內部分佈很不平衡。

在研究文獻方面，隨著全球氣候、環境變化，地震等自然災害發生，以及區域人口數量擴增和結構改變，關於人口分佈方面的研究越來越引起學者和政府的重視。有學者圍繞中國人口分佈及其與自然環境的關係這條主線展開研究（胡煥庸，1984；李旭東，2006），核心是系統研究中國人口垂直分佈規律和山

區人口合理再分佈。儘管也有學者涉及中國人口分佈空間異質性問題，但著力點依然在於探討中國地形分佈規律及其與人口分佈的相關性（封志明，2007；程曉亮，2008；孫玉蓮，2011；杜本峰，2011）。這些研究均忽略了三方面的問題：一是空間自相關性。研究人口分佈的特徵，就是研究人口分佈在空間上的不平衡性，但大多數研究都假定地理空間的均質性和空間相互獨立，沒有考慮空間相關性或空間依賴性，儘管是以相關分析、迴歸分析等科學方法為研究手段，但結論是否真的精確？這一問題類似於時間序列自相關問題。二是人口分佈是綜合的時空過程，大多數研究僅基於空間（分佈）或時間（演變）過程，而缺乏對時空的綜合考察。三是非常規統計數據選擇的遺漏。因為地理數據不同於常規的統計數據，它主要依靠遙感技術和空間統計學獲取，所以大多數研究採用的地形因子僅為海拔和坡度，但地形因子遠不止二者，還包括坡向、地形起伏度、高程變異系數、地表粗糙度等，容易造成地形因子變量遺漏。對這三方面問題的忽略，直接導致研究結論的可靠性問題和研究成果的實踐價值問題，影響制定人口合理分佈、資源有效配置、人口可持續發展的差異化政策。

鑒於此，本研究試圖彌補同類研究的這種不足，充分考慮人口分佈的異質性，將人口分佈空間自相關性、綜合時空過程及地形因子多樣性等綜合考量，充分考慮地理依賴性，應用地理信息系統（GIS）技術等非常規統計數據獲取工具挖掘多種地形因子，從時空二維角度綜合考察其人口分佈特徵，並用現代空間計量模型替代一般傳統模型，力圖將研究方向從人口分佈及其與自然環境的關係的一般研究引到人口分佈空間異質性的微觀研究上來。應該說，本書的研究意圖不僅僅在於理論拓展或研究技術的推進，更重要的是為中央和地方政府推進集中連片特殊困難地區扶貧開發（付敏，2012），綜合解決連片貧困地區貧困人口生活生產問題，創新扶貧機制和扶貧模式，促進災害移民或生態移民科學實施，提高人口管理、資源配置及人口政策制定的適用性、有效性等，提供合理的、科學的決策參考。

二、人口分佈的空間自相關分析

（一）全域空間自相關

全域空間自相關是屬性值在整個區域空間特徵的描述，可以用來衡量區域之間整體上的空間關聯與空間差異程度（徐彬，2007）。表示全域空間自相關的指標和方法很多，常用的是統計量 Moran's I。Moran's I 的定義如下：

$$I = \frac{\sum\limits_{i}^{n}\sum\limits_{j \neq i}^{n} w_{ij}(X_i - \bar{X})(X_j - \bar{X})}{S^2 \sum\limits_{i}^{n}\sum\limits_{j \neq i}^{n} w_{ij}}$$

其中，n是樣本區域數，$S^2 = \frac{1}{n}\sum\limits_{i=1}^{n}(x_i - \bar{x})^2$，$X_i$是第$i$區域的屬性值，$\bar{X}$是所有屬性值的平均，$w_{ij}$是空間權重矩陣，其一般以行和進行歸一化。全域 Moran's I 的值介於-1 和 1 之間，大於 0 為正相關，且越接近 1，正相關性越強，即鄰接空間單元之間具有很強的相似性；小於 0 為負相關，且越接近-1，負相關性越強，即鄰接空間單元之間具有很強的差異性；接近 0 則表示鄰接空間單元不相關，呈隨機分佈。

計算出 Moran's I 后，需對其進行顯著性的統計檢驗，一般採用 Z 檢驗法：

$$Z(I) = \frac{I - E(I)}{\sqrt{\mathrm{Var}(I)}}$$

為了從時間序列上認識川西人口分佈的空間動態發展規律，選取 21 世紀近十年即西部大開發以來川西各縣人口密度數據測算連續年份的全域 Moran's I（見圖 5-1）。圖 5-1 顯示川西人口分佈的空間集群特徵非常明顯，以 2010 年為例，該指數達到 0.740,4，Z 統計檢驗量為 9.74，在顯著性概率 $p<0.01$ 的雙側檢驗閾值 2.58 的檢驗下通過檢驗，拒絕不存在空間自相關原假設，表明川西人口分佈存在顯著的空間自相關性和空間依賴性，即川西地區人口分佈並不是隨機分佈，而是有一定的空間規律，主要表現出空間集聚性，人口分佈很不均衡，為后續的空間計量模型分析提供了依據。另外，從時序來看，全域空間自相關指數呈明顯的上升趨勢，從 2000 的 0.652,9 上升到 2010 年的 0.740,4（除去 2002 年和 2006 年略微下降），表明西部大開發以來，川西人口分佈的集群特徵越來越明顯，即川西這些年人口遷移和再分佈存在路徑依賴特徵，也就是說人口自發遷移或在政府引導下的再遷移不約而同地選擇本已存在的人口集聚區，使人口分佈的集群效應越來越明顯。可以預測，隨著國家主體功能區的實施，川西地區人口遷移和再分佈的路徑依賴將依然持續，遷移出生態脆弱區和不宜居住區是人口遷移的自然規律，也是引導人口有序遷移、實現人口合理分佈的重要目標。

（二）局部空間自相關

局域空間自相關的 Moran's I（LISA）的定義為：

$$I_i = Z_i \sum_{j \neq i}^{n} w_{ij}' Z_j$$

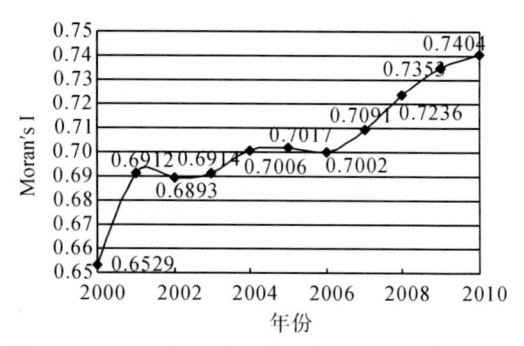

圖 5-1　2000—2010 年川西人口密度全域 Moran's I

其中 $Z_i=(x_i-\bar{x})/s^2$，是 x_i 的標準化量值；Z_j 是與第 i 區域相鄰接的屬性標準化值；w_{ij} 是按照行和歸一化的權重矩陣。

1. Moran 散點圖分析

在 Moran 散點圖（圖 5-2）中，橫坐標為中心人口密度的標準化值（Z_i），縱坐標為與 i 相鄰的所有縣域人口密度的加權平均（$\sum w_{ij}'Z_j$），也稱為空間滯后值。

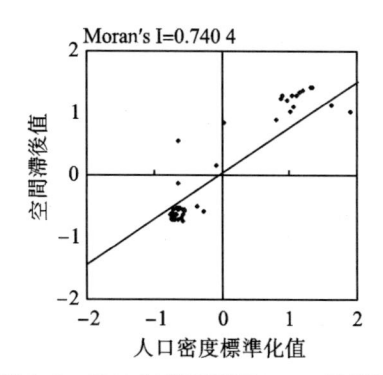

圖 5-2　2010 年川西局域 Moran 散點圖

出現的 4 種類型的局部空間關係（樊新生，2005）為：

$$\begin{cases} Z_i>0,\ \sum w_{ij}'Z_j>0(+,\ +),\ 第一象限，高高集聚(HH) \\ Z_i<0,\ \sum w_{ij}'Z_j>0(-,\ +),\ 第二象限，低高集聚(LH) \\ Z_i<0,\ \sum w_{ij}'Z_j<0(-,\ -),\ 第三象限，低低集聚(LL) \\ Z_i>0,\ \sum w_{ij}'Z_j<0(+,\ -),\ 第四象限，高低集聚(HL) \end{cases}$$

以上 4 種局部空間關係的含義是：「高高」表示中心縣域與相鄰縣域的人

口密度都較高,「低低」則表示中心縣域與相鄰縣域的人口密度都較低——這兩個象限內的人口分佈存在較強的空間正相關,即同質性;「高低」表示中心縣域人口密度較高,而其相鄰縣域較低,「低高」則表示中心縣域人口密度較低,而其相鄰縣域較高——這兩個象限內的縣域存在較強的空間負相關,即異質性。

從圖5-2可見,位於第一象限的縣域單元為16個,位於第三象限的縣域單元為30個,分別占川西縣域總數的33.3%和62.5%,兩者共占95.8%,說明川西幾乎就是由一個人口集聚片區和一個人口稀少片區構成,人口分佈的「兩極化」空間十分明顯,而且「低低」集聚區比「高高」集聚區多出近一半。將Moran散點圖轉成Moran集聚圖(圖5-3),發現「高高」集聚區與「低低」集聚區的空間特徵十分明顯。人口分佈「兩極化」空間在Moran集聚圖中形成強烈的對比。另外,位於第二象限的「高低」集聚區為2個,位於第四象限的「低高」集聚區為0個,兩者僅占川西縣域的4.2%,即發展出現異質性或孤立性的縣域有兩個,分別是地處東南向西北過渡的九龍縣和瀘定縣。

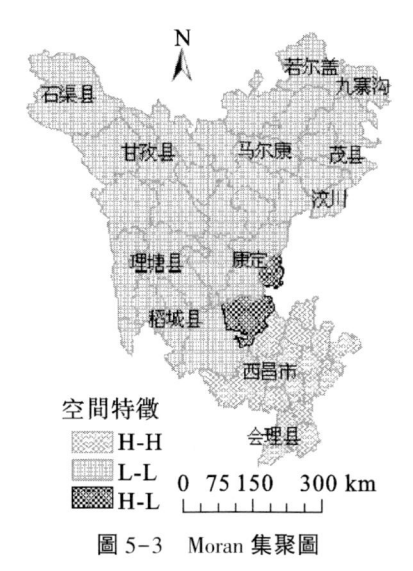

圖5-3 Moran集聚圖

2. LISA集聚圖分析

為了進一步揭示這種集聚特徵的顯著性,我們繪製出Z檢驗顯著性概率$p<0.05$的LISA集聚圖(見圖5-4)。對比圖5-4和5-3,「高高」集聚區內的縣域都通過顯著性檢驗,「低低」集聚區大部分縣域也非常顯著,「高低」

集聚區的九龍縣也通過檢驗，而「低高」集聚區不存在。其中形成的以西昌市為中心的川西人口集聚區與西昌市的區位優勢有關。西昌市的投資規模和經濟發展水平遠比其周邊地區高，吸引人口遷移到西昌及周邊集聚。同時前面已分析川西人口遷移存在路徑依賴，現在來看，這種遷移路徑依賴的目的地在川西範圍內顯然就是西昌及其腹地。

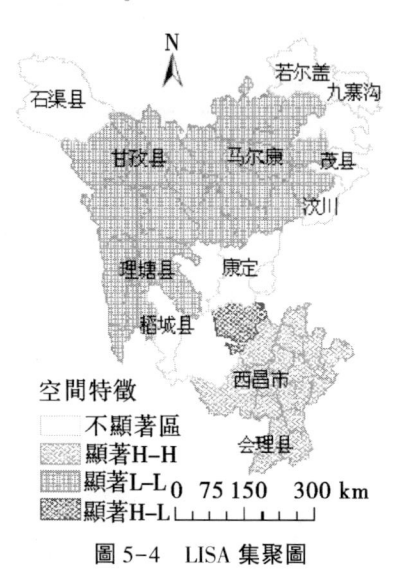

圖 5-4　LISA 集聚圖

三、人口分佈與地形因子的空間計量學分析

(一) 空間統計數據與變量確定

1. 變量確定

傳統研究中關於影響人口分佈的因子大多以經濟性或社會性的指標為主，而對自然屬性指標研究較少，原因是自然屬性數據一般不同於常規的統計數據，它主要依靠遙感技術和空間統計學獲取。在川西這種複雜的地形地貌區，地形對其人口分佈會產生極其重要的影響。這些影響在常規統計數據中難以挖掘，空間統計數據便提供了重要補充，因此本書專門就地形因子數據和人口分佈進行空間計量學分析。地形是一個綜合概念，需要細化到具體的地形因子。因此分析人口分佈與地形的關係必須先確定主要地形因子。參考前人研究成果，人口研究中常用的地形因子是海拔高程和坡度兩項，偶爾也有對其他地形因子與人口分佈關係的研究，但都有局限。本書拓展了研究變量，選取海拔、坡度、地形起伏度、地表切割深度、高程變異系數、坡度變率作為研究的基本

變量。

2. 數據來源與描述性統計

上述地形因子可以從數字高程圖中直接提取或間接測算，數據來源於地球系統科學數據平臺，空間分辨率為 90m×90m。在 ArcGIS 軟件中基於空間分析模塊下的分類區統計工具獲得各縣域的相應值。另外，人口密度從《四川統計年鑒（2011）》計算獲得，整理得到描述性統計值（如表 5-1 所示）。從統計結果的平均值來看，人口密度最大的是西昌市所在的涼山州，甘孜州的平均海拔、地形起伏度和高程變異系數最大，而阿壩州的平均坡度、地表切割深度和坡度變率最大，粗略看川西地區的涼山州地形相對占優。

表 5-1　　川西 48 個縣域人口密度與地形因子描述性統計

區域	統計量	人口密度（人/平方千米）	海拔（米）	坡度	地形起伏度	地表切割深度	高程變異系數	坡度變率
川西	最大值	233.6	4,486	31.30	6,169.00	2,617.51	17.14	3.47
	最小值	4.20	1,809	10.23	1,739.00	561.23	2.60	1.63
	平均值	43.07	3,352	22.86	3,358.58	1,635.69	7.23	2.87
	標準差	51.79	800	4.81	894.35	463.24	4.02	0.37
阿壩州	最大值	28.57	4,062	31.30	5,345.00	2,507.37	16.58	3.47
	最小值	5.25	2,977	10.23	1,739.00	561.23	3.00	1.63
	平均值	12.51	3,586	24.23	3,375.31	1,725.11	8.36	2.95
	標準差	7.05	339	6.98	1,097.62	575.55	4.64	0.57
甘孜州	最大值	39.28	4,486	29.72	6,169.00	2,617.51	17.14	3.28
	最小值	4.20	3,134	13.54	1,853.00	973.38	2.65	1.96
	平均值	9.28	4,062	22.93	3,404.17	1,696.20	9.15	2.88
	標準差	7.99	320	4.37	1,109.80	477.99	3.88	0.31
涼山州	最大值	233.60	3,486	25.73	3,964.00	2,011.41	6.71	3.23
	最小值	10.20	1,809	16.73	1,109.80	477.99	2.60	0.31
	平均值	102.22	2,423	21.74	3,297.53	1,503.25	4.34	2.81
	標準差	44.89	395	2.86	361.77	331.53	1.17	0.24

（二）基於普通最小二乘的人口分佈與地形因子建模

為了與空間計量分析方法對比，本文先建立普通最小二乘迴歸模型（OLS），以人口密度為因變量、各地形因子為自變量，得到估計結果（見表 5-2）。從表 5-2 可以看出，調整后的可決系數達到 0.81，擬合較好，F 通過 0.05 顯著性水平檢驗。除了地形起伏度和坡度變率兩個指標外，都通過了 10% 的系數顯著性檢驗，特別是海拔和高程變異系數對人口分佈有顯著的影

響，系數顯著性水平通過5%的檢驗，各系數符號符合實際意義。由於有多個自變量，而且自變量之間本身相關性也很強，所以可能產生多重共線性問題，會影響估計結果，因此需要進行檢驗，一般通過方差膨脹因子（VIF）進行檢驗，當 VIF 大於 10 時表明存在多重共線性（龐皓，2004）。檢驗發現坡度、高程變異係數和坡度變率的 VIF 值都大於 10，表明變量之間存在多重共線性。

表 5-2　　　　　　　　　　OLS 模型估計結果

變量	係數	標準誤差	t 統計量	p 值	VIF
C	373.23	47.910,9	7.790,1	0.000,0	
AE	−0.020,4	0.010,1	−2.025,3	0.049,3	6.096,8
AS	−4.682,7	2.615,3	−1.790,5	0.080,8	14.825,4
TR	−0.000,6	0.007,5	−0.076,1	0.939,7	4.212,7
CD	−0.026,4	0.013,2	−1.918,6	0.062,0	3.827,9
VCE	−10.092,9	2.647,8	−3.811,8	0.000,4	10.657,6
SOS	−12.713,6	28.948,7	−0.439,2	0.662,8	10.983,9
$R^2 = 0.837,2$　R^2 Adjusted $= 0.813,4$　$F = 35.13$					

註：C 表示截距，即方程的常數，下同

為了消除多重共線性，提高估計精度，採取逐步迴歸，剔除一些變量，並得到估計結果（見表 5-3）。從係數顯著性檢驗和擬合優度檢驗都顯示方程通過檢驗且擬合較好，而且 VIF 都小於 10，方程不再存在多重共線性，優於之前的方程。

表 5-3　　　　　　　　　　逐步迴歸估計結果

變量	係數	標準誤差	t 統計量	p 值	VIF
C	332.63	28.762,5	11.564,7	0.000,0	
AE	−0.033,7	0.008,8	−3.847,7	0.000,4	4.297,8
AS	−5.595,1	1.394,2	−4.013,1	0.000,2	3.935,2
VCE	−6.739,1	2.294,9	−2.936,6	0.005,3	7.477,8
$R^2 = 0.813,0$　R^2 Adjusted $= 0.800,2$　$F = 63.73$					

如果不考慮空間依賴性或空間權重，即假定各區域為空間均質性，這個方程可以刻畫主要地形因子與人口分佈的關係，而且事實上之前許多關於人口分

佈的研究中空間均質性的假定是通常的做法。隨著空間計量方法的成熟，空間異質性被更多地考慮，這也更符合空間不均衡的事實。對於本研究，前面已經說明川西人口分佈存在空間依賴性，為進一步考察川西 48 個縣域的差異性，有必要建立空間計量模型。

（三）基於地理加權迴歸的人口分佈與地形因子建模

空間計量模型可以彌補忽視空間依賴性的缺陷，提高估計優度，對地理空間不平衡和異質性作出合理解釋。其中地理加權迴歸模型（GWR）考慮了不同空間單元迴歸系數的差異，對空間異質性的刻畫具有優良品質，用於人口分佈與地形因子的研究，在地形極為複雜、空間異質性突出的川西地區，差異化特徵將得到解釋。

1. GWR 模型簡介

GWR 模型是在經典迴歸模型基礎上考慮空間權重，不再利用全域信息獲得相同的迴歸系數，而是結合鄰近空間數據進行局域迴歸得到隨空間位置變化而變化的迴歸系數（吳玉鳴，2006）。GWR 模型可表示為：

$$Y_i = \beta_0(\mu_i, v_i) + \sum_{j=1}^{n} \beta_j(\mu_i, v_i) X_{ij} + \varepsilon_i \qquad (5-1)$$

其中，(μ_i, v_i) 是第 i 個樣本點的空間位置，$\beta_j(\mu_i, v_i)$ 為迴歸系數在 i 點的值。如果 $\beta_j(\mu_i, v_i)$ 在任意一點都相同，那麼 GWR 模型就回到了經典迴歸模型。迴歸系數通過加權最小二乘法（WLS）對鄰近位置 i 的局域加權獲得的估計得到：

$$\hat{\beta}_j(\mu_i, v_i) = (X'W_{ij}X)^{-1}X'W_{ij}Y \qquad (5-2)$$

其中，W_{ij} 為空間權重矩陣，實際研究中常用的空間距離權值為高斯距離權值，另外還有指數距離權重和三次方距離權重。

2. 空間自相關檢驗

雖然前文已經證實川西人口分佈存在顯著的空間依賴性，但那僅是人口密度的空間屬性，放到 GWR 模型中則理由不充分，因為 GWR 模型是方程的範疇，是經典迴歸方程的擴充，所以要回到表 5-4 的方程估計結果，檢驗其是否有空間自相關性。如果有則可應用 GWR 模型進行擴展分析，檢驗的對象是方程的隨機誤差項 ε，檢驗發現 ε 的 Moran's I 為 0.133,2，Z 統計檢驗量為 2.12，在顯著性概率 $p<0.05$ 的雙側檢驗閾值 1.96 的檢驗下通過檢驗，拒絕不存在空間自相關原假設，表明隨機誤差項 ε 存在顯著的空間自相關性，空間異質性的存在為 GWR 模型的應用提供條件，證實人口分佈不可能在空間上沒有關係而相互獨立存在。

3. 基於 GWR 的人口密度與地形因子建模

GWR 模型可以考察每個縣域的地形因子對人口分佈的影響並比較其空間差異性。以高斯距離權值為基礎獲得空間權重後的 GWR 實證估計結果如表 5-4 所示。

表 5-4　　　　　　　　　　GWR 模型估計結果

區域	C	AE	AS	VCE	區域	C	AE	AS	VCE
汶川縣	334.79	-0.032,6	-5.729	-7.135	石渠縣	315.96	-0.035,5	-4.931,9	-5.630,7
理縣	332.88	-0.032,6	-5.666,5	-7.052,8	色達縣	323.74	-0.034,5	-5.246,6	-6.209,7
茂縣	333.36	-0.032	-5.728,4	-7.239,7	理塘縣	331.82	-0.035,7	-5.413,9	-6.190,9
松潘縣	330.44	-0.031,7	-5.662,1	-7.208,3	巴塘縣	330.3	-0.036,5	-5.311,1	-5.926,7
九寨溝縣	328.74	-0.031	-5.664,7	-7.325,1	鄉城縣	333.08	-0.036,4	-5.409,3	-6.051,4
金川縣	330.33	-0.033,7	-5.512,2	-6.684,8	稻城縣	334.77	-0.036	-5.487,4	-6.198,6
小金縣	333.1	-0.033,3	-5.625,4	-6.886,1	得榮縣	333.55	-0.036,9	-5.390,7	-5.925,6
黑水縣	330.97	-0.032,3	-5.631,5	-7.065,3	西昌市	340.83	-0.034,8	-5.778,8	-6.765,9
馬爾康市	329.12	-0.033,2	-5.506,3	-6.752,1	木里縣	337.41	-0.035,6	-5.606,3	-6.413,2
壤塘縣	326.31	-0.033,9	-5.368,3	-6.461,4	鹽源縣	340.11	-0.035,4	-5.714,1	-6.569
阿壩縣	325.32	-0.032,9	-5.411,7	-6.679,1	德昌縣	342.08	-0.034,4	-5.818,1	-6.79
若爾蓋縣	324.75	-0.031,6	-5.498,8	-7.009,2	會理縣	343.65	-0.034,9	-5.868	-6.816,9
紅原縣	327.95	-0.032,3	-5.536,8	-6.939,2	會東縣	344.59	-0.034,5	-5.926,6	-6.962,7
康定縣	335.01	-0.034,4	-5.608,7	-6.661,8	寧南縣	343.57	-0.034,4	-5.895,4	-6.951,3
瀘定縣	336.34	-0.034,2	-5.667,6	-6.771,1	普格縣	342.37	-0.034,4	-5.852,2	-6.904,5
丹巴縣	332.03	-0.034	-5.543	-6.666,1	布拖縣	342.87	-0.034,2	-5.887,4	-6.999,3
九龍縣	337.45	-0.034,9	-5.657,7	-6.620,8	金陽縣	343.28	-0.033,9	-5.920,7	-7.096,4
雅江縣	333.42	-0.035,1	-5.510,4	-6.422,6	昭覺縣	341.92	-0.034,1	-5.858,3	-6.983,1
道孚縣	331.12	-0.034,5	-5.478,3	-6.497,6	喜德縣	340.76	-0.034,4	-5.800,6	-6.866,5
爐霍縣	327.97	-0.034,5	-5.372,5	-6.355,1	冕寧縣	339.29	-0.034,6	-5.735,2	-6.751,3
甘孜縣	323.97	-0.035	-5.213,9	-6.077,3	越西縣	340.24	-0.034,1	-5.800,4	-6.921,4
新龍縣	328.86	-0.035,2	-5.355,8	-6.223,6	甘洛縣	339.63	-0.033,9	-5.795,3	-6.964,4
德格縣	322.05	-0.035,6	-5.109,9	-5.843,5	美姑縣	341.52	-0.033,8	-5.867,6	-7.065,5
白玉縣	326.38	-0.035,9	-5.223,9	-5.931,5	雷波縣	342.69	-0.033,5	-5.927,3	-7.190,5
阿壩州	329.85	-0.032,6	-5.580,1	-6.956,8					
甘孜州	329.88	-0.035,3	-5.385,1	-6.233,6					
涼山州	341.58	-0.034,4	-5.826,6	-6.883,1					

從表 5-4 看，由於 GWR 模型調整后的 R^2 為 0.805,6，略微優於經典迴歸模型的 0.800,2，這表明考慮了地理空間位置的地理加權迴歸模型的整體擬合效果要優於 OLS 全域估計模型，假定迴歸系數 β 固定不變是不完全符合空間

效應實際的，也就是說，地形因子對人口分佈的影響在空間上具有顯著的異質性。GWR 估計結果證實地形因子對不同區域的影響程度不完全相同。

從局域迴歸系數來看，海拔高程的迴歸系數在［-0.036,9，-0.031,0］區間，其均值和標準差為-0.034,2 和 0.001,3，影響系數絕對值高於均值的縣域有 26 個，且大多集中於甘孜州（16 個），說明海拔高度對甘孜州的影響程度相對較大。坡度的迴歸系數在［-5.927,3，-4.931,9］區間，其均值和標準差為-5.594,3 和 0.235,8，影響系數絕對值高於均值的縣域有 27 個，且大多數集中於涼山州（17 個），說明坡度對涼山州的影響程度相對較大。高程變異系數的迴歸系數在［-7.325,1，-5.630,7］區間，其均值和標準差為-6.659,5 和 0.422,9，影響系數絕對值高於均值的縣域有 30 個，基本集中於阿壩州（12 個）和涼山州（15 個），說明坡度對阿壩州和涼山州的影響程度相對較大，特別是阿壩州總共 13 個縣域，就有 12 個縣域影響系數絕對值高於均值。

以上數據表明不同空間的地形因子對人口分佈的影響確實存在而且差異比較明顯。比如對於汶川縣，海拔每上升 100 米，其人口密度下降 3.26 人/平方千米；而對於西昌市，海拔每上升 100 米，其人口密度下降 3.48 人/平方千米。從表 5-4 最后的平均值來看，海拔高程對甘孜州的影響程度最大，坡度對涼山州的影響最大，而高程變異系數對阿壩州的影響最大。這種微觀化的結論為進一步從微觀上認識和研究人口分佈提供了理論支持，也為差異化的政策服務提供依據。對比以上研究結果，常參數估計方法（OLS）未能反應參數在不同區域的空間異質性，而依據所得結論提出的趨同化政策建議在實踐過程中就缺乏因地制宜的措施。變系數估計方法在中國川西的實證表明，在考慮人口再分佈和遷移時應該尊重地理規律並充分考慮空間異質性。

四、研究結論

基於川西高原高山區人口分佈的研究表明，區域人口分佈特徵不是獨立生成的，而是受其他空間相互影響；地形因子對人口分佈的影響不是「地形會影響人口的分佈」或「海拔越高人口密度越低」等簡單的定性關係，而是存在顯著空間異質性。全域 Moran's I、局域 Moran's I 及其 Moran 散點圖、Moran 集聚圖、LISA 集聚圖，OLS 模型與 GWR 模型，共同展現並實證了人口空間分佈的異質性與人口分佈的局域空間自相關性具有密切關係。在空間上，川西人口密度屬性存在顯著的空間依賴性，空間上表現為以西昌市為中心的人口集群區和川西北高原大片人口稀少區，且西部大開發以來川西人口分佈的空間集群

特徵越來越明顯，這些年人口遷移和再分佈更加顯現路徑依賴特徵。

全域空間 Moran's I 結果表明人口分佈空間集群特徵非常明顯，空間自相關性和空間依賴性顯著；局域空間 Moran's I 具體確定了集聚特徵和集聚區域。而空間計量學分析則發現擴展地形因子變量對研究人口分佈與地形關係至關重要。同時，從地形因子與人口分佈關係的建模來講，GWR 模型克服 OLS 模型不考慮空間依賴性或空間權重缺陷，以地理加權迴歸充分考慮不同空間單元迴歸係數的差異，有力刻畫和解釋了空間異質性特徵。

人口分佈顯著的空間異質性特徵將對人口遷移、人口分佈、扶貧開發、生產生計等政策的制定產生深刻影響。海拔高程、坡度、高程變異係數對川西人口密度的影響係數分別為 $-0.036,9 \sim -0.031,0$、$-5.927,3 \sim -4.931,9$ 和 $-7.325,1 \sim -5.630,7$，異質性非常明顯。總體上海拔高程對甘孜州的影響最大，坡度對涼山州的影響最大，高程變異係數對阿壩州的影響最大，局域迴歸係數顯現的更加微觀差異影響等，都說明在中國制定有針對性的、差異化的區域人口政策或公共政策的重要性。應該說，整個西部地區尤其是雲、貴、川，其人口分佈空間異質性特徵都非常顯著，中央和地方政府務必重視和研究這些特徵，這對於促進人口合理分佈、統籌解決貧困人口問題至關重要。基本政策方向是：對於人口分佈、遷移等問題要根據人口分佈空間異質性因地制宜制定相應的差異化措施，同時，政府在集中連片的特殊困難地區扶貧開發時應在充分瞭解貧困地區貧困人口集聚特徵的基礎上進行。

隨著氣候變化加劇、自然災害頻發，尤其是龍門山地震斷裂帶地震引發的一系列災變人口問題，中國人口分佈異質性問題將成為人口分佈、遷移問題研究的一個熱點，對減災防災、創新扶貧政策具有重要意義。在中國尤其是西部山區，受氣候變化影響大、自然災害頻發的區域往往與生態脆弱區域重疊（而生態脆弱區域又往往是高原或山區人口空間分佈異質性顯著的區域），這些年產生了越來越突出的因災致貧、因災返貧的複雜人口問題。過去，中央和政府投入大量人力、物力和財力來扶持貧困人口，但效果不佳，甚至越扶越貧。從汶川地震到蘆山地震的教訓告訴我們，山區地帶或貧困區域實施災害移民或生態移民，是降低災害成本、綜合解決災害人口問題、開闢扶貧新路徑的科學選擇。因此，遷移氣候貧困人口、促進人口合理分佈已經成為學者和政府的共識。但怎樣制定政策、採取什麼舉措、如何取得更佳效果，都必須考慮災害區域—生態脆弱區域—高原或山區人口空間分佈異質性顯著區域的聯繫，人口空間分佈異質性的深入研究或研究成果成為遷移氣候貧困人口、促進人口合理分佈、統籌解決高原或山區貧困人口的重要參照和依據。

第三節　區域流動人口分佈以及城鄉人口分佈與城鎮化發展

一、中國各省流動人口分佈分析

（一）流動人口概述

自改革開放以來，隨著工業化、城市化進程的加快，越來越多的人由農村湧入城市，形成了流動人口這一群體。2010 年第六次人口普查顯示，中國有 2.6 億規模的流動人口。為此流動人口的生存與發展研究也成為「大人口」研究的重要組成部分。尤其那些人口大省，包括廣東、四川、山東和河南等，人口流動的浪潮更加迅猛。但是人口大量不合理、無序流動，不僅造成了農村的空心現象，也給政府提出了新的問題和挑戰。就目前來看，流動人口作為城市人口的重要組成部分，在城市中發揮著重大的作用。然而由於各種限制因素的存在，流動人口的居住問題、安全問題、社會保障問題、子女的教育問題等引起了社會的廣泛關注。胡錦濤同志針對全面做好人口工作講話時強調要「引導人口有序遷移和合理分佈，切實加強流動人口管理和服務，制定引導人口合理流動、有序遷移的政策，積極穩妥推進城鎮化，統籌協調好人口分佈和經濟佈局、國土利用的關係，把流動人口管理和服務納入流入地經濟社會發展總體規劃之中，為人口流動遷移創造良好政策和制度環境」。在「十二五」人口規劃中關於「引導人口有序流動遷移與合理分佈」目標的引導下，基於流動人口的研究對人口發展戰略目標的實現具有重要的理論和現實意義。流動人口生存和發展研究不僅回應了國家的號召，而且還能對存在的問題提出解決辦法，為人口合理有序流動營造一個安定和諧的發展環境，也為和諧社會的構建添磚加瓦。

（二）中國流動人口分佈簡析

2010 年第六次人口普查顯示，中國有 2.6 億規模的流動人口，如此龐大的流動人口規模主要源於區域發展不平衡和空間經濟差異。2010 年，流動人口大省主要集中在經濟發達的省域和傳統的幾個人口大省，其中廣東達到 3,680 萬人，浙江 1,990 萬人，江蘇 1,822 萬人，四川 1,173 萬人，北京 1,049 萬人。從流動人口比例來說，全國的比例約為 20%。也就是說約五分之一的中國人口為流動人口。分區域來看，上海的流動人口占總人口的比例最高，達到 55.11%；北京緊隨其後，達到 53.53%；廣東、天津、浙江也超過 30%。這些

區域的流動人口非常活躍（表5-5）。

表5-5　　　　　　　2010年全國省域流動人口分佈

區域	總人口（人）	流動人口（人）	流動人口占比（％）
全國	1,332,810,869	260,937,942	19.58
北京	19,612,368	10,498,288	53.53
天津	12,938,693	4,952,225	38.27
河北	71,854,210	8,297,279	11.55
山西	35,712,101	6,764,665	18.94
內蒙古	24,706,291	7,170,889	29.02
遼寧	43,746,323	9,310,058	21.28
吉林	27,452,815	4,462,177	16.25
黑龍江	38,313,991	5,557,828	14.51
上海	23,019,196	12,685,316	55.11
江蘇	78,660,941	18,226,819	23.17
浙江	54,426,891	19,900,863	36.56
安徽	59,500,468	7,100,608	11.93
福建	36,894,217	11,074,525	30.02
江西	44,567,797	5,302,276	11.90
山東	95,792,719	13,698,321	14.30
河南	94,029,939	9,764,067	10.38
湖北	57,237,727	9,250,228	16.16
湖南	65,700,762	7,898,815	12.02
廣東	104,320,459	36,806,649	35.28
廣西	46,023,761	6,291,811	13.67
海南	8,671,485	1,843,430	21.26
重慶	28,846,170	5,440,776	18.86
四川	80,417,528	11,735,152	14.59
貴州	34,748,556	4,629,542	13.32
雲南	45,966,766	6,053,805	13.17

表5-5(續)

區域	總人口（人）	流動人口（人）	流動人口占比（％）
西藏	3,002,165	262,005	8.73
陝西	37,327,379	5,894,416	15.79
甘肅	25,575,263	3,112,722	12.17
青海	5,626,723	1,140,954	20.28
寧夏	6,301,350	1,534,482	24.35
新疆	21,815,815	4,276,951	19.60

數據來源：第六次人口普查數據

　　流動人口作為城鄉之間的橋樑，將城市和農村的發展緊密聯繫在了一起。對於城市來說，大量的農村人口流入城市，為城市提供了廉價的勞動力，緩解了城市勞動力不足的問題，為城市經濟的發展創造了條件。其中大多數流動人口從事於第二、三產業，還有利於促進當地產業結構的升級和城市經濟的快速發展。同時流動人口的存在，也加強了城市與農村的思想、文化交流，推動了城市文化向多元化方向發展。流動人口本身也是一個巨大的消費群體，他們可以刺激消費，帶動城市經濟市場的活躍。

　　相反，對於農村來說，這一人群在與外界互動的過程中，可以促進農村思想觀念的更新，引進先進的生產理念和技術，支持農村經濟的發展。同時中國人均耕地較少，人口的遷移流動可以將一部分勞動力轉移到城市，依靠非農產業來脫貧致富。同時，還可以緩解人多地少的矛盾，把剩餘的土地集中在少數農民的手中，進行規模化和機械化生產，這不僅可以提高勞動生產率，而且還可以增加農民的收入，支持農村經濟的快速發展。

二、中國各省城鄉人口分佈與城鎮化發展

(一) 城鄉人口分佈與城鎮化發展概述

　　工業化加快了人類文明的步伐，也促進了城鎮化的進程，人類越來越多地聚居於城市。世界各國社會、經濟發展越來越依賴於城鎮化發展水平，對欠發達國家來說，城鎮化更是促進工業化、實現現代化的必要條件。城鎮化道路的現狀、發展趨勢及其相關問題，正在引起全社會的普遍關注。積極穩妥地推進中國城鎮化，也是全面建成小康社會的根本要求。

　　作為一個理論問題，城鎮化問題是經濟學、人口學、建築學、地理學、社會學等學科的經典例題之一，也是哲學、歷史學、美學、管理學、規劃學等相

關學科的一個研究重點。中國的城鎮化問題，是在 20 世紀 80 年代國家重點政策轉向城市之后，才正式提出的。近年來關於城鎮化的研究更是汗牛充棟，但多側重於理論建設發展和區域性的經濟研究方面，關於定量分析城鎮化水平的文章還相對較少。城鎮化發展是一個長期的動態的過程，進行歷史和現狀的比較分析，對今後的發展和政策定位有著重要的意義。

隨著理論探討的深入，通過對中國城鎮化道路實踐中經驗的總結和問題的反思，黨的十八大報告指出走中國特色新型城鎮化道路，按照統籌城鄉、佈局合理、節約土地、功能完善、以大帶小的原則，促進大中小城市和小城鎮協調發展。而國家「十二五」規劃提出「積極穩妥推進城鎮化，優化城鎮化佈局和形態，加強城鎮化管理，不斷提升城鎮化的質量和水平」。「十二五」提出了三點：一是合理構建城鎮化戰略、佈局，按照統籌規劃、合理佈局、完善功能、以大帶小的原則，以大城市為依託，以中小城市為重點，逐步形成輻射作用大的城市群，促進大中小城市和小城鎮協調發展；二是穩步推進農業轉移人口轉為城鎮居民，把有穩定勞動關係並在城鎮居住一定年限的農民工及其家屬逐步轉為城鎮居民，對暫時不具備落戶條件的農民工，應該改善公共服務，加強權益保護；三是增強城鎮的綜合承載能力，防止特大城市面積過度擴張，預防和治理「城市病」。推動數字城市建設，提高信息化和精細化管理服務水平，注重文化傳承與保護，改善城市人文環境。要把「同步推進工業化、城鎮化和農業現代化」作為首要目標。

(二) 實證案例分析

1. 中國省際城鄉人口分佈

2010 年第六次人口普查顯示，中國城鎮分佈了 6.7 億人口，鄉村分佈了 6.6 億人口，比例分別為 50.27% 和 49.73%，兩者差別不大。但考慮到中國 2.6 億的流動人口，而這部分流動人口生活在城市，但實際上是農村人口，所以當前中國鄉村人口依然大於城市人口。從城鎮化率來說，上海、北京和天津位列前三，分別達到 89.3%、85.96% 和 79.44%，最落後的兩位分別是貴州和西藏，僅分別為 33.78% 和 22.67%。這表明中國區域間的城鄉人口分佈或者說城鎮化率分佈相差非常明顯（表 5-6）。

表 5-6　　　　　　　2010 年全國及各省份城鄉人口比重

地區	總人口（年末）（萬人）	城鎮人口 人口數	城鎮人口 比重（%）	鄉村人口 人口數	鄉村人口 比重（%）	排名
全國	133,281.09	67,000.55	50.27	66,280.53	49.73	

表5-6(續)

地區	總人口（年末）（萬人）	城鎮人口 人口數	城鎮人口 比重（%）	鄉村人口 人口數	鄉村人口 比重（%）	排名
上海	2,301.92	2,055.51	89.30	246.41	10.70	1
北京	1,961.24	1,685.87	85.96	275.37	14.04	2
天津	1,293.87	1,027.79	79.44	266.08	20.56	3
廣東	10,432.05	6,903.03	66.17	3,529.02	33.83	4
遼寧	4,374.63	2,718.80	62.15	1,655.84	37.85	5
浙江	5,442.69	3,355.02	61.64	2,087.67	38.36	6
江蘇	7,866.09	4,737.15	60.22	3,128.95	39.78	7
福建	3,689.42	2,106.19	57.09	1,583.23	42.91	8
黑龍江	3,831.40	2,132.37	55.66	1,699.03	44.34	9
內蒙古	2,470.63	1,372.02	55.53	1,098.61	44.47	10
吉林	2,745.28	1,464.82	53.36	1,280.46	46.64	11
重慶	2,884.62	1,529.58	53.03	1,355.04	46.97	12
山東	9,579.27	4,762.07	49.71	4,817.20	50.29	13
湖北	5,723.77	2,844.51	49.70	2,879.26	50.30	14
海南	867.15	430.85	49.69	436.30	50.31	15
山西	3,571.21	1,716.05	48.05	1,855.16	51.95	16
寧夏	630.14	302.20	47.96	327.93	52.04	17
陝西	3,732.74	1,705.93	45.70	2,026.80	54.30	18
青海	562.67	251.63	44.72	311.05	55.28	19
河北	7,185.42	3,157.53	43.94	4,027.89	56.06	20
江西	4,456.78	1,950.00	43.75	2,506.78	56.25	21
湖南	6,570.08	2,845.31	43.31	3,724.77	56.69	22
安徽	5,950.05	2,557.71	42.99	3,392.34	57.01	23
新疆	2,181.58	933.58	42.79	1,248.01	57.21	24
四川	8,041.75	3,234.44	40.22	4,807.31	59.78	25
廣西	4,602.38	1,841.78	40.02	2,760.59	59.98	26

第五章　區域人口分佈與人口發展功能區

表5-6(續)

地區	總人口（年末）（萬人）	城鎮人口 人口數	比重（%）	鄉村人口 人口數	比重（%）	排名
河南	9,402.99	3,621.98	38.52	5,781.02	61.48	27
甘肅	2,557.53	919.12	35.94	1,638.41	64.06	28
雲南	4,596.68	1,595.91	34.72	3,000.77	65.28	29
貴州	3,474.86	1,173.75	33.78	2,301.10	66.22	30
西藏	300.22	68.06	22.67	232.16	77.33	31

數據來源：根據全國第六次人口普查數據

2. 四川城鄉人口分佈及城鎮化發展

四川省根據自身情況和國家「十二五」規劃要求，提出了自身「十二五」城鎮發展戰略：加快新型城鎮化進程，全面推進統籌城鄉發展；構建科學合理的城鎮體系；加快發展區域中心城市，省會成都市要優化空間佈局，加快推進功能區建設，提升國際化水平，建成中西部地區最具競爭力的特大中心城市；紮實推進新農村建設，全面推進統籌城鄉發展；建立以工促農、以城帶鄉的長效機制，推進新型城鎮化進程。

第五次人口普查結果顯示：四川省全省登記人口中，居住在城鎮的人口為22,230,351人，佔登記人口的26.69%；居住在鄉村的人口為61,060,584人，佔登記人口的73.31%。而第六次人口普查顯示：全省常住人口中，城鎮人口為32,312,033人，佔40.18%，鄉村人口為48,106,167人，佔59.82%。同2000年第五次全國人口普查相比，城鎮人口增加10,081,682人，鄉村人口減少12,954,417人，城鎮人口比重上升13.49個百分點。從中國1964年、1982年、1990年、2000年先後進行的第二、第三、第四、第五次人口普查資料看，四川的城鎮化水平1982年為14.27%，比1949年提高了10.87個百分點；2000年達到26.69%，比1982年提高12.42個百分點；2010年又比2000年提高了13.49個百分點。可以看出，以1982年為界，改革開放前的30多年間，城鎮化水平僅提高了約10個百分點，城鎮化水平較低；改革開放後，隨著經濟的快速發展，城鎮化水平不斷提高，特別是2000年以來，四川城鎮化率平均每年增長1.3個百分點。

儘管四川的城鎮化速度很快，但在全國包括與其他城市對比中，四川的人口城鎮化水平依舊處於較低的水平。一是與國家相比，城鎮化水平仍然屬於落後水平。根據全國第六次人口普查數據公報，中國大陸31個省、自治區、直

轄市和現役軍人的人口中，居住在城鎮的人口占全國總人口的 49.68%，居住在鄉村的人口占全國總人口的 50.32%。同 2000 年第五次全國人口普查相比，城鎮人口比重上升了 13.46 個百分點，四川省目前的城鎮化水平只有 40.18%，同全國的城鎮人口占總人口的比例 49.68% 來看，四川省的城鎮化水平低於全國水平。二是與東部發達省市或西部部分省市相比也有差距，2010 年第六次人口普查數據顯示，四川省以城市人口比重表示城鎮化率排在全國第 25 位，比上海、北京、天津等城市低了近一半的城鎮化率，甚至低於寧夏、青海、新疆這些西部經濟較落後地區。四川省的城鎮化進程提高十分必要。

同時，從 2000 年到 2010 年，全國城鎮化率從 36.2% 上升到 49.95%，提高了 13.75 個百分點，而四川在這 10 年時間裡，城鎮化率從 26.69% 上升到 40.18%，始終與全國平均水平保持 9 個百分點左右的差距，如圖 5-5：

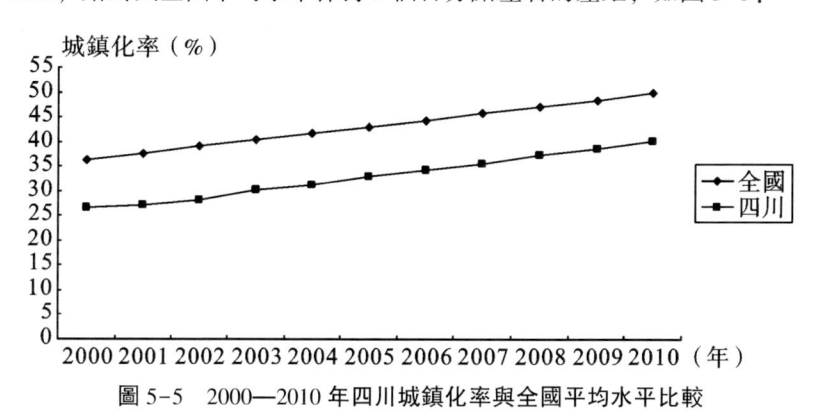

圖 5-5　2000—2010 年四川城鎮化率與全國平均水平比較

另外，從城鎮化的發展速度來看，目前四川省區域內部的城鎮發展可以分為三類：第一類是快速發展地區，即 10 年間城鎮化率增長速度超過 12 個百分點的城市；第二類是城鎮化中速發展地區，即 10 年間城鎮化率增長在 5~12 個百分點的城市；第三類是城鎮化低速發展地區，即城鎮化率增長速度小於 5 個百分點的城市（表 5-7）。

表 5-7　　　　　　　　　四川省各市州城鎮化發展水平　　　　　　　單位：%

地區＼年份及增速＼城鎮化率	2010 年	2000 年	增速	年均增速
全省	40.18	26.70	13.48	1.35
成都市	65.51	53.70	11.81	1.18
自貢市	41.02	28.40	12.62	1.26

表5-7(續)

地區＼年份及增速城鎮化率	2010年	2000年	增速	年均增速
攀枝花市	60.10	56.00	4.10	0.41
瀘州市	38.80	26.30	12.50	1.25
德陽市	41.32	31.70	9.62	0.96
綿陽市	39.85	32.50	7.35	0.74
廣元市	32.98	23.90	9.08	0.91
遂寧市	38.38	25.90	12.48	1.25
內江市	39.36	28.60	10.76	1.08
樂山市	39.48	26.10	13.38	1.34
南充市	35.91	21.00	14.91	1.49
眉山市	34.11	19.00	15.11	1.51
宜賓市	38.00	24.50	13.50	1.35
廣安市	29.07	16.50	12.57	1.26
達州市	32.71	15.40	17.31	1.73
雅安市	34.62	23.00	11.62	1.16
巴中市	29.31	12.50	16.81	1.68
資陽市	32.73	16.60	16.13	1.61
阿壩州	30.10	18.80	11.30	1.13
甘孜州	20.53	15.60	4.93	0.49
涼山州	27.52	14.70	12.82	1.28

資料來源：根據四川省第五次人口普查資料及《四川統計年鑒（2011）》計算

　　自貢、瀘州、遂寧、樂山、南充、眉山、宜賓、廣安、達州、巴中、資陽、涼山州屬於城鎮化發展較快的地區。其中，眉山、達州、巴中和資陽四個城市城鎮化率年均增速超過1.5個百分點。成都、德陽、綿陽、廣元、內江、雅安和阿壩州是屬於中速發展地區，成都2010年城鎮化率已經超過65%，城市發展相對成熟，增速自然逐步放緩，然而處於成都平原經濟區的德陽、綿陽兩市的城鎮化發展卻稍顯落後。攀枝花和甘孜州由於自身城市特點，城鎮化發展緩慢，屬於低速發展地區。

第四節　區域人口集聚分佈與人口社會管理風險

一、研究區域與說明

本研究選取國家級新區四川天府新區中的成都分區為例，來研究區域人口集聚分佈與人口社會風險管理。根據《四川成都天府新區總體規劃》確定的各階段發展目標，天府新區成都分區的開發建設分為近期（2011—2015 年）、中期（2016—2020 年）、遠期（2021—2030 年）三步實施。總體定位為以現代製造業為主、高端服務業集聚、宜業宜商宜居的生態田園城市和國際化現代新城區，實現現代產業、現代生活、現代都市「三位一體」的協調發展。核心目標是再造一個「產業成都」（見表 5-8），這必然要通過大力推進規模性產業集聚和建設來做支撐。而規模性產業集聚和建設，必然帶來人口的快速擴張和規模性集聚，並由此引發一系列比較突出的人口社會管理問題，成為核心目標順利實現的巨大障礙。天府新區成都分區作為整個天府新區的主體區域，研究和解決好它的人口社會管理問題無疑具有全局性意義和示範性作用。為此，本課題緊緊圍繞天府新區成都分區快速的、規模性的產業建設與人口規模性集聚趨勢，重點研究六大人口社會管理風險問題：經濟區或產業功能區與行政區在服務管理體制、機制上的矛盾，人口結構性轉換帶來的社會管理制度變革問題，人口分佈與產業功能區佈局的協調性、適應性問題，城市、產業規模與人口規模的對應性問題，規模性人口城市化與區域綜合承載能力協調發展的矛盾，大型、特大型企業集群入駐的人口社會風險。在此基礎上提出人口社會風險預警閾值以及強化人口社會管理、規避人口集聚問題、風險的政策建議。

表 5-8　　天府新區成都分區產業功能區及其特徵

	產業功能區	特徵
1	天府新城	位於成都的科技商務中軸線天府大道兩側，主要包括高新區（南區）和雙流區北部地區所轄華陽鎮、正興鎮、新興鎮、萬安鎮和興隆鎮，是成渝經濟區成都發展核心的重要組成部分，與成都老城中心共同構成「一核雙中心」，也是天府新區的生產組織和生活服務主中心

表5-8(續)

	產業功能區	特徵
2	龍泉高端製造產業功能區	位於龍泉驛區西北部，是天府新區東翼的高端製造產業基地，含龍泉街道、大面街道、柏合鎮3個街、鎮。目標是建設以汽車、航天航空、工程機械為主導產業的現代化新城區，產業定位為汽車研發製造、工程機械製造等高端製造業及生態旅遊、文化創意等高端服務業，並為產業發展配套金融、酒店、居住、娛樂等高端城市功能
3	空港高技術產業功能區	位於天府新城的西部，主要包括東升、西航港街道、黃甲鎮、勝利鎮和公興鎮。目標是以雙流國際機場為依託，建設以電子信息、新能源、航空物流為主導功能的現代化新城區
4	成眉戰略新興產業功能區	位於雙流區的西南邊，毗鄰眉山市，主要包括新津縣、轄普興鎮和金華鎮。目標是建設以新材料和物流產業為主導的現代化新城區
5	創新研發產業功能區	位於天府新城的南部（天府新區成都分區的中心位置），是天府新區高端服務功能集聚帶的重要組成部分，主要轄煎茶鎮。目標是建設以企業創新總部、科技成果轉化、孵化中試等功能為主的現代化新城區
6	南部現代農業科技功能區	位於天府新區成都分區的最南端，與眉山相鄰，主要包括籍田鎮、三星鎮和大林鎮。目標是建設以農業科技研發、農產品深加工、生物技術為主導的現代化新城區
7	兩湖一山國際旅遊文化功能區	位於天府新區成都分區東南邊，主要包括山泉鎮、茶店鎮、永興鎮、太平鎮、合江鎮和白沙鎮。目標是建成旅遊文化功能區，以田園度假、濱水休閒、商務會展、生態旅遊、山林植被保育和恢復為主導功能

資料來源：《四川省成都天府新區成都部分分區規劃》說明書。未含兩湖一山國際旅遊文化功能區

二、人口集聚分佈趨勢與人口社會管理風險

根據2010年第六次人口普查，天府新區成都分區人口共計171.64萬，人口密度為1,326.39人/平方千米，地區生產總值約742.9億元，人均GDP為43,283.64元。其中，高新區（南區）人口23.32萬，地區生產總值約95.4億元；雙流區人口97.82萬，地區生產總值約358.5億元；新津縣人口3.44萬，地區生產總值約7.4億元；龍泉驛區人口47.1萬，地區生產總值約281.6億元。天府新區成都分區遠期（至2030年）城市建設用地規模為589.2平方千米，規劃居住用地面積122.0平方千米，規劃城市常住人口591萬。根據何景熙教授主持的成都市人口發展戰略課題《天府新區成都分區人口合理分佈研

究》，依據各產業功能區不同年份人口多因素測算結果顯示，天府新區及其產業功能區產業集聚帶動未來人口集聚趨勢顯著，規模龐大（見表 5-9、表 5-10）。由此，人口集聚分佈下可能面臨多方面的人口社會管理風險。

表 5-9　天府新區成都分區 2015、2020、2030 年人口多因素測算結果

可能—滿意度（W）	滿足所有因素不同（W）水平下的人口水平（a 萬人）			
	0.6	0.7	0.8	0.9
2015 年	375.73	356.68	338.88	322.21
2020 年	556.5	512.41	471.15	432.33
2030 年	890.94	792.81	701.06	614.86

註：預測結果由可能—滿意度（W）預測模型計算

表 5-10　2015、2020、2030 年成都分區各功能區規劃人口規模

單位：萬人

年份	2010	2015	2020	2030
天府新城功能區	31.11	51.11	88.06	159.5
龍泉高端製造產業功能區	47.05	72.94	91.31	118.84
空港高技術產業功能區	43.53	61.42	91.57	153.74
成眉戰略新興產業功能區	3.44	17.54	21.27	27.51
創新研發產業功能區	2.6	45.79	57.71	59.49
南部現代農業科技功能區	6.77	42.28	49.33	59.49
兩湖一山國際旅遊文化功能區	8.5	31.13	33.08	36.29
合計	143	322.21	432.33	614.86

註：在滿足所有因素條件 W 值為 0.9 水平下的預測結果

（一）經濟區或產業功能區與行政區在服務管理體制、機制上的矛盾

矛盾的焦點在於兩大方面：一是天府新區與成都分區的矛盾，成都分區僅包括高新區南區、新津縣和龍泉驛區，只涉及 30 個鄉鎮和街辦，而天府新區不僅涵蓋高新區南區、新津縣和龍泉驛區，還涵蓋資陽市和眉山市，共涉及 37 個鄉鎮和街辦；二是成都分區與所涉行政區的矛盾，成都分區並未囊括高新區、新津縣和龍泉驛區的所有區域（見表 5-11）。經濟區或產業功能區與行政區的這種不一致性必然導致在服務管理體制、機制上的矛盾，如沒有相應對策措施或協調機制介入，將會由此產生人口社會管理上政出多門、政策分裂、

效率低下等諸多問題。

表 5-11　　　　　天府新區（含成都分區）規劃範圍表

縣（市、區）		涉及鄉鎮、街辦	面積（km²）
成都市	高新區南區	中和街辦、桂溪街辦、石羊街辦	35
	雙流區	東升街辦、勝利、西航港街辦、華陽街辦、萬安街辦、黃甲、公興、正興、永安、籍田、興隆、煎茶、白沙、新興、太平、合江、永興、三星、大林、黃龍溪	905
	新津縣	普興、金華	76
	龍泉驛區	大面街辦、山泉、茶店、龍泉街辦、柏合	277
眉山市	彭山區	青龍	44
	仁壽縣	視高	50
資陽市	簡陽市	老君井、五指、武廟、丹景、新民	191
總計		37 個鄉鎮和街辦	1,578

資料來源：《四川成都天府新區總體規劃》

（二）人口結構性轉換帶來的社會管理制度變革問題

新區發展以產業發展、產城一體發展為依託，以新型工業化、新型城市化為動力和目標，其結果必然是人口城市化快速推進、人口結構相應轉換，即新區人口發展將呈現三大重要特徵：一是城鄉人口結構的快速轉變。農村人口向新區城市轉移，城市人口增多，農村人口減少。[1] 根據《四川省成都天府新區總體規劃》預測的城鎮化率，近期為 86%，中期為 94%，遠期達到 97%，近乎完全城市化。二是外來人口的快速增長。龐大的流動人口規模將成為成都分區發展的綜合性、複雜性問題。三是勞動力人口的大量流入以及新區建設對勞動力需求的快速增長。勞動力總量的供需矛盾以及勞動力的供需結構問題也將成為新區建設、人口發展必須應對的重大問題。

這將要求就現行社會管理制度進行深刻變革，對人口政策體系、行政服務體系、流動人口服務管理體系、就業體系、社會保障體系、城市管理體系等形成巨大的挑戰。

（三）人口分佈與產業功能區佈局的協調性、適應性問題

天府新區確立了發展高端產業和產業高端的推進方向，以產業的發展為突

---

[1] 城鎮化率的計算公式為：城鎮化率＝城鎮人口／總人口。

破口，不僅可以實現成都片區的充分就業，還可以在更高的層面上促進統籌城鄉新發展。但是，根據成都人口發展功能區規劃，天府新區成都分區主要涉及人口拓展區和人口限制區，兩大功能區人口發展政策導向具有明顯的差異，如何在人口快速增長的背景下促進人口的合理分佈將是新區人口發展中的難題之一。

人口分佈要與產業功能區域佈局分區有效結合，新區存在開發時序上的差異，如何打破條塊分割，協調區域利益格局，推進內部產業結構的梯度體系與勞動力人口資源的梯度體系相適應，加快成都市中心城區勞動力人口尤其是知識型、年輕型勞動力人口向新區成都片區轉移，促進人口佈局與產業功能區佈局的協調，形成城鄉一體、產城一體的良性發展局面將是人口空間佈局中的又一難題。

（四）城市、產業規模與人口規模的對應性問題

天府新區規劃共涉及3市7縣（市、區）37個鄉鎮和街道辦事處，總面積約1,578平方千米。成都分區作為天府新區的主體和核心部分，涉及7個龐大的產業帶或產業功能區，總面積達到1,293平方千米，占天府新區總面積的78.52%。根據規劃，2030年成都分區要集聚人口600萬以上，而目前的人口僅100多萬，成都分區轄區內的人口自然增長空間已經相當狹窄。2010年，成都市的人口自然增長率僅為1.6‰，天府新區涉及的地區人口自然增長率也不高，高新區全區的人口自然增長率為2.89‰，龍泉驛區全區的人口自然增長率為3.72‰，雙流區的人口自然增長率為2.27‰，新津縣全縣的人口自然增長率為0.91‰。高新區、龍泉驛區、雙流區的人口自然增長率之所以相對較高，主要是因為外來流動人口相對較多。但是假設天府新區成都分區按照增長速度最快的龍泉驛區的3.72‰來估計，20年的人口也增加不到200萬，離600萬左右人口還差甚遠。要滿足規劃及產業要求的合理階段性人口目標和總人口目標，這樣大的人口缺口怎樣獲取、怎樣填補，無疑將是必須正視的挑戰性問題。

（五）規模性人口城市化與區域綜合承載能力協調發展的矛盾

伴隨工業化和城市化的發展，城市對人口的集聚作用越來越明顯，而人口的快速集聚也是城市發展的重要動因之一。兩化互動和產城融合發展是新區經濟社會發展的重要特點。未來的20年，新區經濟發展水平和規模性人口將保持高速非常規發展狀態，一旦城市建設和管理跟不上迅速增長的人口需求，城市資源供給滯後於城市人口的增長，社會、文化、制度的構建滯後於經濟增長，其將引發一系列突出而尖銳的矛盾，如金融危機、房價上漲、道路擁擠、

環境污染、城市生態平衡失調、犯罪率偏高、社會兩極分化、空間區隔、勞資緊張、人際關係冷漠等問題，將會給區域綜合承載能力形成巨大的挑戰，必須予以高度重視和防治。

（六）大型、特大型企業集群入駐的人口社會風險

截至 2011 年年底，英特爾、微軟、戴爾、聯想、富士康、仁寶、西門子等 207 家世界 500 強企業紛紛落戶成都，其中境外企業 160 家，境內企業 47 家，在蓉世界 500 強企業數量繼續穩居中西部第一。從開工到現在，天府新區建設不到一年，卻創造了成都新區建設史上吸引外資特別是世界 500 強的最快速度。

以天府新區高新片區為例。截至目前，已聚集了博世集團、通用電器以及德國聯邦鐵路等 32 家世界 500 強大型、特大型企業。高新片區已申報 124 個重大建設項目進入天府新區項目庫，總投資達到 1,240.16 億元。通過大源組團與中和組團等，大型、特大型企業及其大項目、特大型項目在高新片區不斷擴張。數據顯示，截至 2011 年 9 月底成都高新片區社會投資在建項目 77 個，總投資 779 億元，包括騰訊客服及網路遊戲開發中心、成都長虹高科技研發基地、攜程旅行網區域總部等十多個產業化項目；擬建項目 36 個，總投資 453 億元；開工 28 個項目，投資額 166 億元；竣工 13 個項目，投資額 62 億元，包括中國石油集團工程設計辦公樓、卡斯摩廣場一期、成都金怡源伊藤購物中心 B 區等項目。此外，高新片區政府投資在建項目 17 個，總投資 133 億元；擬建項目 36 個，總投資 38 億元；開工 7 個項目，投資額 66 億元；竣工 1 個項目，投資額 1 億元。

再如，雙流片區規劃面積 905 平方千米，占天府新區規劃總面積的 56%，占成都分區規劃面積的 68%，涉及雙流區 15 個鎮、5 個街道；規劃建設用地占天府新區總規劃建設用地的 64.2%，占成都分區規劃建設用地的 69.5%。未來五年，該區域將引入、孵化、培育多個大型、特大型企業，形成新能源裝備製造、新興電子信息、航空樞紐及製造服務維修「三大千億級產業集群」，實現 5,000 億元的產業規模。龍泉驛片區規劃面積 277 平方千米，占天府新區規劃面積的 17.5%，規劃 87 個項目，總投資將達到 1,500 億元。新津片區規劃 76 平方千米，也為打造「一心兩軸三區」投入巨資。

大型、特大型企業集群入駐及大項目、特大型項目實施，必然帶來人口集聚的綜合性風險效應。從浦東新區、濱海新區、兩江新區、長三角珠三角產業集群帶的情況看，天府新區成都分區務必有效防治人口集聚的社會風險：一是社會、文化、制度的構建不配套，且社會、文化、制度的構建滯后於企業、產

業規模性集聚和擴張；二是社區建設和管理滯后，基層綜合管理服務平臺、社會服務管理體制機制不能適應員工集聚的需要，社會管理工作重心、模式和方法不能及時轉型；三是企業或園區人口集聚可能演變為影響社會和諧穩定的源頭性、根本性、基礎性問題，構建和諧勞資關係，防止突發性、群體性事件，將成為人口社會管理的重要環節。

三、人口集聚的人口社會風險預警

人口集聚的人口社會風險是由人口在一定區域快速集聚導致的負面效應。人口社會風險的存在可能使人口發展偏離預期目標，也可能使人口與經濟、社會、資源、環境等支持系統之間的關係失調，最終影響到區域可持續發展的能力。天府新區成都分區是大區域、大產業背景下的大規模人口集聚，其引致的人口社會風險或后果如不能夠很好預防和解決，將對區域建設、產業推進、人口發展造成不可估量的損失。因此，需要建立成都分區人口集聚的人口社會風險預警系統進行監測、干預和調控。

(一) 人口社會風險預警與調控的流程

一般說來，人口社會風險具有累積性、不確定性以及消除滯后性的特徵，同時，其風險也具有可接受性，但只有當減少風險是不可行的或投入的經費和減少的風險是極不相稱時，風險才是可接受的。為了有效防範風險，需要確立人口社會風險預警與調控的科學流程（見圖5-6）：

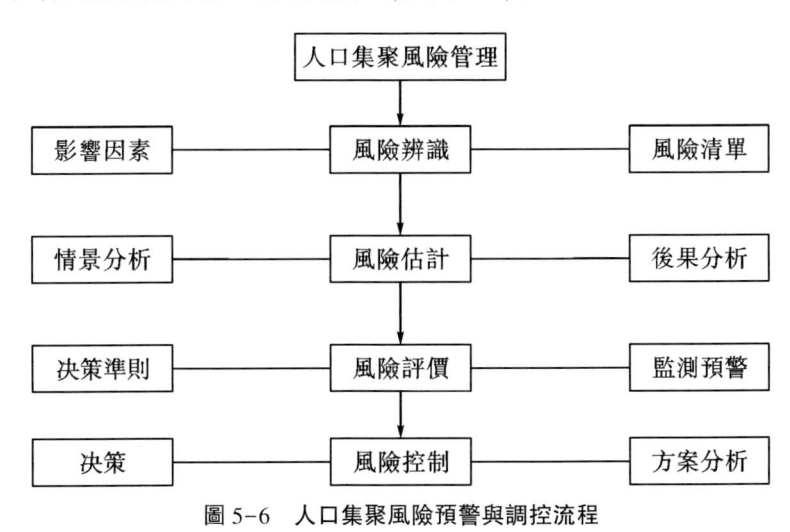

圖5-6 人口集聚風險預警與調控流程

（二）區域人口集聚風險預警指標體系

開展區域人口集聚風險評估，是促使區域人口社會管理科學化和有效的必要步驟。天府新區成都分區產業集群、人口集聚速度不斷加快，規模不斷增大，其過程必然伴隨人口社會風險的累積速度加快和規模增大，因此，需要綜合考慮人口與經濟社會、資源環境等因素，確立天府新區成都分區人口集聚風險預警指標體系及預警閾值，以防範和調控其風險。

根據人口集聚風險來源和人口集聚可能對經濟、社會、資源、環境等子系統產生的影響，可以從人口系統內和人口與外在系統兩個角度考察人口社會風險。根據科學性、全面性、典型性、可操作性等原則，構建天府新區成都分區人口集聚風險評價指標體系如下（見表5-12）。

表5-12　天府新區成都分區人口集聚風險評價指標體系

評價系統	狀態層	變量層
人口系統	人口數量	人口規模、人口自然增長率、總和生育率、人口淨遷移率
	人口結構	出生人口性別比
	人口分佈	人口密度、城鎮化水平
	人口素質	平均預期壽命、嬰兒死亡率、人均受教育年限
人口與經濟社會資源環境及其他子系統	人口與經濟	人均GDP、城鎮登記失業率、勞動年齡中位數
	人口與社會	社會養老保障覆蓋率、收入分配基尼系數、刑事案件發生率
	人口與資源	人均水資源擁有量
	人口與環境	綠化覆蓋率、環保投資指數
	人口與其他	市區人均住房面積、每萬人口擁有衛生人員數、傳染病發病率、各類事故災害損失占GDP的比重

（三）區域人口集聚社會風險警戒閾值

由於評估區域人口社會風險的基本思路是，設置各指標的目標值（或適度值）、警戒值，通過各指標的實際值與閾值的比較，來判斷各項指標的風險水平（見附件2）。因此要對各個指標值設定一個指標值區間，即安全閾值。不同類型的指標，閾值設置的方式不同。根據指標變化對人口安全的作用方向，可將指標分為正指標、逆指標和適度指標。如果是正指標，其閾值就在警戒值和目標值之間；如果是逆指標，其閾值就在目標值和警戒值之間；如果是適度指標，其閾值就在適度值和警戒值之間或警戒值與適度值之間。

指標安全閾值的選擇具有相對性，基本方法是利用公開發布的權威性資料進行對比和論證分析：一是依據國家、四川省或天府新區成都分區人口發展戰略的總體方針、政策等有關精神；二是參考和借鑑國家有關部門以及有關國際組織或科學成果確立的國家或地區的人口安全、人口現代化標準；三是借鑑上海浦東新區、天津濱海新區等地的標準。最后獲取天府新區成都分區人口社會風險的警戒閾值（見表5-13）。

表 5-13　　　　　天府新區成都分區人口聚集風險警戒閾值

評價領域		指標	單位	指標性質	目標值	警戒值	適度值
人口自身狀況	數量	人口總量	萬人	適度指標		900	600
		總和生育率		適度指標		<2.1	1.40
		年均人口增長率	‰	適度指標		<11.70	7.64
	結構	人口淨遷移率	‰	適度指標		<10	8
	分佈	出生人口性別比		適度指標		<120	103~107
		人口密度	人/km²	適度指標		<6,000	3,500
	素質	城鎮化水平	%	正指標	95	>90	
		平均預期壽命	歲	正指標	≤80	>74.75	
		嬰兒死亡率	‰	逆指標	>10	<12	
		平均受教育年限	年	正指標	≤12	>9	
人口與經濟社會、資源環境及其他子系統的關係狀況	人口與經濟社會、資源環境	城鎮登記失業率	%	逆指標	3	4	
		勞動人口年齡中位數	歲	逆指標	30	45	
		社會養老保障覆蓋率	%	正指標	100	90	
		收入分配基尼系數	比例值	適度指標		<0.4	>0.4
		刑事案件發生率	萬分之	逆指標	>20	30	
		人均水資源擁有量	m³/人	正指標	<3,500	>2,500	
		綠化覆蓋率	%	正指標	≤45	>40	
		環保投資指數	%	正指標	3.5	1	
	人口與其他	市區人均住房面積	m²/人	正指標	≤35	>30	
		每萬人擁有衛生人員數	人	正指標	≤60	>40	
		傳染病死亡率	十萬分之	逆指標	≥2	<6	
		事故災害損失占GDP的比重	%	逆指標	≥0.02	>0.1	

上述各項指標閾值的確定過程如下：

(1) 人口總量：天府新區成都分區人口規模預測顯示，以 W 值為 0.9 水平下的人口測算結果為 614.86 萬人，以 W 值為 0.6 水平下的人口測算結果為 890.94 萬人，因此，可設定 600 萬人左右為適度值，900 萬人左右為警戒值。

(2) 總和生育率：從長遠看，應以相對穩定人口為基本目標，而實現這一目標的前提條件就是將總和生育率保持在更替水平上下。再根據天府新區成都分區人口發展規劃總和生育率為 1.4 的控制目標，將總和生育率適度值設為 1.4，警戒值設為 2.1。

(3) 年均人口增長率：根據天府新區成都分區人口合理分佈研究，設定天府新區成都分區年均人口增長率 7.64% 左右為適度值，11.70% 左右為警戒值。

(4) 人口淨遷移率：2000—2010 年上海人口淨遷移率為 6.85‰~9.38‰，因為憑上海對人口遷移的吸引力，這個範圍基本上是經濟發展動力和公共基礎設施發展速度之間的一個平衡點。因此，超常規發展的成都分區可以參考該指標將適度值設為 8‰，警戒值設為 10‰ 左右。

(5) 出生人口性別比：國際公認的正常值範圍為 103~107，2010 年四川省常住人口出生性別比為 111.6，全國人口出生性別比最高年份是 2008 年，達到 120.56；參考實際情況，設定天府新區成都分區出生性別比適度值為 103~107，警戒值為 120。

(6) 人口密度：根據天府新區成都分區人口規模變動速度及經濟、資源環境承載力，設定人口密度以浦東新區現有的 3,500 人左右/平方千米為適度值，以香港現有的 6,000 人左右/平方千米為警戒值。

(7) 城鎮化水平：2010 年成都城鎮化水平為 65.5%，根據天府新區成都分區產業集聚規模、城市化速度，並綜合考慮生態田園城市目標，未來按照每年一個百分點以上的速度增長，可以將目標值設為 90%，警戒值設為 95%。

(8) 平均預期壽命：目前，日本、法國、瑞士等發達國家平均預期壽命都超過 80 歲。2010 年成都市人口平均預期壽命也達到 74.75 歲，考慮未來經濟社會發展水平，天府新區成都分區 2030 年人口平均預期壽命應接近或達到目前發達國家水平，因此，可將目標值設為 80 歲以上，警戒值設為 75 歲。

(9) 嬰兒死亡率：根據全國和四川省的平均水平，參考《中國婦女兒童

發展綱要（2011—2020）》①，以及天府新區成都分區經濟發展水平趨勢和良好的醫療衛生條件等，將嬰兒死亡率的目標值控制在 10‰ 以下，警戒值為 12‰。

（10）平均受教育年限：基於社會經濟發展對勞動力文化素質的基本要求和國家教育發展的實際水平，參考世界銀行《世界發展報告》統計標準以及成都分區經濟社會趨勢，設定平均受教育年限警戒值為 9 年，目標值為 12 年。

（11）城鎮登記失業率：參考失業率的國際警戒線以及天府新區成都分區促進就業的目標，設定天府新區成都分區城鎮登記失業率的目標值為 3% 左右，警戒值為 4% 左右。

（12）勞動人口年齡中位數：該指標用來反應勞動人口老化程度。一般步入老齡化社會之後，勞動人口年齡中位數會在 30 歲以上。45 歲勞動人口通常認為是高齡勞動力，同時考慮到天府新區成都分區需要吸納的青壯年勞動力占比較大，因此勞動人口年齡中位數的適度值為 30 歲，警戒值為 45 歲。

（13）社會養老保障覆蓋率：社會保障發展的目標就是通過新型農村社會養老保險制度和城鎮居民社會養老保險制度，實現制度全覆蓋。鑒於天府新區成都分區經濟社會發展基礎較好，2012 年社會養老保障覆蓋率達到 90% 以上，因此該指標的目標值應設為 100%，警戒值可以設為 90%。

（14）收入分配基尼系數：該指標主要用於衡量居民內部收入分配差距。基尼系數最大為「1」，最小等於「0」。② 天府新區成都分區重視城鄉統籌發展、縮小收入差距，因此採納基尼系數理論值 4 以下為適度值③，以 0.4 以上為警戒值。

（15）刑事案件發生率：2010 年四川刑事案件發生率為萬分之二十八，是 2000 年以來最高的一年。考慮到天府新區成都分區人口集聚程度較高，同時也考慮到著力構建和維護社會穩定的體制機制及其和諧社會目標，將該指標的目標值定為萬分之二十，警戒值定為萬分之三十。

（16）人均水資源擁有量：按照國際公認的標準，人均水資源低於 3,000 立方米為輕度缺水；人均水資源低於 2,000 立方米為中度缺水；人均水資源低

---

① 《中國婦女兒童發展綱要（2011—2020）》總目標：2015 年，嬰兒死亡率下降到 12‰；2020 年，嬰兒死亡率下降到 10‰。

② 基尼系數是 20 世紀初義大利經濟學家基尼根據勞倫茨曲線所定義的判斷收入分配公平程度的指標。作為比例數值，在 0 和 1 之間，是國際上用來綜合考察居民內部收入分配差異狀況的一個重要分析指標；低於 0.2 表示收入絕對平均；0.2~0.3 表示收入比較平均；0.3~0.4 表示收入相對合理；0.4~0.5 表示收入差距較大；0.5 以上表示收入差距懸殊。

③ 胡祖光. 基尼系數與收入分佈研究 [M]. 杭州：浙江工商大學出版社，2010.

於 1,000 立方米為嚴重缺水；人均水資源低於 500 立方米為極度缺水。考慮到天府新區成都分區產業集群發展、人口規模集聚對用水的需求量，將天府新區成都分區人均水資源擁有量目標值設為 3,500 立方米左右，警戒值為 2,500 立方米左右。

（17）綠化覆蓋率：根據天府新區成都分區生態環境和人居環境規劃，到 2030 年綠化覆蓋率要達到 45%。而 2012 年天府新區成都分區綠化覆蓋率接近 40%，因此，設定天府新區成都分區綠化覆蓋率目標值為 45%，警戒值為 40%。

（18）環保投資指數：參照國外發達國家環保投資占 GDP 比重一般在 3.5%左右以及天府新區成都分區生態宜居城市規劃，設定環保投資指數的目標值為 3.5%，警戒值為 1%。

（19）市區人均住房面積：2010 年四川城市人均住房面積為 30.74 平方米。天府新區的規劃目標是天府新區未來城市人均住房面積要達到 35 平方米，因此，市區人均住房面積適度值為 35 平方米，警戒值為 30 平方米。

（20）每萬人擁有衛生人員數：該指標從一個側面反應衛生資源配置能力和醫療服務條件。2010 年四川常住人口每萬人擁有衛生人員 40.29 人，參照天府新區成都分區醫療衛生規劃以及世界高收入國家每萬人擁有醫生 66 人的標準，設定天府新區成都分區每萬人擁有衛生人員的適度值為 60 人以上，警戒值為 40 人。

（21）傳染病死亡率：2010 年四川全省傳染病和血吸蟲病死亡率為十萬分之六點八，近幾年來該指標也基本保持在這個水平，而國際標準將傳染病死亡率控制在十萬分之二以內為宜。因此，將天府新區成都分區傳染病死亡率的適度值設為十萬分之二，警戒值設為十萬分之六左右。

（22）事故災害損失占 GDP 的比重：該指標在一定程度上反應了城市災害管理所面臨的壓力。本書參照上海市及浦東新區、濱海新區對該指標的設置，將天府新區成都分區目標值設為 0.02%，警戒值設為 0.1%。

四、政策建議

（1）理順經濟區和行政區的關係。在天府新區黨工委、管委會基礎上，成立成都分區管委會、黨工委，一方面接受天府新區黨工委、管委會領導，一方面與高新區、雙流區、新津縣這三個行政區平行推進，實現新區、分區和行政區的統籌協調，保證政策部署、體制機制協調統一，提高運轉效率。

（2）打造人口與產業、城市聯動發展新格局。天府新區的建設目標，是

要形成以現代製造業為主、高端服務業集聚、宜業宜商宜居的國際化現代新城區。人口、產業、城市聯動發展，無疑是這一國際化現代新城發展的基本訴求，也是其人口社會管理的基本目標。就成都分區而言，滿足這一訴求和目標的核心對策措施和政策建議是：將人口發展納入產業發展、城市發展的總體格局中全盤考慮。

（3）促進公共服務均等化，推進社會管理創新與社會和諧發展。對於產業集群下的人口集聚，其人口社會風險化解的重要途徑之一，是促進公共服務均等化，推進社會和諧發展。適應產城一體、產業成都的新區建設模式，深化土地制度改革。深化保障性住房制度改革，構建住房保障體系。建立流動人口服務管理的新模式，依照「同城化、規範化、動態化」模式實施流動人口服務管理。加強培育和建設社會組織，建立專職社會工作者制度。推進和實現人口和計劃生育服務政策均等化。

（4）調控人口社會風險，確保城市人口安全。一是制定調控人口集聚風險的政策與規劃；二是強化政府應對人口集聚風險的能力；三是制定應對人口集聚風險的應急預案：①建立流動人口預警機制，尤其針對產業功能集聚區、大型和特大型企業集群區預防突發性、群體性事件發生。②建立老年人口預警機制。對養老院、敬老院、社區等的老年人特別是高齡老人的健康狀況實施監控和衛生干預。③建立勞動力市場預警機制，以減少因就業等問題引發的公共安全問題。④建立愛滋病及傳染病跟蹤監測和應急干預機制。⑤建立防災體系、避災體系和救災體系，形成救災預警與救災處置有機結合的運行機制。⑥開發人口發展綜合性監測模型方法和評估指標體系，對人口發展實施信息化、平臺化、動態化監管和決策。⑦加大環境、食品、藥品監測技術開發和平臺建設力度，及時預警和干預環境、食品、藥品問題。⑧完善制度維穩的體制機制，促進重大事項社會穩定風險評估常態化。①

---

① 重大事項包括：事關廣大人民群眾切身利益的重大決策；關係群眾利益調整的重要政策；被國家、省、市、縣（區）確定為重點工程的重大項目；涉及範圍廣的重大改革措施；關係環境污染、行政性收費調整等社會敏感問題。重點評估內容包括：一是合法性，重大事項是否符合黨的政策和國家法律、法規，政策調整、利益調節的對象和範圍界定是否準確，調整、調節的政策、法律依據是否充足；二是合理性，是否適應大多數群眾的利益需求，是否得到大多數群眾的理解和支持；三是前提條件，是否經過嚴格的審查報批程序和周密的可行性研究論證，時機是否成熟；四是環保問題，是否會產生環境污染，是否具有相關部門的環保鑒定；五是社會治安方面，是否會引發較大的不穩定事件，是否制訂相應的應急處置預案。

第五節　區域人口發展功能區實證分析

一、研究區域選擇與概況

本研究以典型的欠發達但環境良好、人口與生態功能發展比較協調的四川省廣元市為例進行分析。人口發展功能區的出發點是人口與資源環境的協調發展，即要在保障生態文明的基礎上促進經濟社會發展，生態良好的廣元市作為研究對象具有重要的代表性意義。同時，通過廣元人口發展功能區研究，探討地方人口發展功能區劃分的模型方法。

廣元市是川東北重要的地級市，為川、陝、甘三省結合部，是四川次級交通樞紐，也是非常重要的出川經濟發展要地，還是四川與其他省份經濟貿易往來的重要窗口，具有承東啓西、聯南接北的區位優勢。再者，經過災后重建，廣元經濟社會發展進入快車道，站在了新的發展起點，今后相當長的一個時期仍將保持高速增長的勢頭，經濟活力大大增強。但由於受諸多因素的制約，廣元市區域經濟發展基礎差、經濟總量小、發展不平衡等問題突出。發展總體水平不高，農業基礎仍然薄弱，工業對經濟發展的支撐力不強，現代服務業發展滯后，城鎮化進程滯后，城鄉二元結構矛盾突出，統籌城鄉發展的任務十分艱鉅。城鄉居民收入不高，脫貧解困和保持城鄉居民收入持續快速增長的任務依然繁重。社會事業發展不足，調節分配、公共安全、就業和社會保障壓力較大，制約科學發展的體制機制障礙仍然較多，因此研究廣元市人口發展功能區十分必要。這能為廣元市人口均衡發展、因地制宜發展和協調發展提供合適的參考。

研究將按照區域完整性、協調性、功能分區與行政分區相結合、人口發展功能區與經濟發展功能區相結合等原則進行。人口功能區的劃分，是一個逐步認識人口地理區域的宏觀和微觀信息特徵，揭示其表象差異從而劃分出地域的過程。本課題研究以縣區為研究單元，系統評價各縣區人口發展的資源環境基礎和經濟社會條件，將全市劃分為人口限制區、人口穩定區、人口發展區、人口集聚區四類功能區。本研究數據處理採用因子分析評價法，數據分析以聚類分析模型和地理信息空間分析技術為主要技術途徑。

二、人口功能區評價的基礎依據和指標體系

科學劃分人口功能區，首先需要客觀認識不同地區人口發展的資源環境基

礎和社會經濟條件。為此，必須確定合理、科學的評價指標體系，綜合評價和分析不同地區自然環境、經濟發展和社會條件等指標，進一步揭示不同區域的開發密度和發展潛力，為界定人口功能區提供紮實可靠的科學基礎和基本依據。

為了解決多指標間信息的重複問題，發揮多指標、多角度衡量的優越性，必須遵循指標選取的一些基本原則：

（1）綜合性。人口功能區指標應綜合考慮經濟、人口、自然、經濟、社會、生活質量等方面的關聯性，能對各因素關係進行系統、綜合的描述。

（2）科學性。指標應該建立在科學的基礎上，客觀真實地反應目標與指標之間的真實關係，信息力求盡少重疊和遺漏。

（3）可獲得性。不同指標獲取的難度不同，有時設計良好、在理論上有很好解釋力的指標在現實中很難獲得，因此必須考慮數據的可獲得性。

（4）數字化。指標應易測度、便於量化，同時便於分析、比較和預測。

（5）定性與定量結合的原則。指標的選取以量化指標為主，也可以選取一部分定性指標。

進行人口功能區的綜合評價的前提是建立一套較完整的、能全面反應問題實質而又切實可行的指標體系。為此必須結合一定時期的社會經濟發展水平，對構成人口發展的要素進行深入分析，從中篩選出評價指標來。通過人口功能區評價指標體系的建立來分析影響人口分佈的動力因素，可以很好地描述不同時代、不同區域影響人口遷移的主動因子，從而為制定決策提供更好的依據，使廣元市人口遷移、分佈和管理得以健康、有序地發展。

基於以上原則，結合人口功能區的內涵和廣元市經濟社會發展現狀，在數據可獲得的前提下綜合構建一套反應廣元市人口功能區的複合指標體系。本書實證對象是廣元市下轄的7個區縣——利州區、昭化區、朝天區、旺蒼縣、青川縣、劍閣縣、蒼溪縣。

廣元市人口功能區指標體系的構建不僅是在理論上的探討，更要應用於實踐以指導城市發展，因此該體系的構建首先要從人口功能區的內涵上挖掘相關指標，更要結合相關人口部門的工作實踐，經過課題領導者、參與者、相關基層工作人員、學者、專家等探討，並參考中國主體功能區評價指標體系，先確定第一輪指標體系（表5-14）。

表 5-14　　　　　廣元市人口功能區評價指標體系（1）

一級指標	二級指標
人口分佈	人口密度（人/平方千米）
資源環境	海拔高度（米）
	平均坡度（度）
	年降雨量（毫米）
	年平均氣溫（攝氏度）
	年日照時數（小時）
	農業產值（萬元）
經濟發展	GDP（萬元）
	人均GDP（元）
	GDP增長速度（%）
	地均GDP產出（萬元/平方千米）
	第二產業增加值（萬元）
	第三產業產值（億元）
	固定資產投資總額（萬元）
社會發展	城鎮居民人均可支配收入（元）
	農村居民人均純收入（元）
	社會消費品零售總額（萬元）
	預期壽命（歲）
	成人識字率

但是該指標體系很多數據難以獲得，給實際應用造成困難，而且有些數據市內相差不大，比如，年平均氣溫和年日照時數等，影響不是很大。為此，結合客觀要求，將該指標體系酌情刪減成可以獲得的也簡易的指標體系（表5-15）。

表 5-15　　　　　廣元市人口功能區評價指標體系（2）

一級指標	二級指標	指標序號
人口分佈	人口密度（人/平方千米）	X_1

表5-15(續)

一級指標	二級指標	指標序號
自然環境	海拔高度（米）	X_2
	平均坡度（度）	X_3
	農業產值（萬元）	X_4
經濟發展	GDP（萬元）	X_5
	GDP增長速度（%）	X_6
	地均GDP產出（萬元/平方千米）	X_7
	工業產值（萬元）	X_8
	第三產業產值（萬元）	X_9
	固定資產投資總額（萬元）	X_{10}
社會發展	城鎮居民人均可支配收入	X_{11}
	農村居民人均純收入（元）	X_{12}
	社會消費品零售總額（萬元）	X_{13}

三、基於因子分析的人口功能區研究

（一）因子分析的原理

因子分析最早是由心理學家Chales Spearman在1904年提出的，它的基本思想是將實測的多個指標用少數幾個潛在因子的線性組合來表示。因子分析的主要應用有兩個：一是尋求基本結構，簡化觀測系統，利用降維的思想，把高度線性相關的原始指標轉化成少數幾個相互獨立並且包含原有指標大部分（80%～85%以上）信息的多元統計方法；二是對變量或樣本進行分類。[①]。

（1）基本模型。

$$\begin{cases} X_1 = a_{11}F_1 + a_{12}F_2 + \cdots + a_{1m}F_m + \varepsilon_1 \\ X_2 = a_{21}F_1 + a_{22}F_2 + \cdots + a_{2m}F_m + \varepsilon_2 \\ \cdots\cdots \\ X_p = a_{p1}F_1 + a_{p2}F_2 + \cdots + a_{pm}F_m + \varepsilon_p \end{cases}$$

用矩陣表示為$X=AF+E$，模型中X_i為各指標變量，a_{ij}稱為因子「載荷」，

---

① 蘇金明. 統計軟件SPSS12.0 for Windows應用及開發指南［M］. 北京：電子工業出版社，2004：304-314.

是第 i 個變量在第 j 個因子上的負荷。矩陣 $A = (a_{ij})$ 稱為因子載荷矩陣，F_j 表示公共因子，ε_i 叫作特殊因子，是變量 X_i 所特有的因子。A_{ij} 表示變量 X_i 依賴 F_j 的程度，也就是 X_i 與公共因子 F_j 之間的密切程度。

模型滿足如下條件：各個公共因子不相關，且方差為1，即：

（Ⅰ）$m \leqslant p$；

（Ⅱ）$COV(F, E) = 0$，即公共因子與特殊因子是不相關的；

（Ⅲ）$DF = D(F) = \begin{pmatrix} 1 & & 0 \\ & \ddots & \\ 0 & & 1 \end{pmatrix} = I_m$，即各個公共因子不相關，且方差為1；

（Ⅳ）$D\varepsilon = D(\varepsilon) = \begin{pmatrix} \sigma_1^2 & & 0 \\ & \ddots & \\ 0 & & \sigma_p^2 \end{pmatrix}$，即各個特殊因子不相關，方差不要求相等。

（2）計算樣本相關係數矩陣 R，求相關矩陣 R 的特徵值及特徵向量。

（3）利用最小二乘法對因子得分進行估計，即把公共因子表示成變量的線性組合：

$$F_j = \beta_{j1} X_1 + \beta_{j2} X_2 + \cdots + \beta_{jn} X_n \qquad (5-3)$$

（4）通過對指標的降維處理，運用主成分分析法提取因子特徵值大於或等於1的因子，並進行因子載荷矩陣旋轉計算，以各因子的方差貢獻率占這些因子總方差貢獻率的比重為權重進行加權匯總，得出各研究對象的綜合得分 F。其模型為：

$$F = \alpha_1 F_1 + \alpha_2 F_2 + \cdots + \alpha_m F_m \qquad (5-4)$$

基於以上便可得知研究對象的水平高低。

（二）實證分析

1. 數據獲取

數據來源於兩個方面：一是空間數據，用來提取海拔和坡度；二是統計數據，用來獲取經濟社會數據。其中空間數據在 ArcGIS 軟件中基於 Spatial Analysis（空間分析）模塊下的 Zonal Statistics（分類區）統計工具獲得各鄉鎮的相應值，最后匯總得到如表5-16所示的數據值。

表 5-16　　　　　　　廣元市人口功能區評價指標數據表

區縣	X_1 人口密度 （人/平方千米）	X_2 海拔高度 （米）	X_3 平均坡度 （度）	X_4 農業產值 （億元）	X_5 GDP （萬元）	X_6 GDP 增長速度 （％）	X_7 地均GDP 產出（萬元/平方千米）
利州區	313.09	816	15.58	141,760	1,385,634	16	902.69
昭化區	166.95	742	12.72	145,634	296,069	15.1	205.60
朝天區	127.87	994	18.42	102,037	254,797	19.5	157.28
旺蒼縣	154.39	1,072	21.36	207,283	589,926	16.3	198.23
青川縣	75.54	1,275	22.68	110,369	200,974	14.9	62.49
劍閣縣	215.19	664	12.02	343,852	607,676	14.4	189.66
蒼溪縣	340.14	649	14.24	379,004	724,420	14.3	310.91

區縣	X_8 工業產值 （萬元）	X_9 第三產業產值 （億元）	X_{10} 固定資產投資總額 （億元）	X_{11} 城鎮居民人均可支配收入 （元）	X_{12} 農村居民人均純收入 （元）	X_{13} 社會消費品零售總額 （億元）	
利州區	393,996	547,954	1,319,951	14,839	5,732	714,634	
昭化區	428,189	75,225	240,522	14,297	4,866	84,735	
朝天區	290,049	65,890	261,709	15,118	4,585	70,440	
旺蒼縣	723,952	163,833	457,662	16,476	4,891	211,087	
青川縣	124,196	70,013	355,859	14,306	4,684	93,507	
劍閣縣	476,393	207,872	480,481	15,762	4,841	237,278	
蒼溪縣	418,288	233,836	861,070	16,866	4,839	254,371	

數據來源：《廣元市統計年鑒》（2012）

2. 總方差分析

表 5-16 給出了因子分析各個階段的特徵根與方差貢獻，顯示的是按主成分法求得的所選指標相關係數矩陣的特徵值及其所對應向量的貢獻率，為了與前面的一級指標對比，這裡也選取 3 個因子進行分析。這 3 個公共因子的累計方差達到了 88%，可以認為能較好地反應所選指標的大部分信息。另外權重可以從各個主因子的方差貢獻占總累積方差貢獻的比計算得出，各因子方差的貢獻率為 48.004%、23.473% 和 17.197%（見表 5-17）。

表 5-17　　　　　　　　　　　　總方差解釋表

因子	初始特徵值			未旋轉的因子提取結果			旋轉后的因子提取結果		
	總體	方差占比（%）	累計方差占比（%）	總體	方差占比（%）	累計方差占比（%）	總體	方差占比（%）	累計方差占比（%）
1	6.905	53.115	53.115	6.905	53.115	53.115	6.241	48.004	48.004
2	3.160	24.308	77.423	3.160	24.308	77.423	3.051	23.473	71.477
3	1.463	11.251	88.674	1.463	11.251	88.674	2.236	17.197	88.674
4	0.766	5.891	94.565						
5	0.611	4.701	99.266						
6	0.095	0.734	100.000						
7	7.358E-16	5.660E-15	100.000						
8	3.356E-16	2.581E-15	100.000						
9	1.361E-16	1.047E-15	100.000						
10	-3.225E-17	-2.481E-16	100.000						
11	-7.370E-17	-5.669E-16	100.000						
12	-2.470E-16	-1.900E-15	100.000						
13	-3.563E-16	-2.741E-15	100.000						

數據來源：本課題組分析數據

對數據進行因子方差最大正交旋轉，得到旋轉后的因子載荷矩陣表，這是經過標準化處理后的前 3 個因子的載荷矩陣，將指標值載荷矩陣中載荷較高的情況分為 3 類，以使因子具有命名解釋性（表 5-18）。

表 5-18　　　　　　　　　　　旋轉后因子載荷矩陣

指標	因子		
	1	2	3
X_1	0.696	0.544	0.355
X_2	0.194	0.913	0.229
X_3	0.094	0.909	-0.028
X_4	-0.009	0.712	0.649
X_5	0.966	0.136	0.210
X_6	-0.060	-0.705	-0.041
X_7	0.988	0.044	-0.061
X_8	0.131	0.034	0.792
X_9	0.982	0.125	0.089
X_{10}	0.947	0.148	0.134
X_{11}	0.021	0.160	0.960

表5-18(續)

指標	因子		
	1	2	3
X_{12}	0.970	0.047	-0.079
X_{13}	0.990	0.059	0.050

數據來源：本課題組分析數據

由旋轉後的因子載荷矩陣可對指標進行分類並對主因子進行命名。總體來說，方差最大旋轉法得到的3個主因子分類比較合理，各有側重點（見表5-18）。

第一個主因子可稱為經濟綜合發展水平因子，對全部初始變量的方差貢獻率為48%，主要包括GDP、工業產值、第三產業產值、社會零售品銷售總額、固定資產投資等等，是評價人口功能區必須考慮的主要方面。

第二個主因子顯然都與自然環境有關，包括人口密度、平均海拔、平均坡度、農業產值，其中農業產值歸為本因子的主要原因是農業受自然環境條件的影響比較大，可歸為自然環境適宜度因子。

第三個主因子包括城鎮居民收入因子、農村居民收入因子和GDP增速因子，需要指出的是其中農村居民收入與理想有點偏差，根據因子的類型歸為本主因子，所以該因子可稱為居民收入水平因子（表5-19）。

表5-19　　　　　　　　　　變量分類與因子含義

經濟綜合發展水平	X_5	GDP
	X_7	地均GDP產出
	X_8	工業產值
	X_{10}	固定資產投資總額
	X_9	第三產業產值
	X_{13}	社會零售品銷售總額
自然環境適宜度	X_1	人口密度
	X_2	海拔高度
	X_3	平均坡度
	X_4	農業產值

表5-19(續)

居民收入水平	X_6	GDP增長速度
	X_{11}	城鎮居民人均可支配收入
	X_{12}	農村居民人均純收入

由表的因子得分系數矩陣可在最小二乘意義下對因子得分進行估計，即把公共因子表示成變量的線性組合，並由因子得分系數矩陣和歸一化數據矩陣可以得到主因子的得分（表5-20）。另外由各個主因子的方差貢獻占總累積方差貢獻的比計算得出各自的權重，分別為：

$W_1 = 48.004/88.674 = 0.541,3$；$W_2 = 23.473/88.674 = 0.264,7$；$W_3 = 14.849/88.674 = 0.193,9$。

表5-20　　　　　　　　　因子得分系數矩陣

指標	因子		
	1	2	3
X_1	0.079	0.120	0.073
X_2	-0.028	0.329	-0.051
X_3	-0.038	0.381	-0.189
X_4	-0.063	0.178	0.223
X_5	0.155	-0.040	0.063
X_6	0.033	-0.285	0.111
X_7	0.172	-0.030	-0.070
X_8	-0.001	-0.142	0.425
X_9	0.162	-0.023	-0.002
X_{10}	0.153	-0.020	0.019
X_{11}	-0.033	-0.114	0.497
X_{12}	0.169	-0.024	-0.079
X_{13}	0.169	-0.044	-0.011

在此基礎上，得到綜合因子得分方程：

$F = w_1 F_1 + w_2 F_2 + w_3 F_3$

經計算可得綜合因子得分結果（表5-21）。

表 5-21　　　　　　　　　　主因子得分及綜合因子得分表

區域	經濟發展水平	自然環境適宜度	居民收入水平	人口功能區綜合得分
利州區	2.184,9	-0.232,9	-0.532,6	1.018
昭化區	-0.566,2	0.749,9	-0.900,6	-0.283
朝天區	-0.610,1	-1.007,7	-0.239,0	-0.643
旺蒼縣	-0.160,9	-1.171,7	1.547,3	-0.097
青川縣	-0.644,4	-0.616,6	-1.166,6	-0.738
劍閣縣	-0.291,1	1.233,6	0.285,9	0.224
蒼溪縣	0.087,8	1.045,5	1.005,7	0.519

數據來源：本課題組分析得出

3. 基於區縣單元人口功能區初步劃分結果

從結果上看，得分前三位的是利州區、蒼溪縣和劍閣縣，且利州區得分遠遠高於其他區縣，得分最低的是青川縣。根據人口功能區綜合得分，初步將廣元市人口功能區作如下劃分：綜合分數大於 0 的為人口聚集區，-0.5~0 分的為人口發展區，小於 -0.5 分的為人口穩定區。當然每個人口功能區內還有些自然保護區、風景名勝區等限制區，如唐家河國家級自然保護區、米倉山國家級自然保護區、四川劍門關國家森林公園等。根據以上結果劃分出以下人口功能分區（表 5-22）。

表 5-22　　　　　　　　　　廣元市人口功能分區評價表 1

人口功能區類	地區名稱	各區縣單元 個數	各區縣單元 比例（%）	人口 總量（萬人）	人口 比重（%）	土地 面積（平方千米）	土地 比重（%）	GDP 總量（億元）	GDP 比重（%）
人口限制區	自然保護區、風景名勝區等	唐家河國家級自然保護區、米倉山國家級自然保護區、劍門關國家森林公園、劍門蜀道風景名勝區、白龍湖風景名勝區等							
人口穩定區	青川縣、朝天區	2	28.5	45	14.46	4,836	29.63	45.7	11.25
人口發展區	旺蒼縣、昭化區	2	28.5	69.98	22.48	4,416	27.06	88.6	21.82
人口集聚區	利州區、蒼溪縣、劍閣縣	3	43	196.3	63.06	7,069	43.31	271.8	66.93
總計		7	100	311.28	100	16,321	100	406.1	100

數據來源：本課題組分析數據

（1）人口限制區（自然保護區）：為廣元、四川甚至全國提供生態功能價值，主要是唐家河國家級自然保護區、米倉山國家級自然保護區、劍門關國家森林公園、劍門蜀道風景名勝區、白龍湖風景名勝區等各類各級自然保護區、文化保護區。

（2）人口穩定區：廣元市人口穩定區包括青川縣、朝天區，土地面積為4,836平方千米，占全市土地面積的比重為29.63%；現有人口45萬，占全市人口的比重為14.46%；現有地區生產總值45.7億元，占全區的比重為11.25%。這類地區由於歷史發展、自然環境、行政區劃的原因發展相對不足，人口分佈較少，對區外人口吸納能力不高，人口相對穩定，未來發展不宜分佈太多人口，以穩定為主。

（3）人口發展區：廣元市人口發展區包含旺蒼縣、昭化區，土地面積為4,416平方千米，占全區土地面積的比重為27.06%；現有人口69.98萬，占全區人口的比重為22.48%；現有地區生產總值88.6億元，占全區的比重為21.82%。這類地區發展潛力較大，各類資源條件相對較好，有一定的經濟社會發展基礎，對外區人口吸納能力較強，是有人口發展潛力的區縣。

（4）人口集聚區：廣元市人口集聚區包含利州區、蒼溪縣、劍閣縣，土地7,069平方千米，占全區土地面積的比重為43.31%；現有人口196.3萬，占全區人口的63.06%；現有地區生產總值271.8億元，占全區的比重為66.93%。這類地區是廣元市資源環境承載條件和經濟社會基礎最好的地區，發展潛力大，人口吸納能力較強，是未來人口集聚區和經濟發展的引擎（圖5-7）。

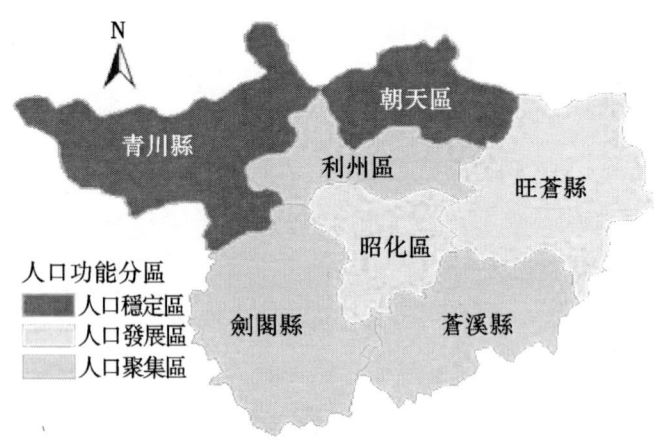

圖5-7 廣元市人口功能分區圖

4. 基於區縣單元的進一步分析

由於以上人口功能區劃分是基於區縣行政單元進行的，根據因子分析的結果便得到上面的結果，從科學角度這是無可爭辯的，但從主觀感覺上似乎和「現實」發展有些矛盾，比如旺蒼縣在部分當地政府工作人員眼裡應該劃分為人口集聚區，這一點是可以理解的。首先，人口功能區是一個綜合劃分結果，包含自然環境、資源分佈和經濟社會發展現狀，而人的「主觀感覺」主要是基於經濟發展，很少考慮資源環境，這就帶來「感覺誤差」。其次，基於區縣單元的劃分結果略微粗劣，區縣內部本身存在差距，有些鄉鎮非常發達，而有些卻很貧窮，這樣一來籠統地說某一區縣發達或欠發達就不夠精確。

基於以上分析，要解決的主觀感覺上和「現實」發展之間的矛盾，最好的方法當然是將基於區縣劃分的結果細化成基於鄉鎮單元來劃分。但困難就在於鄉鎮的數據十分缺乏，根本無法通過因子分析等數據模型方法來科學劃分基於鄉鎮單元的人口功能區。所以，為了進行科學劃分又符合發展「事實」，折中的處理方式就是在區縣劃分結果的基礎上，微調部分重點和特色鄉鎮的劃分結果，微調的基礎是發展現狀和未來規劃。因此，下面就廣元部分鄉鎮進行人口功能區的微調。

根據廣元城市相關規劃和國家主體功能區的要求，「率先發展中部河谷走廊區，加快發展南部低山丘陵區，適度發展北部中山生態區」主要強調發展和保護環境的同步推進。根據廣元市域生態保護圖（圖5-8）看出，主要發展區在利州、昭化、劍閣和蒼溪，而朝天、青川和旺蒼有部分區適宜加快發展，其生態區不宜大規模發展。此圖和之前基於區縣單元劃分的人口功能區並沒有太大的矛盾，總體上還是比較吻合的，只是在細節上要作調整。

具體來說，根據規劃，到 2015 年，廣元城鎮人口達到 139 萬人，城鎮化率達到 43.5%。廣元市每年要增加 1.7 個百分點（即 5 萬多人）的城鎮人口。到 2015 年，形成大城市一個，即廣元市（人口 52 萬）；小城市 1 個，即旺蒼。到 2020 年，形成大城市一個，即廣元市（人口 60 萬）；中等城市 2 個，即旺蒼和蒼溪（人口 20 萬以上）；4 個 2 萬~9 萬人的小城市（縣城），84 個 0.1 萬~2 萬人的小城鎮四級城鎮規模結構。這說明旺蒼是人口集聚的主要區域，劍閣可能是人口穩定區，而之前人口功能區將旺蒼劃分為人口發展區，劍閣為人口集聚區，所以需要調整，但不能因此直接將整個旺蒼劃為人口集聚區而將劍閣劃為人口穩定區。這裡以廣元市小城鎮規劃為基礎，將重點鄉鎮細化為人口集聚區。

廣元市新型城鎮化建設相關規劃指出：「蒼溪縣要盡快將歧坪建成縣域副

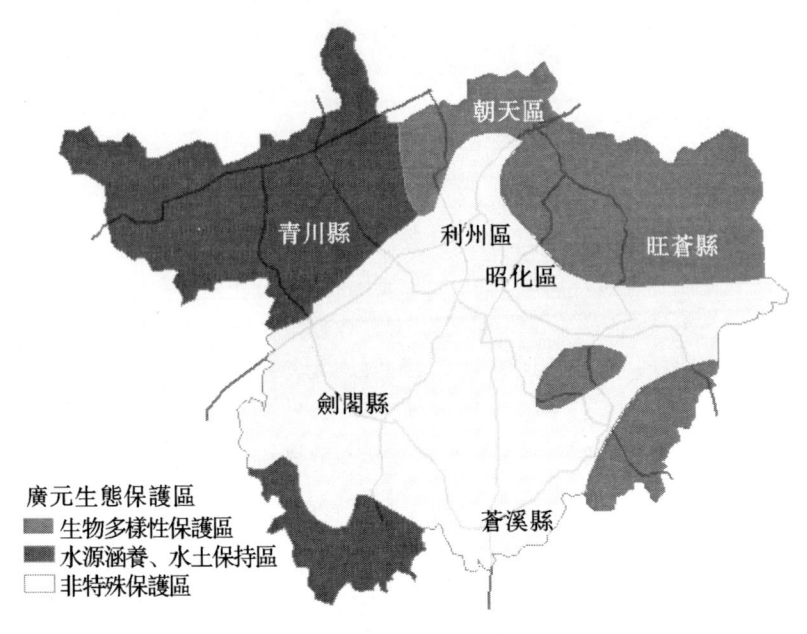

圖 5-8　廣元市生態保護區圖

數據來源：廣元市建設局

中心，加快建設白橋、五龍、元壩、東溪、龍山 5 個重點鎮；劍閣縣要將普安建成人口超 5 萬的小城鎮，加快建設元山、白龍、鶴齡、劍門關、武連、開封、公興 7 個重點鎮；青川縣要突出竹園鎮經濟中心的地位，加快建設木魚、沙州、青溪 3 個重點鎮，繼續實施『活鄉強鎮』；旺蒼縣要加快建設白水、普濟、黃洋 3 個重點鎮；朝天區要加快建設羊木、中子、曾家 3 個鎮。近期重點推進羊木、衛子、三堆、歧坪、沙洲 5 個省級『百鎮建設試點行動』試點示範鎮的建設工作。」

依據以上分析，調整后的劃分結果為：人口穩定區中，朝天區的羊木、中子、曾家 3 鎮和青川縣竹園、木魚、沙洲、青溪 4 鎮調整為人口發展區；人口發展區中，昭化區的昭化、衛子 2 鎮，旺蒼縣的白水、尚武、嘉川、普濟、黃洋 5 鎮調整到人口集聚區中。最后調整的劃分結果見表 5-23：

表 5-23　　　　　　　廣元市人口功能分區評價表 2

人口功能區類	地區名稱
人口限制區	唐家河國家級自然保護區、米倉山國家級自然保護區、劍門關國家森林公園、劍門蜀道風景名勝區、白龍湖風景名勝區等

表5-23(續)

人口功能區類	地區名稱
人口穩定區	青川縣、朝天區
人口發展區	旺蒼縣、昭化區 朝天區的羊木、中子、曾家3鎮 青川縣的竹園、木魚、沙州、青溪4鎮
人口聚集區	利州區、蒼溪縣、劍閣縣 昭化區的昭化、衛子2鎮 旺蒼的白水、尚武、嘉川、普濟、黃洋5鎮

註：人口穩定區中的青川縣不包括竹園、木魚、沙州、青溪4鎮，朝天區不包括羊木、中子、曾家3鎮。人口發展區的旺蒼縣不包括白水、尚武、嘉川、普濟、黃洋5鎮，昭化區不包括昭化、衛子2鎮

(三) 結果分析與評價

對於人口限制區，也就是自然生態保護區，要最大限度限制過多的人類活動，尤其是不能進行人口和產業佈局。該區域主要為廣元市甚至四川省提供生態產品，調節氣候，保持生態平衡。而人口聚集區是廣元市經濟、社會、環境都比較好的區域，要承載經濟、產業、人口轉移功能，但是本研究是中微觀面的研究，以區縣為單位，因此需要說明的是在人口聚集區中還有一些縣是不適宜聚集產業和人口的，是需要疏散或保持穩定的區域。

從評價結果發現，廣元市三個城區分別歸於三個不同的人口功能區，其中利州區屬人口聚集區，昭化區屬人口發展區，而朝天區屬人口穩定區，這樣可以做到在每個類型區內準確定位、揚長避短，實現共同發展和協調發展，真正做到區域統籌發展。

四、因子分析劃分地方人口發展功能區的適應性

人口發展功能區是對主體功能區在人口發展領域的拓展和具體實踐，引導人口有序流動和適度聚集，擴大人口的生存和發展空間，增進人口發展的機會公平，促進不同區域內的人口與資源環境協調和可持續發展。經歷多年多層次（國家、省級、地市級）的人口發展功能區區劃實踐，在標準化的研究方式和體系框架下，中國人口發展功能區研究應該說形成了比較成熟的範式和體系，這為中國人口區域發展政策提供了最新的因地制宜發展思路。可是，細究已有的人口發展功能區研究成果，也有值得商榷的地方。一方面是「標準化」的研究體系本身的區域適用性，這表現在標準化的指標體系是基於國家和省級層面的實踐，針對的是宏觀區域，但對於微觀區域的研究可能有問題。比如降雨

量、日照時數、預期壽命等多個指標在地市級特別是縣區級區域幾乎是相等的，這些指標就沒有太大的區分意義。所以在微觀區域研究時需要重新考慮指標體系的適用性，包括刪除或替換相應指標。另一方面是一般人口發展功能區研究是多個指標綜合因素疊加完成，這就涉及指標權重的問題，而事實上以往研究幾乎都是主觀確定各因子的權重，這也是一個很有爭議的問題。

　　基於以上分析，傳統標準化的人口發展功能區研究並非完美，儘管它占據著該領域研究的「權威」，但依然可以完善。本書運用因子分析方法進行人口發展功能區的研究，並非要挑戰，而是要在看到傳統研究存在問題時尋求解決方法，嘗試使用另外的方法解決相同的問題。事實證明，因子分析方法可以應用於人口發展功能區劃研究中。具體到實證研究，本書先介紹了因子分析方法的原理，根據指標獲取原則構建廣元市人口發展功能區劃指標體系，劃分出第一輪的基於區縣單元的人口發展功能區。在此基礎上，為了更符合微觀區域的實際，結合廣元市區域規劃等數據，在鄉鎮單位進行了細微調整，消除了科學數據生成的客觀結果與主觀感受之間的細小差別，最后才建立起廣元市人口發展功能區。因此這種微觀化的人口發展功能區研究對中長期人口發展規劃和國民經濟和社會發展規劃具有更加具體、實用的參考價值和重要的戰略意義。

第六章 區域和城市系統經濟人口承載力與影響因素研究

第一節 引論

一、研究背景及意義

通過三十多年的改革開放，中國經濟社會發展取得了舉世矚目的成就，創造了經濟社會發展的奇跡。中國成為世界第二大經濟體，經濟增長方式已經發生轉變，人民生活水平顯著提高，綜合國力明顯增強。尤其是黨的十八大報告，進一步明確了未來國民經濟和社會發展的宏大戰略和發展目標，即：在發展平衡性、協調性、可持續性明顯增強的基礎上，到 2020 年實現國內生產總值和城鄉居民人均收入比 2010 年翻一番；科技進步對經濟增長的貢獻率大幅上升，進入創新型國家行列；工業化基本實現，信息化水平大幅提升，城鎮化質量明顯提高，農業現代化和社會主義新農村建設成效顯著，區域協調發展機制基本形成；對外開放水平進一步提高，國際競爭力明顯增強。其發展特點是將經濟建設、政治建設、文化建設、生態建設等綜合起來協同建設，實現總體效益最大化，促進中國經濟、社會、政治、文化、生態綜合性可持續發展。

不管是從全國的情況看，還是從區域的情況看，講經濟社會發展就不能不講人口因素，不能不講人口發展。人口因素始終是制約經濟社會發展的重要因素，經濟社會發展離不開人口發展的強力支持。從計劃生育政策的提出到幾十年的實施，從人口現代化建設到統籌解決人口問題、促進人口均衡發展等，都體現了人口在經濟社會、資源環境協調發展中的地位和作用，都體現了可持續發展的宗旨。十八屆五中全會明確指出要促進人口長期均衡發展。事實上，國家人口「十二五」規劃就指出，必須從戰略上重視人口問題，遵循人口發展

規律，全面做好人口工作，為經濟社會發展營造良好的人口環境。同樣，四川人口發展「十二五」規劃也明確提出，按照為全面建設小康社會和建設西部經濟發展高地營造良好人口環境的要求，堅持計劃生育基本國策，完善人口政策體系和計劃生育服務體系，穩定低生育水平，提高人口素質，優化人口結構，引導人口有序流動，保障人口安全，促進人口長期均衡發展和人口與經濟、社會、資源、環境全面協調可持續發展。所以，人口問題在研究經濟社會發展時表現出基礎性作用。

近年，人口新常態成為熱點。在2014年12月上海舉辦的第三次生育政策研討會上，五十多位來自海內外的人口學者一致認為，中國人口已經進入以加速老齡化和超低生育率為首要特徵的新常態。儘管中國依然頂著「人口數量世界第一」的帽子，但人口結構已經發生重大轉變。在過去近四十年嚴格的計劃生育政策之下，生育率持續走低、人口結構發生扭曲是符合邏輯的結果。按道理說，生育政策與時俱進、應時而變是很自然的事。但在人口的再生產領域卻屢屢出現各樣令人費解的怪現象。人口老齡化日趨發展，農業多餘人口減少，要素規模驅動力減弱，經濟增長將更多依靠人力資本質量和技術進步。人口問題，特別是老齡化問題越來越對經濟發展產生顯著的影響。

事實上，人口與經濟由於各自本身內在的原因和外在條件的影響，都在不斷地運動和變化著。這種運動和變化是在兩者之間相互作用中實現的。經濟及其運動過程是人口存在和發展的前提，經濟發展對人口發展起著決定性的作用。經濟及其發展過程決定著人口生產和再生產的條件，制約著人口數量發展變化的基本趨勢和人口質量的提高；工業、農業、商業、交通運輸業的發展狀況，制約著人口的密度和分佈、人口遷移的流向和流量。經濟更離不開人口，人口是經濟活動的主體，是經濟運動的出發點和歸宿點。人口數量的多少，對社會經濟的發展有著重要的影響。人口數量相對經濟需要過多或過少，都會導致勞動資源的浪費或勞動工具的閒置，延緩經濟的發展；人口數量恰好符合經濟發展的需要，則能促進經濟的發展。人口的分佈合理、密度適宜，能夠促進生產力的合理佈局，有利於各種自然資源的開發利用，保持生態平衡，促進生產的發展。在生產力水平一定的條件下，人口數量的多少，在很大程度上影響著人均國民收入水平和國民收入分配中的消費基金與累積基金的比例，從而影響著人民生活的改善和擴大再生產的發展速度。

人既是生產者又是消費者，所以，人口的數量及其變化，會對經濟產業佈局產生影響。人口的數量和增長速度最終要受到生產力水平和經濟發展的制約，直接影響著區域和城市發展，是一個國家經濟發展水平的標志。人口數量

對經濟的影響具有多面的影響：一方面給經濟發展帶來阻礙，人口增長影響資本累積，對資源和技術發展產生壓力；另一方面又給經濟的發展提供動力，即人力資本給經濟發展以巨大的推動力，人口發展帶來規模經濟等。總之，二者相互依存、相互制約、相互滲透、相互作用。

因此，在新常態下，研究經濟人口承載力具有新的歷史背景和新的歷史意義。摸清區域經濟發展的人口需求，包括中國四大區域和代表性城市的經濟人口承載力，以及城市層面的人口功能區的劃分，具有重要的理論意義和現實意義。也為把握中國未來經濟人口承載力的發展趨勢，特別是對中國經濟和人口政策調整提供一定的參考。

二、研究內容框架

在研究思路和內容上，本課題研究主要從以下幾個方面展開：

第一，經濟人口承載力基本概念及理論研究。

本部分主要針對經濟人口承載力中經濟與人口的關係開展理論分析。首先對相關基礎理論進行概括總結，特別是對已有研究對經濟人口承載力的定義進行梳理，同時解釋其他相關人口承載力的概念，比如土地人口承載力、資源人口承載力、環境人口承載力等。對經濟與人口發展等層面的內在辯證關係進行邏輯梳理和推導，從而為后續研究提供必要的基礎理論支撐。

第二，中國區域經濟人口承載力分析。

在本部分中，本課題研究以省為單位，首先對中國省域的人口經濟現狀進行對比分析，揭示兩者的時間和空間的變化，接著對中國四大區域（東部、中部、東北和西部）的經濟人口承載力進行實證分析。其次以四大區域的經濟人口承載力為基礎，利用灰色預測模型方法對未來中國四大區域的經濟人口承載力進行預測，以把握中國未來經濟人口承載力的發展趨勢，對中國經濟和人口政策調整提供一定的參考。

第三，中國省會城市經濟人口承載力研究。

省會作為省級行政單位的政治中心，在中國基本上也是經濟中心，或者至少是經濟中心之一。省會聚集了大量的資源和政策優勢，也承載著大量的人口，因此研究省會城市的經濟人口承載力有很重要的現實意義。特別是中國當前正在快速地城鎮化，城市承載了中國大量的人口，而未來會越來越多。城市也是中國經濟發展的主要載體，人口和經濟在城市的疊加使得城市經濟人口承載力研究具有重大的意義。中國大陸當前31個省會（北京、上海、天津、重慶在這裡統稱為各自的行政中心）城市，人口總和及經濟總量雙雙占據了中

國人口和經濟總量的大部分。本部分以省會為研究對象（鑒於西藏的拉薩數據缺失，這裡僅考慮其餘 30 個省、市、自治區，以下統稱為省會城市）進行單獨研究，以表現城市經濟人口承載力的顯示意義。同時，本部分還通過計量數據模型對經濟人口承載力的影響因素和作用機制進行了探討，這有助於更深入認識和瞭解經濟人口承載力的內涵，也為區域發展政策提供一定的參考。

第四，城市經濟人口承載分區研究。

「人口發展功能區」（有時也稱人口功能區）的概念，是進入 21 世紀後，為貫徹落實科學發展觀、適應中國區域佈局的調整而提出的。提出這個概念的目的，是根據不同區域的資源環境承載力和經濟社會發展條件，制定並實施一組既相聯繫又相區別的人口發展政策體系。「人口發展功能區」就是實施這類有差別的政策體系的人口發展空間單元。國家人口發展功能區規劃將全國劃分為人口限制區、人口疏散（收縮）區、人口穩定區、人口集聚區 4 類人口發展功能區。本研究類似於人口發展功能區研究，以承載力為對象，研究城市經濟人口承載分區，將其分為城市經濟人口強承載區、城市經濟人口次強承載區、城市經濟人口一般承載區、城市經濟人口較弱承載區 4 類；而各種生態保護區、風景名勝區，則屬於人口禁止承載區。

本部分以四川省為例，對四川省 21 個地市州進行了城市經濟人口承載分區的劃分。城市經濟人口承載分區不僅是人口的承載主體，更是經濟、資源、環境的承載主體。劃分城市經濟人口承載分區，對四川城市經濟人口發展具有很強的指導意義，也是對經濟人口承載力的認識和理解進行補充。

三、概念界定與研究對象

現今社會發展中，經濟人口承載力是一個日益受到關注的研究領域，其涉及對象廣泛——既有經濟現象，又有人口現象；既屬於經濟學範疇，又包含社會學領域。研究經濟問題需要以社會背景為依託，而研究社會學的問題又需要以經濟理論為參考，此種交叉學科，加強了經濟學與社會學的緊密聯繫，具有重要的理論意義與現實意義。黨的十八大以來，習近平主席提出以經濟建設為中心、立足提高質量和效益、推動經濟持續健康發展，勇於改革、穩中有為、關注民生。通過學習習近平主席的經濟觀，我們將能更加深刻地理解「解放和發展生產力」這一中國特色社會主義的根本任務。而這一任務的戰略思路歸根結底是要經濟持續發展，民眾普遍受益，至此將經濟人口承載力的研究提升到國家治理的層面，現實意義重大。中國從傳統的農業社會走向發達的現代社會，經濟結構發生重大變化，與此相適應，人口狀況也出現明顯轉變。對經

濟人口承載力的研究,對於制定適當的經濟發展計劃。尋求最適宜的人口數量具有重要意義,是利國利民的大事。

(一)人口承載力

承載力是環境科學的一個重要概念,它反應了環境與人類的相互作用關係,在環境科學的許多分支學科得到了廣泛應用。關於環境承載力的由來有兩種說法。

一種說法認為,承載力是從工程地質領域轉借過來的概念,其本意是指地基的強度對建築物負重的能力。生態學最早將此概念轉引到該學科領域內,即「某一特定環境條件下,某種個體存在數量的最高極限」。承載力概念引入生態學後有了演化與發展,體現了人類社會對自然界的認識不斷深化,在不同的發展階段和不同的資源條件下,產生了不同的承載力概念和相應的承載力理論。生態承載力是生態系統的自我維持、自我調節能力,資源與環境的供應與容納能力及其可維持的社會經濟活動強度和具有一定生活水平的人口數量。對於某一區域,生態承載力強調的是系統的承載功能,而突出的是對人類活動的承載能力,其內容包括資源子系統、環境子系統和社會子系統。所以,某一區域的生態承載力概念,是某一時期某一地域某一特定的生態系統,在確保資源的合理開發利用和生態環境良性循環發展的條件下,可持續承載的人口數量、經濟強度及社會總量的能力。

另一種說法認為,承載力的起源可以追溯到馬爾薩斯時代。馬爾薩斯是第一個看到環境限制因子對人類社會物質增長過程具有重要影響的科學家,他的資源有限並影響人口增長的理論不僅反應了當時的社會存在,而且對後來的科學研究產生了廣泛的影響。

在人類活動與生態環境之間的矛盾關係日益突出的今天,人們意識到人類社會系統只是生態系統的一個子系統,人類社會系統結構和功能的好壞取決於生態系統的結構和功能的狀態,生態系統提供的資源和環境支撐起整個人類社會系統。因此在討論生態系統所提供的資源和環境與人類社會系統之間的關係時,突破了以前的環境容納能力的概念,提出了承載力的概念。環境承載力是指生態系統所提供的資源和環境對人類社會系統良性發展的一種支持能力。由於人類社會系統和生態系統都是一種自組織的結構系統,二者之間存在緊密的聯繫,相互影響和相互作用。

資源環境承載力的內容包含多個方面,比如耕地資源、森林資源、水資源等各種自然環境資源。

(1)耕地資源人口承載力。土地是最基本的生產資料,是我們賴以生存

的基本物質基礎。它具有稀缺性、恆久性、不動性和區際差異性等特點。在過去的幾年中，由於城鎮化速度加快，城區建設外延擴展，佔用了大量耕地；農村居民點建設佈局分散，控制超標，農業結構調整過多擠佔耕地，導致耕地的大量減少。如果城鎮發展和其他開發耗用農地狀況長期存在，再加上人口的不斷增加，糧食供應就會不足，與之相關的產業就會大受影響，社會就難於安定。從這個意義上來說，實現耕地總量動態平衡，使之與人口增長、經濟發展相適應，對促進社會和諧發展十分重要。

（2）森林資源人口承載力。森林資源是林地及其所生長的森林有機體的總稱，主要以林木資源為主，還包括林中和林下植物、野生動物、土壤微生物及其他自然環境因子等資源。林地包括喬木林地、疏林地、灌木林地、林中空地、採伐跡地、火燒跡地、苗圃地和國家規劃宜林地。森林可以更新，屬於再生的自然資源，也是一種無形的環境資源和潛在的「綠色能源」。反應森林資源數量的主要指標是森林面積和森林蓄積量。森林資源是地球上最重要的資源之一，是生物多樣化的基礎。它不僅能夠為生產和生活提供多種寶貴的木材和原材料，為人類經濟生活提供多種食品，更重要的是森林能夠調節氣候，保持水土，防止和減輕旱澇、風沙、冰雹等自然災害，還有淨化空氣、降低噪音、美化環境等功能；同時森林還是天然的動植物園，哺育著各種飛禽走獸，生長著多種珍貴林木和藥材。

（3）水資源人口承載力。水資源是人類賴以生存的寶貴資源，是國民經濟與社會可持續發展的重要支撐保障條件。隨著當今世界出現的人口壓力、資源短缺和環境惡化，資源、環境、人口、發展之間的矛盾日益尖銳。如何在有限的空間內承受越來越大的壓力，如何協調資源、環境、人口、發展之間的關係，如何處理好開發與保護、人口與資源以及可持續發展的關係，已成為科學界研究的熱點之一。在中國，由於人口眾多、耕地有限以及水資源不足且分佈不均，形勢更為嚴峻。水資源不足已經成為中國社會經濟可持續發展的一個很大的「瓶頸」。水資源承載力研究正是從資源、環境、人口、發展之間的關係入手，研究經濟發展與生態保護、水資源開發與保護以及開發的速度、規模、容量等的關係，研究不同時期水資源開發利用、經濟適度發展與人口合理承載的動態關係，為國家決策、規劃、計劃和社會協調發展提供科學依據。

（4）能源資源人口承載力。能源資源是指在目前社會經濟技術條件下能夠為人類提供大量能量的物質和自然過程，包括煤炭、石油、天然氣、風、河流、海流、潮汐、草木燃料及太陽輻射等。能源分為可再生能源和不可再生能源。19世紀70年代的產業革命以來，化石燃料的消費急遽增大。初期主要以

煤炭為主，進入20世紀以後，特別是第二次世界大戰以來，石油以及天然氣的開採與消費開始大幅度增加，並以每年2億噸的速度持續增長。西方幾個石油公司壟斷了世界石油的勘探、開採、生產、銷售、貿易和儲運。他們利用政治、經濟實力壓低石油價格，獲取暴利。西方發達國家深受其惠，以至於富國愈富，而亞非拉石油生產國和出口國仍處於貧困、落後境地。為此，中東國家發起並建立了為維護國家主權和石油經濟權益、反對石油壟斷組織的掠奪、協調石油政策等的石油輸出國組織。能源是重要的環境污染源，能源利用效率低和以煤、石油為主的能源結構，導致環境污染很嚴重。以中國為例，目前中國主要面臨以下能源環境問題：一是燃煤過程中排放的二氧化硫造成嚴重的酸雨污染。中國在1995年就已經成為全球二氧化硫排放最多的國家，超過了歐洲和美國。目前全國火電廠二氧化硫排放量占總量的60%。20世紀90年代中期，中國由酸雨和二氧化硫污染造成的農作物、森林和人民健康等方面的經濟損失約為1,100億元，已接近當年國民生產總值的2%，成為制約中國經濟和社會發展的重要因素。

（5）環境資源人口承載力。環境資源容量是指環境不致受害的情況下某一環境所能容納污染物的最大負荷。或者說環境容納污染物質的能力有一定的限度，這個限度稱為環境容量。一個特定的環境（如自然區、某城市、某水體等），其容量與該環境的空間、自然背景值及環境各種要素特性、社會功能、污染物的物理化學性質，以及環境的自淨能力等因素有關。環境容量一般有兩種表達方式：一是在滿足一半目標值的限度內，區域環境容納污染物的能力，其大小由環境自淨能力和區域環境「自淨介質」（如水、空氣等）的總量決定；二是在保證不超出環境目標值的前提下區域環境能夠容許的最大允許排放量。狹義的環境人口容量主要指大氣、水體、土壤、植被等自然要素組成的自然生態系統維持其結構和功能不被破壞，能持續地為人類提供生存所需的物質和條件時所能容納的最大人口容量。

（二）經濟人口承載力

回到人口承載力概念。其概念由來已久，20世紀初期已具雛形，即一國或地區的經濟條件下所能持續供養的人口數量。人口承載力是研究經濟發展的重要指標，人口指標也就成為判定城市系統是否具有發展潛力的重要指標。經濟承載力反應的是區域在一定時期內所能容納的就業人口數量。

單純對人口規模進行研究，而忽視區域經濟發展的人口需求，這是不科學的。面對日趨發展的城市系統，需要綜合考慮經濟快速發展下的合理人口規模，協調人口發展與經濟發展的態勢。作為交叉學科，經濟人口承載力的研

究，提供了經濟學與社會學的新型研究方法，彌補了單一學科研究中存在的不足，同時，完善經濟人口承載力的研究方法，也為以後的研究工作提供借鑑。

那麼經濟人口承載力的定義是什麼？綜合不同學者的觀點，本研究認為其是一定經濟發展水平下所承載的人口數量，即適應經濟的最合理的人口規模。在此界定下，其研究方法值得探討。對人口承載力進行研究，數量經濟學是必不可少的工具，此外還需綜合考慮經濟承載力與人口承載力以及不同學科交叉且定性與定量研究相結合的方法。段塈曾用灰色預測模型，論證並測算成都市主城區未來經濟人口承載力數值。針對經濟人口承載力的研究，計量經濟分析是必不可少的工具。面板數據迴歸分析的方法大有裨益。高煥才等人採用計量經濟分析與社會調研相結合的方法，對經濟人口承載力進行了交叉研究；也可以採用專家打分法，利用權重與加權求和的方法定量得到區域人口承載力。唐德祥等人運用「人口—經濟承載力」模型，用區域內國民生產總值測算區域內經濟人口承載力，此方法在學術界被廣泛使用。

根據研究淵源，經濟人口承載力的研究源於人口承載力的研究。國內外人口承載力研究視角主要基於自然和環境資源的人口承載力（幸強國，2014）。例如前面提到的，土地的人口承載力是人口承載力的一個基本研究視角。土地的資源承載力又可以分為農業土地的人口承載力和城市土地的人口承載力。如果以相對封閉的區域為研究對象，農業土地的人口承載力是其農產品數量所能供養的人口量。城市土地的人口承載力是城市土地及其附屬的自然環境可容納的居民數量。又比如，水資源的人口承載力也是一個重要的研究視角。在既定的生產生活條件下，水資源的稀缺性決定一個區域、一個城市可容納的居民數量。再比如，適度人口承載力是一個綜合性、實踐性的研究視角，設置綜合的標準，分析既定的環境質量、生產模式、人口密度、交通佈局、出行便捷度、公共服務等邊界條件下一個區域、一個城市的適度人口容量。基於資源的人口承載力最終要通過經濟活動來實現，所以經濟人口承載力研究是人口承載力研究的終端環節。打個比方，資源人口承載力研究可能性，經濟人口承載力研究現實性。可能性研究是必要的，現實性研究也是必要的。由此可見，經濟人口承載力研究確有必要，當前的研究還相對薄弱，需要進一步加強（張英颯，2008）。就指標而言，經濟人口承載力研究指標尚少，更沒有形成指標體系。因此，加強研究需要在經濟人口承載力的指標設置方面認真思考，嚴謹論證。段塈（2013）的經濟人口承載力的定義為：

$$區域經濟人口承載力 = \frac{區域經濟總量}{全國人均\ GDP} \qquad (6\text{-}1)$$

在該研究中，採用了其他條件不變的假設，得出了很好的測度結果，是一個很好的研究案例。另外也有用區域經濟人口承載力指數來研究的。

$$區域經濟人口承載力指數 = \frac{區域實際人口}{\frac{區域\ GDP}{全國人均\ GDP}} \qquad (6-2)$$

在中國龐大的（世界第二）經濟體背景下，發展仍然是首要議題，所以經濟人口承載力在當前的背景下顯得更為重要。當然這不是說前面提及的土地、水、環境等資源承載力不重要，而是每個階段需要側重於不同的方面，發展經濟依然是現階段的基礎。因此，本研究以上面的經濟人口承載力定義為核心，研究分析中國區域和城市的經濟人口承載力，為中國新常態下的經濟發展和人口發展政策提供一定的理論和實證支撐。

第二節　中國區域經濟人口承載力估計與預測

省域（包括省、直轄市、自治區，本研究所指省域僅為全國 31 個省、市、自治區，不含香港、澳門和臺灣地區）是中國最大的區域行政單位，中國土地幅員遼闊，因此各省在人口和經濟等方面差異也非常大。數據顯示，2013 年底在中國大陸居住著 136,072 萬人，約占世界人口的 19%。中國每平方千米平均人口密度為 143 人，約是世界人口密度的 3.3 倍，且中國人口分佈很不均衡：東部沿海地區人口密集，每平方千米超過 400 人；中部地區每平方千米為 200 多人；而西部高原地區人口稀少，每平方千米不足 10 人。

一、中國省域人口與經濟發展現狀

（一）人口現狀

中國人口的歷史數量隨著各種外在條件的變化而變化。這裡選取幾個關鍵時間節點進行說明（見表6-1）。改革開放以來中國的總人口從約 9.6 億增加到 2013 年的 13.5 億，約增長 4 億人口。但每個省域的增長是不一樣的，特別是在計劃生育政策、民族政策、經濟差異、人口遷移變化等背景下，每個區域的人口增減不一。比如，1978 年最大人口省份是山東省，有 7,160 萬人，第二、三位的四川和河南也差不多。而到了 2013 年最大人口省份是廣東省，這是龐大的人口流入導致的結果，使其總人口超過 1 億人。

表 6-1　　　　中國省域人口變遷（1978—2013）　　　　單位：萬人

省域	1978 年	三普 （1982 年）	四普 （1990 年）	五普 （2000 年）	六普 （2010 年）	2013 年
北京市	871.5	935	1,081.940,7	1,356.919,4	1,961.236,8	2,114.8
天津市	724.27	774.92	878.540,2	984.873,1	1,293.869,3	1,472.21
河北省	5,057	5,356	6,108.243,9	6,668.441,9	7,185.421	7,332.61
山西省	2,423.6	2,546	2,875.901,4	3,247.124,2	3,571.210,1	3,629.8
內蒙古 自治區	1,823.4	1,941.6	2,145.679,8	2,332.334,7	2,470.629,1	2,497.61
遼寧省	3,394	3,592	3,945.969,7	4,182.441,2	4,374.632,3	4,390
吉林省	2,149.3	2,257.6	2,465.872,1	2,680.219,1	2,745.281,5	2,751.28
黑龍江省	3,129.6	3,281.1	3,521.487,3	3,623.757,6	3,831.399,1	3,835.02
上海市	1,098.28	1,180.51	1,334.189,6	1,640.773,4	2,301.919,6	2,415.15
江蘇省	5,834.33	6,088.94	6,705.651,9	7,304.357,7	7,866.094,1	7,939.49
浙江省	3,750.96	3,924.32	4,144.593	4,593.065,1	5,442.689,1	5,498
安徽省	4,713	5,016	5,618.081,3	5,899.994,8	5,950.046,8	6,029.8
福建省	2,446	2,620	3,004.822,4	3,409.794,7	3,689.421,7	3,774
江西省	3,182.8	3,348.3	3,771.028,1	4,039.759,8	4,456.779,7	4,522.15
山東省	7,160	7,494	8,439.282,7	8,997.178,9	9,579.271,9	9,733.39
河南省	7,067	7,519	8,050.953,5	9,123.685,4	9,402.993,9	9,413.35
湖北省	4,574.91	4,800.92	5,396.921	5,950.887	5,723.772,7	5,799
湖南省	5,165.91	5,452.12	6,065.975,4	6,327.417,3	6,570.076,2	6,690.6
廣東省	5,064.15	5,419.35	6,282.923,6	8,522.500,7	10,432.045,9	10,644
廣西壯族 自治區	3,402	3,684	4,224.576,5	4,385.453,8	4,602.376,1	4,719
海南省	528.45	571.38	655.748,2	755.903,5	867.148,5	895.28
重慶市	2,635.56	2,721.69	2,876.587	3,051.276,3	2,884.617	2,970
四川省	7,071.9	7,300.4	7,845.230,3	8,234.829,6	8,041.752,8	8,107
貴州省	2,686.4	2,875.21	3,239.106,5	3,524.769,5	3,474.855,6	3,502.22
雲南省	3,091.47	3,283.1	3,697.261	4,236.008,9	4,596.676,6	4,686.6

表6-1(續)

省域	1978年	三普 (1982年)	四普 (1990年)	五普 (2000年)	六普 (2010年)	2013年
西藏 自治區	178.82	189.25	219.601	261.632,9	300.216,5	312.04
陝西省	2,779	2,904	3,288.240,3	3,536.507,2	3,732.737,9	3,764
甘肅省	1,870.05	1,974.88	2,237.114,1	2,512.428,2	2,557.526,3	2,582.18
青海省	364.86	392.79	445.694,6	482.296,3	562.672,3	577.79
寧夏回族 自治區	355.58	393.04	465.545,1	548.639,3	630.135	654.19
新疆 維吾爾 自治區	1,233.01	935	1,515.577,8	1,845.951,1	2,181.581,5	2,264.3

將表格數據轉化成線條圖（見圖6-1），可以看出每個省域人口數量的變化差異。六條線條接近說明人口增長穩定；六條線條差異大，說明人口增長幅度比較大。由圖可以看出，廣東、山東、河南幾個省份的人口增長規模比較大，變化較少的為海南、雲南、貴州等省份。多數省份增長穩定。當然也有某些年份人口變化趨勢為減少，比如四川省六普（2010年）人口比五普（2000年）的人口是減少的。這是人口遷出的結果，很多人口都在東部工作。

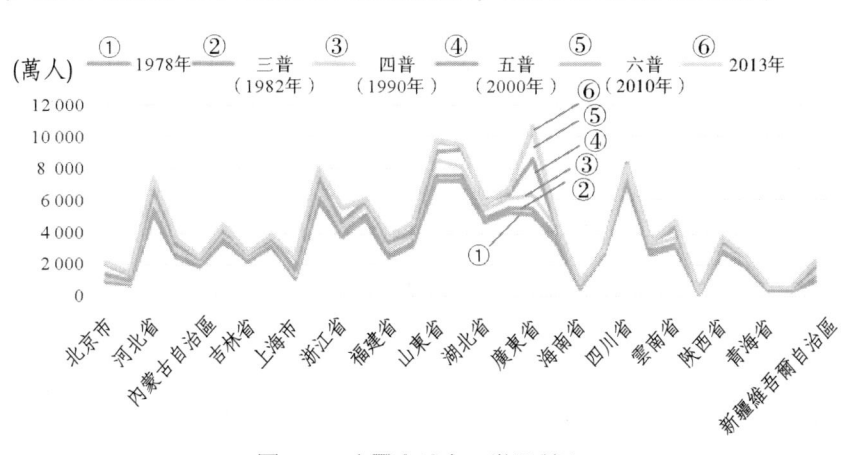

圖6-1 中國省域人口變遷對比

(二) 經濟現狀

同樣，中國人口的經濟發展水平則隨著改革開放的不斷深入而令人驚嘆地

提高，這裡選取幾個關鍵時間節點進行說明（見表6-2）。20世紀90年代以來中國的GDP從僅有的1.8萬億元左右增加到2013年的58.8萬億元，增長超過30倍。當然，每個省域的數量和增長是不一樣的，存在比較的差異。比如，在1990年GDP最高的是廣東省，為1,559億元，第二、三位的江蘇和山東各約1,550億元。到了2013年最大人口省份依次為廣東省、江蘇省和山東省。從人均GDP來看，1990年全國的人均GDP約為1,644元，到了2013年達到41,908元，增長了約20倍。分區域來看，最高的當然是經濟最發達、人口相對偏少的上海市、北京市，兩者在1990年分別達到5,911萬元和4,635萬元，到了2013年最高的分別變為天津（9.9萬元）、北京（9.3萬元）；提高程度非常大。

表6-2　　　　　　　　中國省域GDP和人均GDP變遷

省域	1990年 GDP（億元）	1990年 人均GDP（元）	2000年 GDP（億元）	2000年 人均GDP（元）	2013年 GDP（億元）	2013年 人均GDP（元）
北京市	500.82	4,635	3,161	24,122	19,500.56	93,213
天津市	310.95	3,487	1,701.88	17,353	14,370.16	99,607
河北省	896.33	1,465	5,043.96	7,592	28,301.41	38,716
山西省	429.27	1,528	1,845.72	5,722	12,602.24	34,813
內蒙古自治區	319.3	1,478	1,539.12	6,502	16,832.38	67,498
遼寧省	1,062.7	2,698	4,669.1	11,177	27,077.65	61,685.9
吉林省	425.3	1,746	1,951.5	7,351	12,981.46	47,191
黑龍江省	715.2	2,028	3,151.4	8,294	14,382.93	37,509.27
上海市	781.66	5,911	4,771.17	30,047	21,602.12	90,092
江蘇省	1,416.5	2,109	8,553.69	11,765	59,161.75	74,607
浙江省	904.69	2,138	6,141.03	13,416	37,568.49	68,462
安徽省	658	1,182	2,902.2	4,779	19,038.87	31,684
福建省	522.28	1,763	3,764.54	11,194	21,759.64	57,856
江西省	428.62	1,134	2,003.07	4,851	14,338.5	31,771
山東省	1,511.19	1,815	8,337.47	9,555	54,684.33	56,322.585,03
河南省	934.65	1,091	5,052.99	5,450	32,155.86	34,174

表6-2(續)

省域	1990年 GDP（億元）	1990年 人均GDP（元）	2000年 GDP（億元）	2000年 人均GDP（元）	2013年 GDP（億元）	2013年 人均GDP（元）
湖北省	824.38	1,541.17	3,545.39	6,293.41	24,668.49	42,612.7
湖南省	744.44	1,228	3,551.49	5,425	24,501.67	36,763
廣東省	1,559.03	2,484	10,741.25	12,736	62,163.97	58,540
廣西壯族自治區	449.06	1,066	2,080.04	4,652	14,378	30,588
海南省	102.42	1,562	526.82	6,798	3,146.46	35,317
重慶市	299.82	1,080	1,603.16	5,616	12,656.69	42,795
四川省	890.95	1,136	3,928.2	4,956	26,260.77	32,454
貴州省	260.14	810	1,029.92	2,759	8,006.79	22,921.67
雲南省	451.67	1,224	2,011.19	4,770	11,720.91	25,083
西藏自治區	27.7	1,276	117.8	4,572	807.67	26,068
陝西省	404.3	1,241	1,804	4,968	16,045.21	42,692
甘肅省	242.8	1,099	1,052.88	4,129	6,268.01	24,296
青海省	69.94	1,558	263.68	5,138	2,101.05	36,510
寧夏回族自治區	64.84	1,393	295.02	5,376	2,565.06	39,420
新疆維吾爾自治區	261.44	1,713	1,363.56	7,372	8,360.24	37,181

將表格數據轉化成線條圖（見圖6-2、圖6-3），可以看出每個省域GDP數量的變化差異。由圖可以看出每個省（市、區）的GDP的變化都非常顯著，其中廣東、山東、江蘇、浙江幾個省份的GDP規模顯著突出。從人均GDP來看，其變化也是非常大的。從圖中還可以看出，東部省份的人均GDP總體上高於西部省份。

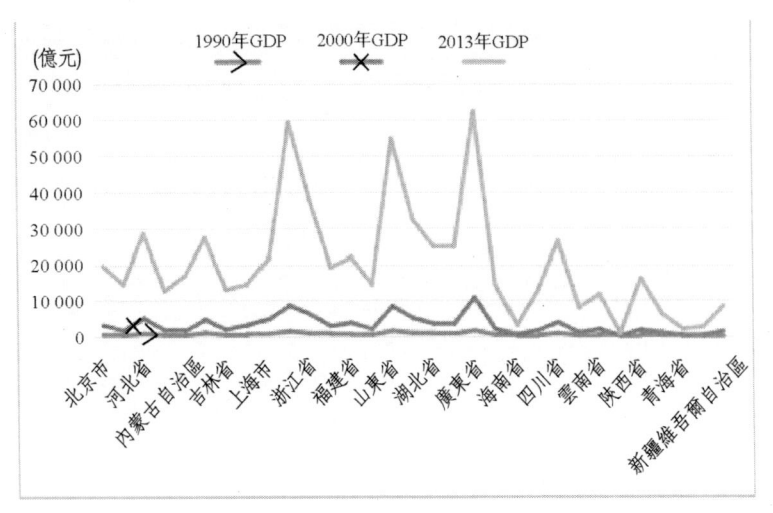

图 6-2　中國省域 GDP 變遷

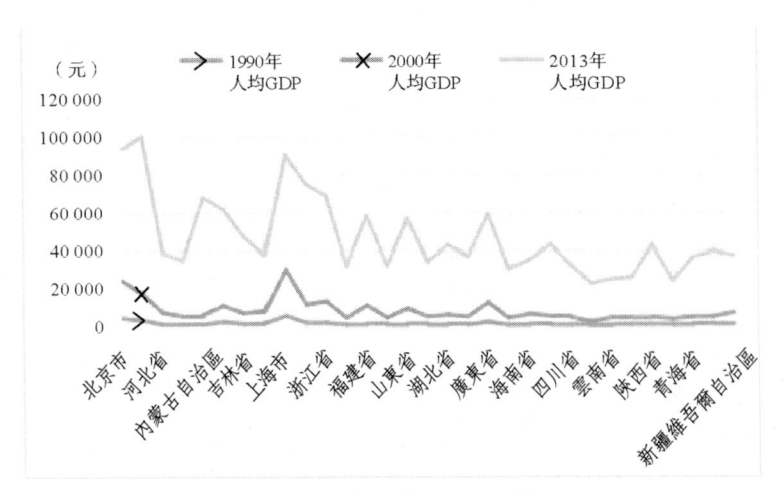

图 6-3　中國省域人均 GDP 變遷

二、中國四大區域經濟人口承載力

中國幅員遼闊，陸地面積達到 960 萬平方千米，因此各區域的自然、人文差異非常大。按照通常的劃分方法，中國一般劃分為東部、中部、東北和西部四個區域，每個區域內的差異雖然還存在，但相對較少，特別是經濟發展方面。按照四大區域劃分方法，省域情況一般如下：

東部地區：北京市、天津市、河北省、上海市、江蘇省、浙江省、福建

省、山東省、廣東省、海南省

中部地區：山西省、安徽省、江西省、河南省、湖北省、湖南省

東北地區：遼寧省、吉林省、黑龍江省

西部地區：內蒙古自治區、廣西壯族自治區、重慶市、四川省、貴州省、雲南省、西藏自治區、陝西省、甘肅省、青海省、寧夏回族自治區、新疆維吾爾自治區

（一）四大區域人口與經濟現狀

從人口方面來看，1978年，東部沿海聚集了中國最多人口，為3.25億人，占全國9.5億人的34%；中部和西部人口基本持平，為2.7億人左右，分別占全國的28%和28.8%，東北三省人口為8,672.9萬人，占全國的9.2%。到了2013年，東部人口增長總量最大，為5.01億人左右，占全國13.6億人的36.97%；中部和西部幾乎保持同比增長，總人口分別為3.56億人和3.6億人，分別占全國總人口的26.2%和26.5%；東北人口也突破1億人，達到1.097億人，占比約為8%。對比1978和2013年的人口占比發現，只有東部人口占比在增長，而中部、西部和東北人口的占比都在下降，東部由於經濟的原因吸引了大量流動人口（表6-3）。這些特徵也可以從圖6-4看出來，東部有明顯的跳躍增長，其他區域則比較緩慢。

表6-3　　　　　中國四大區域人口變遷1978—2013　　　　單位：萬人

	1978年	三普（1982年）	四普（1990年）	五普（2000年）	六普（2010年）	2013年
東部	32,534.94	34,364.42	38,635.936,2	44,233.808,4	50,619.117,9	51,818.93
中部	27,127.22	28,682.34	31,778.860,7	34,588.868,5	35,674.879,4	36,084.7
東北	8,672.9	9,130.7	9,933.329,1	10,486.417,9	10,951.312,9	10,976.3
西部	27,492.05	28,594.96	32,200.214,1	34,952.127,8	36,035.776,7	36,636.93

(萬人)

图 6-4　中國四大區域人口變動

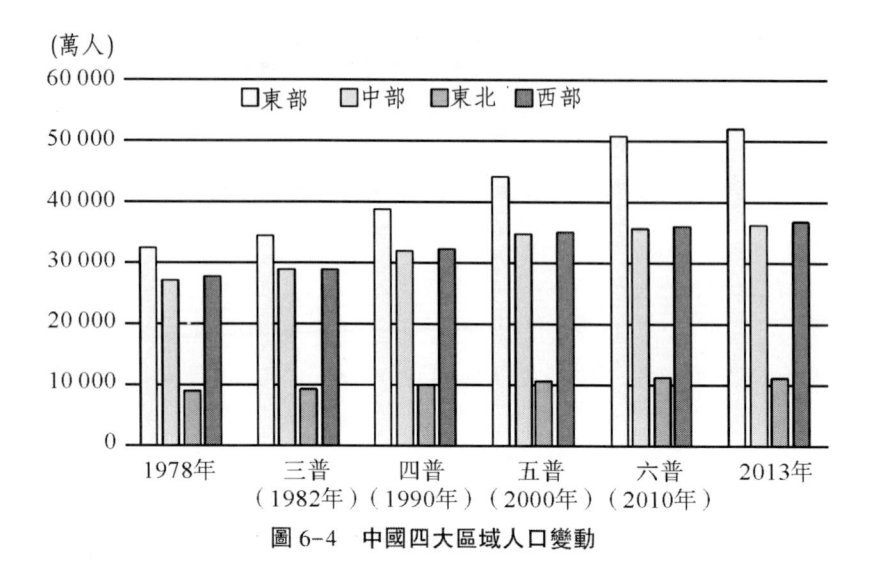

從經濟發展方面來看（見表 6-4、圖 6-5 和圖 6-6），東部 GDP 總量遠遠高於中部、西部和東北，其中在 1990 年，東部 GDP 為 8,505 億元，約占全國的 46%；到了 2013 年，東部 GDP 為 322,258 億元，約占全國的 51.1%。也就是說東部的發展程度，特別是 GDP 增長速度和總量都要快於其他三地區。再看人均 GDP，由於人口原因，在 1990 年，東部人均 GDP 並不是最高的，最高的是東北，這與東北人口總量相對少及當時東北傳統產業發展的歷史有關，人均 GDP 為 2,218 元，高於東部的 2,201 元，西部人均 GDP 為 1,162 元，約為東部的一半。到了 2013 年，由於東部發展的集聚性及東北老工業基地的衰弱，東部人均 GDP 遠遠超過東北，分別達到 62,189 元和 49,599 元，而西部和中部依然維持差不多的水平。

表 6-4　　　　　　　　中國經濟發展變遷（1990—2013）

區域	1990 年 GDP（億元）	1990 年 人均 GDP（元）	2000 年 GDP（億元）	2000 年 人均 GDP（元）	2013 年 GDP（億元）	2013 年 人均 GDP（元）
東部	8,505.87	2,201.54	52,742.81	11,923.64	322,258.89	62,189.41
中部	4,019.36	1,264.79	18,900.86	5,464.43	127,305.63	35,279.67
東北	2,203.20	2,217.99	9,772.00	9,318.72	54,442.04	49,599.63
西部	3,741.96	1,162.09	17,088.57	4,889.14	126,002.78	34,392.29

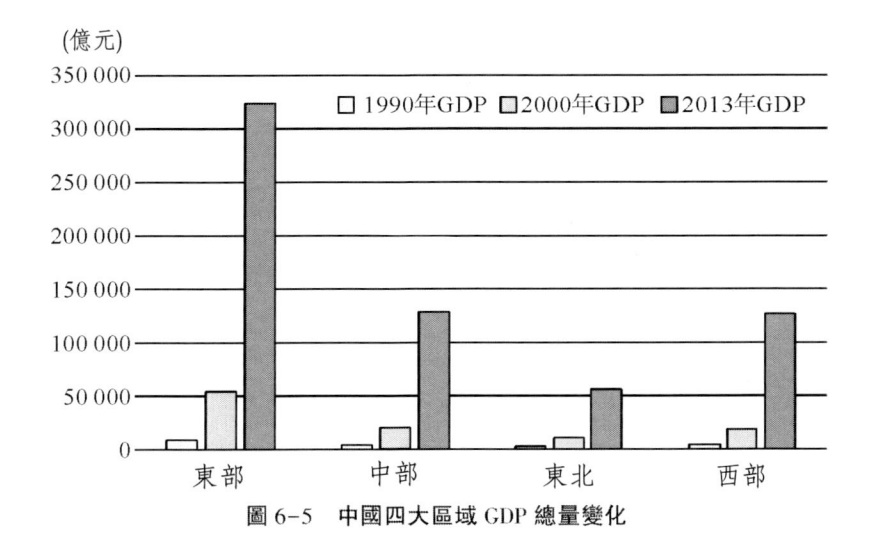

圖 6-5 中國四大區域 GDP 總量變化

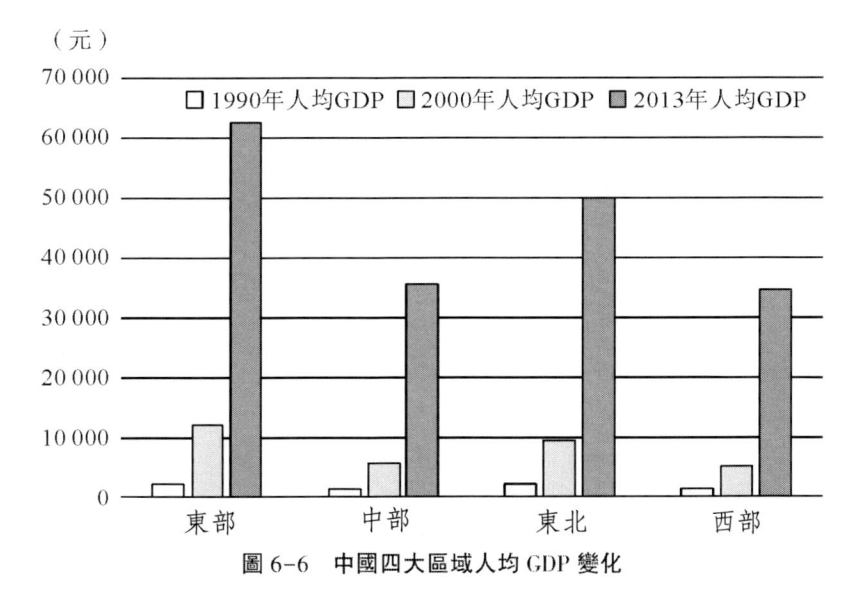

圖 6-6 中國四大區域人均 GDP 變化

比較四大區域，在人口和經濟方面有兩個方面很接近，就是西部和中部的總人口基本接近，同時西部和中部的 GDP 和人均 GDP 也比較接近。但我們知道，西部的面積遠遠大於中部。

(二) 四大區域經濟人口承載力測算與分析

東部、中部、東北、西部四大區域是中國傳統但常用的劃分方法，根據前面對經濟人口承載力的定義，測算出四大區域經濟人口承載力。根據定義，測

算經濟人口承載力需要 GDP、人口和全國人均 GDP 數據，具體見表 6-5。這裡以 2005—2013 年的數據為例說明。

表 6-5　　　　　近年中國四大區域人口、GDP 和人均 GDP

指標	時間（年）	東部	中部	東北	西部
人口（萬人）	2005	45,866.07	36,713.50	10,710.40	35,977.91
	2006	46,332.35	36,944.80	10,773.50	36,152.26
	2007	46,840.49	37,181.70	10,818.10	36,298.81
	2008	47,259.59	37,425.70	10,850.50	36,522.70
	2009	48,442.00	35,603.00	10,885.00	36,729.00
	2010	50,665.00	35,696.00	10,955.00	36,070.00
	2011	51,063.00	35,791.00	10,966.00	36,222.00
	2012	51,461.00	35,927.00	10,973.00	36,428.00
	2013	51,818.93	36,084.70	10,976.30	36,636.93
GDP（億元）	2005	109,945.02	37,230.28	17,140.80	33,590.30
	2006	128,328.12	43,029.62	19,727.70	39,525.47
	2007	152,346.38	52,040.94	23,373.20	47,865.73
	2008	177,579.56	63,305.13	28,195.70	58,256.55
	2009	196,674.41	70,577.56	31,078.24	66,973.48
	2010	232,030.67	86,109.38	37,493.45	81,408.49
	2011	271,354.75	104,473.87	45,377.53	100,234.96
	2012	295,892.04	116,277.75	50,477.25	113,904.80
	2013	322,258.89	127,305.63	54,442.04	126,002.78

表6-5(續)

指標	時間(年)	東部	中部	東北	西部
人均GDP(元)	2005	23,970.88	10,140.76	16,003.88	9,336.37
	2006	27,697.30	11,647.00	18,311.32	10,933.06
	2007	32,524.51	13,996.39	21,605.64	13,186.58
	2008	37,575.35	16,914.88	25,985.62	15,950.78
	2009	40,599.98	19,823.49	28,551.44	18,234.50
	2010	45,797.03	24,122.98	34,224.97	22,569.58
	2011	53,141.17	29,189.98	41,380.20	27,672.40
	2012	57,498.31	32,365.00	46,001.32	31,268.47
	2013	62,189.41	35,279.67	49,599.63	34,392.29

根據經濟人口承載力的定義：

$$區域經濟人口承載力 = \frac{區域經濟總量}{全國人均GDP}$$

據此可測算出2005—2013年四大區域的經濟人口承載力（表6-6）。同時將經濟人口承載力的數值結果轉化成曲線圖（圖6-7）。從表中和圖中可以看到，東部經濟人口承載力大約維持在7.7億人的水平，但總體上有一個微小的下降水平；中部經濟人口承載力有一個從2.6億人到3億人的上升過程；西部同樣有一個上升過程，在2013年也維持在3億人左右，與中部相當；東北則比較穩定，基本維持在1.2億人左右的水平，沒有太大的變化。

可以看到基本的趨勢是，東部的經濟人口承載力有下降的趨勢，中部和西部經濟人口承載力有上升的趨勢，而東北經濟人口承載力基本維持不變。這其實與近年來國家區域經濟發展和人口變遷有很大關係。近年來，特別全球金融危機後，中國東部經濟收到很大衝擊，特別是容納了大量農民工人口的傳統企業受到前所未有的衝擊，以致東部經濟開始放緩，農民工人口開始返流，使得東部經濟人口承載力開始下降。相反，中西部開始吸收產業轉移，注重人口回流、創業就業，適時做出了很多相應的政策，使得中西部經濟人口承載力開始穩步上升。至於東北地區，則基本穩定，未受到特別明顯的衝擊，經濟人口承載力保持較小的衝擊。

表 6-6　　　　　　近年中國四大區域經濟人口承載力測算

時間 (年)	全國人均GDP (元)	東部 (萬人)	中部 (萬人)	東北 (萬人)	西部 (萬人)
2005	14,185.36	77,505.98	26,245.57	12,083.44	23,679.55
2006	16,499.70	77,776.01	26,079.02	11,956.40	23,955.26
2007	20,169.46	75,533.19	25,801.85	11,588.41	23,731.78
2008	23,707.71	74,903.70	26,702.33	11,893.05	24,572.82
2009	25,607.53	76,803.35	27,561.25	12,136.37	26,153.82
2010	30,015.05	77,304.78	28,688.74	12,491.55	27,122.56
2011	35,197.79	77,094.26	29,681.94	12,892.15	28,477.63
2012	38,459.47	76,936.07	30,233.84	13,124.79	29,616.84
2013	41,907.59	76,897.50	30,377.70	12,990.97	30,066.82

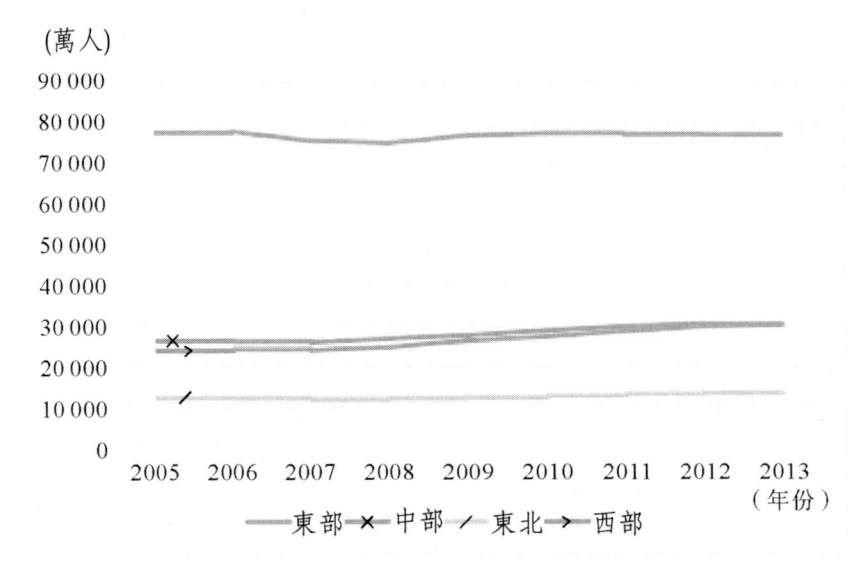

圖 6-7　近年中國四大區域經濟人口承載力變化趨勢

　　同時發現，東部經濟人口承載力（7.5億人左右）大於其實際總人口（5.1億人左右），也就說東部的經濟發展水平完全可以承載更多人口，這與我們通常講的東部人口太多、太擁擠是有衝突的。但從實際來看，東部集聚如此多的資源特別是經濟資源本應該承載更多人口，其實從世界視角來看，發達區域承載更多人口是完全合理的。比如日本東京區域承載了整個日本幾乎四分之

一的人口。對於中部和西部則其經濟人口承載力小於其實際人口，這正好與東部相反，但原因是一致的，無須再解釋；而東北經濟人口承載力則與實際人口承載力相差無幾，比較穩定和均衡。

（三）基於灰色模型的四大區域經濟人口承載力預測

為了觀察未來四大區域經濟人口承載力的趨勢，這裡嘗試預測未來四大區域經濟人口承載力。而在預測方式選擇上，這裡利用灰色模型 GM（1，1）進行預測。

1. GM（1，1）模型介紹

灰色系統（Grey System）是鄧聚龍在 20 世紀 70 年代末 80 年代初提出的。灰色系統是部分信息已知，部分信息未知的系統，介於黑色系統與白色系統之間。灰色系統是針對既無經驗、數據又少的不確定性問題，即「少數據不確定性」問題提出的。人口系統也是一個灰色系統，人口的再生產受出生率、死亡率、婦女總和生育率、社會歷史、經濟、風俗習慣等因素共同制約，而且其中有些影響因素無法量化計算，因此可採用灰色動態模型來預測經濟人口的發展規律。灰色預測在形式上是單數列預測，只運用研究對象自身的時間序列的部分數據建立預測模型。其基本計算過程如下：

步驟一：基本的計算

原始數據序列：$X^{(0)} = [X_{(1)}^{(0)}, X_{(2)}^{(0)}, \cdots, X_{(t)}^{(0)}]$。其中 $X_{(t)}^{(0)}$ 表示一個地區或歷史的經濟人口承載力總數。

對數據進行檢驗，主要是級比平滑檢驗。

$$\delta_{(t)}^{(0)} = X_{(t-1)}^{(0)} / X_{(t)}^{(0)}$$

當 $\delta^{(0)}(t) \in (0.135, 3, 7.389)$，表明 $X_{(t)}^{(0)}$ 可作非畸形的 GM（1，1）建模。計算的結果可信度較好。

步驟二：預測計算

（1）確定任意一子數據序列：

$X_i^{(0)} = [X_{(1)}^{(0)}, X_{(2)}^{(0)}, \cdots, X_{(n)}^{(0)}]$

（2）作一次累加後，可以消除原始數據的波動性，使生成數據具有遞增的規律。對子數據序列逐次累加生成新的數據，記為：

$X_i^{(1)} = [X_{(1)}^{(1)}, X_{(2)}^{(1)}, \cdots, X_{(n)}^{(1)}]$

其中，$X_{(t)}^{(1)} = \sum X_{(t)}^{(0)}$

則 GM（1，1）模型為一階微分方程：

$dX_{(t)}^{(1)}/dt + aX_{(t)}^{(1)} = u$

（3）構造矩陣 **B** 和向量 $\boldsymbol{Y}_n$：

$$B = \begin{vmatrix} -1/2X_{(2)}^{(1)} + X_{(2)}^{(1)} & \cdots & 1 \\ -1/2X_{(3)}^{(1)} + X_{(2)}^{(1)} & \cdots & 1 \\ \vdots & \vdots & \vdots \\ -1/2X_{(t)}^{(1)} + X_{(t-1)}^{(1)} & \cdots & 1 \end{vmatrix}$$

$$Y_n = [X_{(2)}^{(0)}, X_{(3)}^{(0)}, \cdots, X_{(n)}^{(0)}]$$

（4）用最小二乘法求解系數

$$\bar{a} = \begin{vmatrix} a \\ u \end{vmatrix} = [B^T B] \ B^T \times Y_n$$

（5）得到人口的預測模型：

$$X_{(t+1)}^{(1)} = [X_{(0)}^{(1)} - u/a] \times e^{-at} + u/a$$

（6）將 $x^{(1)}$ 還原，得到預測公式：

$$X^{(0)} = X_{(t+1)}^{(1)} - X_t^{(1)}$$

步驟三：后驗差檢驗

求出原始數據方差 s_1^2、殘差方差 s_2^2、均方差比值 C 和小誤差概率 p 檢驗。

$$S_1^2 = 1/n \sum [X^{(0)}(t) - X(\text{avg})]^2$$
$$S_2^2 = 1/(n-1) \sum [e^{(0)}(t) - e(\text{avg})]^2$$
$$C = S_2/S_1$$
$$p = Pr\{|e(t)| < 0.674, 5S_1\}$$

$X(t)$ 表示人口總數，$X(\text{avg})$ 表示人口總數實際值的平均值，$e(t)$ 表示相對誤差，$e(\text{avg})$ 為還原數據殘差平均值，C 是方差比，p 是小誤差概率，Pr 表示模型精度。

通常情況下 C 值越小，p 值越大，則預測模型的誤差越小。若 $C<0.35$，$p>0.95$，則預測模型的精度為一級。

模型預測精度 Pr 檢驗。

$$Pr = [100 - e(\text{avg})]\%$$

表明預測模型的數據結果具有 Pr 的可信度。

2. GM（1,1）模型預測結果與分析

根據以上過程，得到未來一段時間内的中國東部、中部、東北和西部的人口承載力結果（見表6-7、圖6-8）。其中東部、中部、東北和西部的 GM（1,1）預測方程分別為：

$x\_1\_$(東部)= 62,246,686.647,2×e^[-0.001,245,7×(k-1)]
           +(62,324,492.647,2)′

$x\_1\_$(中部)= 958,983.518,1×e^[0.026,358×(k-1)]+(-932,737.948,1)′

$x\_1\_$(東北)= 654,333.890,3×e^[0.017,623×(k-1)]+(-642,250.450,3)′

$x\_1\_$(西部)= 601,996.264,9×e^[0.037,968×(k-1)]+(-578,316.714,9)′

表 6-7　　　　　中國四大區域經濟人口承載力預測　　　單位：萬人

時間	東部	中部	東北	西部
2014	76,724	31,625	13,395	31,565
2015	76,629	32,470	13,633	32,786
2016	76,534	33,337	13,875	34,055
2017	76,438	34,227	14,122	35,373
2018	76,343	35,141	14,373	36,742
2019	76,248	36,080	14,629	38,163
2020	76,153	37,044	14,889	39,640
2021	76,058	38,033	15,154	41,174
2022	75,964	39,049	15,423	42,768
2023	75,869	40,092	15,697	44,423
2024	75,775	41,162	15,976	46,142
2025	75,680	42,262	16,260	47,927
2026	75,586	43,390	16,549	49,782
2027	75,492	44,549	16,844	51,709
2028	75,398	45,739	17,143	53,710
2029	75,304	46,961	17,448	55,788
2030	75,210	48,215	17,758	57,947

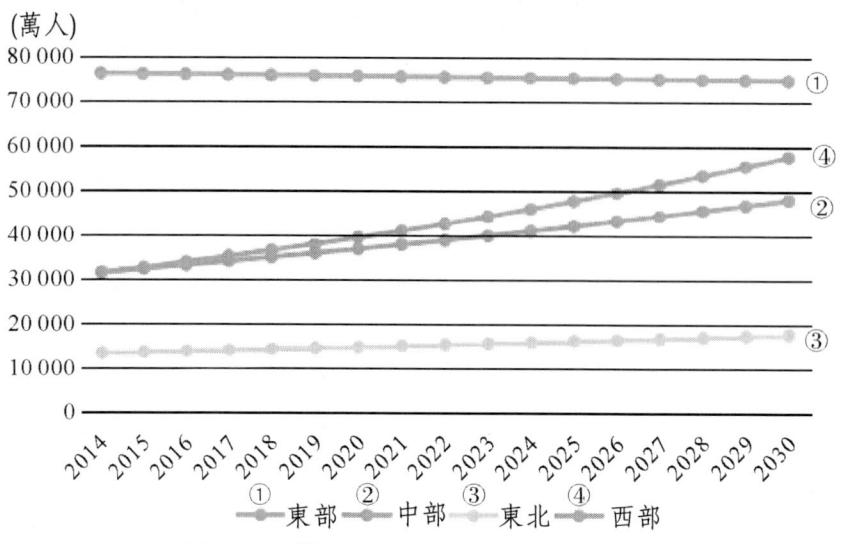

圖 6-8　中國四大區域經濟人口承載力預測圖

　　根據以上預測結果可以看出，東部經濟人口承載力在未來有微小的下降趨勢，這與中國未來一定時期內東部轉型、往中西部發展的區域發展戰略吻合。也可以看出，中、西部經濟人口承載力有比較顯著的提升，可預期未來中、西部在承接產業轉移和人口回流方面的規模會越來越大，使得中西部地區對人口的承載力會越來越大。至於東北，未來有微小上升趨勢，但幅度不大，表明東北將趨於飽和與穩定。不過需要強調的是，四個區域可以承載的經濟人口數，並非未來實際上就有那麼多，這與實際人口是有區別的，只是說明未來每個區域的經濟人口承載力在增加，各區域的經濟發展良好。

　　另外，流動人口其實是經濟人口承載力的重要反應，經濟人口承載力強表明吸收的流動人口多。因為，流動人口遷移流動的主要目的是尋求更高的經濟收入，經濟發展水平就主要決定了人口流動的方向。對於中國，流動人口在2010年「六普」時顯示約為 2.6 億人。其中東部的流動人口超過 1.37 億人，當然其中多數是流入人口，而中西部流動人口分別約為 4,608 萬人和 5,754 萬人，而其大多數為流出人口。幾次主要普查或調查顯示的流動人口（見表6-8），基本上也反應了四大區域經濟人口承載力的大小及變化。

表 6-8　　　　中國四大區域流動人口變化（1995—2010）　　　單位：萬人

年份 區域	1995	2000	2005	2010
全國	37,995.568	144,390.748	146,859.925	260,937.942
東部	1,866.07	7,444.57	8,392.87	13,798.37
中部	595.77	2,594.47	2,230.41	4,608.07
東北	412.10	1,320.00	1,266.92	1,933.01
西部	920.98	3,080.04	2,795.80	5,754.35

第三節　中國城市經濟人口承載力估計與影響機制研究——以省會為例

中國當前正在快速城鎮化，城市承載了中國大量的人口，而未來會越來越多。城市也是中國經濟發展的主要載體，人口和經濟在城市的疊加使得城市經濟人口承載力研究有很大的意義。不過，由於中國有超過 330 個的地級以上城市，這裡不太可能研究每個城市的經濟人口承載力，因此本研究只關注 30 個省會城市（鑒於數據問題，不考慮拉薩）的城市經濟人口承載力狀況。

一、中國人口城鎮化的背景

20 世紀是人類歷史上城市文明高度發展的世紀。百年工業化加快了人類文明的步伐，也促進了城鎮化的進程，人類越來越多地聚居於城市。世界各國社會、經濟發展越來越依賴於城鎮化發展水平，對欠發達國家來說，城鎮化更是促進工業化、實現現代化的必要條件。21 世紀，中國城鎮化道路的現狀、發展趨勢及其相關問題，正在引起全社會的普遍關注。積極穩妥地推進中國城鎮化，也是全面建成小康社會的根本要求。

作為一個理論問題，城鎮化問題是經濟學、人口學、建築學、地理學、社會學等學科的經典案例之一，也是哲學、歷史學、美學、管理學、規劃學等相關學科的一個研究重點。中國的城鎮化，是在 20 世紀 80 年代國家重點政策轉向城市之後，才正式開始。近年來關於城鎮化的研究更是汗牛充棟，但多側重於理論建設發展和區域性的經濟研究方面，關於定量分析城鎮化水平的文章還相對較少。城鎮化發展是一個長期的動態的過程，對歷史和現狀的比較分析，

對於今后的發展和政策定位有著重要的意義。

　　新中國成立六十多年來，隨著理論探討的深入，通過對中國城鎮化道路實踐中經驗的總結和問題的反思，我們需要在提高城鎮化質量上下功夫。我們要走中國特色新型城鎮化道路，推動工業化和城鎮化良性互動、城鎮化和農業現代化相互協調，實現四化同步發展。在具體發展戰略中，提出「科學規劃城市群規模和佈局，增強中小城市和小城鎮產業發展、公共服務、吸納就業、人口集聚功能。加快改革戶籍制度，有序推進農業轉移人口市民化，努力實現城鎮基本公共服務常住人口全覆蓋」。同時，要加大統籌城鄉發展力度，增強農村發展活力，逐步縮小城鄉差距，促進城鄉共同繁榮，並強調要「以增強綜合承載能力為重點，以特大城市為依託，形成輻射作用大的城市群，培育新的經濟增長極」。國家「十三五」規劃中提出，中國要推動城鄉協調發展，推進以人為核心的新型城鎮化。其中，深化戶籍制度改革、深化住房制度改革，成為關注重點。一是合理構建城鎮化戰略、佈局，按照統籌規劃、合理佈局、完善功能、以大帶小的原則，以大城市為依託，以中小城市為重點，逐步形成輻射作用大的城市群，促進大中小城市和小城鎮協調發展；二是穩步推進農業轉移人口轉為城鎮居民，把有穩定勞動關係並在城鎮居住一定年限的農民工及其家屬逐步轉為城鎮居民，對暫時不具備落戶條件的農民工，應該改善公共服務，加強權益保護；三是增強城鎮的綜合承載能力，防止特大城市面積過度擴張，預防和治理「城市病」。

　　具體從數據上來看（見表6-9），中國城鎮化走過了一個快速發展的過程。1978年城鎮人口約為17,245萬人，城鎮化率約為17.9%；到1990年城鎮人口約為30,195萬人，城鎮化率約為26.4%；到2000年城鎮人口約為45,906萬人，城鎮化率約為36.2%。到2013年，數據顯示，中國城鎮分佈了7.35億人口，鄉村分佈了6.2億人口，比例分別為54.2%和45.8%，兩者差距達到10%。不過考慮到中國2.6億的流動人口，而這部分流動人口生活在城市，但實際上是農村人口，所以當前中國鄉村人口可能依然大於城市人口。從城鎮化率來說，上海、北京和天津位列前三，分別達到89.6%、86.3%和82.01%，最落後的兩位分別是貴州和西藏，僅分別為37.83%和23.71%。這表明中國區域間的城鄉人口分佈或者說區域之間的城鎮化率分佈相差非常明顯。

表 6-9　　2013 年中國省域城鎮人口及城鎮化率

區域	總人口（萬人）	城鎮人口（萬人）	鄉村人口（萬人）	城鎮化率（%）
北京市	2,114.80	1,825.07	289.73	86.30
天津市	1,472.21	1,207.36	264.85	82.01
河北省	7,332.61	3,528.45	3,804.16	48.12
山西省	3,629.80	1,907.82	1,721.98	52.56
內蒙古自治區	2,497.61	1,466.35	1,031.26	58.71
遼寧省	4,390.00	2,917.16	1,472.85	66.45
吉林省	2,751.28	1,491.19	1,260.09	54.20
黑龍江省	3,835.02	2,201.30	1,633.72	57.40
上海市	2,415.15	2,163.97	251.18	89.60
江蘇省	7,939.49	5,090.01	2,849.48	64.11
浙江省	5,498.00	3,518.72	1,979.28	64.00
安徽省	6,029.80	2,885.86	3,143.94	47.86
福建省	3,774.00	2,293.46	1,480.54	60.77
江西省	4,522.15	2,209.97	2,312.18	48.87
山東省	9,733.39	5,231.70	4,501.69	53.75
河南省	9,413.35	4,123.05	5,290.30	43.80
湖北省	5,799.00	3,161.03	2,637.97	54.51
湖南省	6,690.60	3,208.81	3,481.79	47.96
廣東省	10,644.00	7,212.37	3,431.63	67.76
廣西壯族自治區	4,719.00	2,114.58	2,604.42	44.81
海南省	895.28	472.17	423.11	52.74
重慶市	2,970.00	1,732.70	1,237.30	58.34
四川省	8,107.00	3,640.04	4,466.96	44.90
貴州省	3,502.22	1,324.89	2,177.33	37.83
雲南省	4,686.60	1,897.14	2,789.46	40.48
西藏自治區	312.04	73.98	238.06	23.71
陝西省	3,764.00	1,931.33	1,832.67	51.31
甘肅省	2,582.18	1,036.23	1,545.95	40.13

表6-9(續)

區域	總人口（萬人）	城鎮人口（萬人）	鄉村人口（萬人）	城鎮化率（%）
青海省	577.79	280.29	297.50	48.51
寧夏回族自治區	654.19	340.24	313.95	52.01
新疆維吾爾自治區	2,264.30	1,006.93	1,257.37	44.47

二、省會城市人口與經濟現狀

省會作為省級行政單位的政治中心，在中國基本上也是經濟中心，或者至少是經濟中心之一。省會聚集了大量的資源和政策優勢，也承載著大量的人口，因此研究省會城市的經濟人口承載力具有重要的現實意義。中國大陸當前31個省會（北京、上海、天津、重慶在這裡統稱為各自的行政中心），但鑒於西藏的拉薩數據缺失，這裡僅考慮其餘30個省、市、自治區，以下統稱省會城市）。

為了反應最近的情況並考慮到數據的限制，這裡同樣與中國四大區域分析時的起始時間點保持一致，即從2005年開始，到2012年止。先看人口狀況（見表6-10）。2005年，省會城市總人口約為2.11億人；到了2012年，省會城市達到2.34億人，占全國的六分之一。其中人口最多的顯然是重慶市，2005年，約為3,200萬人，其次上海超過1,360萬人。到了2012年，重慶達到3,343萬人，上海也達到1,430萬人。而從圖6-9可以看出，合肥市和鄭州市從2009年到2012年的人口增幅最大。從經濟發展狀況來看，2005年，30個省會城市的GDP總和為6.08萬億元，占當年全國GDP總和19.8萬億元的30.7%，這是一個非常大的比例。到了2012年，30個省會城市的GDP總和為17.8萬億元，占當年全國GDP總和57.65萬億元的30.8%。總比例沒有太大的變化。從圖6-10可以看出，北京、天津、上海、廣州、武漢、重慶、成都幾個城市的GDP最高，增長幅度也比較大。

表6-10　中國省會城市2005—2012年人口和國內生產總值

省會	2005年 年末總人口（萬人）	2005年 國內生產總值（萬元）	2009年 年末總人口（萬人）	2009年 國內生產總值（萬元）	2012年 年末總人口（萬人）	2012年 國內生產總值（萬元）
北京市	1,180.7	68,863,101	1,245.83	121,530,000	1,297.5	178,794,000
天津市	939.31	36,976,200	979.84	75,218,500	993.2	128,938,800
石家莊市	927.3	17,867,750	977.41	30,012,797	1,005.3	45,002,098

表6-10(續)

省會	2005年 年末總人口（萬人）	2005年 國內生產總值（萬元）	2009年 年末總人口（萬人）	2009年 國內生產總值（萬元）	2012年 年末總人口（萬人）	2012年 國內生產總值（萬元）
太原市	340.39	8,931,620	365.12	15,452,409	365.8	23,114,326
呼和浩特市	213.49	7,436,618	227.37	16,439,925	230.3	24,755,700
瀋陽市	698.57	20,841,339	716.55	42,685,137	724.8	66,025,865
長春市	731.5	16,784,691	756.5	28,485,627	756.9	44,566,446
哈爾濱市	974.84	18,304,514	991.6	31,755,391	993.5	45,502,155
上海市	1,360.26	91,541,800	1,400.7	150,464,500	1,426.9	201,817,200
南京市	595.8	24,111,100	629.77	42,302,608	638.5	72,015,700
杭州市	660.45	29,426,519	683.38	50,875,530	700.5	78,020,058
合肥市	455.7	8,535,700	491.43	21,021,200	710.5	41,643,400
福州市	614.83	14,763,142	637.92	26,040,448	655.3	42,182,887
南昌市	475.17	10,077,025	497.33	18,375,008	507.9	30,005,236
濟南市	597.44	18,766,071	603.27	33,513,645	609.2	48,036,762
鄭州市	679.7	16,606,006	731.47	33,085,053	1,072.5	55,497,869
武漢市	801.36	22,380,000	835.55	46,208,600	821.7	80,038,200
長沙市	620.92	15,199,001	651.59	37,447,641	660.6	63,999,097
廣州市	750.53	51,542,283	794.62	91,382,135	822.3	135,512,072
南寧市	659.54	7,233,557	697.9	15,247,144	713.5	25,031,812
海口市	147.3	3,013,506	158.24	4,895,519	161.6	8,187,550
重慶市	3,169.16	30,704,900	3,275.61	65,300,100	3,343.4	114,096,000
成都市	1,082.03	23,707,644	1,139.63	45,026,032	1,173.3	81,389,438
貴陽市	350.66	5,256,159	367.08	9,719,382	374.5	17,003,048
昆明市	508.47	10,615,544	533.99	18,086,467	543.5	30,111,433
西安市	741.73	12,701,400	781.67	27,240,800	796	43,661,000
蘭州市	311.74	5,670,437	323.59	9,259,821	321.5	15,638,180
西寧市	209.9	2,375,652	193.94	5,010,743	198.5	8,510,857
銀川市	140.6	2,885,029	155.55	5,781,483	167.2	11,509,344
烏魯木齊市	194.15	5,625,007	241.19	10,945,200	257.8	20,040,727

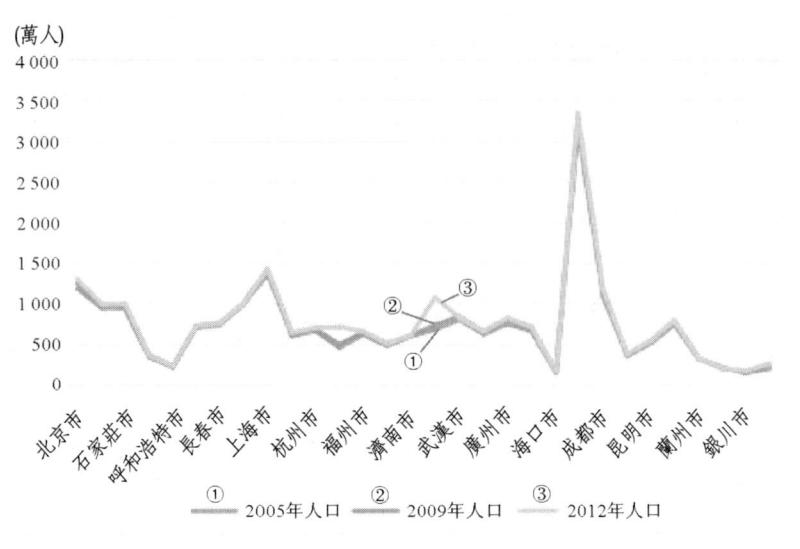

图 6-9　中國省會城市 2005—2012 年人口

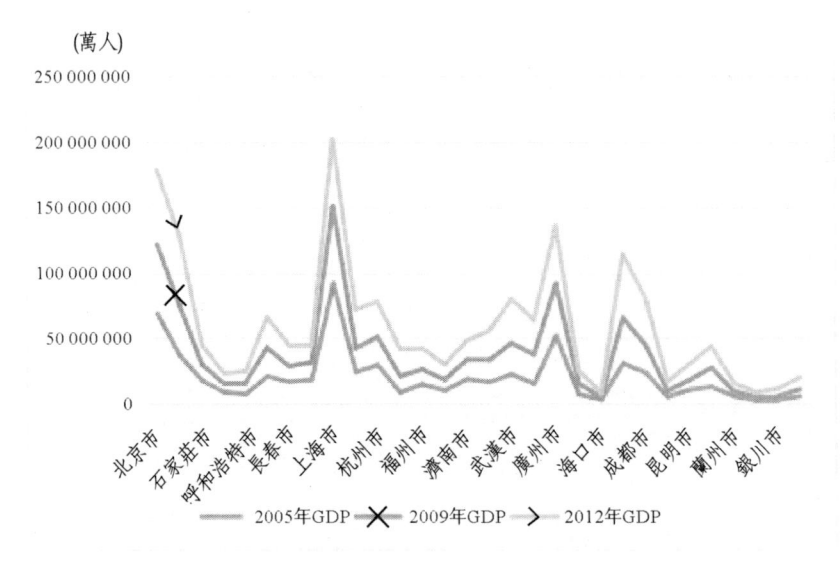

图 6-10　中國省會城市 2005—2012 年國內生產總值

三、經濟人口承載力影響因素分析

為了研究經濟人口承載力的動因，有必要通過一定的迴歸模型對其影響因素進行分析，這樣可以更深入瞭解經濟人口承載力的內涵，也為區域發展政策提供一定的參考。

(一) 指標選取與數據描述分析

鑒於數據的可獲得性，這裡以 2005—2012 年的數據為基礎，選擇幾個比較有代表性的指標進行分析。具體指標如下：

人均耕地面積（GD）。中國是一個農業大國，農業是中國發展的基礎，儘管在工業化加速的今天，農業的基礎作用也不可忽視，所以選擇此指標。至於人均耕地面積能否在近年（2005—2012 年）影響經濟人口承載力，要實際估算后才能下結論。但至少在以農業為主的時期，改革開放前期或新中國成立之前，甚至更早，耕地可能有重大影響，因為那時農業經濟占主導。

固定資產投資（TZ）。中國改革以來的發展進程中，投資發展佔有重大比例，包括研究時期（2005—2012 年）。儘管當前中國政府在逐漸改革投資拉動的做法，轉移到消費等拉動，但近一段時間內，投資對經濟人口承載力的作用依然強大。

外資利用額（WZ）。一個地區的發展水平，在一定程度上可以從外資水平進行窺探。所謂國內國際兩個市場，國際資本在很大程度上反應地區經濟活力，也吸引人口，特別是高層次人口。

職工工資水平（GZ）。工資是一個地區收入水平的體現。但工資水平本身有兩個方面的影響：一方面，工資水平高表明收入高，更能吸引勞動人口；另一方面，工資水平高表明企業成本高，對企業招聘人才存在阻力。所以到底職工工資水平對經濟人口承載力是正影響還是負影響並不能下結論。

單位從業人口（JY）。該指標直接反應就業水平，也是經濟人口本身的直接反應。

中學生在校比例（XS）。該指標反應的是非勞動人口的比例，間接表示勞動人口的大小，比如，中學生在校比例高，則預期勞動就業人口越多。

由於數據比較多，這裡只選擇 2012 年的數據作為展示（見表 6-11）。所有數據來源於中國城市統計年鑒。

表 6-11　　　　　經濟人口承載力影響因素數據（2012 年）

省會	人均耕地面積（畝/人）	固定資產投資總額（萬元）	當年實際使用外資金額（萬美元）	職工平均工資（元）	單位從業人員（萬人）	中學生在校人數比例（人）
	GD	TZ	WZ	GZ	JY	XS
北京市	0.30	23,446,833.47	352,638	34,190.73	878.05	0.050,8
天津市	0.66	16,349,870.00	332,885	25,271.03	194.12	0.061,4

表6-11(續)

省會	人均耕地面積（畝/人）	固定資產投資總額（萬元）	當年實際使用外資金額（萬美元）	職工平均工資（元）	單位從業人員（萬人）	中學生在校人數比例（人）
	GD	TZ	WZ	GZ	JY	XS
石家莊市	0.96	4,062,873.05	43,931	15,239.37	87.41	0.082,1
太原市	0.59	2,691,713.79	16,490	18,546.9	75.8	0.043,0
呼和浩特市	3.58	3,557,523.40	40,345	19,713.2	30.15	0.069,8
瀋陽市	1.45	6,935,520.45	212,312	19,894.54	100.17	0.053,3
長春市	2.26	9,331,079.03	117,060	12,922.07	154.01	0.061,0
哈爾濱市	2.69	3,311,042.91	36,604	16,468.67	151.97	0.056,1
上海市	0.26	35,689,201.00	684,965	31,940.08	437.83	0.056,6
南京市	0.62	9,577,911.56	141,778	29,343.76	92.78	0.054,1
杭州市	0.42	13,163,547.39	171,274	30,578.5	101.77	0.054,9
合肥市	1.08	3,664,522.05	40,660	19,030.15	40.36	0.067,8
福州市	0.32	4,468,222.22	64,017	18,193.99	84.09	0.068,0
南昌市	0.67	5,355,925.60	90,865	18,045.55	56.89	0.052,6
濟南市	0.87	7,138,136.83	54,158	20,865.5	97.39	0.051,7
鄭州市	0.73	3,392,729.21	33,549	16,695.7	93.61	0.082,7
武漢市	0.39	5,757,661.08	174,001	18,504.98	148.53	0.065,8
長沙市	0.60	4,022,307.09	90,203	21,501.03	72.97	0.055,6
廣州市	0.26	19,586,099.08	264,882	34,327.66	199.76	0.073,3
南寧市	0.93	1,975,305.56	8,578	17,521.02	61.85	0.064,4
海口市	0.49	1,515,231.41	37,888	19,884.87	25.77	0.088,5
重慶市	0.98	20,589,125.00	52,127	16,630.14	215.55	0.054,8
成都市	0.49	4,395,921.12	145,157	19,961.7	134.61	0.054,8
貴陽市	1.18	2,176,346.38	8,225	15,925	61.91	0.062,5
昆明市	0.52	3,840,268.79	8,261	19,122.07	71.56	0.051,8
西安市	0.62	4,901,202.05	57,113	17,728.24	123.65	0.075,1

表6-11(續)

省會	人均耕地面積（畝/人）	固定資產投資總額（萬元）	當年實際使用外資金額（萬美元）	職工平均工資（元）	單位從業人員（萬人）	中學生在校人數比例（人）
	GD	TZ	WZ	GZ	JY	XS
蘭州市	1.02	2,969,724.78	5,783	16,958.2	57.06	0.070,6
西寧市	1.05	1,120,329.00	12,114	17,772.89	21.95	0.062,7
銀川市	1.42	1,751,185.08	5,332	18,423.31	29.11	0.076,3
烏魯木齊市	0.42	1,639,919.77	2,520	20,354.95	45.1	0.070,5

以上這些都作為解釋指標。對於被解釋指標，即各省會的經濟人口承載力，需要先進行測算。按照之前的定義，即

$$區域經濟人口承載力 = \frac{區域經濟總量}{全國人均GDP}$$

測算出2005—2012年的省會城市的經濟人口承載力（見表6-12）。

表6-12　　中國省會城市經濟人口承載力測算結果　　單位：萬人

年份 省會	2005	2006	2007	2008	2009	2010	2011	2012
北京市	2,390.7	1,929.7	2,425.5	2,332.7	2,377.8	2,376.4	2,341.3	2,313.8
天津市	1,283.7	1,922.4	1,309.7	1,413.3	1,471.7	1,553.2	1,629.0	1,668.6
石家莊市	620.3	645.6	612.2	631.3	587.2	572.6	588.2	582.4
太原市	310.1	279.7	325.4	326.5	302.3	299.4	299.7	299.1
呼和浩特市	258.2	347.1	285.5	292.8	321.7	314.1	313.7	320.4
瀋陽市	723.5	737.5	835.3	858.6	835.1	844.8	852.2	854.5
長春市	582.7	522.6	541.7	569.8	557.3	560.5	576.7	576.7
哈爾濱市	635.5	613.2	631.9	637.9	621.3	617.1	611.2	588.9
上海市	3,178.0	3,188.9	3,160.8	3,046.7	2,943.9	2,890.3	2,765.4	2,611.8
南京市	837.1	861.1	851.5	839.6	827.7	863.9	885.4	932.0
杭州市	1,021.6	1,072.40	1,063.3	1,063.4	995.4	1,001.7	1,011.2	1,009.7
合肥市	296.3	312.40	346.1	370.3	411.3	454.9	523.9	538.9

表6-12(續)

年份 省會	2005	2006	2007	2008	2009	2010	2011	2012
福州市	512.5	517.00	512.1	508.0	509.5	525.9	538.3	545.9
南昌市	349.8	224.07	360.4	369.2	359.5	370.4	387.4	388.3
濟南市	651.5	667.27	664.6	671.1	655.7	658.4	634.8	621.7
鄭州市	576.5	591.30	644.9	668.1	647.3	680.4	717.4	718.2
武漢市	777.0	798.84	814.8	880.8	904.1	937.2	974.2	1,035.8
長沙市	527.7	596.34	568.0	667.5	732.7	765.6	809.5	828.2
廣州市	1,789.4	1,688.69	1,843.6	1,827.4	1,787.9	1,809.7	1,789.8	1,753.7
南寧市	251.1	285.19	277.2	292.8	298.3	303.1	318.6	323.9
海口市	104.6	104.99	102.1	98.6	95.8	100.2	102.8	106.0
重慶市	1,066.0	1,088.15	1,069.1	1,133.6	1,277.6	1,334.5	1,442.3	1,476.6
成都市	823.1	837.55	862.0	867.7	880.9	934.7	987.5	1,053.3
貴陽市	182.5	186.88	179.9	180.4	190.2	188.9	199.3	220.0
昆明市	368.5	364.43	364.4	336.2	353.9	357.0	361.5	389.7
西安市	441.0	452.40	457.4	487.1	533.0	545.8	556.7	565.0
蘭州市	196.9	192.6	190.0	188.2	181.2	185.3	195.9	202.4
西寧市	82.5	84.7	88.8	93.9	98.0	105.8	111.0	110.1
銀川市	100.2	108.4	106.0	114.3	113.1	129.6	142.1	148.9
烏魯木齊市	195.3	219.6	212.7	226.9	214.1	225.4	243.5	259.4

同樣，為了觀察未來中國省會城市經濟人口承載力的趨勢，這裡嘗試預測未來各省會城市經濟人口承載力。在預測方式選擇上，同樣利用灰色模型GM(1,1)進行預測，其原理和方法見上節，這裡不再詳述。具體預測結果如下(見表6-13)。

表6-13　　　中國省會城市經濟人口承載力預測　　　單位：萬人

年份 省會	2015	2017	2020	2022	2025	2027	2030
北京市	2,520.70	2,599.40	2,722.10	2,807.10	2,939.60	3,031.40	3,174.50
天津市	1,570.80	1,572.10	1,574.10	1,575.40	1,577.40	1,578.70	1,580.70

表6-13(續)

年份 省會	2015	2017	2020	2022	2025	2027	2030
石家莊市	541.57	522.69	495.60	478.33	453.54	437.73	415.05
太原市	300.36	298.97	296.89	295.51	293.45	292.09	290.06
呼和浩特市	263.88	245.70	220.74	205.53	184.65	171.93	154.46
瀋陽市	912.30	941.23	986.36	1,017.60	1,066.40	1,100.20	1,153.00
長春市	607.13	624.57	651.67	670.40	699.49	719.59	750.82
哈爾濱市	589.39	580.37	567.10	558.43	545.66	537.32	525.03
上海市	2,421.00	2,269.90	2,060.60	1,931.90	1,753.80	1,644.30	1,492.70
南京市	934.99	959.34	997.06	1,023.00	1,063.30	1,091.00	1,133.90
杭州市	957.01	933.64	899.66	877.69	845.74	825.09	795.06
合肥市	733.31	886.80	1,179.30	1,426.20	1,896.60	2,293.60	3,050.30
福州市	557.42	569.66	588.53	601.46	621.38	635.03	656.06
南昌市	421.70	442.42	475.43	498.79	536.01	562.34	604.30
濟南市	610.30	596.64	576.72	563.81	544.98	532.78	514.99
鄭州市	790.60	837.25	912.44	966.29	1,053.10	1,115.20	1,215.40
武漢市	1,168.20	1,272.80	1,447.70	1,577.40	1,794.10	1,954.80	2,223.40
長沙市	1,031.20	1,171.20	1,417.70	1,610.20	1,949.00	2,213.60	2,679.40
廣州市	1,800.60	1,805.50	1,813.00	1,817.90	1,825.40	1,830.40	1,838.00
南寧市	348.14	366.06	394.69	415.00	447.46	470.49	507.28
海口市	102.83	103.28	103.96	104.41	105.10	105.56	106.25
重慶市	1,794.70	2,024.30	2,424.90	2,735.10	3,276.40	3,695.60	4,427.00
成都市	1,151.00	1,242.70	1,394.00	1,504.90	1,688.20	1,822.50	2,044.40
貴陽市	227.12	240.24	261.36	276.47	300.78	318.16	346.13
昆明市	381.51	388.62	399.53	406.98	418.41	426.21	438.18
西安市	654.55	710.32	803.00	871.42	985.12	1,069.10	1,208.50
蘭州市	199.37	202.32	206.83	209.89	214.57	217.75	222.60
西寧市	130.87	143.91	165.92	182.44	210.36	231.30	266.69
銀川市	177.42	200.93	242.16	274.25	330.53	374.32	451.13
烏魯木齊市	271.48	287.58	313.55	332.15	362.14	383.62	418.25

(二) 面板數據模型簡介

Panel Data，即面板數據，是截面數據與時間序列數據綜合起來的一種數

據類型，是截面上個體在不同時點的重複觀測數據。

與利用一維的截面數據和時間序列數據進行經濟分析相比，面板數據有很多優點：①由於觀測值的增多，可以增加自由度並減少解釋變量間的共線性，提高了估計量的抽樣精度；②面板數據建模比單截面數據建模可以獲得更多的動態信息，可以構建並檢驗更複雜的行為模型；③面板數據可以識別、衡量僅使用一維數據模型所不能觀測和估計的影響，可以從多方面對同一經濟現象進行更加全面的解釋。

Panel Data 模型的一般形式為：$y_{it} = \alpha_{it} + \sum_{k=1}^{K} \beta_{kit} x_{it} + \mu_{it}$ 其中，y_{it} 為被解釋變量；x_{it} 為解釋變量，$i = 1, 2, 3, \cdots, N$，表示 N 個個體；$t = 1, 2, 3, \cdots, T$，表示已知 T 個時點。參數 ε_i 表示模型的截距項，k 是解釋變量的個數，β_{kit} 是相對應解釋變量的待估計系數。隨機誤差項 μ_{it} 相互獨立，且滿足零均值，等方差為 δ^2 的假設。

面板數據模型可以構建三種形式（以截面估計為例）：

形式一：不變參數模型 $y_i = \alpha + \sum_{k=1}^{K} \beta_k x_{ki} + \mu_i$，又叫混合迴歸模型，是指無論從時間上還是截面上觀察數據均不存在顯著差異，故可以將面板數據混合在一起，採用普通最小二乘估計法（OLS）估計參數即可。

形式二：變截距模型 $y_i = \alpha^* + \alpha_i + \sum_{k=1}^{K} \beta_k x_{ki} + \mu_i$，$\alpha^*$ 為每個個體方程共同的截距項，α_i 是不同個體之間的異質性差異。對於不同個體或時期而言，截距項不同而解釋變量的斜率相同，說明存在不可觀測個體異質影響但基本結構是相同的，可以通過截距項的不同而體現出個體之間的差異。當 α_i 與 x_i 相關時，那就說明模型為固定效應模型，當 α_i 與 x_i 不相關時，說明模型為隨機效應模型。

形式三：變參數模型 $y_i = \alpha^* + \alpha_i + \sum_{k=1}^{K} \beta_{ki} x_{ki} + \mu_i$，對於不同個體或時期而言，截距項（$\alpha^* + \alpha_i$）和每個解釋變量的斜率 β_{ki} 都是不相同的，表明不同個體之間既存在個體異質影響也存在不同的結構影響，即每個個體或時期都對應一個互不相同的方程。同樣分為固定效應模型和隨機效應模型兩種。

（三）實證結果與分析

根據面板數據模型的理論，得到經濟人口承載力的影響因素動因估計結果。首先對模型進行 F 檢驗，檢驗結果支持選擇變截距模型；然后使用 Hausman 檢驗判斷選擇固定效應模型還是隨機效應模型。

按照面板數據模型的原理，首先構建基本模型：

$Y_{it} = \alpha_{it} + \beta_1 \cdot GD_{it} + \beta_2 \cdot TZ_{it} + \beta_3 \cdot WZ_{it} + \beta_4 \cdot GZ_{it} + \beta_5 \cdot JY_{it} + \beta_6 \cdot XS_{it} + \mu_{it}$

面板數據模型有三種效應：一種是混合面板（Pool），一種是固定效應模型（Fixed Effects），一種是隨機效應模型（Random Effects）。然後基於兩種檢驗方法，即F檢驗和Hausman檢驗，從而選擇最優模型。為了簡單說明這一過程，這裡先給出混合面板數據結果（見表6-14），在得出最優模型之前並不急於分析估計結果。可以看出調整的R-squared達到0.88，表明模型擬合結果比較良好。系數顯著性方面，人均耕地面積GD和中學生在校比例XS不顯著。至於估計系數的解釋，這裡先不著急，因為要得到最優的模型。然後也給出固定效應模型Fixed Effects結果。

表6-14　　　　　　　　混合模型估計結果

變量	估計系數	標準差	t統計值	概率
C	1.762,9	0.567,9	3.104,2	0.002,1
LOG（GD）	-0.028,4	0.034,0	-0.836,2	0.403,9
LOG（TZ）	0.188,6	0.046,0	4.101,4	0.000,1
LOG（WZ）	0.150,2	0.021,8	6.881,3	0.000,0
LOG（GZ）	-0.333,6	0.074,1	-4.499,8	0.000,0
LOG（JY）	0.666,0	0.049,2	13.538,0	0.000,0
LOG（XS）	-0.022,7	0.035,6	-0.636,2	0.525,3
R-squared	0.885,6			
Adjusted R-squared	0.882,7			
S. E. of regression	0.296,8			
Sum squared resid	20.525,3			
Log likelihood	-45.467,4			
F-statistic	300.643,8			
Prob（F-statistic）	0.000,0			

然後檢驗混合模型還是固定效應模型哪個好。相對於混合估計模型來說，是否有必要建立個體固定效應模型可以通過F檢驗來完成。

原假設H_0：不同個體的模型截距項相同（建立混合估計模型）。

備擇假設H_1：不同個體的模型截距項不同（建立個體固定效應模型）。

F 統計量定義為：

$$F = \frac{(SSE_r - SSE_u)/[(NT-2)-(NT-N-1)]}{SSE_u/(NT-N-1)}$$

$$= \frac{(SSE_r - SSE_u)/(N-1)}{SSE_u/(NT-N-1)}$$

其中 SSE_r，SSE_u 分別表示約束模型（混合估計模型）和非約束模型（個體固定效應模型）的殘差平方和。非約束模型比約束模型多了（$N-1$）個被估參數（混合估計模型給出公共截距項）。

檢驗結果如表 6-15。結果顯示拒絕原假設，即拒絕原假設，接受備選假設，即應該檢驗固定效應模型，結果如表 6-16。

表 6-15　　　　混合模型和固定效應模型 F 檢驗結果

Effects Test	Statistic	d. f.	Prob.
Cross-section F	60.71	(29, 204)	0.000,0
Cross-section Chi-square	543.58	29.00	0.000,0

表 6-16　　　　　　　隨機效應模型估計結果

變量	估計系數	標準差	t 統計值	概率
C	4.495,9	0.233,3	19.270,1	0.000,0
LOG（GD）	-0.102,0	0.022,7	-4.487,0	0.000,0
LOG（TZ）	0.204,2	0.028,1	7.262,7	0.000,0
LOG（WZ）	0.031,1	0.014,1	2.202,6	0.028,6
LOG（GZ）	-0.369,0	0.049,9	-7.397,2	0.000,0
LOG（JY）	0.411,7	0.036,8	11.198,3	0.000,0
LOG（XS）	0.018,2	0.013,3	1.371,7	0.171,5
R-squared	0.487,2			
Adjusted R-squared	0.474,0			
S. E. of regression	0.142,0			
F-statistic	36.892,3			
Prob（F-statistic）	0.000,0			

同樣，在分析之前，還需檢驗固定效應模型和隨機效應模型哪個最優

（這裡就不再給出隨機效應結果，如有需要可以向作者索取；這是因為考慮到結果的雷同，且發現檢驗結果固定效應模型為最優模型，所以沒有必要再展示）。這裡採用 Hausman 檢驗（豪斯邁檢驗）用來決定模型是隨機效應還是固定效應，其原假設是檢驗值為 h = 0，其中：

$$h = d'[\text{var}(d)]^{-1}d, \ d = \hat{\beta}_{FE} - \hat{\beta}_{RE}, \ \text{var}(d) = \hat{\sigma}^2_{ER}(X^{\cdot\prime}X^{\cdot})^{-1} - \hat{\sigma}^2_{FE}(X^{*\prime}X^{*})^{-1}$$

式中 $\hat{\beta}_{FE}$ 為固定效應估計系數，$\hat{\beta}_{RE}$ 為隨機效應估計系數，X^* 為固定效應下的離差，$X^{\cdot}$ 為隨機效應下的離差。該統計量服從自由度為（$K + 1$）的卡方分佈，K 為模型中解釋變量的個數。

檢驗結果如表 6-17，存在隨機效應的原假設，即隨機效應模型更優。

表 6-17　固定效應與隨機效應模型的豪斯曼檢驗（Hausman）

Test Summary	Chi-Sq. Statistic	Chi-Sq. d. f.	Prob.
Cross-section random	4.53	6.000,0	0.120,1

綜合表 6-15 和表 6-17 的檢驗結果，最終確定隨機效應模型最優，即表 6-16 的估計結果最好。因此，這時就可以遵循該最優估計結果進行分析。從表 6-16 可以看出：

（1）人均耕地面積（GD）對經濟人口承載力（EPS）在 1% 的顯著性水平下有顯著的負影響，即某個地區的人均耕地面積越多，或者說以農業生產為主要經濟發展方式，那麼在工業化和服務業發展的今天，其經濟人口承載力的能力越低。也就是說農業是阻礙經濟人口承載力提升的指標，不過需要指出的是，作為基礎產業的農業，儘管其與經濟人口承載力呈負相關性，但不能以此全部忽略農業的作用，不能以發展經濟特別是發展工業為借口，隨意占用耕地。農業是發展的基礎、糧食安全的保障，必須堅持農業的基礎支撐地位。這裡其與經濟人口承載力的負向關係，只是告訴我們落後的地區（比如中西部地區）或農業比重大的區域，不適合承載大量的人口，而東部以現代產業為主的區域能承載更多的人口。

（2）全社會固定資產投資（TZ）對經濟人口承載力有顯著的正向影響。這表明投資是拉動中國經濟發展的主要引擎。事實上，中國過去經濟發展的主要因素，就是我們所稱的「三駕馬車」——投資、出口和消費，而且投資占非常大的比重，這也就提供了一定經濟人口承載力基礎。

（3）實際利用外資額（WZ）對經濟人口承載力有顯著的正向影響。這同樣表明外資利用水平是經濟人口承載力的促進因素。實際上，外商直接投資或

者利用外資水平對區域經濟發展具有非常大的作用，外商在選擇投資區域時都很謹慎，區域經濟發展好的地區是首選，而這部分重要的外資也對經濟人口承載力提供了支撐。

（4）職工工資水平（GZ）對經濟人口承載力有負的影響，也就是說工資水平越高，反而經濟人口承載力越強，這似乎與我們觀察到的現實矛盾，比如上海、廣州的工資水平高，經濟人口承載力也高。但是仔細分析，負的影響也不是沒有可能，工資水平本身有兩個方面的影響：一是工資水平高表明收入高，更能吸引勞動人口；另一方面工資水平高表明企業成本高，對企業招聘人才存在阻力。所以職工工資水平對經濟人口承載力是正影響還是負影響取決於兩者的綜合影響，但至少在本課題的研究時段（2005—2012年），兩者的綜合影響是負的。不過，如果選擇更多城市或者更長時間，也許結果會變成正向影響，這裡恕不作探討。

（5）單位從業人員（JY）和中學生在校比例（XS）都是正向影響，只是前者顯著，后者不顯著。對於單位從業人員的顯著正影響，這很明顯，從業人員本身就是人口的反應，單位從業人員數量越大，表明經濟人口數量越大，即經濟人口承載力越大。對於中學生在校比例的不顯著性，可能因為其本身的影響也存在兩個方面：一是間接表示勞動人口的大小，比如，中學生在校比例高，則預期勞動就業人口越多；二是中學生在校比例高，在一定程度上也表明當前的勞動力越少，即低年齡結構人口多，勞動年齡結構人口少。所以，兩個方面的綜合作用在此產生了不顯著的作用，但方向是正的。

根據以上分析，我們可以認為，經濟人口承載力受多個不同因素的影響，本研究鑒於數據的原因選取了6個有代表性的指標進行具體建模分析。基本結論為：以農業（耕地）為主的地方，經濟人口承載力更弱，但不能為提高經濟人口承載力而忽視農業的基礎地位；國內投資和外資（利用）對促進經濟人口承載力提高具有顯著影響；就業人口本身就是經濟人口承載力的反應；職工工資水平具有雙向影響作用，而在本研究期內（2005—2012年）其結果是負向作用更大，即勞動成本大。

第七章　區域人口競爭力與提升策略

第一節　人口競爭力的基本理論

一、基本概念闡釋

人口競爭力是指一定時間內一個國家或地區的人口狀況在國際或國內社會經濟活動中所處的地位並與別國或別地區人口發展隨競爭變化所表現出來的生存與可持續發展的能力（陳明立，譚遠發，2007）。其狀況好壞、地位高低和能力的強弱，通過人口數量、人口質量、人口結構、人口分佈與流動，以及人口與資源環境的關係等一系列要素及其相互之間的有機聯繫表現出來。所以人口競爭力可分為多種次要的競爭力類型：

區域人口數量競爭力，是指一定時間內某區域的人口總數相對於其他地區人口發展所表現出來的優勢條件，具體比如勞動人口規模、就業人數以及其他經濟社會條件或經濟社會發展能力等。區域人口數量的競爭力最終要體現在人口數量的適度增長和適度規模上。

區域人口質量競爭力，是指一定時間內某區域的人口質量相對於其他地區人口發展所表現出來的優勢條件。區域人口質量主要包括人口的身體素質、科學文化素質與思想道德素質等多個方面的內容。

區域人口結構競爭力，是指一定時間內某區域的人口結構相對於其他地區人口發展所表現出來的優勢條件。比如人口紅利、人口撫養比等。

區域人口與資源環境關係的競爭力，是指一定時間內某區域的人口與資源環境的關係狀況相對於其他地區人口發展所表現出來的優勢條件。

區域人口競爭力在類型劃分上，根據不同標準，還可以劃分為城市人口競爭力、農村人口競爭力以及不分城鄉的整體區域人口競爭力。研究區域人口競爭力，除了人口因素本身以外，絕不能忽視人口存在和發展必須依賴的經濟社會條件和資源環境狀況。

二、主要評價標準、指標和體系

（一）簡潔統一且常用的評價標準——HDI 指數

1. 基本概念與應用

人類發展指數從動態上對人類發展狀況進行了反應，揭示了一個國家的優先發展項，為世界各國尤其是發展中國家制定發展政策提供了一定的依據，從而有助於挖掘一國經濟發展的潛力。通過分解人類發展指數，可以發現社會發展中的薄弱環節，為經濟與社會發展提供預警。

人類發展指數 HDI（Human Development Index）是由聯合國開發計劃署（UNDP）在《1990年人文發展報告》中提出的，用以衡量聯合國各成員國經濟社會發展水平的指標，是對傳統的 GNP 指標挑戰的結果。1990 年，聯合國開發計劃署創立了人類發展指數，即以預期壽命、教育水準和生活質量為三項基礎變量，按照一定的計算方法得出的綜合指標，並在當年的《人類發展報告》中發布。1990 年以來，人類發展指標已在指導發展中國家制定相應發展戰略方面發揮了極其重要的作用。

2. HDI 的優缺點

（1）優點。首先，人類發展指數採用較易獲得的數據，認為對一個國家福利的全面評價應著眼於人類發展而不僅僅是經濟狀況，計算較容易，比較方法簡單。其次，人類發展指數適用於不同的群體，可通過調整反應收入分配、性別差異、地域分佈、少數民族之間的差異。HDI 從測度人類發展水平入手，反應一個社會的進步程度，為人們評價社會發展提供了一種新的思路。

（2）缺點。首先，人類發展指數只選擇預期壽命、成人識字率和實際人均 GDP 三個指標來評價一國的發展水平，而這三個指標只與健康、教育和生活水平有關，無法全面反應一國人文發展水平。其次，在計算方法上，存在一些技術問題，如實際人均 GDP 的理想值的確定、國家間人均 GDP 的測量尺度差異等。最后，HDI 值的大小易受極大值和極小值的影響。因為 HDI 是採用將實際值與理想值和最小值聯繫起來的方式，來評價相對發展水平的，所以當理想值或最小值發生變化時，即使一國的三個指標值不變，其 HDI 值也可能發生變化。

（二）多元差異的評價體系——綜合指數

從多個層次綜合研究區域人口競爭力的成果非常多，研究者都建立了自身可行性的綜合評價體系和評價指數。如劉小英、韓建民（2006）在參考區域競爭力評價指標體系的基礎上，兼顧可操作性、全面性和可比性原則，以現有的統計資料為基礎，設計了 11 個反應西部地區經濟實力、產業結構、人口素質、基礎設施建設、政府作用力和居民生活水平等要素的西部地區人力資源競爭力計量體系。由於這些研究都沒有明確界定人口競爭力的概念，而且研究的

側重點、評價指標、評價方法和評價模式都存在很大差異，因此，不同結果之間很難相互驗證。

陳明立、譚遠發（2007）指出人口競爭力是一個複雜的系統，要對其完全準確地描述是極其困難的。（我們這裡主要從人口自身所呈現出的數量、質量、結構、分佈與遷移流動狀況和人口與資源環境之間所處關係五大要素及其有機聯繫上對人口競爭力進行評估。）他們在研究中，根據其基本特徵，結合AHP原理，將其分解為三個層次——目標層、準則層和指標層，然後結合指標選取的科學性、可得性、代表性、全面性以及層次性等原則，篩選出63項主要指標，構建出衡量中國三大區域人口競爭力的綜合評價指標體系與層次結構。目標層是指中國三大區域人口競爭力評價這一總目標，包括人口數量競爭力、人口質量競爭力、人口結構競爭力、人口分佈與遷移競爭力以及人口與資源環境的關係五大要素。準則層是這五大要素的進一步細化，包括人口規模、人口再生產速度、科學文化素質、身體素質、性別結構、年齡結構等共計14個指標。指標層則是指標的進一步分解和細化，一共有63項具體評價指標，這些指標的有機結合構成了人口競爭力評價指標體系和層次結構。

楊杰（2008）基於投影尋蹤綜合評價法分析了中國人口競爭力，文章從人口規模、人口質量、人口結構、人口動量著手，構建了含24項具體評價指標的人口競爭力評價體系，並運用投影尋蹤綜合評價法與聚類分析對2006年中國31個省、自治區、直轄市的人口競爭力進行了分析。研究結果表明，投影尋蹤綜合評價法適用於人口競爭力整體評價，具有較高的精度，但數據轉換方式的選擇會影響精度。按照人口競爭力綜合評價指標分數，中國31個省、自治區、直轄市可分為七類；人口競爭力呈現北強南弱、東優西劣的梯次格局。

第二節　區域人口競爭力的實證分析

本研究以省級區域人口競爭力評價為例，意在闡釋區域認可競爭力評價的理論、方法及其應用。對省級區域的人口競爭力評價，可以實現省級區域人口競爭力的比較分析，促進全省人口在區域內的均衡發展。目前，評價模型方法已經多元化，評價指標體系有一定差異，都需要選擇。數據方面，一般選擇評價年數據即可。本研究隨機選取2008年的《四川省人口和就業統計年鑒》和《四川統計年鑒》數據加以評價，目的不在於獲取四川人口競爭力評價結果本

身,而在於通過評價進行研究示範。①

一、區域人口競爭力評價方法

層次分析法是一種新的定性分析與定量分析相結合的系統分析方法,是將人的主觀判斷用數量形式表達和處理的方法,簡稱 AHP (The Analytic Hierarchy Process) 法。層次分析法是把複雜問題分解成各個組成因素,又將這些因素按支配關係分組形成遞階層次結構。通過兩兩比較的方式確定各個因素相對重要性,然后綜合決策者的判斷,確定決策方案相對重要性的總排序。運用層次分析法進行系統分析、設計、決策時,可按 4 個步驟進行:

(1) 分析系統中各因素之間的關係,建立系統的遞階層次結構;

(2) 對同一層次的各元素關於上一層中某一準則的重要性進行兩兩比較,構造兩兩比較的判斷矩陣;

(3) 由判斷矩陣計算被比較元素對於該準則的相對權重;

(4) 計算各層元素對系統目標的合成權重並排序。

權重的計算方法有多種,包括和法、根法和特徵根法,可根據不同的分析目的選取不同的計算方法。本研究採用根法(即幾何平均法)對各層指標間的權重進行計算。具體方法如下:

將 A 的各個行向量進行幾何平均,然后歸一化,得到的行向量就是權重向量。其公式為:
$$\omega_1 = \frac{(\prod_{j=1}^{n} a_{ij})^{\frac{1}{n}}}{\sum_{k=1}^{n}(\prod_{j=1}^{n} a_{kj})^{\frac{1}{n}}} \quad (i = 1, 2, \cdots, n)$$

計算步驟如下:

第一步:A 的元素按行相乘得一新向量;

第二步:將新向量的每個分量開 n 次方;

第三步:將所得向量歸一化后即為權重向量。

在計算單準則下權重向量時,還必須進行一致性檢驗。在判斷矩陣的構造中,並不要求判斷具有傳遞性和一致性,即不要求 $a_{ij} \cdot a_{jk} = a_{ik}$ 嚴格成立,這是由客觀事物的複雜性與人的認識的多樣性所決定的。

1) 計算一致性指標 CI (Consistency Index)。

$$CI = \frac{\lambda_{max} - n}{n - 1}$$

2) 查找相應的平均隨機一致性指標 RI (Random Index)。

---

① 本節內容主要吸收、借鑑了本書作者王學義主持的四川社科基金重點項目「四川人口轉變后果與統籌解決人口問題」(編號:SC07A002)。

3) 計算性一致性比例 CR（Consistency Ratio）。

$$CR = \frac{CI}{RI}$$

當 CR<0.1 時，認為判斷矩陣的一致性是可以接受的；當 CR≥0.1 時，應該對判斷矩陣作適當修正。

4) 計算各層元素對目標層的總排序權重。由上面得到的是一組元素對其上一層中某元素的權重向量。最終要得到各元素，特別是最低層中各元素對於目標的排序權重，即所謂總排序權重，從而進行方案的選擇。對單準則下的權重進行合成，並逐層進行總的判斷一致性檢驗。

設 $W^{(k-1)} = [\omega_1^{(k-1)}, \omega_2^{(k-1)}, \cdots, \omega_{k-1}^{(k-1)}]^T$ 表示第 (k-1) 層上 n_{k-1} 個元素相對於總目標的排序權重向量，用 $P_j^{(k)} = [p_{1j}^{(k)}, p_{2j}^{(k)}, \cdots, p_{n_kj}^{(k)}]^T$ 表示第 k 層上 n_k 個元素對第 (k-1) 層上第 j 個元素為準則的排序權重向量，其中不受 j 元素支配的元素權重取為零。矩陣 $P^{(k)} = [P_1^{(k)}, P_2^{(k)}, \cdots, P_{n_{k-1}}^{(k)}]^T$ 是 $n_k \times n_{k-1}$ 階矩陣，它表示第 k 層上元素對 (k-1) 層上各元素的排序，那麼第 k 層上元素對目標的總排序 $W^{(k)}$ 為

$$W^{(k)} = (\omega_1^{(k)}, \omega_2^{(k)}, \cdots, \omega_{n_k}^{(k)})^T = P^{(k)} \cdot W^{(k-1)}$$

或 $\omega_i^{(k)} = \sum_{j=1}^{n_{k-1}} p_{ij}^{(k)} \omega_j^{(k-1)}$ （$i = 1, 2, \cdots, n$）

並且一般公式為 $W^{(k)} = P^{(k)} P^{(k-1)} \cdots W^{(2)}$。其中 W^2 是第二層上元素的總排序向量，也是單準則下的排序向量。要從上到下逐層進行一致性檢驗，若已求得 (k-1) 層上元素 j 為準則的一致性指標 $CI_j^{(k)}$、平均隨機一致性指標 $RI_j^{(k)}$、一致性比例 $CR_j^{(k)}$（其中 j=1, 2, $\cdots$, n_{k-1}），則 k 層的綜合指標

$$CI^{(k)} = [CI_1^{(k)}, \cdots, CI_{n_{k-1}}^{(k)}] \cdot W^{(k-1)}$$

$$RI^{(k)} = [RI_1^{(k)}, \cdots, RI_{n_{k-1}}^{(k)}] \cdot W^{(k-1)}$$

當 $CR^{(k)}$ < 0.1 時，認為遞階層次結構在 k 層水平的所有判斷具有整體滿意的一致性。

二、區域人口競爭力評價指標

人口競爭力是一個複雜的系統，要對其完全準確地描述是極其困難的。在研究中，本著科學性和全面性、區域性和可比性、適用性和可行性等原則，對四川區域人口競爭力的設計，根據四川區域人口的基本特徵，結合 AHP 原理，將其分解為三個層次——目標層（A 層）、準則層（B 層）和指標層（C 層），然后結合指標選取的科學性、可得性、代表性、全面性以及層次性等原則，篩選出 20 項主要指標，構建出衡量四川區域人口競爭力的綜合評價指標體系與層次結構。目標層是指四川區域人口競爭力評價這一總目標，包括人口基本特

徵競爭力、人口分佈與遷移競爭力、人口與社會經濟發展以及人口與資源環境的關係四大要素。準則層是這四大要素的進一步細化，這些指標的有機結合構成了人口競爭力評價指標體系和層次結構。

本研究的指標測度值主要根據《四川統計年鑒2008》《四川人口和就業統計年鑒2008》以及其他一些相關資料整理計算而得。由於各指標測度值分別表示不同的含義，不能直接用於計算，需要進行無量綱化處理，也就是進行標準化處理。根據各指標對人口競爭力強弱的影響方向把指標分別劃分為正向和反向兩類。把正向指標稱為效益型指標，指標測度值越大越好；把反向指標稱為成本型指標，指標測度值越小越好。本研究主要選用極值法對各指標數據進行標準化，將各個具體指標數值轉化到0~1的範圍內，具體計算過程略。具體因子指標如表7-1：

表7-1　　　　　　　　四川區域人口競爭力指標體系

目標層（A）	準則層（B）	因子層（C）
四川區域人口競爭力比較分析	人口基本特徵	人口粗文盲率
		人口性別比
		社會總負擔系數
		人口自然增長率
		育齡婦女總和生育率
		各地區年底總人口數
	人口分佈與遷移	人口密度
		人口經濟密度
		城鎮化率
		人口遷移率
		第三產業就業人員所占比重
	人口與經濟社會發展	人均GDP
		城鎮居民可支配性收入
		農村居民純收入
		養老保險參保率
		萬人擁有的衛生機構數
		萬人擁有的文化站個數
	人口與資源環境發展	人均耕地面積
		個人建房占地面積
		人均公路里數

四川區域人口競爭力的主要特徵就是由人口數量、人口質量、人口自然結構構成的人口基本特徵以及人口的分佈與遷移、人口與社會經濟發展、人口與資源環境四方面要素構成。這四方面的要素是形成區域人口競爭力的決定因

素，也是區域人口競爭力的重要體現，它們相互作用、相互影響、互為因果。與此同時，這四方面的競爭能力又受到國內環境、區域環境、經濟社會發展戰略等因素的綜合影響。

三、區域人口競爭力評價結果及水平聚類

人口基本特徵是人口競爭力的基礎。人口競爭力不僅表現在地區人口數量的競爭，更多體現為人口質量的競爭。隨著四川人口再生產類型的轉型，人口結構狀況如何對人口再生產和人口發展有著重要影響，對地區社會經濟發展也有重要作用。在人口數量和質量一定的條件下，人口結構的優化是增強人口競爭力的重要基礎。按照層次分析法的相關步驟，對各層指標的權重進行計算，結果如表7-2所示：

表 7-2　　　　　　　　四川區域人口競爭力指標評價體系

目標層 (A)	準則層 (B)	因子層 (C)	單位	方向	權重 1	權重 2
四川區域人口競爭力比較分析	人口基本特徵	人口粗文盲率	%	負向	0.38	0.150
		人口性別比	女性＝100	負向	0.30	0.101
		社會總負擔系數	%	負向	0.16	0.063
		人口自然增長率	‰	負向	0.08	0.001
		育齡婦女總和生育率	—	負向	0.04	0.033
		各地區年底總人口數	萬人	正向	0.02	0.001, 3
	人口分佈與遷移	人口密度	人/平方千米	正向	0.51	0.171
		人口經濟密度	元/平方千米	正向	0.26	0.075
		城鎮化率	%	正向	0.13	0.017
		人口遷移率	%	負向	0.06	0.016
		第三產業就業人員占比	%	正向	0.03	0.039
	人口與經濟社會發展	人均 GDP	元	正向	0.41	0.121
		城鎮居民可支配性收入	元	正向	0.22	0.065
		農村居民純收入	元	正向	0.21	0.062
		養老保險參保率	%	正向	0.08	0.025
		萬人擁有的衛生機構數	個	正向	0.04	0.013
		萬人擁有的文化站個數	個	正向	0.02	0.007
	人口與資源環境發展	人均耕地面積	畝	正向	0.64	0.025
		個人建房占地面積	千公頃	正向	0.26	0.007
		人均公路里數	千米	正向	0.11	0.004

註：權重 1 為 B 層分指標權重，權重 2 為 C 層各指標的權重

按照上述計算權重的方法，我們對區域人口競爭力四個準則層和 20 個因子層的權重分別進行計算，並分別進行了一致性檢驗，具體計算結果如下。

A→B 的特徵值：0.540　0.128　0.292　0.040

CI＝0.086　RI＝0.900　CR＝0.096<0.1，通過一致性檢驗。

B_1→C 的特徵值：0.382　0.303　0.164　0.083　0.043　0.024

CI＝0.066　RI＝1.240　CR＝0.053<0.1，通過一致性檢驗。

B_2→C 的特徵值：0.51　0.26　0.13　0.06　0.03

CI＝0.059　RI＝1.120　CR＝0.053<0.1，通過一致性檢驗。

B_3→C 的特徵值：0.413　0.223　0.212　0.084　0.044　0.024

CI＝0.089　RI＝1.240　CR＝0.072<0.1，通過一致性檢驗。

B_4→C 的特徵值：0.637　0.258　0.105

CI＝0.019　RI＝0.058　CR＝0.033<0.1，通過一致性檢驗。

按照上述各指標權重計算結果，我們分別計算了區域人口競爭力各指標的總得分，並得出了人口綜合競爭力的得分情況（見表7-3）。

表7-3　　　　　　　　　四川區域人口綜合競爭力評價

	人口基本特徵		人口分佈與遷移		人口與社會經濟發展		人口與資源環境發展		人口綜合競爭力	
	得分	排序	得分	排序	得分	排序	得分	排序	得分	排序
成都市	0.96	1	0.98	1	0.86	1	0.86	7	0.91	1
自貢市	0.65	4	0.71	5	0.83	6	0.37	16	0.70	6
攀枝花市	0.58	8	0.52	2	0.53	2	0.83	21	0.56	2
瀘州市	0.52	11	0.50	10	0.40	11	0.28	11	0.53	9
德陽市	0.64	5	0.47	4	0.37	3	0.53	9	0.50	4
綿陽市	0.45	16	0.47	9	0.37	5	0.37	5	0.49	10
廣元市	0.40	18	0.45	18	0.32	20	0.11	6	0.45	20
遂寧市	0.71	3	0.40	8	0.31	16	0.21	19	0.44	8
內江市	0.63	6	0.37	6	0.31	14	0.25	17	0.38	7
樂山市	0.58	9	0.37	3	0.28	4	0.40	13	0.38	5
南充市	0.45	9	0.34	13	0.28	19	0.16	14	0.36	18
眉山市	0.52	15	0.33	15	0.27	8	0.31	10	0.36	11
宜賓市	0.41	17	0.31	14	0.25	9	0.31	12	0.34	13
廣安市	0.30	20	0.31	21	0.25	13	0.25	18	0.34	21
達州市	0.49	15	0.28	16	0.24	18	0.18	8	0.33	17

表7-3(續)

	人口 基本特徵		人口分佈 與遷移		人口與社會 經濟發展		人口與資源 環境發展		人口綜合 競爭力	
	得分	排序	得分	排序	得分	排序	得分	排序	得分	排序
雅安市	0.85	2	0.28	7	0.21	7	0.32	20	0.32	3
巴中市	0.62	7	0.26	19	0.19	21	0.05	15	0.32	16
資陽市	0.47	14	0.26	17	0.18	12	0.27	4	0.29	15
阿壩州	0.37	19	0.21	11	0.16	10	0.28	3	0.27	12
甘孜州	0.48	13	0.19	20	0.11	15	0.19	1	0.26	14
涼山州	0.23	21	0.15	12	0.05	17	0.24	2	0.22	19

　　從各地區人口競爭力的綜合得分排名看，成都市人口競爭力排名最高，其次為攀枝花，排在最后的是廣元和廣安兩地。阿壩、甘孜和涼山三個少數民族自治州的總排名分別為12、14和19，只有涼山州人口競爭力較為落後，阿壩州和甘孜州的人口競爭力在全省屬於中等水平。為了更為詳細地對四川各區域人口競爭力進行聚類分析，我們按照各地區人口競爭力的總得分進行歸類。在四個二類指標的基礎上，我們根據區域人口綜合競爭力得分情況，將四川區域人口競爭力進行分類，如表7-4及圖7-1所示：

表7-4　　　　　　　　　　四川區域人口競爭力的分類

類別	地區
第一類	成都市、攀枝花
第二類	雅安、德陽、樂山、自貢、內江、遂寧
第三類	瀘州、綿陽、眉山、阿壩州、宜賓、甘孜州、資陽、巴中、達州
第四類	南充、涼山州、廣元、廣安

類別	地區
第一類	成都市、攀枝花
第二類	雅安、德陽、樂山、自貢、內江、遂寧
第三類	瀘州、綿陽、眉山、阿壩州、宜賓、甘孜州、資陽、巴中、達州
第四類	南充、涼山州、廣元、廣安

圖7-1 四川區域人口競爭力評價分類圖

從各項指標得分來看，四川各地區人口競爭力共分為人口綜合競爭力優勢區、人口競爭力拓展區、人口競爭力優化區、人口競爭力提升區四類，需要根據類型特徵制定提升策略。

◆第一類：人口綜合競爭力優勢區及提升策略

這一類包括成都和攀枝花兩個地區。從兩個地區的區位條件看，這兩個地區一個位於四川中部地區，一個位於四川南部地區，距離較遠，地理位置不相毗鄰，成都和攀枝花的人口競爭力也是稍有不同的。從各指標的得分排名看，兩地區在人口基本特徵、人口的分佈與遷移以及人口與社會經濟發展方面具有很強的比較優勢。但從人口與資源環境的發展看，攀枝花的人均資源擁有量卻是全省最少的地區，從人口綜合競爭力來看，攀枝花的人口綜合競爭力具有較強的優勢，但稍遜於成都市。這類區域需要制定進一步釋放人口競爭力潛能的

策略。

◆第二類：人口競爭力拓展區及提升策略

這一人口競爭力類型包括雅安、德陽、樂山、自貢、內江和遂寧6個地區。從區位條件來看，這6個地區中德陽和遂寧兩地彼此相鄰，其他4個地區的地域也是相互銜接的，分別構成了小片發展模式。這一人口類型的特點是人口數量、結構和質量相對優越，且社會經濟發展水平較高，人口城鄉分佈較為合理，人口外遷率較低，人均佔有資源相對較少。這些地區人口競爭力的提升策略，主要靠人口自身發展的特徵優勢以及社會經濟發展水平推動。

◆第三類：人口競爭力優化區

這一類型地區包含的地區數量較多，有瀘州、綿陽、眉山、阿壩州、宜賓、甘孜州、資陽、巴中、達州共9個地區。從區位條件看，除眉山、資陽兩地處於四川中心位置外，其他地區多數位於四川邊緣區。這類地區的人口規模、人口素質、人口結構以及人口分佈、人口外遷量在全省來說屬於一般水平。社會經濟發展水平較高，人均資源擁有量最豐富。這類區域的人口競爭力提升策略，必須充分依據這些地區人口競爭力的優勢主要體現在社會經濟發展水平和人均資源擁有量這一特點來制定。這些地區的人口質量、結構還需要進一步優化。

◆第四類：人口競爭力提升區

第四類地區屬於人口競爭力較差的地區。這一類地區包括南充、涼山州、廣元和廣安四個地區。從區位條件看，涼山州位於四川南部，廣元、南充和廣安三地彼此相鄰，位於四川東北部。雖然南充的人口特徵在全省水平相對較好，但經濟水平以及人均資源擁有量在全省屬於低水平範圍。涼山州在人口以及人口與社會經濟發展方面不具有優勢，但在人均資源擁有量上占很輕的比較優勢。而廣元和廣安兩個地區各項指標並不具備較強的比較優勢。這四個地區人口競爭力需要加大力度從各方面進行全面、綜合提升。

此外，從地域分佈看，除第一類中成都和攀枝花兩個地區未構成連片發展的模式外，其他三類地區均構成了連片發展的模式，並彼此相鄰。由此可見，本研究對四川區域人口競爭力的分類還是比較科學的。

總體而言，四川區域間人口競爭力差距較大，要建立適應人口競爭力不斷提高的社會機制和配套政策，制定與未來發展相協調的人口戰略，為促進四川人口的現代化、提升人口的綜合競爭力、實現區域人口均衡與可持續發展奠定良好基礎。

第三節　區域城市人口競爭力：基於「北改」案例

　　區域城市是區域經濟社會資源的綜合體或集合體。一個區域的人口競爭力強弱程度如何，首先與這一區域的城市人口競爭力密切相關，它是區域人口競爭力的重要支撐條件。一個區域的城市人口競爭力強，這一區域的人口競爭力自然也就強；一個區域的城市人口競爭力弱，這一區域的人口競爭力自然也就弱。同時，經濟因素是衡量區域城市人口競爭力的核心因素，例如產業發展水平、人均GDP、人均工業產值、人均服務業產值、地方利稅總額、產品銷售率、總資產貢獻率、成本費用利潤率、資產負債率、勞動生產率、流動資產週轉次數以及人均耕地面積、人口密度、家庭規模等，這些經濟資源和經濟能力將對區域城市人口競爭力的形成產生最重要的影響，它們是人口承載力和競爭力的重要依託。因此，本研究擬再通過區域城市人口競爭力來深化對區域人口競爭力及其條件的認識。

一、研究區域選擇與概況

　　本實證分析選取一個特定區域——「北改」背景下的四川省成都市金牛區展開研究。舊城改造作為提升區域人口競爭力的途徑，在吸引人口集聚、營造良好生活經商環境方面有著重要意義。所以這裡先對成都「北改」工程和金牛區「北改」區域進行介紹。而且，實證研究中，由於是研究城市的綜合人口競爭力，所以純粹的人口相關指標不同於其他研究，即不光包括人口規模、人口素質、結構等，還包括城市綜合發展的多個方面，其中人口相關指標只是其中之一，這更能反應區域或城市的人口綜合競爭力。

（一）成都「北改」工程簡介

　　「北改」片區的總體定位是成都市中心城區北部副中心。其規劃範圍為：西至成灌路及北部商貿城西側邊界；東至成華大道；南至府河；北至香城大道及三河場鎮用地範圍。總面積212平方千米，其中金牛區84平方千米，成華區55平方千米，新都區73平方千米，現有人口約150萬人。規劃后總體定位為中心城區北部副中心，規劃建設用地168.64平方千米；規劃人口為246萬人。「北改」片區處於成德綿經濟帶核心區域，具有火車北站等門戶節點，是傳統商貿業集聚地，同時具有優越的生態資源。到2017年，建成產業現代化、形態國際化、環境生態化、凸顯鮮明成都文化特色的新城北。

「北改」工程是增強成都對成渝經濟區引擎帶動作用的戰略抓手。成都市提出「雙核共興」的發展思路，就是要通過天府新區建設好新興城市極核，通過「北改」工程優化中心城區極核，共同拓展成都的發展空間，進一步提升城市經濟的量能體積。特別是「北改」工程將直接推動中心城區生產力佈局改造和傳統業態轉型，是實現「頭雁高飛」的重要抓手。加之「北改」工程實施區位於成德綿經濟帶的起點，對於推動市域經濟的圈層融合和成都經濟區的聯動發展具有重大戰略意義。

　　「北改」要按照現代產業、現代生活、現代都市「三位一體」的要求和現代化城市形態、高端化城市業態、特色化城市文態、優美化城市生態「四態合一」的理念，以國際化的視野全面優化「北改」區域規劃，高水平、高效率、高質量推進「北改」工作，堅持科學、有序、文明、有力的改造，充分運用市場機制，優化城市空間佈局，建設暢通城北、宜人城北、發達城北，使「北改」工程成為大規模的民生工程。

(二)「北改」下金牛相關區域簡介

　　作為「北改」主戰場的金牛區，是涉及「北改」面積最大的中心城區，達84平方千米，目標是依據「優勢優先、高端發展」基本思路和「產城一體、更加宜人」的基本取向，將「北城」建成現代產業、現代生活、現代都市三位一體，城市業態、生態、文態、形態四態合一的現代化新城和更加宜人的城市副中心。這一龐大改造工程和建設目標，尤其是北門片區改造工程和建設目標必然涉及金牛人口問題，對金牛人口發展產生多方面的影響。所以金牛區在「北改」中的地位可見一斑。

　　金牛區是「北改」的主要區域，「北改」是金牛區規劃發展的重要原動力，也是打造西部核心增長極的主體區，金牛區有基礎、有信心成為「北改」領頭人。金牛區是傳統商圈調遷的重要承接地，處於中國西部最具活力的成都平原經濟圈的核心地帶，在成都、四川省經濟大盤上占據著極其重要的位置。同時，在成都市層面上，作為成都城市副中心，金牛區以「北部商城」國際商貿功能為核心，積極承擔中心城外溢功能及部分區域職能，探索新的經濟體系與發展模式。

　　此次金牛區作為「北改」先鋒，力爭搶抓機遇，發揮「主戰場」作用，並借力「北改」，力爭將金牛區打造成為「宜居新區、文化名區、產業強區」的典範。2013年5月四川省委十屆三次會議提出「構建多點多極支撐、提升首位城市、著力次級突破、夯實底部基礎」的戰略構想，突出做強市州經濟梯隊、做大區域經濟板塊，努力形成首位一馬當先、梯次競相跨越的生動局面，

金牛區應該在「頭雁高飛」的格局中領先發展，爭當主力。

二、研究區域的人口競爭力分析

（一）金牛區在成都市的城市人口競爭力分析

1. 因子分析方法

因子分析最早是由心理學家 Chales Spearman 在 1904 年提出的。它的基本思想是將實測的多個指標用少數幾個潛在因子的線性組合來表示。因子分析的主要應用有兩個：一是尋求基本結構，簡化觀測系統，利用降維的思想，把高度線性相關的原始指標轉化成少數幾個相互獨立並且包含原有指標大部分（85%以上）信息的多元統計方法；二是對變量或樣本進行分類。

第一，基本模型。

$$\begin{cases} X_1 = a_{11}F_1 + a_{12}F_2 + \cdots + a_{1m}F_m + \varepsilon_1 \\ X_2 = a_{21}F_1 + a_{22}F_2 + \cdots + a_{2m}F_m + \varepsilon_2 \\ \cdots \cdots \\ X_p = a_{p1}F_1 + a_{p2}F_2 + \cdots + a_{pm}F_m + \varepsilon_p \end{cases}$$

用矩陣表示為 $X=AF+E$，模型中 X_i 為各指標變量，a_{ij} 稱為因子「載荷」，是第 i 個變量在第 j 個因子上的負荷。矩陣 $\boldsymbol{A} = (a_{ij})$ 稱為因子載荷矩陣，F_j 表示公共因子，ε_i 叫作特殊因子，是變量 X_i 所特有的因子。A_{ij} 表示變量 X_i 依賴 F_j 的程度，也就是 X_i 與公共因子 F_j 之間的密切程度。

模型滿足如下條件：各個公共因子不相關，且方差為1，各個公共因子不相關，且方差為1，即：

（I）$m \leq p$；

（II）$\mathrm{COV}(F, E) = 0$，即公共因子與特殊因子是不相關的；

（III）$\mathrm{DF} = D(F) = \begin{pmatrix} 1 & & 0 \\ & \ddots & \\ 0 & & 1 \end{pmatrix} = I_m$，即各個公共因子不相關，且方差為1；

（IV）$D\varepsilon = D(\varepsilon) = \begin{pmatrix} \sigma_1^2 & & 0 \\ & \ddots & \\ 0 & & \sigma_P^2 \end{pmatrix}$，即各個特殊因子不相關，方差不要求相等。

第二，計算樣本相關係數矩陣 $\boldsymbol{R}$，求相關矩陣 $\boldsymbol{R}$ 的特徵值及特徵向量。

第三，在最小二乘法下對因子得分進行估計，即把公共因子表示成變量的線性組合：

$F_j = \beta_{j1}X_1 + \beta_{j2}X_2 + \cdots + \beta_{jn}X_n$。

第四，通過對指標的降維處理，運用主成分分析法提取因子特徵值大於或等於1的因子，並進行旋轉因子載荷矩陣計算，以各因子的方差貢獻率占這些因子總方差貢獻率的比重為權重進行加權匯總，得出各研究對象的綜合得分 F，其模型為：

$F = \alpha_1 F_1 + \alpha_2 F_2 + \cdots + \alpha_m F_m$

基於以上便可得知研究對象的水平高低。

2. 實證分析與結果解析

（1）數據來源

為了獲得更準確的結果，選取2009—2012年的數據，取平均值進行分析，這樣可以更全面、綜合地反應現實，以防用一年的數據出現偶然性的結果，數據從相應的《成都市統計年鑒》獲取，整理如下（見表7-5、表7-6）：

表7-5　　成都市城市人口競爭力評價指標數據表（一）

總指標	生產總量指標				人均指標			
指標	第一產業	工業	第三產業	地方利稅總額	人均耕地面積	人均GDP	人均工業產值	人均服務業產值
單位	萬元	萬元	萬元	萬元	人/km²	元	元	元
錦江區	7,598	553,652	3,897,712	85,661	0.002,4	109,465	12,782	88,995
青羊區	903	653,192	4,261,062	153,751	0.001,1	92,847	11,259	73,027
金牛區	2,363	975,155	4,080,309	201,531	0.001,6	68,106	13,495	46,351
武侯區	917	1,092,959	3,949,599	195,206	0.000,7	65,007	13,777	43,084
成華區	2,795	966,046	2,965,020	246,165	0.002,4	65,530	14,778	44,880
龍泉驛區	257,010	3,060,099	976,745	2,349,856	0.013,3	75,154	51,026	16,343
青白江區	116,287	1,508,091	458,258	114,918	0.046,9	53,458	36,634	11,133
新都區	204,083	2,047,282	1,093,913	492,833	0.038,9	52,043	29,726	15,876
溫江區	136,541	1,230,894	918,020	325,254	0.037,9	63,338	32,735	24,329
金堂縣	336,993	417,920	562,390	117,071	0.063,8	17,659	4,705	6,335
雙流區	311,263	2,358,242	2,299,058	927,522	0.046,9	55,947	24,511	23,892
郫縣	175,513	1,372,171	864,887	398,162	0.041,9	50,093	26,718	16,846
大邑縣	222,593	337,151	399,501	102,235	0.057,9	20,509	6,562	7,772
蒲江縣	138,813	260,551	202,634	26,306	0.091,2	24,186	9,894	7,695
新津縣	124,710	675,495	463,350	230,053	0.052,6	43,924	21,973	15,075

表7-5(續)

總指標	生產總量指標				人均指標			
指標	第一產業	工業	第三產業	地方利稅總額	人均耕地面積	人均GDP	人均工業產值	人均服務業產值
單位	萬元	萬元	萬元	萬元	人/km²	元	元	元
都江堰市	190,149	374,389	856,458	109,489	0.044,2	26,546	6,114	13,988
彭州市	333,412	786,065	516,766	158,896	0.061,8	21,068	9,784	6,432
邛崍市	247,458	426,521	422,923	139,040	0.067,8	18,062	6,488	6,432
崇州市	247,828	428,446	457,127	127,010	0.058,0	19,193	6,409	6,834

數據來源：成都市統計年鑒2010—2013

表7-6　成都市城市人口競爭力評價指標數據表（二）

總指標	人口與政策指標			資本運作效率指標						
指標	政策符合率	一孩率	人口密度	產品銷售率	總資產貢獻率	成本費用利潤率	資產負債率	勞動生產率	流動資產週轉次數
單位	%	%	人口/km²	%	%	%	%	元/人	次
錦江區	98.88	93.17	6,993	96.49	12.52	13.59	58.54	250,960	1.19
青羊區	98.26	93.69	8,631	98.28	5.53	7.25	64.86	136,771	0.85
金牛區	97.90	91.19	6,633	96.86	10.89	7.85	47.11	283,986	2.09
武侯區	98.33	90.61	7,460	100.14	10.55	8.40	53.23	174,906	1.72
成華區	98.12	92.13	5,988	98.44	14.49	7.99	61.01	204,410	1.50
龍泉驛區	93.55	81.37	1,066	99.86	25.60	10.22	60.24	356,303	1.48
青白江區	89.48	79.07	1,084	98.73	3.83	1.10	55.31	208,692	1.75
新都區	94.75	86.12	1,376	98.27	10.47	5.93	56.70	189,517	2.04
溫江區	96.65	89.38	1,340	99.40	12.98	7.12	46.53	201,044	2.37
金堂縣	87.60	80.23	766	97.18	10.86	5.66	69.76	193,055	1.99
雙流區	94.03	84.11	894	96.73	20.65	9.71	56.74	281,334	2.95
郫縣	92.91	83.94	1,166	94.46	15.44	6.82	44.79	316,567	2.93
大邑縣	91.55	83.80	402	97.31	10.65	7.76	55.99	147,305	1.66
蒲江縣	91.46	80.35	454	98.02	8.35	2.88	42.04	260,948	4.34
新津縣	91.41	82.97	933	99.09	13.54	7.28	67.11	216,222	2.12
都江堰市	93.94	86.81	507	96.20	7.73	7.72	60.19	147,744	1.50
彭州市	91.48	81.47	565	99.90	7.85	6.82	58.69	199,585	1.57
邛崍市	90.49	78.29	478	98.95	16.68	4.94	45.34	158,119	3.33
崇州市	92.43	85.02	616	98.83	13.16	7.12	56.35	115,345	2.32

（2）總方差及實證結果分析

上表給出了因子分析各個階段的特徵根與方差貢獻表，顯示的是按主成分法求得的所選指標相關係數矩陣的特徵值及其所對應向量的貢獻率。為了與前

面的一級指標對應，這裡也選取3個因子進行分析。這4個公共因子的累計方差達到了88%，可以認為能較好地反應所選指標的大部分信息。另外權重可以從各個主因子的方差貢獻占總累積方差貢獻的比計算得出，各因子方差的貢獻率為48.004%、23.473%和17.197%（見表7-7）。

表 7-7　　　　　　　　　　　　　總方差解釋表

Component	Initial Eigenvalues			Extraction Sums of Squared Loadings			Rotation Sums of Squared Loadings		
	Total	% of Variance	Cumulative %	Total	% of Variance	Cumulative %	Total	% of Variance	Cumulative %
1	7.450	43.824	43.824	7.450	43.824	43.824	7.322	43.070	43.070
2	4.079	23.997	67.821	4.079	23.997	67.821	4.099	24.114	67.184
3	1.853	10.898	78.719	1.853	10.898	78.719	1.906	11.211	78.395
4	1.338	7.869	86.588	1.338	7.869	86.588	1.393	8.193	86.588
5	0.852	5.012	91.600						
6	0.429	2.523	94.123						
7	0.290	1.707	95.830						
8	0.212	1.249	97.078						
9	0.205	1.205	98.283						
10	0.142	0.836	99.119						
11	0.081	0.476	99.595						
12	0.041	0.240	99.835						
13	0.014	0.082	99.917						
14	0.008	0.046	99.963						
15	0.005	0.028	99.991						
16	0.002	0.009	100.000						
17	9.377E-6	5.516E-5	100.000						

數據來源：本課題組分析數據

對數據進行因子方差最大正交旋轉，得到旋轉后的因子載荷矩陣表（見表7-8），這是經過標準化處理后的前3個因子的載荷矩陣，將指標值載荷矩陣中載荷較高的情況分為4類，依此使因子具有命名解釋性。

表 7-8　　　　　　　　　　　旋轉后因子載荷矩陣

指標	因子			
	1	2	3	4
人口密度	0.949	-0.156	0.035	-0.051
人均服務業產值	0.946	-0.055	0.073	0.135
第三產業	0.941	-0.026	0.036	0.101
政策符合率	0.932	0.075	-0.056	0.051

表7-8(續)

指標	因子 1	因子 2	因子 3	因子 4
一孩率	0.922	−0.151	0.096	0.109
人均耕地面積	−0.914	−0.245	−0.198	0.067
人均GDP	0.878	0.363	0.017	−0.060
第一產業	−0.855	0.213	0.264	0.197
成本費用利潤率	0.544	0.334	0.412	0.541
地方利稅總額	−0.044	0.941	0.190	−0.030
工業	0.058	0.919	0.020	−0.195
人均工業產值	0.029	0.850	−0.104	−0.393
總資產貢獻率	−0.090	0.792	0.064	0.371
勞動生產率	0.083	0.776	−0.348	0.241
資產負債率	0.053	−0.035	0.909	−0.051
流動資產週轉次數	−0.511	0.025	−0.748	0.206
產品銷售率	−0.063	0.093	0.221	−0.757

數據來源：本課題組分析數據

　　由旋轉后的因子載荷矩陣可對指標進行分類並對主因子進行命名。總體來說，按照方差最大旋轉法得到的4個主因子分類比較合理，各有側重點（見表7-9）。

　　第一個主因子可稱經濟與人口協同發展因子，對全部初始變量的方差貢獻率為43%，主要包括第一產業產值、第三產業產值、人口密度、人均耕地面積、人均服務業產值、生育政策符合率、一孩率等，是評價城市競爭力的主要方面。說明經濟與人口協同發展的重要性。

　　第二個主因子顯然主要與工業有關，包括工業產值、人均工業產值、地方利稅總額、總資產貢獻率、勞動生產率，該因子的方差貢獻率為24.1%。

　　第三個主因子包括資產負債率、流動資產週轉次數，所以該因子可稱為資產負債水平因子。該因子的方差貢獻率為11.2%。

　　第四個主因子包含產品銷售率，所以該因子可稱為產品銷售因子。該因子的方差貢獻率為8.2%。

表 7-9　　　　　　　　　　　變量分類與因子含義

經濟與人口協同發展因子	人口密度
	人均服務業產值
	第三產業
	政策符合率
	一孩率
	人均耕地面積
	人均 GDP
	第一產業
	成本費用利潤率
工業生產效率因子	地方利稅總額
	工業生產總值
	人均工業產值
	總資產貢獻率
	勞動生產率
資產負債水平因子	資產負債率
	流動資產週轉次數
產品銷售因子	產品銷售率

由因子得分系數矩陣（見表 7-10），可在最小二乘意義下對因子得分進行估計，即把公共因子表示成變量的線性組合，並由因子得分系數矩陣和歸一化數據矩陣得到主因子的得分。另外由各個主因子的方差貢獻占總累積方差貢獻的比計算得出各自的權重。

表 7-10　　　　　　　　　　因子得分系數矩陣

指標	因子			
	1	2	3	4
人口密度	0.141	-0.043	-0.027	-0.058
政策符合率	0.140	0.013	-0.072	0.010
一孩率	0.123	-0.045	0.015	0.062
人均耕地面積	-0.118	-0.054	-0.060	0.061

表7-10(續)

指標	因子 1	2	3	4
人均GDP	0.128	0.085	-0.038	-0.066
地方利稅總額	-0.032	0.229	0.098	-0.014
第一產業	-0.165	0.050	0.193	0.179
工業	0.009	0.228	-0.008	-0.146
人均工業產值	0.028	0.217	-0.083	-0.295
第三產業	0.130	-0.014	-0.020	0.052
人均服務業（三產）	0.126	-0.022	0.002	0.079
產品銷售率	0.011	0.035	0.085	-0.537
總資產貢獻率	-0.048	0.186	0.052	0.272
成本費用利潤率	0.008	0.063	0.223	0.402
資產負債率	-0.076	-0.019	0.491	0.013
勞動生產率	0.025	0.189	-0.187	0.151
流動資產週轉次數	-0.016	0.014	-0.373	0.120

在此基礎上，得到綜合因子得分方程：

$$F = w_1 F_1 + w_2 F_2 + w_3 F_3 + w_4 F_4$$

經計算可得綜合因子得分結果（見表7-11）。

表7-11　　　　　主因子得分及綜合因子得分表

區縣	F_1	F_2	F_3	F_4	城市競爭力綜合得分	城市競爭力排序
錦江區	1.909,6	-0.116,2	0.388,1	1.542,4	0.964,4	1
青羊區	1.759,4	-0.910,0	0.798,8	-0.767,1	0.565,0	3
金牛區	**1.371,8**	**-0.070,6**	**-1.218,2**	**0.490,5**	**0.477,4**	**5**
武侯區	1.338,2	-0.322,9	-0.133,9	-0.997,6	0.401,7	6
成華區	1.156,5	-0.133,1	0.336,6	-0.156,4	0.490,9	4
龍泉驛區	-0.206,1	3.293,8	0.960,8	-0.526,3	0.769,3	2
青白江區	-0.513,9	-0.058,6	-0.576,1	-2.389,2	-0.496,0	17

表7-11（續）

區縣	F_1	F_2	F_3	F_4	城市競爭力綜合得分	城市競爭力排序
新都區	-0.134,4	0.454,5	0.043,3	-0.847,4	-0.012,9	10
溫江區	0.242,8	0.372,2	-0.814,5	-0.865,6	0.032,0	8
金堂縣	-1.231,8	-0.673,8	1.365,0	0.711,7	-0.481,6	16
雙流區	-0.289,7	1.441,2	-0.014,5	1.444,3	0.339,5	7
郫縣	-0.235,9	0.711,2	-1.567,6	1.487,2	0.016,1	9
大邑縣	-0.715,5	-0.784,0	0.657,5	0.622,9	-0.372,4	13
蒲江縣	-0.901,3	-0.636,1	-2.421,9	-0.030,2	-0.815,5	19
新津縣	-0.490,3	-0.026,8	0.755,0	-0.355,8	-0.162,2	11
都江堰市	-0.333,6	-0.919,7	0.797,9	0.827,1	-0.208,2	12
彭州市	-0.905,1	-0.441,6	0.913,2	-0.513,2	-0.436,0	15
邛崍市	-1.076,5	-0.447,9	-0.834,6	0.153,9	-0.652,6	18
崇州市	-0.744,1	-0.731,7	0.565,2	0.168,7	-0.419,7	14

結果表明，金牛區的城市人口競爭力在成都市所有19個區縣內排名第五。仔細看會發現，城市競爭力排名靠前的依然以主城區為主，城市人口競爭力排前五的分別是錦江區、龍泉驛區、青羊區、成華區和金牛區。可以看出來，龍泉驛區排在了第二位，這與成都這幾年的向東向南發展的戰略有關係，龍泉這幾年確實取得了不錯的成績，競爭力也明顯提升。以上結果也表明，城市綜合性的競爭力受多個因素的影響，但基本的歷史發展格局沒有太大的改變，主城區的競爭力顯然要大過二三圈層的其他區縣。金牛區作為主城區的地位相對於其他幾個主城區來說保持相對的穩定性。金牛區應該繼續保持良好的發展態勢，並爭取在未來的發展中做到「頭雁高飛」。

（二）北門片區在金牛區內的城市人口競爭力

1. 綜合因素法

本研究採用綜合因素法分析北門片區的城市競爭力。綜合評價以分層評價思想為準，這裡以兩個評價指標級別為例，分別為總目標（一級指標）和具體控制目標（二級指標）。用m_{ij}表示各類二級指標的權重，A_{ij}表示各類二級指標標準化后的數值，則

$$A_i = \sum_{j=1}^{n} m_{ij} \times A_{ij} \quad (i=1, 2, 3, 4, 5)$$

表示一級指標總目標實現程度，即一級指標指數。即綜合指數

$$A = \sum_{i=1}^{5} m_i \times A_i$$

其中 m_i 表示一級指標的權重。選取指標后即可對城市競爭力進行評價。但是，評價指標確定以後，直接用它們去進行評價是不可取的，因為各系數之間的量綱不統一，所以沒有可比性。為此，必須對參評因子進行標準化處理，也就是無量綱化。指標值的標準化方法有很多，通常對應不同參照體系的建立方法有不同的指標標準化方法。比如極差標準化法、極值標準化法、冪指數轉化法等。本書採用常用的極差標準化法。極差標準化法是找出指標的最大值和最小值，求得極差，用這一極差作分母。由於所建指標體系中要麼指標值越大越好，要麼越小越好，所以有正、逆向指標之分。用數學方法表達就是：

$$F_i = \begin{cases} \dfrac{X_i - \min X_i}{\max X_i - \min X_i} & (X_i \text{ 為正向指標}) \\ \dfrac{\max X_i - X_i}{\max X_i - \min X_i} & (X_i \text{ 為逆向指標}) \end{cases}$$

其中 F_i 表示標準化后的數值；X_i 表示第 i 項指標實際值；$\max X_i$ 表示第 i 項指標最大值；$\min X_i$ 表示第 i 項指標最小值。

2. 實證分析與結果解析

（1）指標選取

根據數據易獲性原則、可靠性原則、有效性和可操作性原則、穩定性和發展性原則選取指標。由於分街道數據比較少，所以選取了以下幾個指標評價金牛區各街道的城市競爭力（表7-12）：

表7-12　　　　　　　城市人口競爭力評價指標

序號	指標	單位	權重
X_1	人口總量	人	0.05
X_2	人口密度	人/平方千米	0.1
X_3	家庭規模	人/戶	0.15
X_4	工業總產值	萬元	0.2
X_5	資產投資額	萬元	0.15
X_6	批發零售額	萬元	0.2
X_7	全口徑稅收	萬元	0.15

（2）指標數據與標準化

金牛區城市人口競爭力評價指標數據及標準化數值分別如表 7-13 和表 7-14 所示：

表 7-13　　　　　　　　城市人口競爭力評價數據

街道	人口總量（人）	人口密度（人/平方千米）	家庭規模（人/戶）	工業總產值（萬元）	資產投資額（萬元）	批發零售額（萬元）	全口徑稅收（萬元）
黃忠街道	39,171	22,131	2.54	2,020	97,234	4,399,046	24,587
茶店子街道	92,181	29,451	2.62	89,063	158,223	553,316	35,447
九里堤街道	68,502	26,347	2.75	18,598	125,511	2,817,448	26,906
人北街道	77,097	29,883	2.58	11,020	321,672	8,419,668	128,213
五塊石街道	51,408	24,835	2.79	16,947	167,868	6,542,532	42,790
西安路街道	87,021	34,396	2.56	22,018	126,507	5,643,679	62,041
駟馬橋街道	116,239	41,663	2.69	6,000	155,149	6,384,114	41,051
營門口街道	90,861	28,663	2.46	3,505	185,269	14,139,472	23,791
沙河源街道	123,727	9,689	2.62	162,557	314,215	7,960,899	72,658
天回鎮街道	85,160	2,554	2.53	120,150	427,229	5,232,687	28,272
金泉街道	83,343	6,338	2.76	61,131	304,361	15,536,035	104,122
鳳凰山街道	4,974	702	2.31	89,063	156,228	8,662,524	5,499
撫琴街道	106,754	37,991	2.45	3,531	151,508	4,111,119	77,154
荷花池街道	62,742	20,305	2.69	3,744	334,505	37,669,002	104,568
西華街道	111,596	7,237	2.20	726,592	328,607	1,866,314	91,170

數據來源：《金牛區統計年鑒2013》。其中個別街道統計年鑒上沒有數據，比如鳳凰山街道在工業總產值、資產投資額等指標上沒有數據，這裡以平均值代替，其他同

表 7-14　　　　　　　城市人口競爭力評價數據標準化

街道	人口總量	人口密度	家庭規模	工業總產值	資產投資額	批發零售額	全口徑稅收
黃忠街道	0.288,0	0.523,2	0.577,7	0.000,0	0.000,0	0.103,6	0.155,5
茶店子街道	0.734,4	0.701,9	0.718,2	0.120,1	0.184,8	0.000,0	0.244,0
九里堤街道	0.535,0	0.626,1	0.940,3	0.022,9	0.085,7	0.061,0	0.174,4
人北街道	0.607,3	0.712,4	0.653,2	0.012,4	0.680,1	0.211,9	1.000,0
五塊石街道	0.391,0	0.589,2	1.000,0	0.020,6	0.214,0	0.161,4	0.303,9
西安路街道	0.690,9	0.822,6	0.610,4	0.027,2	0.088,5	0.137,1	0.460,8
駟馬橋街道	0.936,9	1.000,0	0.834,7	0.005,5	0.175,5	0.157,1	0.289,7
營門口街道	0.723,2	0.682,6	0.436,4	0.002,0	0.266,8	0.366,0	0.149,1

第七章　區域人口競爭力與提升策略　237

表7-14(續)

街道	人口總量	人口密度	家庭規模	工業總產值	資產投資額	批發零售額	全口徑稅收
沙河源街道	1.000,0	0.219,4	0.717,1	0.221,6	0.657,5	0.199,6	0.547,3
天回鎮街道	0.675,2	0.045,2	0.555,0	0.163,0	1.000,0	0.126,1	0.185,6
金泉街道	0.659,9	0.137,6	0.957,6	0.081,6	0.627,7	0.403,7	0.803,7
鳳凰山街道	0.000,0	0.000,0	0.187,0	0.120,1	0.178,8	0.218,5	0.000,0
撫琴街道	0.857,1	0.910,4	0.421,3	0.002,2	0.164,5	0.095,9	0.583,9
荷花池街道	0.486,5	0.478,6	0.843,2	0.002,4	0.719,0	1.000,0	0.807,3
西華街道	0.897,8	0.159,6	0.000,0	1.000,0	0.701,1	0.035,4	0.698,1

(3) 金牛區城市人口競爭力評價結果排名

根據以上數據，得到以下結果（表7-15）：排名前三位的是荷花池街道、金泉街道和人北街道，得分分別為0.528,1、0.502,1和0.496,5；排名后三位的是九里堤街道、黃忠街道和鳳凰山街道，得分分別為0.286,2、0.197,4和0.122,6。這說明金牛區內部的競爭力差異比較大。就北門片區來說，荷花池街道和人北街道位列整個金牛區的第一名、第三名，得分分別為0.628,1和0.496,5，這是北門片區非常好的成績，說明這兩個街道的競爭力總體上表現出色，可以發揮「北改」領頭羊的作用。駟馬橋街道和五塊石街道，排名則稍微靠后，分別為第六名和第八名，得分分別為0.374,4和0.342,6，這兩個街道處於中上遊位置，競爭力中等，以后這兩個街道還有提升的空間。所以北門片區總體來說還是具有很大的競爭力，如果繼續完善駟馬橋街道和五塊石街道的經濟社會發展水平，相信未來北門片區會成為金牛區發展的典範區域。隨著「北改」的繼續推進，北門片區的城市競爭力會越來越大，「北改」的成果將更加顯現。

表7-15　　　　金牛區城市競爭力評價結果排名

街道	總得分	排序
黃忠街道	0.197,4	14
茶店子街道	0.303,0	12
九里堤街道	0.286,2	13
人北街道	0.496,5	3
五塊石街道	0.342,6	8

表7-15(續)

街道	總得分	排序
西安路街道	0.323, 7	10
駟馬橋街道	0.374, 4	6
營門口街道	0.305, 9	11
沙河源街道	0.444, 5	5
天回鎮街道	0.357, 2	7
金泉街道	0.502, 1	2
鳳凰山街道	0.122, 6	15
撫琴街道	0.328, 9	9
荷花池街道	0.628, 1	1
西華街道	0.477, 8	4

三、基於「北改」實證的區域人口競爭力提升策略

(一) 依託「北改」，提升人口和產業承載力

在依託「北改」，推進田園城市建設的具體推進層面上，要堅持和人口、經濟、資源環境協調發展原則，結合產業發展、人口聚集和城市建設發展現狀，遵循城市體系發展規律，進一步規範空間開發，按照「全域成都」總體功能分區，以沙西線（西華大道）和北新干道兩條世界現代田園城市示範線建設以及成都國際商貿城等示範點建設為先導，協調推進全區現代城市功能聚集提升和向涉農社區延伸覆蓋，形成現代城市和現代涉農社區和諧相融的新型城鄉形態。把提高發展質量和效益放在首位，重點發展對資源依賴度低、環境污染小和附加值高的代表中心城區經濟發展方向的現代服務業和高新技術產業，成為全市城區競爭力較強的重點核心區域。在兩河片區、上府河片區、繞城路片區、銀杏園片區等「198」區域範圍內，堅持保護優先、適度開發的原則，建設生態屏障和都市休閒及文化旅遊產業高地。

要注重完善城鄉地域功能的空間組合。在城鄉融合、一體發展過程中，城鄉地域功能相互融合和滲透，但不是空間上的簡單穿插和無序混雜，而是既適度分離，又有機融合、渾然交錯。需要根據本區域的城鄉功能定位和功能分區，完善和優化城鄉地域功能的空間組合，高質量推進城市空間拓展。有步驟、有計劃地推進以「四大片區」為代表的舊城改造和土橋、天回舊場鎮改

造,加快完成重點片區的舊城改造;高品質規劃建設金牛新城、鳳凰新城、北部商貿城「三大新城」,強化片區策劃包裝,建設高品質住宅區,強化社區服務功能,提升人居環境品質。同步完善城市功能配套,加快推進教育、文化、體育、醫療衛生等公共服務設施、市政基礎設施和大型商業綜合體建設,加強園林綠地建設管理,建設高品質城市區域。

(二)打造人口與產業、環境、城市聯動發展新格局

人口、產業、環境、城市聯動發展,無疑是四態合一的新金牛發展的基本訴求,也是其人口社會管理的基本目標。滿足這一訴求和目標的核心對策措施和政策建議是:將人口發展納入產業發展、城市發展的總體格局中全盤考慮。

(1)人口與產業轉型聯動發展。一是人口分佈要與產業功能區結合,充分考慮產業功能區特點、人口承載力水平。需要加快產業升級,提升產業功能區的產業集聚能力,促進人口合理分佈。二是人口素質要與產業發展要求相適應。針對產業發展對勞動力的需求,制定知識型、技能型人才引進、培育、獎勵的特殊性計劃和政策,補充產業發展所需的針對性人才。三是要高度重視戶籍遷移,充分研究「北改」和產業結構調整對區域人口結構帶來的影響,探索建立和完善戶籍遷移鼓勵政策。分層次對具有特殊貢獻、高學歷、高級職稱人員和大型成建制企業員工,採用不同類型的落戶方法和審批流程,構建符合科學合理的人才引進落戶政策體系,有效提升和改善區域人口素質和結構。

(2)人口與城市業態調整聯動發展。一是城鄉人口結構的快速轉變,農村人口向城市轉移及外來人口迅速增多,需要加強培訓和服務才有利於城市發展,要制定相應的培訓、服務計劃和政策,同時城市建設必須為轉移人口提供宜業、宜商、宜居的環境。二是人口發展必須充分考慮城市綜合承載能力,要與城市綜合承載能力相適應,需要制定政策、加大投入促進基礎設施、醫療衛生、教育、資源環境、公共服務的改善。根據中國城市化的生存成本為7.35萬元/人、發展成本為2.47萬元/人計算,接納一位農民工使之市民化的總成本需要9.82萬元,相關投入的政策設計應當充分考慮承載能力。

(3)促進產城融合,完善生活配套,構建保障體系,倡導多元和諧,貫徹生態理念。依據就業人口的規模和構成配置居住用地規模和社區類別,滿足就業人口就近居住的需求。加強社區文化建設,增加社會交往,共享社會公共服務設施,盡量避免隔絕的全封閉管理。加強基礎教育、醫療、文體等基礎公共服務設施建設,提升城市活力。

總體來說,應根據區域特徵分類指導,堅持把各產業功能區人口發展與城市管理、產業發展佈局、國土資源承載能力、生態利用保護等相結合,引導人

口合理佈局和有序流動，推動人口發展功能區建設，促進人口均衡發展。

（三）建立和完善城鄉新型人口服務體制和服務體系

城市大規模的舊城改造使得城市居民因「拆遷搬家」的原因而產生較大規模的市內遷移行為，城市居民在城市內部的分佈發生較大變化。同時，由於企業的搬遷，在城市不同區域範圍內產業結構發生調整，不同圈層城市居民就業機會、職業結構等發生變化，這些變化又會造成城市人口經濟收入、居住條件、社會地位、社會經濟關係等的一系列變化。也就是說，舊城改造不僅改變城市居民的居住區位、城市道路交通、城市產業結構等物質結構關係，而且也改變了城市的社會經濟關係，促進了社會階層分化。

因此，須逐步建立起開放性的、網路式的、多種機制綜合發揮作用的城鄉新型人口服務體制，充分體現「公平對待、均等服務、合理引導、完善管理」特色。建立健全公共服務機構體系和全員人口信息體系。構建以政府、居委會、民間組織、駐社區單位為聯合體的服務體系，形成政府主導、部門協同、社會參與的公共服務新格局，提高人口服務管理綜合水平。完善信息收集、更新、核查和共享等方面的信息交換制度。深化流動人口計劃生育「一盤棋」服務管理工作，落實屬地化管理、市民化服務，並加強流動人口信息採集與應用。加強人口綜合承載力、城市人口服務能力、人口安全預警體系等方面的研究與建設，強化人口綜合決策能力建設。

（四）建立健全人口發展的保障支撐體系

人口發展的保障支撐體系的建設方向著重在五個方面：一是建立、完善就業培訓保障體系，促進勞動力充分就業。建立佈局合理、適應產業功能區及其產業發展需要的就業培訓中心和就業培訓體系。二是構建多層次社會保障體系，推進人口社會保障事業發展。逐步建立起全民同享社會保障，城鎮企業職工社會保險、農村基本養老保險、徵地保養、城鄉一體的區域性新型基本醫療保險為主體的社會保障體系。完善人口老齡化社會支持系統，積極推進城鄉一體化養老保障體系建設。三是探索多元化住房保障體系，實現群眾住有所居。四是構建人口健康保障體系，提高人口身體素質。五是注重家庭發展能力體系建設，增強家庭和諧發展能力。以生活貧困、生殖健康、出生缺陷干預、養老保障、就業創業、人口流動等為重點，研究家庭發展政策和家庭公共服務供給政策。

第八章　區域人口發展規劃與執行評估

第一節　區域人口發展規劃

一、區域人口發展規劃的基本描述

　　1994年9月13日,聯合國組織召開的國際人口與發展開羅會議所通過的《行動綱領》,提出了以人為本的可持續發展原則,倡導各國政府高度重視人口發展戰略的研究和規劃的制定,將人的全面發展及其相關的人口問題納入經濟社會可持續發展總的戰略、規劃和決策以及相應政策、方案的制定、執行和監測過程當中。《行動綱領1994年》確定了未來20年世界人口發展的戰略目標,涉及的主要內容包括:①人口、持續經濟增長和可持續發展之間的相互關係;②男女平等、公平和婦女權利,家庭及其作用、權利、組成和結構;③人口增長和結構,人口分佈、城市化和內部遷移、國際遷徙;④人口、發展和教育、技術、研究與開發等。這反應了制定人口發展規劃對於一個國家或地區人口發展的重大意義。

　　人口發展規劃,是國家人口政策的具體體現,也是貫徹落實人口政策的重要工具。區域人口發展規劃以區域人口預測為基礎,以國家及規劃區域國民經濟和社會發展狀況、人口政策或相關制度為基礎,以國家及規劃區域上級部門人口發展規劃為總的指導思想和基本原則,以規劃期人口發展形勢為依據(包括上一規劃期人口發展的成就、規劃期人口發展的階段性特徵和規劃期面臨的主要問題與矛盾),對一定時期某區域內的人口發展制定具體的控制目標、主要任務和保障措施。

　　人口發展規劃制定的控制目標其重點是就人口數量、人口素質、人口結構和人口分佈等目標規定一個定量控制數和定性方向、水平等。人口發展規劃制定的主要任務,是圍繞人口數量、人口素質、人口結構和人口分佈等調控目標

確立相對應的重點工作。人口發展規劃的保障措施其重點是從組織領導、工作機制、隊伍建設、投入保障機制、考核評估機制、人口決策信息系統等方面體現。在保障措施方面，現行人口發展規劃往往以人口發展項目為載體加以推進。以下以貴州省「十二五」人口發展規劃為例加以說明。

貴州省根據《中華人民共和國人口與計劃生育法》《中共中央國務院關於全面加強人口和計劃生育工作統籌解決人口問題的決定》《中共貴州省委貴州省人民政府關於全面加強人口和計劃生育工作統籌解決人口問題的意見》《貴州省國民經濟和社會發展第十二個五年規劃綱要》，編製了《貴州省「十二五」人口與計劃生育發展專項規劃》，該規劃明確了人口發展的調控目標（見表 8-1）。人口發展的主要任務是：圍繞人口數量調控目標繼續穩定和降低生育水平；圍繞人口素質調控大力提高人口素質；圍繞人口結構調控目標全力遏制出生人口性別比升高，積極應對人口老齡化挑戰；圍繞人口分佈調控目標積極促進人口合理分佈與有序流動。人口發展的保障措施是：進一步加強對人口計生工作的組織領導，深化綜合改革，加快建立和完善新的工作機制，大力推進人口計生隊伍建設，加快建立和完善有利於「兩個統籌」的投入保障機制，推進目標管理改革，不斷完善科學考核評估機制，全面加快人口計生信息化建設步伐。

表 8-1　貴州省「十二五」人口和計劃生育發展重點項目表

項目名稱	主要建設內容	建設規模	建設年限	總投資（萬元）
基層計劃生育服務設施建設	新建或改擴建20個縣級、200個中心鎮（鄉）、200個規範鎮（鄉）、2,500個村計生服務站（室）	460,500平方米	2011—2015年	39,550
基層計劃生育服務設備配備	對全省88個縣、430個中心鄉鎮和70%的普通鄉鎮計生服務機構配備主要計劃生育技術服務所需設備	—	2011—2015年	20,000

表8-1(續)

項目名稱	主要建設內容	建設規模	建設年限	總投資（萬元）
中心鄉鎮計劃生育流動服務車配備	對全省430個中心鄉鎮配備計劃生育流動服務車	—	2011—2015年	10,750
人口文化建設	人口文化產（作）品創（制）作，人口文化景觀建設及人口文化試點縣建設	—	2011—2015年	3,000
婚育新風進萬家活動	示範市（州）、縣建設	10個縣	2011—2015年	3,000
人口計生「三新」創建	—	每年20個試點村	2011—2015年	1,000
農村計劃生育獨生子女戶、雙女絕育戶父母參保	對農村計劃生育獨生子女戶、雙女絕育戶父母給予參加社會養老的補助	對農村計劃生育獨生子女戶、雙女絕育戶參保夫婦雙方94萬人給予最低100元的補助	2011—2015年	50,000
流動人口計劃生育基本公共服務	「十二五」期末實現流動人口計劃生育基本免費服務項目全覆蓋	「十二五」期末預計涉及本省籍流動人口1,000萬人	2011—2015年	5,000
人口計生信息化建設工程項目	全省人口計生基礎數據庫；流動人口信息交換平臺；計劃生育業務應用平臺	全省各級人口計生部門	2011—2015年	10,000
人口計生出生缺陷干預	縣級、中心鄉（鎮）計劃生育服務機構優生實驗室建設	—	2011—2015年	37,456

二、區域人口發展規劃示例

本研究基於《四川省瀘州市江南新區、臨港產業物流園區人口發展規劃

(2013—2030年)》，展示一個比較完整的區域人口發展規劃。

該規劃根據《瀘州市國民經濟和社會發展第十二個五年規劃綱要》《瀘州市城鎮化發展規劃》《瀘州市江南新區總體發展概念與規劃》《瀘州市臨港產業物流園區總體發展規劃》等編製。規劃涵蓋瀘州市納入江南新區的納溪、江陽二區和合江縣的部分區域（16個鄉鎮和街道），以及瀘州市納入龍馬潭區和瀘縣的東部區域（12個鄉鎮、街道）。規劃宗旨在於促進江南新區、臨港產業物流園區（簡稱「兩區」）人口長期均衡發展，為「兩區」經濟社會、產業、城鎮化發展打造良好的人口環境。規劃期限為2013—2030年，跨度為18年。

第一板塊：規劃背景

一、困難與挑戰

（1）人口劇增對區域綜合承載能力的挑戰。「兩區」基於土地資源、水資源和生態的適度人口承載容量雖然較大，但從綜合承載能力評估依然富有挑戰性。「兩化互動」「三化聯動」「產城一體」「景城一體」「產·港·城一體」「城鄉一體」「宜業宜居」的發展定位和發展目標，必然使未來區域經濟發展水平和人口規模保持高速、非常規發展態勢，同時也面臨城市資源供給滯後於城市人口的增長以及社會、文化、制度的構建滯後於經濟增長所引發的一系列經濟社會矛盾。「兩區」人口劇增對基礎設施水平、公共服務能力、城市管理體系等城市各支撐體系建設提出更高要求，將會給區域綜合承載能力形成巨大挑戰。

（2）人口城鄉結構、分佈快速轉變的制度、服務、管理適應性問題將表現得越來越突出。隨著新區建設的快速推進，大型、特大型企業集群入駐，大項目、特大型項目實施，區域城鄉人口結構、分佈將發生快速轉變，人口隨產業集聚而快速集聚和增長，必然產生不可低估的綜合性風險效應，將會對現行的制度、城市服務與管理體系形成巨大的挑戰。一方面，人口管理社會風險逐漸突出；另一方面，在機制統籌方面，「兩區」新區涵蓋不同區縣，行政區域的不一致可能導致在服務管理體制、機制上的矛盾，如沒有相應對策措施或協調機制介入，將會由此產生人口社會管理上政出多門、政策分裂、效率低下等諸多問題。

（3）人口有序流動與空間合理佈局協調發展的矛盾。「兩區」的核心功能定位存在一定差異，人口發展政策導向必然具有明顯的差異。「兩區」人口發展將同時面臨人口快速增長與人口合理分佈難題，「兩區」存在開發時序上的差異，如何打破條塊分割，協調區域利益格局，推進內部產業結構的梯度體系與勞動力人口資源的梯度體系相適應，促進人口佈局與產業功能區佈局的協

調，形成城鄉一體、產城一體的良性發展局面，將是人口空間佈局中的又一難題，必須採取切實措施予以應對。

（4）產城一體發展與勞動力人口供需、素質的矛盾。「兩區」產業快速發展將形成大量的勞動力需求。現有勞動力規模難以滿足市場需求，如何吸引大量勞動力快速流入，將是必須應對的重大問題。同時，考慮生育政策完善因素、經濟發展及人口流動因素的人口變動態勢，人口增長規模仍不足以滿足產城一體發展的人口規模需要。並且，現代先進製造業和現代服務業對高端人才以及各種專業人才和高新技術人才具有更大需求，勞動力素質能否滿足現代產業發展的需求也將是「兩區」尤其是江南新區必須應對的重大挑戰之一。

（5）人口問題多樣化呈現。例如：人口老齡化形勢嚴峻，2012 年 65 歲及以上老年人口，江南新區占比達 11.97%，臨港產業物流園區占比達 11.95%，而同期醫療保險覆蓋率都較低，不能很好滿足養老醫療保障需要。推進城鎮化進程任重道遠，2012 年人口城鎮化水平江南新區僅為 16.9%，比全國平均水平 52.56%低 35.66%；臨港產業物流園區僅為 29.17%，比全國平均水平 52.57%低 23.4%。計劃生育「失獨家庭」救濟、養老保障等問題開始顯現，挑戰政府和計生部門等的工作能力。實施「單獨二孩」生育政策乃至全面放開二孩生育政策，將對人口公共服務供給方式、供給結構以及利益導向提出嚴峻挑戰。

二、前景與機遇

（1）「兩區」人口發展具有比較堅實的經濟條件作支撐。「兩區」具有獨特區域優勢，正處在大有作為的重要戰略機遇期。一是西部大開發戰略深入推進，「兩區」作為瀘州市推進西部大開發戰略的重要空間載體，已經或正在實施、落實各項開發計劃和重點項目。二是瀘州市作為成渝經濟區重要的區域性中心城市、重要的交通節點和港口城市，其產業特色突出、城鎮基礎較好、交通區位優勢明顯，「兩區」建設將在成渝經濟區和成渝城市群建設發展中獲得極大的發展空間。三是獲得四川省多點多極發展戰略和成渝、川滇黔渝區域合作的新機遇，「兩區」建設成為瀘州市落實省委、省政府「做強市（州）經濟梯隊，做大區域經濟板塊，夯實縣域經濟底部基礎，基本形成多點多極支撐發展格局」部署的重要途徑和重大舉措。四是瀘州市認真貫徹黨中央、國務院和省委、省政府的戰略部署，搶抓政策機遇，強力實施「156」發展戰略，加大統籌城鄉力度，推進「兩化」互動、「三化」聯動，著力保障和改善民生。全市經濟保持持續快速發展。瀘州市產業功能重構將實現超常規的發展，產業倍增計劃將通過「兩區」建設來加快實現，區域快速增長的經濟實力將為人

口發展奠定堅實的經濟基礎。

（2）「兩化互動」「三化聯動」促進城鄉統籌、區域協調發展的戰略實施，為人口發展創造良好的制度環境。近年來，瀘州市在「川南城市群」區域性中心城市、四川省統籌城鄉示範區、統籌城鄉體制機制建設的重點領域和關鍵環節的改革中取得重大突破，成為促進川南城市群城鄉一體化發展的重要引擎，為川滇黔渝結合部區域的協調發展做出積極貢獻。通過把城鎮建設與新農村建設結合起來，建立城鄉經濟融合發展、以城帶鄉的新型城鄉關係，探索出適合瀘州市的城鄉一體化發展模式。通過進一步提升瀘州市城市功能，發揮區域中心城市的輻射力，加強城鎮之間的分工協作和與毗鄰地區的經濟合作，推動「自—瀘—內—宜一體化」和川滇黔渝結合部區域性中心城市建設，摸索出核心城市帶動區域經濟協同發展的新模式。「兩區」作為新階段引領瀘州建設川南經濟核心增長極的核心區域，充分享有國家、省、市配套政策的支持，有利於在「瀘州實踐」基礎上大膽探索，推進城鄉人口管理制度、服務體系的創新，為人口的全面發展創造良好的制度環境。

（3）人口均衡型社會建設的推進，為人口發展提供明確的戰略目標。人口均衡發展追求人口總量適度、人口素質全面提升、人口結構優化、人口分佈合理及人口系統內部各要素之間的協調平衡發展，並且人口的發展與經濟社會發展水平相協調、與資源環境承載能力相適應。十八屆三中全會明確提出了人口均衡發展戰略，為促進「兩區」人口全面發展提供重要的指導。隨著「兩區」建設的推進和產業的發展，人口規模、結構、分佈等複雜性人口問題將更加突出，實施人口均衡型戰略將為「兩區」人口服務與管理政策制定、人力資本投資戰略、均等化公共服務體系的構建指明方向。同時，國家、省市人口均衡發展戰略及配套政策的制定，將為「兩區」人口政策的改革與創新提供優越的政策環境。

第二板塊：指導思想、基本原則與發展目標

一、指導思想

以鄧小平理論、「三個代表」重要思想和科學發展觀為指導，以十八屆三中全會精神為統領，以加快經濟發展方式、產業發展和城鄉統籌為主線，堅持人口增長與江南新區、臨港產業物流園區功能區開發相適應，人口與資源環境承載力相協調，人口數量、結構、素質相統一，不斷創新和完善人口政策和服務管理模式，為加快實現新區定位營造良好的人口環境。

二、基本原則

（1）以人為本、民生為本原則。工作內涵進一步從單純提供計劃生育公共服務向調節城市公共服務與人口結構變動對應發展的方向拓展，特別注重將流動人口服務管理納入城市統一的公共服務管理體系，著力解決好事關民生的突出矛盾和問題。

（2）人口均衡發展原則。工作重點進一步從控制人口數量向提升人口素質、優化人口結構、推進人口合理分佈轉移，使人口的發展與經濟社會發展水平相協調、與資源環境承載能力相適應，為推進瀘州及「兩區」經濟長期平穩較快發展提供良好的人口環境。

（3）人口問題統籌解決原則。按照效益最大化原則，促進工作方式進一步從單部門管理向多部門資源共享、政策聯動轉移，優化人口內部系統並改善其與外部系統的關係，推進人口綜合管理和綜合調控深入發展，提高人口管理效率。

三、發展目標

「兩區」以建成「兩化互動、城鄉統籌」國家級示範區為載體，使優先投資於人的理念得到充分體現，人口規模擴張與區域綜合承載能力、人口結構轉變與制度跟進、人口流動與區域主體功能、人口公共服務能力與經濟發展、人口質量與川南城市群區域性中心城市要求實現協調發展。「兩區」人口要協同發展、相互促進、統籌完善。到2030年，以「兩區」為核心形成川南乃至西部地區人口均衡發展示範區，全省乃至全國富有吸引力的「產業瀘州・美麗瀘州・夢想瀘州」的人口發展重點經濟區域。

（1）人口規模滿足經濟發展、產業發展、城鎮化發展的需要。到2030年江南新區戶籍人口和常住人口人口規模達到145萬人（不宜低於110萬人），臨港產業物流園區人口規模達到90萬人（不宜低於80萬人）。預防、調控一定時期內的生育堆積。符合政策生育率90%以上。進入「兩區」的流動人口以3%以上的年均速度遞增。

（2）實現勞動力素質的普遍提升。到2030年現代產業體系比較完善，以產業結構調整帶動勞動力結構優化，以培養集聚高層次創新創業人才、高技能和高端管理人才為重點，促進「兩區」現代產業體系發展與勞動力素質提升同步實現；以前瞻性、國際化視野實施人才交流和引進工程，打造海內外高層次人才的聚集高地。大學本科、碩士、博士人才佔比在同級新區居於前列。財政性教育經費佔GDP的比例達到5%以上，新增勞動力平均受教育年限14年以上。

（3）實現城鄉人口的統籌發展。在城鄉規劃一體化前提下，到2030年基本實現城鄉發展一體化，包括產業發展一體化、基礎設施一體化、公共服務和

社會管理一體化、就業和社會保障一體化，形成城鄉人口統籌發展的新形態。以實現人的城鎮化為核心，江南新區綜合人口城鎮化率達到66.65%，臨港產業物流園區綜合人口城鎮化率達到74.43%。「兩區」年度城鎮人口登記失業率在4%以下，城鄉最高、最低收入比低於2%，基尼系數低於0.3，城鄉居民醫療保險參加率以及城鄉居民養老保險覆蓋率100%。

（4）實現農村勞動力有序轉移與合理流動。實現城鄉社會管理體制的協調統一，實現城鄉經濟社會發展的合理佈局，實現城鄉人口的均衡分佈，實現城鄉文化的均衡發展，兼顧城鄉發展的特殊性和差異性。建立健全農業轉移人口市民化成本分擔機制，推進農業轉移人口享有城鎮基本公共服務。保障流動人口及隨遷子女平等享有受教育權利，完善公共就業創業服務體系，擴大社會保障覆蓋面，改善基本醫療衛生條件，拓寬住房保障渠道等。到2030年，「兩區」90%以上轉移勞動力可以實現有序、合理流動。

（5）實現民生大目標。下大力氣解決好人民群眾最關心、最直接、最現實的利益問題，關注人的生活質量、幸福指數，把發展的目的真正體現到滿足人民需要、實現人民利益、提高人民生活水平上。到2030年，「兩區」教育、就業創業、收入分配、社會保障、醫療衛生、環境保護等民生關切較好得到滿足，人均預期壽命達到80歲。城鄉最高、最低收入比小於2，城鄉居民收入比小於2，基尼系數小於0.3，每萬人擁有公共文化設施面積大於2,400平方米。綠化覆蓋率大於45%，城鎮生活垃圾和生活污水處理率大於80%，空氣綜合污染指數小於1.5。

（6）人口和計劃生育工作取得根本性突破。「單獨二孩」生育政策穩步推進，全面放開「二孩生育」政策與全國同步。優化人口結構，有效解決結構性失衡問題。著力提高婚檢率、孕婦住院分娩率和出生人口素質，降低出生缺陷發生率。計生事業財政人均投入增長幅度高於經常性財政收入增長幅度，計劃生育利益導向政策城鄉覆蓋率達到100%。落實國家及省市計劃生育失獨家庭扶助金，並依據「兩區」經濟社會發展水平建立動態增長機制和相關服務保障體系。強化人口信息平臺建設，實現人口計生、公安、統計等數據共享。到2030年，江南新區戶籍人口出生率穩定在11‰左右，年均自然增長率控制在2.17‰以內；臨港產業物流園區戶籍人口出生率穩定在10‰左右，年均自然增長率控制在2.56‰以內。「兩區」城鄉出生人口性別比保持在107以內，政策符合率均穩定在90%以上，出生缺陷發生率及嬰兒死亡率均控制在4‰左右。計劃生育失獨家庭服務保障體系覆蓋率100%，扶助金增長幅度不低於全國平均水平。

相關指標和目標請參看表 8-2 至表 8-7：

表 8-2　　　到 2030 年末期「兩區」人口發展目標（1）

類別	指標名稱	單位	發展目標	目標性質
人口基礎指標	戶籍人口	萬人	江南新區≤68.8 臨港產業物流園區≤72	約束性
	人口出生率	‰	江南新區≤11.2 臨港產業物流園區≤10.1	約束性
	年均人口自然增長率	‰	江南新區≤2.17 臨港產業物流園區≤2.56	預期性
	出生人口性別比	—	國際標準	約束性
	城鄉居民平均期望壽命	歲	78~80	預期性
	嬰兒死亡率	‰	≤4	約束性
	出生缺陷發生率	‰	≤4	約束性

註：「年均人口自然增長率」中的「自然增長」是指 2015 年、2020 年、2025 年、2030 年四年平均增長

表 8-3　　　到 2030 年末期「兩區」人口發展目標（2）

類別	指標名稱	單位	發展目標	目標性質
人口社會指標	人口城鎮化率	%	江南新區： 自然變動情況下 41.27 綜合因素下 66.65 臨港產業物流園區： 自然變動情況下 61.85 綜合因素下 70.26	預期性
	轉移勞動力實現有序、合理流動	%	>90	預期性
	財政性教育經費占 GDP 的比例	%	>5	預期性
	新增勞動力平均受教育年限	年	>14	預期性
	年度城鎮人口登記失業率	%	<4	預期性
	城鄉最高、最低收入比	%	<2	預期性
	基尼系數	%	<0.3	預期性
	城鄉居民醫療保險參加率	%	100	約束性
	城鄉居民養老保險覆蓋率	%	100	約束性
	綠化覆蓋率	%	≥45	約束性
	空氣綜合污染指數	P	1.5	預期性

表 8-4　　　　　到 2030 年末期「兩區」人口發展目標（3）

類別	指標名稱	單位	發展目標	目標性質
計劃生育事業指標	符合政策生育率	%	>90	約束性
	計生事業財政人均投入	—	增長幅度高於經常性財政收入增長幅度	約束性
	計劃生育利益導向政策城鄉覆蓋率	%	100	約束性
	計劃生育公共服務體系（計劃生育村/社區服務室）建設	—	完善城鄉全覆蓋的村（社區）計劃生育服務室建設，提高村（社區）公共服務能力	約束性
	計劃生育失獨家庭服務保障服務率	%	100	約束性
	優生知識群眾知曉率	%	>90	預期性
	孕前優生健康檢查覆蓋率	%	>90	預期性
	村（社區）計劃生育工作人員取得生殖健康諮詢師或社會工作者職業資格比重	%	>60	預期性

表 8-5　　　　　「兩區」合適承載人口數　　　　　單位：萬人

年份	區域	產業適度人口規模	生活適度人口規模	綜合適度人口
2015	江南新區	73.84	74.74	74.29
	臨港產業物流園區	68.54	71.07	69.81
2020	江南新區	88.95	80.65	84.80
	臨港產業物流園區	75.54	78.02	76.78
2025	江南新區	107.86	118.67	113.26
	臨港產業物流園區	84.68	85.70	85.19
2030	江南新區	122.42	155.07	138.75
	臨港產業物流園區	94.89	94.11	94.50

表 8-6　2013—2030 年江南新區產城一體發展下的人口分佈調控目標

功能區	主導功能	人口規模（萬人）
江南新城	主導功能是行政辦公、商業服務、文化娛樂、總部基地、輕工製造園區、生物醫藥研發與製造園區	46
泰安組團	主導城市功能是科技研發、生活服務、機械製造園區、倉儲物流區	4
黃彌組團	主導功能是國際酒莊、旅遊美食、文化展示、酒業園區、倉儲物流區、有機原糧生產	9
合江產業組團	主導功能是化工園區、機電產業園、重慶中小企業創業園	2
納溪組團	主導功能是商業商貿、旅遊休閒、化工園區、化工新材料研發與製造產業園區、倉儲物流區	38
沙茜組團	主導功能是城市 CBD、會議會展、旅遊休閒、高端服務等	11
大橋組團	主導功能是生活服務、觀光休閒，農副產品加工區、輕工製造園區	5
合江新城	主導功能是商業商貿、旅遊休閒配套服務等。	30
各功能區減量（按比例）	—	-6.25
全部產業功能區	將人口發展納入產業發展、城市發展、城鄉統籌發展的總體格局中全盤考慮	138.75

註：與中國城市規劃設計研究院《瀘州市江南新區總體發展概念規劃》規劃 145 萬人相比，本規劃預留 6.25 萬人。

表 8-7　　　2013—2030 年臨港產業物流園區產城
一體發展下人口分佈調控目標

功能區	主導功能	人口規模（萬人）
城東新區	主導功能是節能環保、新一代信息技術、新材料、臨港物流、保稅港區、汽車配套產業	26.5
城北新區	主導功能是電子商務結算中心、創意產業、科教城、西南商貿城	29.2
空港物流區	主導功能是交通運輸及裝備製造、鐵路物流、航空服務及流通加工、酒業	8
神仙橋產業園區	主導功能是新能源產業、工業資料交易中心、新材料產業、大型裝備製造、臨港物流	9

表8-7(續)

功能區	主導功能	人口規模（萬人）
瀘縣縣城	主導功能是生物醫藥產業、酒業	17.3
各功能區增量（按比例）	—	+4.5
全部產業功能區	將人口發展納入產業發展、城市發展、城鄉統籌發展的總體格局中全盤考慮	94.5

註：與北京清華城市規劃設計研究院《瀘州臨港產業物流園區總體發展規劃（2012—2030）》所規劃的90萬人相比，本規劃增加4.5萬人。

第三板塊：人口發展的主要任務

一、創新人口發展模式，打造人口與產城、城鄉一體聯動發展新格局

（1）促進「兩區」人口與產業聯動發展。將人口發展融入江南新區構築酒業、化工、機械、戰略新興產業四大產業鏈條、臨港產業物流園區構築「一港七基地」的產業定位中：一是人口分佈要與「兩區」產業功能區、產業組團發展結合，充分考慮產業功能區發展特點、人口承載力水平。需要加快產業升級，提升產業功能區的產業集聚能力，促進人口合理分佈。同時，產業功能區發展效益要與人口福利相結合，適時提高人口福利水平。二是人口素質要與產業發展要求相適應。針對「兩區」產業定位對勞動力的需求，制定知識型、技能型人才引進、培育、獎勵的特殊性計劃和政策。三是發展職業技術教育，補充產業發展所需的針對性人才。

（2）促進「兩區」人口與城市聯動發展。一是促進城鄉人口結構快速轉變，推動農村轉移人口和外來人口城市融入，制定相應的就業、培訓、服務計劃和政策。同時，城市建設必須為轉移人口和外來人口提供宜業、宜商、宜居的環境。二是人口發展必須充分考慮城市綜合承載能力，要與城市綜合承載能力相適應，需要制定政策、加大投入促進基礎設施、醫療衛生、教育、資源環境、公共服務的改善。三是依據就業人口的規模和構成配置居住用地規模和社區建設。加強以城市融入、社會融入為主的新型社區文化建設，並通過基礎教育、醫療、文體等基礎公共服務設施建設和供給，推動功能完備、社會公共服務設施共享的新型社區，提升城市活力和人口集聚能力。

（3）推動形成「兩區」現代產業、現代都市、現代生活「三位一體」協調發展格局，提升人口統籌發展水平。堅持推進「兩區」人口發展與城鎮建

設、城市管理、產業發展佈局、國土資源承載能力、生態利用保護、城鄉統籌、生活配套、民生發展等的緊密結合。深化實施城鄉統籌發展戰略，加大改革力度，推動城鄉形態、城鄉人口一體化發展示範區建設。推進農村轉移人口以非正規就業為主向以正規就業為主轉變；引導人口合理佈局和有序流動，加快農民工市民化進程，培育新市民群體成長發展，推進城鄉人口的融合發展；加強人口、教育、衛生、民政、社保等公共服務體系規劃，為城鄉人口結構轉變和提升人口素質提供優質的配套服務。

二、提高人口發展層次，促進高端人力資源的發育與發展

（1）按照「兩區」功能定位和發展要求，建立人才政策激勵和保障措施，培養和吸納專業化、國際化人才，創新型、技術型、技能型人才，管理型、服務型人才，實現提升「兩區」人口發展層次與培育活力型產業、創新型城市同步推進。圍繞「兩區」現代產業體系發展需求，規劃建設人才創新創業基地，加大帶技術、帶項目、帶團隊的「塔尖」人才的引進力度，加快集聚現代製造、高新技術、金融、物流、文化等領域的高層次人才。聚集培養一批優秀的企業家，形成一支高素質的職業經理人隊伍。構建國際化發展環境，全面提升「兩區」產城國際化承載功能，提高人才國際化水平的密度與深度。重點引進高層次創新型科技人才，大力培養具有創新能力的創業人才和創新創業團隊。壯大專業技術人才和技能人才規模。以提高專業水平和創新能力為核心，開展專業技術職稱和職業資格制度改革試點，加強專業技術人員培養和引進。以技師和高級技師為重點實施精英工程，完善職業技能鑑定制度和面向全體勞動者的職業培訓制度，全面提升技能水平。

（2）優化人力資源發育與發展環境，不斷改善人才工作生活條件。完善投融資、法律、會計、人力資源等仲介諮詢服務，將人才引進與培育、科學研究與成果應用相結合，推進重大項目建設與完善配套政策相結合，形成「兩區」人才高地。健全完善高層次人才信息庫，建立富有吸引力又與「兩區」經濟社會發展水平相適應的薪酬定價、信息交換機制，加快推進人才與資本、技術、產權等要素市場的融合與對接，建立引才、留才長效機制。設立創新創業中心，承擔人才及團隊引進、科技合作、企業孵化、開拓市場等功能，鼓勵與海外高水平教育科研機構、知名企業合作，聯合建立研發基地。完善有利於各類人才發展、充分發揮人才作用的社會保障體系，完善產業發展和創新人才獎勵等人才激勵機制，落實人才安居政策，切實解決高層次人才的住房、子女入學、配偶就業、學術交流等實際問題。

三、推進人口城鎮化建設，促進農業轉移人口市民化、流動人口公共服務均等化

（1）逐步實施戶籍制度改革，在把符合條件的農民工逐步轉為城鎮居民基礎上，穩步推進重點人群在城鎮落戶，為「兩區」產業發展、城鎮化建設創造人口條件。按照因地制宜、先行先試、分步推進原則，積極採取有效措施解決在城鎮有合法穩定職業、有合法穩定住所（含租賃）並參加城鎮社保的流動人口及其隨遷家屬的公平公正有序落戶問題。尤其是以新生代農村勞動力和舉家遷移的農村勞動力為重點，穩步推進農村人口向城鎮的轉移。

（2）逐步推動城鎮人口管理制度改革。以實有人口、實有住所管理為目標，以信息化為支撐，逐步取消「農業戶口」和「非農業戶口」劃分，穩妥推進並建立「兩區」城鄉統一的一元化「居民戶口」登記管理制度。對土地被徵占的農民全部登記為「居民戶口」，享有與城鎮戶籍掛勾的各類公共服務政策。對已登記為「居民戶口」的「兩區」市籍人口，在農村有承包土地的，允許其保留或有償流轉土地承包經營權、宅基地使用權和集體收益分配權等農村集體經濟組織成員應有的權利。對外地符合政策遷入「兩區」農村登記為「居民戶口」的人員，依法享有和履行當地居民應有的權利。在暫住地居住一定期限的流動人口，不再辦理暫住證，改為申領居住證。並以居住證為載體，建立健全覆蓋流動人口的基本公共服務供給機制。同時，結合「兩區」發展及企業實際需求，分層次對具有特殊貢獻、高學歷、高級職稱人員和大型成建制企業員工，採用不同類型的落戶方法和審批流程，構建符合「兩區」發展及企業需求的人才引進落戶政策體系。

（3）逐步建立起開放性的、網路式的、多種機制綜合發揮作用的城鄉新型人口服務體制，充分體現「公平對待、均等服務、合理引導、完善管理」特色。深化流動人口計劃生育「一盤棋」服務管理工作，落實屬地化管理、市民化服務，建立流動人口重大政策通報制度，強化街道、社區服務管理，落實企業法定代表人負責制和社區負責制，並加強流動人口信息採集與應用。加快「兩區」流動人口信息網建設，完善「兩區」之間的人口信息協作體系，實現區域互動、部門互動、市民互動。

（4）建立健全公共服務機構體系和全員人口信息體系。構建以政府、居委會、民間組織、駐社區單位為聯合體的服務體系，形成政府主導、部門協同、社會參與的公共服務新格局，提高人口服務管理綜合水平。逐步建立服務主體多元、服務功能完善、服務質量優良和管理水平較高、覆蓋廣泛的社區服務體系。創新流動人口的管理和服務機制，建立流動人口綜合服務管理體系。

加強全員人口信息數據庫建設，建立以身分證號碼為標示，集居住、婚育、就業、納稅、信用、社會保障等信息於一體的公民信息管理系統。完善信息收集、更新、核查和共享等方面的信息交換制度。加強「兩區」人口綜合承載力、城市人口服務能力、人口安全預警體系等方面的研究與建設，強化人口綜合決策能力建設。「兩區」流動人口服務管理實現全員、信息網路實現全域覆蓋。

四、夯實人口發展底部基礎，強化人口保障體系建設

（1）建立、完善就業培訓保障體系，促進人口充分就業。江南新區以「雙核、四港、六園、八組團」、臨港物流產業園區以「一核一軸兩翼」的空間佈局及產業功能區定位，建立佈局合理、適應產業功能區及其產業發展需要的就業培訓中心和就業培訓體系。健全完善以用工單位為主體，以瀘州各類職業院校為基礎，職校培訓與企業培養、政府推動與社會參與相結合的技能人才培養培訓體系，技能培訓和職業技能鑒定相統籌的服務體系，培育、打造各級各層次專業技術人才、勞動技能人才隊伍。加強與國際、國內職教機構合作，加強與重點產業、重點項目的對接，為提供優質的企業勞動用工服務，尤其為大型企業落戶「兩區」提供完善的就業培訓配套服務。搭建「兩區」統一的人力資源信息服務平臺，統籌企業崗位需求與求職人員信息，疏通用人方、求職方信息對稱渠道。建立項目資源信息庫和就業聯盟制度，針對重大項目做好用工需求分析和新增就業服務對接工作。針對失地農民、農村勞動力等就業困難群體，加強就業培訓、幫扶工作，健全公共就業服務體系和自主創業支持體系。主動參與成渝經濟區、川南經濟區等的區域合作，促進區域人力資源有序流動和合理配置。

（2）構建多層次社會保障體系，推進人口社會保障事業發展。以公平為導向，探索完善「兩區」人口社會保障新機制，研究建立城鄉居民養老、醫療保險制度與職工養老、醫療保險制度的銜接辦法，重點研究外來務工人員社會保險銜接中出現的新問題，為轉移接續提供更便捷的服務，逐步建立起全民同享社會保障，城鎮企業職工社會保險、農村基本養老保險、徵地保險、城鄉一體的區域性新型基本醫療保險為主體的社會保障體系，確保城鄉居民全覆蓋以及不同層次、不同區域、不同結構的社會保障統籌發展，保障城鄉居民壯有所為、老有所養、失有所靠、病有所醫、弱有所助、少有所學。以第三產業、私營企業、中小企業、勞務派遣組織、新建項目為重點領域，以農民工和新增就業人員為重點人群，實現應保盡保。2030年，65歲及以上老齡人口占比江南新區將達25.76%，臨港產業物流園區將達26.71%，務必促進老齡化事業發

展，完善人口老齡化社會支持系統，探索建立社會統籌、個人帳戶、家庭養老三結合的養老模式，積極推進城鄉一體化養老保障體系建設。

（3）探索多元化住房保障體系，實現群眾住有所居。倡導多元和諧，針對不同居住人群的需求和消費特徵，提倡商品房開發與保障性住房供給相結合的混合型社區建設，鼓勵商品房開發過程中配建一定比例的保障性住房，實現社會資源共享。大力興建針對外來務工人員的集體公寓，實行集宿式服務管理。完善住房保障體系和管理機制，逐步改善城鎮中低收入住房困難家庭的住房條件。加強保障性住房供應，根據中低收入階層、被徵地農民、外來務工人員等保障對象的不同需求，形成多層次、多類型保障性住房均衡佈局體系。強化政府職能，加大土地供應，完善規劃、土地、建設和融資等配套政策，為建設保障住房提供條件。以構建和諧社會、生態宜居、城田相融、低碳環保為出發點和落腳點，通過保障房制度優化設計和營運機制創新，構建多層次、多渠道、科學普惠的住房供應體系。

（4）構建人口健康保障體系，提高人口身體素質。探索推進「人人擁有健康檔案、人人具備健康素養」的全民健康管理模式。探索養老保險制度創新，實現參保員工養老保險關係跨地區順暢轉移；調整生育保險政策，擴大生育保險參保範圍，提高生育保險待遇。圍繞產業功能區和人口佈局特點，完善以社區衛生服務中心為基礎、二級公立醫院為主導的醫療服務網路。加強公共衛生服務體系建設，進一步健全突發公共衛生事件應急機制，提高重大疾病和突發公共衛生事件的預測、預警與處理能力。構建機構佈局合理、服務功能健全、人員素質較高、運行機制科學、管理規範的婦幼衛生服務體系。加強人口計生隊伍建設和計劃生育技術服務體系建設，開展生殖健康干預活動，以「生殖健康工程」建設為載體提高人口生殖健康水平。廣泛開展全民健身活動，加強健身設施建設，著力健全公共體育服務體系。

（5）注重家庭發展能力體系建設，增強家庭和諧發展能力。推進江南新區「兩化互動、三化聯動、產城一體、城鄉統籌」發展，推進臨港物流產業園區「以港興城、以城促港、港城一體」發展，夯實「兩區」家庭發展經濟基礎。以生活貧困、生殖健康、出生缺陷、養老保障、人口流動等為重點，研究家庭發展政策。增強家庭經濟活動能力，促進家庭就業、創業、創收，改善家庭生存發展條件。倡導人口計生工作向「生命全過程，服務全覆蓋」推進，推動和諧家庭、幸福家庭、健康家庭促進計劃，實現家庭公共服務均等化。加強母嬰健康保障，強化出生缺陷預防能力建設，全面構建宣傳、預防、治療及康復三級出生缺陷干預體系，推進「出生缺陷干預工程」建設。完善人口計

生利益導向政策體系，探索獨生子女家庭社會養老保險機制，關注傷殘家庭，尤其是關愛失獨家庭，實施失獨家庭幫扶計劃，促進失獨家庭的社會適應與心理適應。針對「兩區」幼兒和青少年實施未來成長計劃，在引導發展民辦幼兒園基礎上加強公益性幼兒園建設，建成完善的人口早期教育發展服務體系和青少年健康成長指導服務體系。

五、提升應對人口社會風險能力，提高風險防範與應急管理效能

（1）強化政府應對風險能力。協調政府管理部門職能，建立跨部門的人口集聚風險應急管理中心，建立與周邊地區的應急聯動機制，分解在人口集聚風險領域的職責。政府要把人口與城市發展的安全問題納入政府管理範疇之內，在可調控範圍內確保城市平安、人口安全。建立跨部門人口集聚風險應急管理預警機制，提出應對預案，形成比較完善的風險預警系統。以企業改制、徵地拆遷、涉農利益、教育醫療、環境保護、安全生產、食品藥品等容易引發社會矛盾的領域為重點，研究制定《江南新區、臨港物流產業園區重大事項社會穩定風險評估實施細則》，實施風險評估，確定風險等級，分級落實防範化解和處置措施，防止因決策不當或盲目推行而出現重大不穩定問題。通過主動排查、超前預警、跟進服務，從源頭上化解社會矛盾，防止問題堆積、矛盾激化和擴大。對違反風險評估規定引發嚴重影響社會穩定事件的，嚴格實行責任查究。

（2）建立應對風險調控機制。針對產業集聚、產業組團、產城一體發展，大型、特大型企業集群入駐，大項目、特大型項目實施，以及人口結構快速轉變可能帶來的「兩區」人口快速集聚、社區建設和管理滯後以及發生勞資衝突、突發性或群體性事件等人口社會風險，應通過政府的政策干預進行化解。對區域未來人口發展趨勢進行科學預測，制定相應的人口發展總體規劃，積極引導和合理調控人口總量、結構、分佈等。制定與人口發展相適應的城市規劃，通過政府引導，對城市結構、功能佈局等進行合理規劃，使區域內公共交通、教育、醫療衛生的配置趨於公平，促進人口的合理分流，減少因公共資源分佈不均而出現的交通擁擠、城市基礎設施與公共資源分佈不均衡等問題，使「兩區」不僅能夠盡可能大地容納、承載人口，還能優化城市人口空間結構，預防人口分佈不均引起的集聚風險。

（3）制訂應對風險的應急預案。建立流動人口預警機制，尤其針對產業功能集聚區、大型特大型企業集群區預防突發性、群體性事件發生。建立老年人口預警機制，對養老院、敬老院、社區等老年人特別是高齡老人健康狀況實施監控和衛生干預。建立勞動力市場預警機制，以減少就業等問題引發公共安全問題。建立愛滋病及傳染病跟蹤監測和應急干預機制。加大環境、食品、藥

品監測技術開發和平臺建設力度,及時預警和干預環境、食品、藥品問題。建立人口發展綜合性監測模型方法和評估指標體系,對人口發展實施信息化、平臺化、動態化監管和決策。完善制度維穩的體制機制,促進重大事項社會穩定風險評估常態化。

第四版塊:保障措施

一、著力加強組織領導

強化「兩區」黨工委、管委會對人口發展工作的組織領導,優化人口計生隊伍,形成干群一致、多部門通力合作格局。提高運轉效率,實現江南新區、臨港物流產業園區兩大經濟區和行政區的整體統籌,保證政策部署、體制機制的協調統一。以政府為主導,構建以優先投資於人的全面發展為核心的社會管理和公共服務體系。實行人口與發展綜合決策,加快建立和完善人口發展宏觀調控體系,推進人口管理制度的統一協調。

二、著力實施目標管理責任制

建立和完善人口服務標準規程、質量控制制度,規範服務程序和服務行為。健全人口質量管理評價體系,搞好管理質量的監督與評估。優化考核程序,制定規範化、科學化和制度化的目標管理責任制考核辦法。實行問責制度,將人口發展目標納入政績考核、重大事項督查範圍之內。積極倡導公眾參與,發揮公眾評價和社會監督的作用。

三、著力健全政策配套、保障、協調機制

健全法律法規體系,統籌協調人口發展規劃與其他規劃的編製、執行、修改,避免和減輕相關政策對人口發展的不利影響。切實保障促進人口發展的經費投入,保持投入增長與財政收入增長幅度平衡。建立人口發展規劃監測與評估機制,保證規劃的法律效力。建立市級協調機制,統籌協調人口發展戰略、規劃、政策以及人口相關經濟社會發展政策的制定和實施。完善行政效能制度體系,促進人口工作績效評估與行政問責有機統一。切實加強基層隊伍和網路建設,夯實人口工作基礎。圍繞人口發展的重點領域,研究制定落實本規劃的具體項目工程,例如務工人員住房保障工程、公益性幼兒園建設工程、人口社會風險預警系統開發工程等。

四、以項目工程建設推動規劃實施

可以結合瀘州市及「兩區」人口和計劃生育工作實際,開展項目工程的創建活動,例如江南新區「單獨二孩」生育跟蹤服務工程、計劃生育「失獨家庭」信息數據庫建設項目、農村勞動力轉移市民化成本分擔機制建設示範

項目、臨港產業物流園區物流人才集聚工程等。政府給予財力支持，並明確建設主體單位的責權利。

第二節　區域人口發展規劃執行評估

一、區域人口發展規劃執行評估的基本描述

人口發展執行評估對於人口發展規劃的執行監督和調整完善具有積極意義。依據某區域人口發展規劃實施某區域人口發展執行評估（一般分為中期評估和終期評估兩大類型），往往通過突出重點、點面結合方法以及相關評估技術，對人口和計劃生育事業發展的主要指標和重點工作進行專項調查和綜合評估，目的在於準確把握區域人口發展領域重點指標的進展情況，及時發現規劃實施過程中存在的困難和問題，並據此尋求調整、補充、完善人口發展的具體措施，確保規劃中的人口發展目標、任務的順利完成，或者為下一步制定新的人口發展規劃奠定科學基礎。一個比較完整的區域人口發展執行評估，往往涵蓋以下五大板塊內容：

第一板塊：評估的目的、思路與目標。

（1）評估目的。

（2）基本思路。建立人口發展規劃的監測評估機制，通過可選擇的不同評估方式實施評估。

（3）基本目標。①對規劃的發展指標進展情況作出客觀評價；②對規劃重點任務落實情況以及對規劃目標的推進效果作出評估；③形成區域人口發展執行情況報告，提出未來規劃或未來一個時期人口發展的政策建議。

第二板塊：評估的原則、方式和方法。

（1）評估原則。一般按照國家人口發展規劃執行評估要求，堅持宏觀為主、微觀為輔；堅持科學民主、多方參與；堅持實事求是、客觀公正；堅持重點突出、點面結合。

（2）評估方式方法。這主要包括：①相關部門自評和委託高校或研究機構等第三方獨立對人口發展規劃執行情況進行全面評估相結合。②地方自評與國家部門聯合督評相結合。③定量評估和定性評估相結合。定量評估要充分佔有統計數據，同時有選擇地進行數據採集；定性評估要通過典型調查、基層調研、座談等方式來進行，並盡量以定量的形式予以表達。

第三板塊：評估的主要內容（見表8-8）。

表 8-8　　區域人口發展規劃執行評估主要內容

一級指標	三級指標	評估內容
外部環境分析和發展目標進展情況	外部環境分析	宏觀經濟形勢、社會發展狀況、資源環境狀況、經濟社會管理體制改革、政策環境變化對人口發展及工作帶來的有利或不利影響
	定量評估	人口總量、出生缺陷發生率、嬰兒死亡率、孕產婦死亡率、出生人口性別比、國民受教育年限、城鎮化率、貧困發生率
	定性評估	生育意願、基本醫療保健服務、九年制義務教育、勞動就業、社會保障體系、城鄉及區域間發展差距、人居環境
主要任務落實情況	綜合運用經濟社會發展政策，確保低生育水平穩定評估	總和生育率、出生率、出生符合政策率、綜合避孕率的基本情況；人口目標管理責任制執行和改革、人口和計劃生育利益導向政策體系建設、人口和計劃生育社會管理和公共服務體系建設、流動人口計劃生育服務管理體制建設、相關部門或相關經濟社會政策對穩定低生育水平的支持和銜接情況
	提高出生人口素質，著力解決人口結構性問題評估	出生缺陷發生基本狀況，孕前免費優生健康檢查項目試點情況；出生缺陷三級預防體系的建設情況，住院分娩和母乳喂養情況，影響出生缺陷的重要危險因素基礎研究進展情況，嬰幼兒早期教育、獨生子女社會行為教育培養進展；出生人口性別比的基本狀況，出生性別比綜合治理工作機制、法制建設、利益導向、「兩非」打擊、綜合監管制度建設情況；人口老齡化進展，城鄉居民養老保障制度、養老服務體系、老年產業、老年社會化服務制度建設情況
	堅持教育優先發展，充分開發人力資源評估	素質教育進展情況，九年制義務教育、中等職業教育發展狀況，高等教育質量情況；農村勞動力轉移狀況，新型農民科技培訓和農村勞動力轉移培訓情況和政策支持情況；現代教育體系、學習型社會建設進展情況
	統籌城鄉、區域協調發展，引導人口有序流動和合理分佈評估	主體功能區規劃、人口發展功能區等有關人口空間分佈研究和規劃工作進展；人口城鎮化和人口流動、空間分佈變動情況和態勢；主要都市圈和新型城市群發育狀況以及對引導人口合理聚集作用發揮情況；人口流動制度、政策、管理服務體制改革進展；資源型城市和資源枯竭型城市人口與發展問題解決進展情況
	人口發展規劃監測與評估機制建設情況評估	以預防為主的公共衛生服務體系建設進展；醫療衛生體制改革進展；《中國婦女發展綱要（2001—2010）》和《中國兒童發展綱要（2001—2010）》目標的進展；殘疾人參與社會生活的物質條件和精神環境改善情況；社會救助體系、扶貧政策、就業和社會保障體系建設進展；貧困人口變化情況，扶貧開發工作推進情況

表8-8(續)

一級指標	三級指標	評估內容
保障措施實施情況	對人口發展工作的領導體制建設情況評估	各級黨委政府對統籌解決人口問題的重視程度；人口規劃、政策、人口服務管理制度統籌協調情況；人口宏觀調控體系和人口工作綜合治理機制建設情況；人口目標管理責任制改革和完善情況
	人口與發展綜合決策支持系統建設情況評估	重大人口發展問題研究進展；人口發展指標體系和宏觀調控政策進展；人口與發展綜合決策支持系統和監測評估體系建設進展，全員人口信息庫和流動人口信息化建設進展，部門間、區域間人口信息共享機制建設進展
	人口發展的社會管理和公共服務體系改革情況評估	人口發展領域的法制建設情況；人口發展領域的依法行政推進的進程；人口發展領域的社會管理體制改革進展；人口服務管理機構建設情況，基層人口綜合服務管理的改革進展
	優先投資於人的全面發展的公共財政投入體制建設情況評估	人口發展領域財政支出結構變化情況；人口和計劃生育財政投入狀況和人均投入水平；對農村、中西部和貧困地區人口發展的政策支持和資金扶持力度；人口發展領域社會投入情況
	人口發展規劃監測與評估機制建設情況評估	地方和各部門對人口規劃的宣傳、重視情況；國家人口規劃、地方人口規劃、年度人口計劃和年度工作計劃聯繫情況；規劃項目和政策的落實機制建設情況；規劃監督評估機制建設情況
建議	規劃期人口發展思路舉措建議評估	對規劃期人口發展工作中存在的主要問題進行概括，對好經驗和好做法進行總結；規劃期乃至更長期人口發展工作的重點和難點問題分析；規劃期人口發展思路、目標建議；規劃期重大改革政策舉措的建議

資料來源：國家人口計生委公布的《人口發展「十一五」終期評估總方案》

第四版塊：評估時間安排（準備階段；各地、各有關部門自評階段；聯合督評階段；總結階段）。

第五板塊：評估的組織和實施（略）。

二、區域人口發展規劃執行評估報告

區域人口發展規劃執行評估完成后，需要撰寫執行評估報告。以下擬通過本研究整理的《廣西人口發展「十二五」規劃實施中期評估報告》摘要版（數據及內容材料略），介紹評估報告撰寫模板。

《廣西壯族自治區人口發展「十二五」規劃》（以下簡稱《規劃》），是自治區人民政府對「十二五」時期本區人口工作的決策部署，闡明了「十二五」時期廣西人口發展的基本思路、發展目標和工作重點。《規劃》是指導「十二五」自治區人口發展的綱領性文件，是各級政府和部門全面做好人口工作的重要依據。根據《廣西壯族自治區人民政府辦公廳關於印發「十二五」規劃實施中期評估工作方案的通知》和《規劃》本身的要求，對《規劃》實施情況進行中期評估，及時發現規劃實施過程中出現的問題，並根據發展環境變化提出進一步推動規劃實施的對策建議，對順利完成《規劃》提出的各項目標和任務，進一步推動廣西人口與經濟社會資源環境協調可持續發展，具有十分重要的意義。

根據自治區的統一部署，2013年6月5日，自治區發改委研究制定並下發了評估工作方案，對評估工作進行了全面部署。評估工作重點把握了三個原則：一是內容上聚焦重點，二是方法上多種形式，三是時間上遠近結合。重點圍繞推動「十二五」規劃順利實施，加強對後兩年人口發展情況的分析，同時考慮廣西人口長遠均衡發展的要求，提出了相應的措施建議。此外，還把定性評估與定量評估結合，並吸收了人口發展戰略研究重點調研課題的有關成果。中期評估的時點和採用的數據截至2013年6月30日，部分數據統計到2012年年末。

《規劃》實施情況的總體評價

「十二五」以來，自治區在黨中央、國務院和自治區黨委、政府的堅強領導下，認真貫徹落實黨的十八大精神，深入貫徹落實科學發展觀，堅定不移走中國特色統籌解決人口問題的道路。按照全面做好人口工作的總體要求，堅持計劃生育基本國策，逐步完善人口政策，穩定低生育水平，提高人口素質，優化人口結構與分佈，促進人口長期均衡發展，促進人口與經濟社會資源環境相協調。經過全區上下各級各部門的共同努力，廣西低生育水平繼續保持穩定，人口素質穩步提高，出生人口性別結構進一步改善，人口城鎮化水平逐步提升，民生建設進一步完善，「十二五」規劃確定的總體目標和主要任務取得明顯進展，總體實現「時間過半、完成任務過半」的要求。「十二五」以來自治區人口發展的主要成效體現在：

——低生育水平繼續保持穩定。

——教育普及水平進一步提高。

——人口健康素質大力提升。

——出生人口結構得到有效改善。

——城鎮化水平實現跨越式發展。

——民生保障體系進一步健全。覆蓋城鄉居民的社會救助體系基本形成；保障性安居工程建設初顯成效；覆蓋城鄉居民的基本公共服務體系逐步完善；城鄉面貌發生巨大變化；絕對貧困人口大幅減少。

《規劃》重點任務進展情況

深入貫徹和踐行科學發展觀，統籌解決人口問題，是自治區做好「十二五」人口發展各項工作的重要前提和基礎。

一、進一步明確人口發展重點，全力抓好主要任務落實

（1）綜合運用經濟社會發展政策，確保低生育水平穩定。

（2）以項目帶動、強化防控體系建設，大力提高出生人口素質。一是努力促進基本公衛婦幼衛生項目服務均等化；二是大力推進「降消」項目工作；三是積極推進農村婦女宮頸癌、乳腺癌免費檢查項目；四是推進育齡婦女孕前和孕早期補服葉酸工作；五是以建設婚育綜合服務平臺為切入點，紮實推進免費婚檢工作；六是穩步推進「二補」項目工作；七是貫徹落實《地中海貧血防治計劃》，加大地貧干預力度。

（3）堅持教育優先發展，充分開發人力資源。一是大力促進學前教育；二是全面推進縣域義務教育均衡發展；三是全力提升普通高中辦學質量；四是積極發展中職教育；五是進一步提升高等教育大眾化水平；六是切實推進民族教育；七是重視支持特殊教育，大力加強人才隊伍建設。

（4）統籌城鄉和區域協調發展，引導人口有序流動和合理分佈。一是優化人口佈局；二是增強城鎮承載力；三是加快推進城鎮化；四是創新流動人口計劃生育服務管理體制機制。

（5）積極應對人口老齡化，完善保障體系，促進社會和諧與公平。積極探索應對人口老齡化的新路子。加快建設覆蓋城鄉居民的社會救助體系。全面推進扶貧開發。

（6）綜合治理出生人口性別比偏高問題，促進社會性別平等。一是強化組織領導；二是完善法規制度；三是開展專項治理；四是突出宣傳倡導。

（7）大力完善優先優惠政策體系，提高計劃生育家庭發展能力。一是完善了城鎮職工提高5%、10%退休金獎勵的政策；二是提高了城鄉貧困家庭最低生活保證金標準；三是將新農合、新農保優惠政策上升到地方性法規的高度；四是出抬城鎮居民社會養老保險試點實施辦法；五是提高農村部分計劃生育家

庭獎勵扶助金標準；六是調整農村部分計劃生育家庭獎勵扶助和計劃生育家庭特別扶助標準；七是落實城鎮獨生子女父母年老獎勵政策。

（8）健全殘疾人保障體系，支持殘疾人事業發展。一是深入實施殘疾人扶貧開發；二是不斷完善殘疾人社會保障體系；三是普遍開展城鄉殘疾人社區康復工作；四是紮實推進殘疾人入學就業。

二、不斷創新人口綜合決策與統籌協調機制，切實落實各項工作保障措施

（1）強化人口發展領導體制建設。一是進一步強化領導責任制度；二是建立人口計劃生育綜合治理制度，形成齊抓共管局面；三是創造有利於人口計劃生育工作的政策環境；四是建立、健全和完善人口規劃、政策、服務管理制度；五是完善績效考評督查制度。

（2）建立完善人口發展綜合決策支持系統。

（3）深入進行人口發展社會管理和公共服務改革。一是堅持以人為本和改善民生，打造「誠信計生」；二是深化人口計劃生育服務管理體制改革，加強公共服務，打造「民本計生」；三是加強獎勵優惠政策體系建設，打造「惠民計生」。

（4）加強優先投資於人的全面發展的公共財政投入保障體制建設。一是強化中央預算內投資人口發展等民生項目投資建設；二是完善人口和計劃生育投入保障機制；三是建立獎勵扶助標準動態調整機制，計劃生育家庭利益將得到及時保障；四是不斷加強和提高計劃生育公共服務水平；五是強化基層計劃生育服務能力建設。

（5）探索健全人口發展監測評估機制。一方面，全區建立分類指導的實施機制；另一方面，健全規劃協調和管理體制。

《規劃》實施中的主要問題

一、「十二五」人口發展工作中存在的主要問題

自治區作為老、少、邊、山、窮地區，經濟總量不足，人均水平偏低，貧困比重較大，基礎建設滯后，人口發展環境比較脆弱，廣西要與全國同步全面建成小康社會面臨嚴峻的人口問題：

——人口慣性增長依然強勁是影響可持續發展的首要問題；

——人口素質偏低正成為建設人力資源強省的瓶頸；

——人口分佈不合理影響城鄉區域協調發展；

——農村勞動力轉移愈加深刻影響新農村建設的順利推進；

——貧困人口高居不下成為廣西與全國同步全面建成小康社會的突出

問題；

——家庭結構變化帶來新挑戰。

二、「十二五」后兩年及更長時期人口發展總體思路和基本要求

當前人口問題與資源環境、經濟社會發展相互交織、聚集疊加。人口數量、素質、結構、分佈、安全等問題相互交織，人口與資源環境矛盾日趨尖銳，人口與經濟社會發展關係更為複雜。

「十二五」后兩年及更長時期自治區人口發展的總體思路是：首先，要繼續強調科學發展的主題。其次，要堅定走統籌解決人口問題的道路。最后，要繼續以建設人口均衡型社會為主線。堅持公平、和諧為價值取向，讓發展的成果惠及全體人民。落實好上述基本思路，工作中必須堅持以人為本、堅持統籌協調、堅持科學指導、堅持創新發展的原則要求。

后兩年推進《規劃》實施的措施

「十二五」期間是廣西經濟社會發展的重要轉型期，也是統籌解決人口問題的深化階段，機遇與挑戰並存，必須從戰略上把握好人口發展問題，充分利用人力資源豐富、社會撫養比較低、人口流動活躍的有利時機，遵循人口發展規律，全面做好人口工作。

黨的十八大做出了「堅持計劃生育的基本國策，提高出生人口素質，逐步完善政策，促進人口長期均衡發展」的重大戰略決策。根據中央精神，結合實際，提出如下對策建議：

第一，綜合運用經濟社會發展政策，切實穩定低生育水平。

第二，進一步強化人口與發展綜合決策統籌協調機制。

第三，加大項目和資金投入，加快完善和提升計劃生育服務體系建設。

第四，盡快完善相關配套政策，積極引導人口有序流動。

第五，繼續堅持教育優先發展，加大教育投入，深化教育領域綜合改革，著力提高教育質量，大力促進教育公平，努力辦好人民滿意的教育。

第六，調整工作思路和工作重心，加快完善城鎮化政策體系。

第七，進一步加大扶貧政策的執行力度。

第八，進一步強化措施，創新載體，加大人才隊伍建設力度。進一步貫徹落實中長期人才發展規劃（2010—2020）的目標任務，促進自治區人才隊伍建設邁上新臺階。

第九，強化部門溝通協調機制，推進人口信息共享。

第十，加快完善推動老齡事業發展的保障機制。

第九章 區域人口發展監測指標與模型方法

第一節 人口發展監測相關研究

一、研究背景、目的及意義

近年來，中國人口發展問題受到前所未有的高度重視。在中共中央、國務院頒發《關於全面加強人口和計劃生育工作統籌解決人口問題的決定》基礎上，國家及各地區又作了「十二五」時期人口發展專項規劃，進一步強調人口是影響經濟社會發展的關鍵因素，關係改革開放和社會主義現代化建設的成敗，關係中華民族的未來。中國經濟社會可持續發展戰略必須考慮人口發展問題。[1]

自計劃生育基本國策實施以來，中國人口發展經歷了偉大而艱辛的轉變歷程，取得了巨大的成就。人口再生產類型實現現代轉變，人口出生率、死亡率和自然增長率都顯示中國已經進入持續低生育水平時期，人口規模得到有效控制。同時，人口素質、人口結構、人口分佈都逐步得到一定程度的改善。這為經濟社會發展創造了有利條件。然而，人口和計劃生育工作長期以來主要著力於人口規模的控制，忽視了人口素質的提升、人口結構的優化、人口分佈的合理性安排以及人口與經濟社會、資源環境的可持續發展，人口轉變的經濟社會問題不斷暴露出來。

人口問題始終是制約區域經濟社會全面協調可持續發展的重大問題，人口發展在經濟社會發展中處於重要的基礎性地位。當前，中國人口多的基本國情

---

[1] 本章參見王學義主持的四川人口發展戰略課題《人口發展監測指標體系與模型方法》。

沒有改變，人口總量繼續慣性增長，人口素質有待進一步提高，出生人口性別比偏高、人口老齡化加速等結構性問題日益凸顯，流動遷移人口規模龐大。與此同時，區域人口發展極不平衡，「單獨二孩」生育政策的實施、經濟發展方式的轉變、城鎮化進程加快等對中國人口及區域人口發展提出的要求更高。這就需要適時對中國及區域人口發展進行有效監測。

　　本研究構建了能夠長期全面應用於實際的區域人口發展監測指標體系、模型。從衡量人口發展狀況的角度看，國內外至今尚未建立起能夠對人口發展進行全面、長期、及時監測的系統。本研究擬借鑑國內外人口發展監測研究的先進經驗，在國內外人口發展和監測的理論與實踐框架下，運用定量分析和定性分析相結合的分析方式，根據區域人口發展實際情況，具體選取具備較強代表性和針對性的指標嘗試綜合構建有效應用於區域人口發展監測的指標體系，為長期的人口發展監測體系實際運行提供堅實的技術手段基礎和實踐依據，逐步實現區域人口發展監測信息數據庫的有效運轉，同時期望通過這一體系的未來應用，為政府相關部門的宏觀決策和人口發展規劃部署提供科學依據和政策參考，也為國內具有相同人口與經濟社會和資源環境發展矛盾的地區的人口發展監測指標體系構建研究提供經驗借鑑。

二、人口發展監測相關研究狀況

　　在人口發展適時監測層面，當前國際上公認的有關人口統計的比較完備的指標體系，是由美國人口諮詢局公布的《人口手冊》。許多國家的人口統計指標體系的設計都以此版本為基礎，根據實際情況適當改進。最新的《人口手冊》將人口特徵總結為年齡與性別結構、生育、影響生育率的因素、死亡、發病、遷移、種族與民族、戶與家庭、城市化與人口分佈、人口變動等十一類，並且每一特徵又通過不同的人口統計工具、統計指標來反應。但是該手冊只給出了分項指標的計算方法，沒有給出有關人口發展的總體特徵和基本特徵的綜合指標，又由於其一些分項指標在量化和統計數據收集上存在較大的障礙，因此在人口發展監測的具體應用上還存在一定的欠缺。在統計指標體系的採集方面，美國有即期人口統計（CPS）和即期就業統計（CES）網路平臺即時更新人口監測系統的數據庫，但從其內容和具體的運作方式看也並不具備廣泛的適用性。在人口發展指數的構建方面，目前使用最多的是 HDI 指標。聯合國開發計劃署（UNDP）自 1990 年以來，每年發布《人類發展報告》，並創建了人類發展指數（HDI）作為衡量人類生存與發展狀況的綜合尺度。HDI 是一個三項指標的加權指數：一是人均收入，用以購買力平價計算的人均國內生

產總值（美元）反應平均生活質量水平；二是人口平均預期壽命，反應健康發展狀況；三是初、中、高等學校的綜合毛入學率和成人識字率，反應教育發展水平。UNDP 將各國分為三類：一是低水平人類發展國家，HDI 為 0~0.5；二是中等水平人類發展國家，HDI 為 0.51~0.79；三是高水平人類發展國家，HDI 為 0.81~1.0。根據 2005 年《人類發展報告》，中國在世界 177 個國家和地區中排名第 85 位，屬上中等人類發展國家。UNDP 還增設了發展中國家人類貧困指數（HPI-1）、高收入 OECD 國家的人類貧困指數（HPI-2）和性別發展指數（GDI）三項指數作為補充。HDI 目前作為國際人類發展平均進度的比較指數具備一定的實踐參考意義，但當其作為一國縱向發展水平的比較指數時，就會顯現出其由於構成指標太少的不足，不能反應出一國在人口結構等方面變動所帶來的發展變化。

其他國外運用較多的指數還有美國海外發展委員會 1975 年提出的人口生命質量指數（PQLI），使用嬰兒死亡率、1 歲預期壽命和 15 歲以上成人的識字率三個指標來衡量一個國家人民的營養、衛生、保健、國民教育等幾個方面的問題；美國社會健康學會指標（ASHA）是一個經濟發展和人口質量發展的綜合指數，採用六個方面的指標：人均國民生產總值增長率、就業率、識字率、預期壽命、人口出生率和嬰兒死亡率。但上述指數也存在著與 HDI 相似的不足和欠缺。另外，近似反應人口發展水平的綜合指數還有人口現代化指數，美國社會學家英格爾斯在 20 世紀 70 年代提出了人的現代化 10 個指標，包括人均 GDP、城市人口比、服務業總產值占比等，但目前學術界對人的現代化的概念和構成方式尚未統一，在指標體系方面也沒有達成共識，因此人口現代化指數還沒有被明確構建並引入實踐領域。

國內學者的同類研究早期主要集中在對人口發展指標體系的探討上。牛文元（1999）以系統理論為基礎提出了可持續發展戰略中的人口發展指標體系；另有學者從劉錚（1992）的人口現代化概念構建了能夠反應中國人口發展特徵的指標體系，如陳友華（2003）、王學義（2005）等人提出的由人口再生產類型、人口素質、人口結構等維度構成的能夠反應中國人口發展的綜合指標體系。雖然目前學界在人口發展指標體系的邏輯框架和基本構成等方面尚未達成一致，但近年來，已有一些學者開始運用相關定量分析手段對人口發展監測指標體系的模型構建進行相關的探索性研究。許紀等（2003）在構建的中國可持續發展綜合評價模型中提出了人口發展的指標體系並結合實際數據對不同人口發展方案下中國人口與經濟社會和資源環境可持續發展狀況進行了評價分析；陳仲常等（2007）通過對全國 31 個省、市、區人口發展的實證分析，運

用相關分析、因子分析、聚類分析和熵權法等定量分析手段構建了中國人口發展監測指標體系模型；楊琳（2009）又將模糊數學評判理論引入人口發展監測評價模型對人口發展監測指標體系模型進行構建研究；董燕、黃健元（2011）進一步通過構建人口發展指標體系和編製人口發展水平指數對江蘇省人口發展水平進行了一次綜合評價，對地區人口發展監測指標體系研究進行了嘗試；王廣州（2010）採用國內外人口普查和抽樣調查原始數據，從人口學和統計學兩個方面研究了人口出生性別比變動的監測方法。在人口學監測方法研究過程中，通過實證數據總結了人口正常情況下的出生性別比、分孩次出生性別比和孩次遞進生育性別比的基本變動模式與基本特徵。在統計學監測方法研究過程中，採用較小樣本數據，實證分析人口出生性別比二項分佈概率估計和貝葉斯估計方法的有效性，並在此基礎上將貝葉斯方法與其他簡單統計方法進行比較，證實在小樣本條件下，貝葉斯估計可以達到較好的統計監測目的。王穎等（2011）構建了人口長期均衡發展的指標體系和評價模型，指標體系設定為三級：第一級包括人口內部均衡和人口外部均衡兩個方面；第二級由人口數量、人口質量、人口結構等七個部分構成；第三級指標包括反應內部均衡的 7 個指標以及反應外部均衡的 13 個指標，並使用層次分析法確定了指標的權重。採用 2000—2007 年 31 個省級單位的數據對人口長期均衡發展評價模型進行了驗證，並對人口總體均衡水平以及影響人口均衡發展的關鍵要素進行了實證分析。

　　國內外相關研究表明，目前已初具一定成果的人口發展指標體系研究的理論與實踐和相關統計技術手段的成熟應用都可為本課題研究提供豐富的理論和技術支撐。但同時也可以發現，當前學界對相關問題的考察仍然集中在人口發展綜合指標體系的探討或一般性人口發展監測指標模型的構建上，在定性分析的基礎上根據地方實測歷史數據運用具體定量手段構建具備特殊適應性的地區人口發展監測指標體系模型研究尚顯欠缺，這也凸顯了本課題研究的意義。

第二節　區域人口發展監測模型方法

一、國內外人口發展監測指標體系及其構建方法

（一）現有的監測指標體系概述

　　目前眾多國家官方有關經濟社會發展統計實踐中均包含了與人口相關的指標，但由於其零散分佈於各個統計範疇，使本應密切關聯的人口發展統計指標

愈顯割裂，因此國外不同機構和學者也紛紛建立了可以在不同層面反應人口發展水平的單項或複合性指標體系（指數）。其中，公認的國外最早建立的可以反應人口發展水平的指標體系當屬英克爾斯的人的現代化測量指標體系。這一指標體系共包括了 11 項指標，即人均國民生產總值、農村產值占國民生產總值的比重、服務業產值占國民生產總值的比重、非農業就業人口占總就業人口的比重、城鎮人口占總人口的比重、識字人口占總人口的比重、適齡青年受高等教育的比重，平均每千人擁有醫生數、人口平均預期壽命、嬰兒死亡率、人口自然增長率，其中有 9 個指標直接涉及人口再生產類型、人口素質、人結構和人口經濟水平等許多方面，可以在一定意義上直觀展現隨現代化而來的人口發展水平。英克爾斯的指標體系開創了人口發展測度指標體系研究的先河，但隨著時代的進步和發展觀的演進，其在測度內容上愈發顯得粗疏，在人口內部各要素層面下的代表性指標略顯單一，也相對缺乏人口與社會發展和人口與資源環境等一系列反應人口與外部協調發展的指標，因此相關的測度指標體系並沒有在國內外人口發展統計實踐中得到較多應用。

目前國際常用的測度人口發展的指標體系主要集中在一些特定的單項測度指標（指數）上，聯合國開發署於 1990 年提出並使用了人類發展指數（HDI）。HDI 指數鮮明地體現了人口的社會經濟特徵，把人口健康指標（0 歲預期壽命指數）、人口教育指標（成人識字率指數）和人口經濟指標（人均國內生產總值）綜合歸並為一個單項綜合測度指標。這一指標可以具體反應出隨著經濟發展與社會進步，人口在健康、教育和生活質量上的發展水平。HDI 指數的具體計算方法為：將全國（世界）範圍的對應項的最大、最小值對區域（一國）對應的 0 歲人口平均預期壽命、成人識字率和人均 GDP 指標變量進行歸一化處理，得到每項的程度相對值，則 HDI 指數為：

$$\text{HDI} = 1 - \frac{1}{3}\left[\frac{A_{\max} - A}{A_{\max} - A_{\min}} + \frac{E_{\max} - E}{E_{\max} - E_{\min}} + \frac{G_{\max} - G}{G_{\max} - G_{\min}}\right]$$

式中，HDI 為人類發展指數；A 為 0 歲人口平均預期壽命指數；E 為成人識字率指數；G 為人均 GDP 指數；下標 min，max 分別表示最小值和最大值。為更好地擬合綜合指數，可在標準分界處確定 HDI 的閾值即參考水平。如可選定的分界閾值為：生存線 HDI(A) = 0.3；小康線 HDI(B) = 0.6；富裕線 HDI(C) = 0.8。

總體而言，人類發展指數的計算方法就是把健康、教育和收入三個指數相加後除以 3 取其平均數，在指數計算上存在極強的簡易性，用以衡量人口發展標準也顯得相對方便。但同時這一指標體系也存在著指標涵蓋面較窄和無法用

於區域比較等不足。

國內對人口發展檢測指標體系的研究近年來日漸深入，學者們也在借鑑國外相關研究成果的基礎上依據中國國情建立了豐富的人口發展監測指標。在單項度指標（指數）中，有代表性的有伍小蘭提出的人口生育現代化綜合指數。其具體公式為：

生育現代化綜合指數 I =（生育數量指數+生育質量指數+生育時間指數+生育偏好指數+生育方式指數）/ 5

式中，5 個分指數被分配相同權重。

$$\text{生育數量指數} = \begin{cases} 100 & (\text{TFR} \leq 2.1) \\ 100 e^{2.1-\text{TFR}} & \text{TFR} > 2.1) \end{cases}$$

生育偏好指數 = $100 e^{|\text{出生性別比}/105-1|}$ （TFR>2.1）

生育質量指數 = 嬰兒死亡率指數 =（全球最高值-實際值）/（全球最高值-最低值）

由於生育時間指數和生育方式指數難以獲取實際數據，故伍小蘭提出了最終的生育現代化綜合指數 II，其公式為：（生育數量指數+生育質量指數+生育偏好指數）/ 3。

生育現代化指數仍然停留在單向度指標層面，其只能考察人口發展過程中人口再生產類型的變動情況，存在較大的局限性，而類似於這一指數的所有人口發展的單項測度指標均局限在測量人口某一要素的發展水平，其首先不具備系統特徵，也並未將其視為指標體系進行操作，其中單個指標的簡單累加性特徵較為明顯，在應用實踐上也必然會顯露出其先天的不足。因此，諸多學者也相繼從人口發展的系統角度出發，提出了一些有代表性的人口發展測量指標，如人口現代化測度指標體系、人口可持續發展指標體系、人口均衡發展監測指標體系等。其中，人口現代化指標體系主要用於測度在中國現代化進程中人口的現代化水平狀況，不同學者得出的指標體系雖略有差異，但總體都涵蓋了人口再生產類型、人口素質、人口結構等緯度。總體而言，以王學義（2006）為代表開發的人口現代化指標體系較為系統和翔實（表 9-1）。從指標構成和定性說明的角度來說中國目前的人口現代化測度指標較國外相關指標體系更為豐富，也更適合國內人口發展監測，但其在某些具體指標的實測應用上仍然存在一定的難度，也有待於定量應用的進一步檢驗。和人口現代化指標體系類似，國內現有的人口可持續發展指標體系在理論層面上也已相對成熟，只是在具體操作維度上較人口現代化指標體系有所不同，其具體分為 2 個維度（內部質量指標、外部質量指標）共 8 個要素層（合理的性別年齡結構、圍繞更替

水平的生育率,公平、和諧、向上的「人性」,適度的人口規模,適度的人口增長,合理的人口分佈,合理的人口經濟社會,不斷提高的人口素質),但在具體指標上仍有待進一步選取。

表 9-1　　　　　　　　人口現代化測度指標體系

系統層	狀態層	變量層	要素層
人口再生產現代化系統	出生人數水平	出生率	出生率
		生育率	
		生育現代化綜合指數	
	死亡人數水平	死亡率	死亡率
		分年齡死亡率	
		嬰兒死亡率	
		標準化死亡率	
	人口增長水平	人口自然增長率	人口自然增長率
		淨增人口數	
		人口增長速度與平均速度	
		人口發展速度與平均速度	
人口素質現代化系統	人口科學文化素質水平	成人識字率	教育指數
		高等教育率	
		平均受教育年限	
		公共教育支出	
		R&D 支出占 GDP 的比重	
		從事 R&D 者人數占總人口的比重	
	人口身體素質水平	平均身高體重	預期壽命指數
		出生時預期壽命	
		嬰兒死亡率	
		千人擁有醫生數	
		公共衛生保健支出	
	人口思想道德素質水平	暫缺	暫缺

表9-1(續)

系統層	狀態層	變量層	要素層
人口結構現代化系統	人口自然結構水平	65歲以上人口比重	65歲以上人口比重 GDI性別發展指數
		受撫養比	
		GDI性別發展指數	
	人口地域結構水平	自然地理結構	城鎮人口比重
		行政區域結構	
		城鄉結構（城鎮人口比重）	
	人口社會經濟結構水平	人均GDP指數	人均GDP指數 第三產業就業人口比例 中產階層人口比重
		非農產業人口比例	
		第三產業就業人口比例	
		勞動者大學程度以上人口比例	
		中產階層人口比重	
		社會公平指數	
逆人口現代化系統	低級生存狀態	HPI人類貧困指數	HPI人類貧困指數 失業率
		失業率	
		社會保障未覆蓋率	
	反常群體規模	記錄在案的犯罪案件總數	記錄在案的犯罪案件總數
		吸毒及販毒人口比重	
		自殺率（每十萬人）	
		離婚率	

註：引自王學義. 人口現代化研究［M］. 北京：中國人口出版社，2006：96-98.

總體來說，與國外相比，目前國內人口發展監測指標體系無論在框架上還是內容上都尚不統一，學者們採用的相關指標體系也仍然停留在應用分析階段而沒有有效引入人口統計實踐中。但是，已經在國際上得到認可的相關測度指標體系（如HDI）雖具備一定的合理性，但卻並不符合中國國情，而國內學界發展出的不同測度指標體系目前雖僅停留在探討分析階段，但卻是諸多學者在完備理論分析的基礎上作出的適合中國國情的種種研究嘗試。

（二）不同監測指標體系構建方法的分析和比較

對應於各種人口發展測量指標體系的區別，各體系模型在構建方法上也存在著一定的差異。但總體來說，在對人口發展系統構成、次級指標發展一般採取定性描述方式，即在必要理論基礎闡釋的基礎上確定模型宏觀框架，而對最終指標的選取和賦權則一般都會應用到層次分析法、因子分析法和模糊綜合評判法等定量或定性定量結合的方法。

1. 層次分析法

層次分析法（Analytic Hierarchy Process）是美國運籌學家 T. L. Satty 提出的一種層次權重決策分析方法，其后逐漸沿用到其他各個領域。它指將一個複雜的多目標決策問題作為一個系統，將總目標分解為多個目標，進而分解為包含諸多指標在內的若干層次，通過定性指標模糊量化方法算出各層次及其指標的權重，以作為多指標、多方案優化決策的系統方法。層次分析法的特點是在對複雜的決策問題的本質、影響因素及其內在關係等進行深入分析的基礎上，利用較少的定量信息使決策的思維過程數學化、直觀化和簡便化。在人口發展監測指標體系模型的構建實踐中，由於人口發展系統的複雜性和測度指標的多樣性等特徵，對最終選取代表性指標造成一定的難度，因此有學者引入層次分析法以解決上述難題。其具體步驟為：

首先，建立遞階層次結構。即在對人口發展系統作深入理論探討的基礎上，將人口（內外部相互關聯）的各個元素按照不同屬性自上而下地分解成若干層次，同一層的諸元素從屬於上一層的元素，同時又支配下一層的元素，最上層只有 1 個元素，最下層的元素則是最終選取的多個具體指標。

其次，構建成對比較判斷矩陣。對各因素之間進行兩兩對比之后，然後按 9 分位比率排定其相對優劣順序，依次構造出評價指標的判斷矩陣。對因素優劣順序進行確定時可以運用理論分析、專家意見或相關研究結論進行經驗判斷。比較第 i 個元素與第 j 個元素相對上一層某個因素的重要性時，使用數量化的相對權重 r_{ij}（$r_{ij} = \dfrac{w_i}{w_j}$）來描述。如共有 n 個元素參與比較，則 $R = (r_{ij})_{n \times n}$ 稱為成對比較矩陣。即有：

$$R = (r_{ij})_{n \times n} = \begin{pmatrix} r_{11} & \cdots & r_{1n} \\ r_{21} & \cdots & r_{2n} \\ \vdots & \vdots & \vdots \\ r_{n1} & \cdots & r_{nn} \end{pmatrix}$$

r_{ij} 在 1-9 及其倒數中間取值，$r_{ij} = 1$ 時說明第 i 個元素與第 j 個元素對上一

層元素重要性相同，$1 < r_{ij} \leq 9$ 時說明第 i 個元素與第 j 個元素相比對上一層元素更重要，$1/9 \leq r_{ij} < 1$ 時說明第 j 個元素與第 i 個元素相比對上一層元素更重要。

最后，計算權重向量並做一致性檢驗。對於每一個成對比較矩陣計算最大特徵根及對應特徵向量，利用一致性指標、隨機一致性指標和一致性比率做一致性檢驗。若檢驗通過，特徵向量（歸一化后）即為權重向量；若通不過，需重新構造成對比較矩陣。計算權重向量及一致性檢驗的步驟為：

（1）將判斷矩陣每列歸一化：$\bar{r}_{ij} = \dfrac{r_{ij}}{\sum\limits_{k=1}^{n} r_{kj}}$　（$i, j = 1, 2, 3, \cdots, n$）

（2）將每一列歸一化的矩陣按行相加：$M_i = \sum\limits_{j=1}^{n} \bar{r}_{ij}$　（$i, j = 1, 2, 3, \cdots, n$）

（3）將向量 $M = (M_1, M_2, M_3, \cdots, M_n)^T$ 歸一化：$W_i = \dfrac{M_i}{\sum\limits_{j=1}^{n} M_j}$　（$i, j = 1, 2, 3, \cdots, n$）

所求得的 $W = (W_1, W_2, W_3, \cdots, W_n)^T$ 即為所求特徵向量。

（4）計算判斷矩陣最大特徵根：$\lambda_{\max} = \sum\limits_{i=1}^{n} \dfrac{(AW)_i}{nW_i}$，式中 $(AW)_i$ 為向量 AW 的第 i 個元素。

（5）計算一致性指標和檢驗系數。判斷矩陣偏離一致性的指標 $CI = \dfrac{\lambda_{\max} - n}{n - 1}$。CI 愈大，判斷矩陣的一致性愈差；$CI = 0$，判斷矩陣具備完全一致性。計算檢驗系數 CR。$CR = \dfrac{CI}{RI}$，其中 RI 為平均隨機一致性指標，可通過查表獲得，$CR \leq 0.1$ 時可認為判斷矩陣具有滿意的一致性。

層次分析法在確定各層次元素的權重上具備了較強的可操作性，其系統分析的視角和首先構建遞階層次結構的思路也符合科學研究的嚴謹性和邏輯性，但其基礎是建立在對每個元素主觀定性的基礎上構建判斷矩陣，進而才通過定量分析確定最終指標權重。從整體上看，層次分析過程中的判斷矩陣有著很強的一般性、適用性，但在人口發展監測指標體系模型構建尤其是在如何利用區域數據合理對地方人口發展指標進行合理權重分配環節上，層次分析法就會顯得有所欠缺。

2. 因子分析法

在各個領域的科學研究中往往需要對反應事物的多個變量進行大量的觀測，收集大量的數據以便進行分析從而尋找規律。大變量集無疑會給研究提供豐富的信息，但也在一定程度上增加了數據採集的工作量；同時更重要的是，眾多變量之間可能存在著顯著的相關性而增加問題分析的複雜性，如果盲目減少指標變量又可能會損失許多重要的信息，容易導致錯誤的結論，因此在科學研究實踐中必須尋找一種方法使在盡可能簡化變量的同時又保留能夠反應原變量集大部分數據特性的方法，而因子分析就是這樣一種對變量進行降維處理的簡化變量集方法。

所謂因子分析，是指探討在存在相關關係的變量之間是否存在不能直接觀察到但對可觀測變量（本研究中各監測指標）的變化起支配作用的潛在因子（可以視為本研究中的人口發展各要素層）。假設監測指標有 x_1, x_2, x_3, x_4, $\cdots$, x_m。各指標變量與其所屬因子的關係可以表述為：

$$\begin{cases} F_1 = a_{11}x_{11} + a_{12}x_{12} + a_{13}x_{13} + \cdots + a_{1i}x_{1i} \\ F_2 = a_{21}x_{21} + a_{22}x_{22} + a_{23}x_{23} + \cdots + a_{2i}x_{2i} \\ F_3 = a_{31}x_{31} + a_{32}x_{32} + a_{33}x_{33} + \cdots + a_{3i}x_{3i} \\ \cdots \cdots \\ F_j = a_{j1}x_{j1} + a_{j2}x_{j2} + a_{j3}x_{j3} + \cdots + a_{ji}x_{ji} \end{cases}$$

其中，x_{ji} 為具體指標變量；F_j 為對具體指標變量起支配作用的特定因子；a_{ji} 為指標變量對該因子的因子載荷，因子載荷表示變量 x_{ji} 對公共因子 F_j 的依賴程度，反應了變量在公共因子上的負荷，其絕對值大小即說明變量對其公共因子的相對重要性程度。而在各指標變量的賦權操作中，從特定指標變量對其所屬要素的因子載荷的絕對值大小可以判斷該指標變量在其所屬要素中的重要性程度，換句話說，因子載荷絕對值大小即可作為指標賦權的實際參考。

由於因子分析這一定量手段在眾多統計應用實踐中具備較強的實用性，在國內的人口發展測度指標體系構建研究中，研究者往往會採用因子分析方法去選擇代表性指標並確定指標的權重。但是，因子分析法應適用於在缺乏必要理論分析下的雜亂無章的指標變量中尋找相對作用較為集中的公因子（要素或維度），在已經得到學界充分闡釋和達成共識的層次分明的人口發展系統中，對人口發展監測指標的選取如果從第一步就直接採用因子分析方法最終很可能導致各指標變量在邏輯層次上出現極大的謬誤而使整個研究徹底陷入純數字推理的陷阱。但在邏輯恰當、層次分明的系統分析後，在遞階層次結構確定的基礎上，依據對隸屬於各層次下的指標變量進行因子分析，將因子載荷值作為最

終的指標賦權參考標準卻可以有效解決層次分析法中元素賦權不具備特殊適應性的缺陷，能夠根據反應地方事情的具體數據合理進行人口發展各代表指標的權重分配。

3. 模糊綜合評判法

模糊綜合評判法是國內學者於20世紀80年代提出的一種基於模糊數學的綜合評價方法。其主要運用模糊數學對受到多種因素制約的事物或對象作出一個總體的評價，因此是一種以模糊推理為主的定性與定量相結合、精確與非精確相統一的分析方法，近年來也在眾多領域內得到廣泛應用。其具體步驟為：

（1）確定評判系統指標集和指標權重集。

$U = (U_1, U_2, U_3, \cdots, U_i)$

$A = (A_1, A_2, A_3, \cdots, A_i)$

其中，U_i 為第 i 個指標；A_i 為對應指標的權重。

（2）確定類指標評價等級。

$V = (V_1, V_2, V_3, V_4)$（假設為四等級評判）

（3）確定評判矩陣 R_i。

$$R_i = \begin{pmatrix} r_{11} & r_{12} & r_{13} & \cdots & r_{1n} \\ r_{21} & r_{22} & r_{23} & \cdots & r_{2n} \\ \vdots & \vdots & \vdots & \vdots & \vdots \\ r_{n1} & r_{n2} & r_{n3} & \cdots & r_{nn} \end{pmatrix}$$

（4）收集各類評價並形成按類評價矩陣 R。

$B_i = R_i \times a_i = \begin{bmatrix} d_{i1} & d_{i2} & d_{i3} & d_{i4} \end{bmatrix}$

$$R = \begin{pmatrix} B_1 \\ B_2 \\ \vdots \\ B_n \end{pmatrix} = \begin{pmatrix} d_{11} & d_{12} & d_{13} & d_{14} \\ d_{21} & d_{22} & d_{23} & d_{24} \\ \vdots & \vdots & \vdots & \vdots \\ d_{n1} & d_{n2} & d_{n3} & d_{n4} \end{pmatrix}$$

（5）求總評價結果。

$B = R \times A$

應用模糊綜合評判方法，可以通過測量不同人對某個事物或現象的態度和看法，從而最終對該事物或現象進行模糊評判，因此在國內人口發展監測測度指標體系模型構建研究中也有學者運用該方法。如對人口發展三個內部要素——人口數量、人口素質和人口結構的權重分配上，可通過設計問卷調查若干名專家學者對這三個要素重要性的認知情況，最終結果為：在人口數量重要性

方面，有50%的專家認為其最重要，40%的專家認為非常重要，10%的專家認為比較重要，沒有專家認為其不重要。表達式可寫為 $V_{U數量}$ = (0.7, 0.3, 0.0, 0.0)。同理，假設 $V_{U素質}$ = (0.5, 0.4, 0.1, 0.0)，$V_{U結構}$ = (0.3, 0.4, 0.3, 0.0)，通過特定的模糊變換關係可知依據專家評價后最終人口數量、人口素質和人口結構的最終賦權分別為0.6、0.4和0.3，進行歸一化處理后的權重最終分別為0.461,5、0.307,7和0.230,7。

模糊綜合評判法在指標賦權上可以最大化專家意見，但由於其主觀性較強，且並不完全適用於地方特殊情況，因此在構建有針對性的區域人口發展監測指標體系模型上存在著較大的不足。

綜上所述，目前已有的人口發展監測指標體系模型構建方法中，層次分析法較為適用於宏觀系統的層次分析進而確定分析框架，但在區域統計實踐中的具體指標選取和賦權上存在著明顯的不足；因子分析法的優點在於可以結合反應地方實際的數據有針對性地進行指標權重分配，但其只注重了指標數據特徵層面的內在聯繫而忽略系統要素層次的邏輯指向性；模糊綜合評判法在具備了德爾菲決策法優點的情況下，引入模糊數學理論從而達到對指標選取或賦權的目的，但此種方法的主觀性更為明顯，結果也極易受到各種主客觀因素的影響而出現巨大差異，在確定性上存在著較大的不足。但總體來說，上述三種方法在目前中國及區域人口發展監測指標體系模型研究實踐中被大量應用，通過對其的仔細梳理、分析和比較，也可以為本研究在研究方案設定、方法選取和最終模型構建上奠定堅實的技術基礎。

二、區域人口發展監測指標體系構建

（一）宏觀框架的確定和指標體系選取思路

在宏觀模型框架確立方面，本書在對人口發展內涵和概念準確理解的基礎上，首先把握新形勢下人口發展的均衡性本質，即人口發展必須與經濟社會發展相協調、與資源環境承載力相適應，因此在內容上，人口發展必然表現為不但自身各要素間的相互協調，其與外部因素之間也要相互匹配。基於此，文章認為人口發展系統在第一級層次上首先區分為兩個緯度，即人口內部發展和人口與外部協調發展維度，人口內部發展維度應包含人口數量、人口素質、人口結構三個要素層次，而人口與外部協調發展維度則應包括人口與經濟社會協調發展、人口與環境協調發展兩個要素層次。具體宏觀模型框架如圖9-1所示：

在指標體系確定的參考上，文章通過對國內外各指標體系內容的仔細梳理和分析後發現，其在工具性手段多樣化的基礎上追求的最終價值性目標基本一

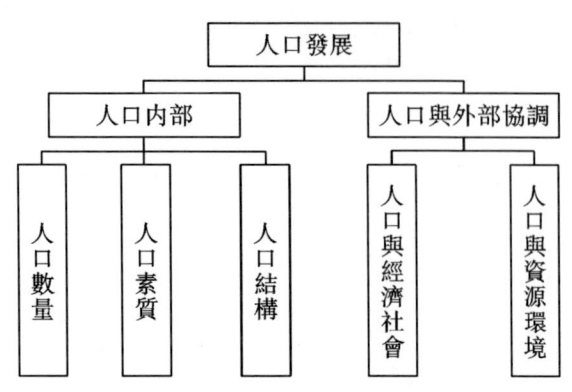

图 9-1　人口發展監測指標體系構建的宏觀框架

致，即希望結合人口內外部環境去考察人口發展的具體狀況，雖然學者們最終得出的測度指標各異，但從各指標體系本質而言，其也顯現了各自普遍存在著極強關聯性這一必然。由此可見，國內外已有的人口發展測度指標體系，大致可以為本書構建中國人口發展監測指標體系提供一種思路和指向（見圖9-2）。

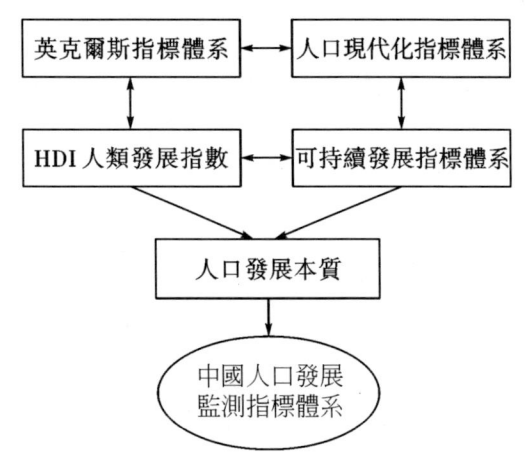

图 9-2　中國人口發展監測指標體系構建的指向參考

在指標體系模型構建方法上，本課題研究綜合國內外各種監測指標體系模型構建方法，總體確定以定性和定量分析相結合的方式構建最終模型。鑒於研究主旨，在保證方法科學性和嚴謹性的同時，也必須考慮到方法的區域適用性，因此研究在前述的宏觀框架（圖9-1）及參考指標選取（表9-2）上，主要採取層次分析法，以定性分析方式從系統層、要素層（維度）、指標層（二級指標、參考指標群、待選指標、最終指標）三個層次首先構建人口發展系

統的遞階層次結構，並選取相關參考指標，在核心監測指標選取、指標權重分配上則具體運用聚類分析和因子分析等定量手段，具體見圖9-3。

表9-2　　　　　　　　　　人口發展監測參考指標

系統	維度	要素	二級指標	監測指標群
人口發展	人口內部發展	人口數量	人口規模	戶籍人口數；常住人口數；分年齡性別人口數；出生人口數；死亡人口數；城鄉人口數；區域人口數；適齡勞動力人口數
			人口再生產	出生率；生育率；分年齡段生育率；死亡率；分年齡性別死亡率；自然增長率；人口平均增長速度；總和生育率
		人口素質	人口身體素質	人口平均預期壽命；嬰兒死亡率；出生缺陷發生率；少兒平均身高體重
			人口科學文化素質	人口平均受教育年限；成人識字率；每萬人在校大學生人數；文盲（半文盲）率；勞動力人口平均受教育年限
		人口結構	人口自然結構	出生嬰兒性別比；總人口性別比；65歲以上老年人口比例；少兒人口比例；老少比；年齡中位數；總撫養比
			人口社會結構	城鎮人口比例；鄉村人口比例；勞動力人口比例；第三產業就業人口比例；家庭平均人口；家庭平均勞動力人口；城鄉人口流動率；人口遷移率
	人口與外部協調發展	人口與經濟社會協調	—	人均GDP；居民平均消費水平；城鎮居民人均可支配收入；農村居民人均純收入；城鄉居民人均住房面積；城鎮恩格爾系數；農村恩格爾系數；基尼系數；城鄉收入比；城鎮登記失業率；社會保險覆蓋率
		人口與資源環境協調	—	人口密度；人均水資源量；森林覆蓋率；人均耕地面積；人均公共綠地面積；萬元GDP能耗

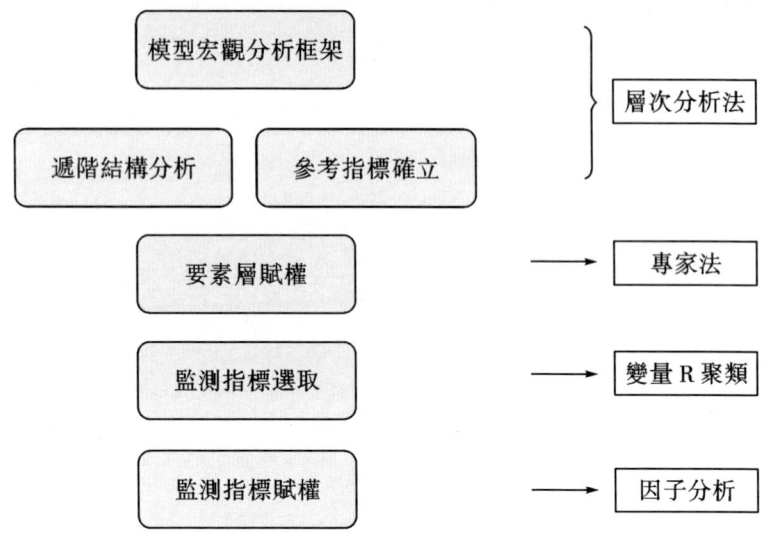

```
                  ┌─────────────────┐
                  │   模型宏觀分析框架   │ ─┐
                  └─────────────────┘  │
                                       ├──→  層次分析法
    ┌──────────────┐  ┌──────────────┐ │
    │   遞階結構分析    │  │   參考指標確立   │─┘
    └──────────────┘  └──────────────┘

         ┌──────────────┐
         │   要素層賦權    │ ────────→  專家法
         └──────────────┘

         ┌──────────────┐
         │   監測指標選取   │ ────────→  變量 R 聚類
         └──────────────┘

         ┌──────────────┐
         │   監測指標賦權   │ ────────→  因子分析
         └──────────────┘
```

圖 9-3　模型構建各步驟方法

（二）參考指標和核心監測指標確定

本研究根據前述指標選取思路，首先在人口發展各層次下確定參考指標（表9-2）。在核心指標（表9-3）層面，由於涉及的參考指標眾多，指標間也存在著較大的重疊性，因此本書使用分層聚類中的變量 R 聚類①手段進行最終指標選取。由於單純的統計分析可能會導致各指標的邏輯歸屬出現偏差，因此本書在 R 聚類時並沒有將所有變量一起代入進行聚類，而是依據既定的人口發展要素層次將其理論邏輯上的下屬指標變量分批代入選取代表性指標，在代表性指標定量選取的原則上，遵循國內外通用的指標代表性和可測得性標準，在反覆徵詢專家意見的基礎上最終確定中國及區域人口發展監測指標體系。在代表性指標定量選取的原則上，研究遵循國內外通用的指標代表性和可實際測得性標準，如果上述標準同等條件下仍較難選取，則使用相關指數法進一步選取。即首先求各指標相關指數值，在滿足代表性和可實際測得性基礎上將相關指數值最大的指標作為最終指標。相關指數計算方法為：

$$\bar{R}_j^2 = \frac{\sum r^2}{m_j - 1}, \quad r = \frac{\sum (x - \bar{x})(y - \bar{y})}{\sqrt{\sum (-\bar{x})^2 \sum (y - \bar{y})^2}}$$

---

① 變量 R 聚類過程中，通過對可收集的在人口發展各子系統維度下的歷年指標數據的實際採集進行聚類。

其中，$\bar{R}_j^2$ 為指標相關指數；r 為積距相關係數；m_j 為指標 x_j 所在類的指標個數。

在指標權重分配上，本研究在借鑑層次分析法的基礎上依據專家意見確定人口發展系統維度（要素）權重，進而對各要素的內含指標變量進行因子分析，並參照各指標變量因子載荷度絕對值大小確定其權重。

表 9-3　　　　　中國人口發展監測核心指標體系

要素	二級指標	核心監測指標
人口內部系統	人口數量	人口出生率
		人口自然增長率
	人口素質	人口平均預期壽命
		人口平均受教育年限
		成人識字率
	人口結構	老年人口比例
		城鎮人口比例
		第三產業就業人口比例
人口外部系統	人口與經濟社會協調	人均 GDP
		城鎮恩格爾系數
		城鄉收入比
	人口與資源環境協調	森林覆蓋率
		人均耕地面積

第三節　區域人口發展監測指標、模型應用

一、研究區域、評價要素及指標的賦權處理

由於本課題研究在具體構建的四川省人口發展監測指標體系宏觀模型框架時採用分層操作指標的方法，因此相應採用層次分析法最終對各層級指標依次進行賦權處理。在系統要素層次，研究參考同類研究①並結合專家意見進行權重分配。最終賦權結果為：$Q_{人口數量} = 0.2$；$Q_{人口素質} = 0.15$；$Q_{人口結構} = 0.15$；$Q_{人口協調} = 0.5$。在各要素下的最終監測指標賦權處理上，研究採用因子分析方法以對應於各維度下的具體指標變量因子載荷度絕對值大小並據此確定權重

---

① 王穎，等. 人口長期均衡發展及其評價監測模型的構建與應用 [J]. 中國人口資源與環境，2011 (4).

（見表9-4）。通過層次分析法的最終各指標權重分配如表9-5。

表9-4　　　　各監測指標對應維度下的因子載荷度

系統要素	指標變量	載荷度
人口數量	出生率（P_1）	0.967
	自然增長率（P_2）	0.967
人口素質	人口平均預期壽命（P_3）	0.993
	人口平均受教育年限（P_4）	0.996
	成人識字率（P_5）	-0.160
人口結構	65歲以上老年人口比例（P_6）	-0.992
	第三產業就業人口比例（P_7）	0.973
	城鎮人口比例（P_8）	0.993
人口協調	人均GDP（P_9）	0.947
	城鎮登記失業率（P_{10}）	-0.303
	城鎮恩格爾系數（P_{11}）	-0.482
	人均耕地面積（P_{12}）	-0.578
	人均綠地面積（P_{13}）	0.876

註：各維度下因子分析均在0.05顯著度以下通過檢驗，KMO值也均大於0.5。下文中各對應序號所示指標同。

表9-5　　　　四川省人口發展各指標權重

系統要素	要素權重	監測指標	指標對應權重	歸一化權重
人口數量	0.2	出生率	0.500	0.1
		自然增長率	0.500	0.1
人口素質	0.15	人口平均預期壽命	0.462	0.069,3
		人口平均受教育年限	0.463	0.069,4
		成人識字率	0.075	0.011,3
人口結構	0.15	65歲以上老年人口比例	0.335	0.050,3
		第三產業就業人口比例	0.329	0.049,3
		城鎮人口比例	0.336	0.050,4
人口協調	0.5	人均GDP	0.297	0.148,5
		城鎮登記失業率	0.095	0.047,5
		城鎮恩格爾系數	0.151	0.075,5
		人均耕地面積	0.182	0.091,0
		人均綠地面積	0.275	0.137,5

通過上述步驟和方法最終構建出四川省人口發展監測指標體系模型。如圖9-4。

系統	要素	二級指標	監測指標	指標權重
	人口數量	人口再生產	出生率	0.100,0
			自然增長率	0.100,0
	人口素質	身體素質	人口平均預期壽命	0.069,3
		文化素質	人口平均受教育年限	0.069,4
人口發展			成人識字率	0.011,3
	人口結構	自然結構	老年人口比例	0.050,3
		社會結構	第三產業就業人口比例	0.049,3
			城鎮人口比例	0.050,4
	人口協調	人口與經濟社會	人均GDP	0.148,5
			城鎮登記失業率	0.047,5
			城鎮恩格爾系數	0.075,5
		人口與資源環境	人均耕地面積	0.091,0
			人均綠地面積	0.137,5

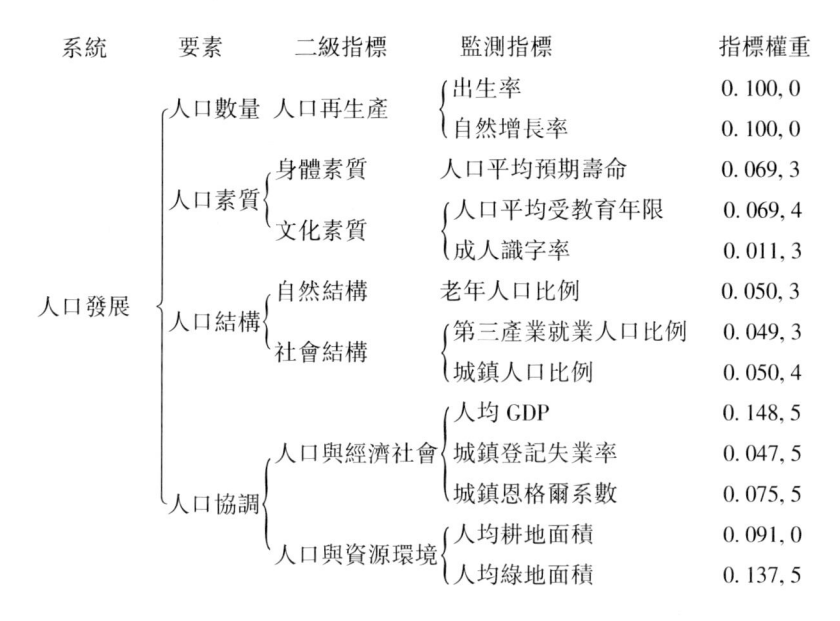

圖9-4　四川省人口發展監測指標體系模型及各指標實際權重

二、數據及方法

在構建的四川省人口發展監測指標體系模型基礎上，採集2000—2010年四川省相應指標數據並對數據進行標準化處理後計算歷年人口發展內部各系統指數及總體指數，最後通過相關分析和迴歸分析等定量手段對四川省近十年來人口發展內部各要素間及其與外部要素相互影響和相互作用的關係進行詳盡考察，最終通過對建立的四川省人口發展監測指標體系模型的實踐應用客觀展現近十年四川省人口發展的具體狀況並提出若干對策建議。

由於本研究對人口發展監測指標體系模型的應用分析主要目的在於針對區域發展狀況進行考察，因此參照點並未選擇國際數據，而以2009年國家整體宏觀數據為準，此操作亦可有利於反應區域人口發展狀況相對於國家人口發展狀況的定位。在此基礎上，進行數據轉換以消除量綱，得出相應指標的具體指數。計算方法為：$N_x = N_{xi}/N_{xj}$（正向指標），$N_x = N_{xj}/N_{xi}$（逆向指標）。此處，N_x為標準化指標指數；N_{xi}為省級各指標實際數據；N_{xj}為國家參照指標數據。收集的指標原始數據和標準化指數見表9-6、表9-7；結合相關數據計算出四川省2000—2010年人口發展各要素指數及綜合水平指數（見表9-8）。其中：

人口數量指數 = $P_1 \times 0.5 + P_2 \times 0.5$；

人口素質指數 = $0.462 \times P_3 + 0.463 \times P_4 + 0.075 \times P_5$；

人口結構指數 $= 0.335 \times P_6 + 0.329 \times P_8 + 0.336 \times P_9$；

人口協調指數 $= 0.297 \times P_9 + 0.095 \times P_{10} + 0.151 \times P_{11} + 0.182 \times P_{12} + 0.275 \times P_{13}$；

人口綜合指數 $= 0.1 \times P_1 + 0.1 \times P_2 + 0.069, 3 \times P_3 + 0.069, 4 \times P_4 + 0.011, 3 \times P_5$
$+ 0.050, 3 \times P_6 + 0.049, 3 \times P_7 + 0.050, 4 \times P_8 + 0.148, 5 \times P_9$
$+ 0.047, 5 \times P_{10} + 0.075, 5 \times P_{11} + 0.091 \times P_{12} + 0.137, 5 \times P_{13}$。

表 9-6　四川省 2000—2010 年人口發展系統指標數據

監測指標	2000	2001	2002	2003	2004	2005	2006	2007	2008	2009	2010
出生率（‰）	12.1	11.2	10.4	9.2	9.1	9.7	9.2	9.2	9.5	9.1	8.9
自增率（‰）	9.9	5.1	4.4	3.9	3.1	2.8	2.9	2.9	2.9	2.3	2.3
人口平均預期壽命（歲）	71.2	71.46	71.72	71.98	72.24	72.5	72.76	73.02	73.3	73.56	76.94
平均受教育年限（年）	7.06	7.15	7.29	7.41	7.45	7.51	7.59	7.73	7.82	7.82	8.16
成人識字率（%）	92.36	90.13	86.45	88.27	88.47	83.39	87.44	89.38	89.76	90.83	94.56
65 歲以上老年人口比例（%）	7.45	7.72	7.99	8.26	8.53	8.81	9.08	9.36	10.04	10.67	10.95
第三產業就業人口比例（%）	24.6	25.8	26.9	27.6	28.3	28.8	31	29.6	30.5	30.9	31.4
城鎮人口比例（%）	26.7	27.8	28.9	30.1	31.1	33	34.3	35.6	37.4	38.7	40.2
人均 GDP（元）	4,956	5,376	5,890	6,623	7,895	8,721	10,613	12,963	15,495	17,339	21,182
城鎮登記失業率（%）	4	4.3	4.5	4.4	4.4	4.6	4.5	4.3	4.6	4.3	4.1
城鎮恩格爾系數（%）	41.48	40.23	39.56	38.91	40.19	39.32	37.72	41.19	43.96	40.45	39.5
人均耕地面積（公頃）	0.055	0.054	0.051	0.048	0.048	0.048	0.048	0.048	0.049	0.049	0.049
人均公共綠地面積（%）	4.75	5.1	2.62	6.88	7.7	8	7.99	8.37	8.74	9.49	10.19

數據來源：四川統計年鑒 2001—2010，中國統計年鑒 2001—2010；（6 歲以上人口）平均受教育年限和成人識字率數據根據歷年人口抽樣數據測算，平均預期壽命根據「五普」和「六普」數據推算；下表同

表 9-7　四川省 2000—2009 年人口發展系統指標標準化指數值

監測指標	2000	2001	2002	2003	2004	2005	2006	2007	2008	2009	2010
出生率（‰）	98.35	106.25	114.42	129.35	130.77	122.68	129.35	129.35	125.26	130.77	133.71
自增率（‰）	48.38	93.92	108.86	122.82	154.52	171.07	165.17	165.17	165.17	208.26	208.26
人口平均預期壽命（歲）	96.87	97.22	97.58	97.93	98.29	98.64	98.99	99.35	99.73	100.08	104.68
平均受教育年限（年）	85.99	87.09	88.79	90.26	90.74	91.47	92.45	94.15	95.25	95.25	99.39
成人識字率（%）	96.29	93.96	90.13	92.02	92.23	86.94	91.16	93.18	93.58	94.69	98.58
65 歲以上老年人口比例（%）	119.06	114.90	111.01	107.38	103.99	100.68	97.69	94.76	88.35	83.13	81.00
第三產業就業人口比例（%）	71.10	74.57	77.75	79.77	81.79	83.24	89.60	85.55	88.15	89.31	90.75
城鎮人口比例（%）	53.74	55.96	58.17	60.59	62.60	66.43	69.04	71.66	75.28	77.90	80.92
人均 GDP（元）	16.52	17.92	19.64	22.08	26.32	29.07	35.39	43.22	51.66	57.81	70.63
城鎮登記失業率（%）	102.50	95.35	91.11	93.18	93.18	89.11	91.11	95.35	89.13	95.35	100.00
城鎮恩格爾系數（%）	86.07	88.74	89.63	91.75	88.83	90.79	94.64	86.67	81.21	88.26	90.38

表9-7(續)

監測指標 \ 年份	2000	2001	2002	2003	2004	2005	2006	2007	2008	2009	2010
人均耕地面積（公頃）	60.44	59.34	56.04	52.75	52.75	52.75	52.75	52.75	53.85	53.85	53.85
人均公共綠地面積（%）	42.41	45.54	23.39	61.43	68.75	71.43	71.34	74.73	78.04	84.73	90.98

註：以中國2010年指標數據為參照進行轉換

表9-8　　　　　四川省人口發展各要素及綜合指數值

監測指標 \ 年份	2000	2001	2002	2003	2004	2005	2006	2007	2008	2009	2010
人口數量指數	73.37	100.09	111.64	126.08	142.64	146.88	147.26	147.26	145.22	169.52	170.98
人口素質指數	91.79	92.29	92.95	93.93	94.34	94.44	95.38	96.48	97.19	97.44	101.77
人口結構指數	81.53	81.99	82.45	82.69	82.87	83.50	85.43	84.01	83.89	83.38	84.14
人口與外部協調指數	50.30	51.10	44.66	55.76	58.59	60.06	62.67	65.13	67.33	72.66	78.94
人口發展綜合指數	65.80	71.69	70.95	79.57	84.39	86.09	87.91	89.09	89.87	97.36	101.56

註：表中指數值都是以國家2009年相關數據為參照點進行標準化加權運算後的標準值，因此對應的基點為中國2010年人口發展相應指數水平值，即100（%）。

三、人口發展內部要素及其與外部因素的相關性分析

在對四川省人口發展狀況進行描述性分析的基礎上，研究進一步通過相關分析具體考察在人口發展過程中其內部要素與外部因素有機聯繫、共同推進的狀況。雖然單從相關分析角度不能夠直接論證和考察人口發展各要素間必然的因果性和互動支撐作用，但在統計學意義上也足以用於反應在四川省人口發展過程中，人口內部各要素及其與外部因素之間是否存在著緊密的關聯性，同時也可為其後運用迴歸分析進行因果關係考察和互動支撐能力評價作出有效的鋪墊。

（一）各要素發展水平間的總體相關性分析

通過構建能夠體現人口發展內外部要素水平的人口數量指數、素質指數、結構指數和協調指數的相關矩陣（表9-9）直觀展現上述人口發展要素間的關聯性。表9-9顯示，各要素間都存在著較為顯著的強相關關係，其中，人口素質指數與人口與外部協調指數相關程度最高，積矩相關係數為0.942，其次是人口數量與人口素質指數的相關程度（0.890），人口結構指數和人口與外部協調指數的相關程度最小，但也達到了0.788。上述結果表明在四川省人口發展過程中，人口內部要素及其與外部因素間存在著非常強的關聯性，從統計學角度也預示著人口數量、素質、結構和人口與外部協調要素在人口發展過程中可能存在相互影響和相互支撐的關係。

表 9-9　　　　　　　　人口發展各要素水平相關性

	數量指數	素質指數	結構指數	外部協調指數
數量指數	1	0.890**	0.845**	0.847**
素質指數	0.890**	1	0.844**	0.942**
結構指數	0.845**	0.844**	1	0.788**
外部協調指數	0.847**	0.942**	0.788**	1

註：** 表示顯著度在 0.01 水平下通過假設檢驗

（二）各要素與其他要素內部指標變量的相關性分析

在確定人口發展各要素間存在的明顯相關性後，研究進一步應用各要素綜合水平值與其他要素內部的代表性指標變量進行相關分析，在考察其具體相關性的基礎上也為后期的迴歸分析作出鋪墊（表 9-10）。

表 9-10　　人口發展各要素指數值與其他要素內指標變量相關性

	P_3	P_4	P_5	P_6	P_7	P_8	P_9	P_{10}	P_{11}	P_{12}	P_{13}
數量指數	0.919**	0.918**	−0.326	−0.916**	0.938**	0.896**	0.807**	−0.593	0.099	−0.872**	0.832**
	P_1	P_2	P_6	P_7	P_8	P_9	P_{10}	P_{11}	P_{12}	P_{13}	
素質指數	0.782**	0.893**	−0.988**	−0.932**	0.990**	0.971**	−0.408	−0.172	−0.702**	−0.851**	
	P_1	P_2	P_3	P_4	P_5	P_9	P_{10}	P_{11}	P_{12}	P_{13}	
結構指數	0.774**	0.840**	−0.869**	−0.868**	−0.276	0.764*	−0.570	0.133	−0.767**	0.755**	
	P_1	P_2	P_3	P_5	P_6	P_7	P_8				
協調指數	0.709*	0.858**	0.945**	−0.917**	0.117	−0.943**	0.872**	0.949**			

註：表中各指標對應表 9-4 中各指標；** 表示在 0.01 顯著度下通過假設檢驗，* 表示在 0.05 顯著度下通過假設檢驗；無標記表示未通過假設檢驗

表 9-10 相關分析結果表明：

首先，人口數量發展水平與成人識字率、城鎮登記失業率和城鎮恩格爾系數不存在相關性；與人口平均預期壽命和人口平均受教育年限存在非常強的正相關關係，人口再生產類型的轉變可能影響到人口素質的變動，而人口素質的變動也可能會改變人口的生育觀念，從而影響人口數量層面的變動發展；人口年齡結構要素內的 65 歲以上老年人口比例與人口數量發展水平存在顯著的負相關關係，而第三產業就業人口比例和城鎮人口比例與人口數量發展則表現為很強的正相關性，人口產業結構和城鄉結構狀況的變動與人口數量的變動發展存在著較強的關聯性。

其次，人口素質發展水平與人口再生產類型的轉變（出生率、自增率）間存在高度的相關性（0.782，0.893）；與體現人口結構的 65 歲以上老年人口

比例、第三產業就業人口比例和城鎮人口比例則存在著更強的關聯性（-0.988，-0.932，0.990）；此外，直接反應人口與經濟協調發展的人均GDP與人口素質發展水平也存在非常強的關聯性，體現人口與資源環境協調發展的人均公共綠地面積和人均耕地面積與人口素質發展水平存在較強的相關關係。

再次，人口數量的發展和人口再生產類型的轉變是導致人口結構產生變動的重要因素，其更是人口年齡結構變化的最終根源。對二者的相關性分析也可以直觀印證，人口結構發展水平與人口出生率和自然增長率均存在較強的相關關係；此外，人口平均預期壽命、人口平均受教育年限、人均GDP和人均公共綠地面積等與人口結構發展水平也存在關聯性，而成人識字率、城鎮登記失業率和城鎮恩格爾系數與人口結構發展水平不相關，從統計學意義上分析其各自不存在相互影響的前提條件。

最后，人口與外部因素協調發展水平雖與人口內部各要素發展水平存在很強的關聯性，但具體到指標變量層面分析，成人識字率與人口協調水平並不構成直接聯繫，其他體現人口數量、素質和結構發展水平的各項指標變量則均與人口與外部協調發展水平存在顯著的相關關係，從這一意義上看，其各自已經具備相互作用、相互影響和相互支撐的必要前提。

(三) 四川人口發展內外部要素的相互支撐作用分析

前述相關性分析結果表明四川省人口內部要素及其與外部要素發展之間存在著較強的關聯性，滿足了其各自之間在人口發展過程中存在必然的相互作用、相互影響和相互支撐的必要前提。在此基礎上，研究運用迴歸分析具體考察其各自之間存在的因果聯繫並通過建立的迴歸模型去分析各自的互動支撐能力。

在要素綜合發展水平層面，在前述相關性分析基礎上，分別構建一個以要素發展水平為因變量、其他三個要素發展水平為自變量的多元線性迴歸模型考察在四川人口發展過程中人口內部要素與外部因素的相互支撐作用。

建立如下多元迴歸方程組：

$$\begin{cases} y_{數量} = \alpha_1 + \beta_{素質}\chi_{素質} + \beta_{結構}\chi_{結構} + \beta_{協調}\chi_{協調} \\ y_{素質} = \alpha_2 + \beta_{數量}\chi_{數量} + \beta_{結構}\chi_{結構} + \beta_{協調}\chi_{協調} \\ y_{結構} = \alpha_3 + \beta_{數量}\chi_{數量} + \beta_{素質}\chi_{素質} + \beta_{協調}\chi_{協調} \\ y_{協調} = \alpha_4 + \beta_{數量}\chi_{數量} + \beta_{素質}\chi_{素質} + \beta_{結構}\chi_{結構} \end{cases}$$

將表9-11-1至表9-11-4所列相關數據代入SPSS進行逐步迴歸，運算結果分別如圖9-5-1至圖9-5-4。

表 9-11-1　　影響人口數量發展水平的要素迴歸分析結果

模型	變量	常數	B	S. E	Beta	VIF
最終模型		−1140.75	−	−	−	−
	素質指數	−	13.556	2.459	0.890	1
	$R=0.890$　$R^2=0.792$　調整後的 $R^2=0.766$　$p<0.001$					

表 9-11-2　　影響人口素質發展水平的要素迴歸分析結果

模型	變量	常數	B	S. E	Beta	VIF
最終模型		82.169	−	−	−	−
	協調指數	−	0.194	0.024	0.942	1
	$R=0.942$　$R^2=0.887$　調整後的 $R^2=0.873$　$p<0.001$					

表 9-11-3　　影響人口結構發展水平的要素迴歸分析結果

模型	變量	常數	B	S. E	Beta	VIF
最終模型		77.767	−	−	−	−
	數量指數	−	0.042	0.009	0.845	1
	$R=0.845$　$R^2=0.713$　調整後的 $R^2=0.677$　$p<0.005$					

表 9-11-4　　影響人口協調發展水平的要素迴歸分析結果

模型	變量	常數	B	S. E	Beta	VIF
最終模型		−369.277	−	−	−	−
	素質指數	−	4.579	0.578	0.942	1
	$R=0.942$　$R^2=0.887$　調整後的 $R^2=0.873$　$p<0.001$					

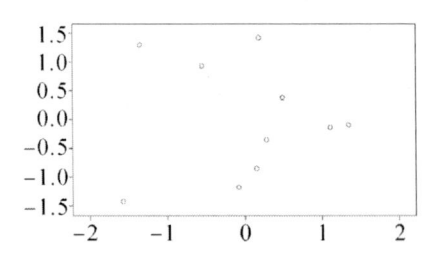

圖 9-5-1　　人口數量發展指數與其學生化殘差散點圖

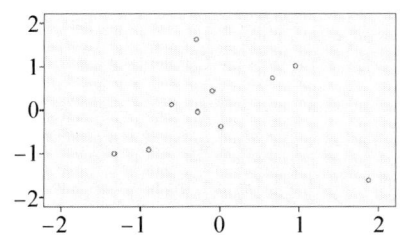

圖 9-5-2　人口素質發展指數與其學生化殘差散點圖

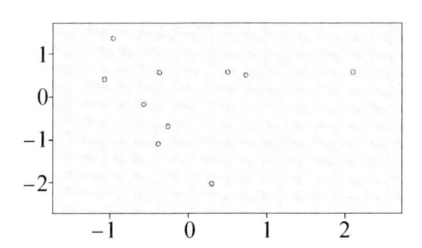

圖 9-5-3　人口結構發展指數與其學生化殘差散點圖

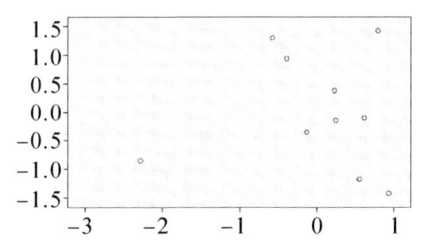

圖 9-5-4　人口協調發展指數與其學生化殘差散點圖

　　總體分析發現，人口發展系統中各要素發展水平之間在統計意義上存在著明顯的相互因果關係和互動支撐作用，但由於諸要素間本身存在著極強的關聯性，因此某個特定要素的發展受到之外其他要素發展的影響並不是複合性的，其他所有要素最終只能直接與某個特定要素產生較強的支撐作用。具體而言，如表 9-11-1 所示，經過逐步迴歸後僅保留一個最終模型，影響人口數量發展水平的最直接要素為人口素質，綜合對模型的判定系數和調整后的判定系數值（$R^2=0.792$，調整后的 $R^2=0.766$）和假設檢驗結果（$P<0.001$）及圖 9-5-1 的結果（所有觀測量均落在垂直 -2 到 1 的範圍內，預測值與學生化殘差值之間沒有明顯關係，說明迴歸方程可以滿足方差齊次性假設且擬合效果較好）表明該模型成立且具備較好的擬合效果，人口數量發展外部因素對其作用的模型表達式最終為 $y_{數量}=-1,140.75+13.556x_{素質}$。可見，人口結構發展、人口素

質發展和人口協調發展諸要素最終通過人口素質發展要素對人口數量產生作用，且人口素質的發展水平對人口數量發展具有很強的支撐和推動作用，人口素質發展水平每上升 1 個單位，可以推動人口數量發展水平上升超過 13 個單位，人口素質發展對人口數量發展的支撐和推動作用非常明顯。同理，結合表 9-11-2、表 9-11-3、表 9-11-4 和圖 9-5-2、圖 9-5-3、圖 9-5-4 可以發現，人口數量、結構和與外部協調要素中最終僅通過人口與外部協調發展要素對人口素質發展起到直接的支撐和推動作用，模型表達式 $y_{素質}=82.169+0.194X_{協調}$ 說明人口與外部協調指數每上升 1 個百分點，可以有效推動人口素質發展水平上升接近 0.2 個百分點，人口與外部協調發展對人口素質有一定的支撐和推動作用；人口結構要素的發展水平直接受人口數量要素發展水平的影響和作用，但從模型表達式 $y_{結構}=77.767+0.042X_{數量}$ 也可發現，人口數量發展對人口結構的支撐和推動作用相對較小，數量發展水平提升 1 個百分點僅能夠推動人口結構發展水平上升 0.014%；對人口與外部協調發展水平起到直接支撐和推動作用的要素為人口素質，模型表達式 $y_{協調}=-369.277+4.579X_{素質}$ 也說明了人口素質發展水平的提高可以在很大程度上推動人口與外部協調發展，人口素質發展水平每提高 1 個百分點，可以推動人口與外部協調發展水平相應上升超過 4.5%。

綜合而言，人口素質的發展對人口數量以及人口與外部協調發展具有較強的支撐和推動作用，而人口數量以及人口與外部協調發展水平的提高，又會在一定程度上對人口結構和素質的發展起到一定的支撐和推動作用，四川省人口發展過程中各要素之間存在著極其密切的相互關聯性和互動支撐。

在指標層面，由於人口發展監測指標眾多，定量考察指標變量各自相互支撐和推動作用會非常繁雜，因此本課題研究僅選取體現四川省經濟增長狀況的人均 GDP 指標與其他監測指標進行具體分析，考慮到要符合四川省具體情況，因此代入未經標準化的具體指標數據構建多元迴歸模型，結果見表 9-12：

表 9-12　　人口發展指標對人均 GDP 的迴歸分析結果

模型	變量	常數	B	Beta	容許度	VIF	P	調整后的 R^2
模型 1		-27,535.261	—	—	—	—	0.000	0.971
	老年人口比例	—	4,222.769	0.987	1.000	1.000	0.000	
模型 2		-45,536.409	—	—	—	—	0.000	0.985
	老年人口比例	—	4,203.234	0.982	0.998	1.002	0.000	
	成人識字率	—	205.000	0.117	0.998	1.002	0.025	

表9-12（續）

模型	變量	常數	B	Beta	容許度	VIF	P	調整后的 R²
模型 3		−50,393.269	−	−	−	−	0.000	0.992
	老年人口比例	−	1,690.803	0.359	0.018	54.797	0.130	
	成人識字率	−	278.197	0.159	0.784	1.276	0.004	
	城鎮人口比例	−	632.105	0.593	0.018	54.771	0.039	
模型 4		−53,373.911	−	−	−	−	0.000	0.989
	成人識字率	−	327.407	0.187	0.999	1.001	0.001	
	城鎮人口比例	−	1,049.720	0.984	0.999	1.001	0.000	
模型 5		−56,654.339	−	−	−	−	0.000	0.994
	成人識字率	−	217.783	0.125	0.535	1.868	0.012	
	城鎮人口比例	−	1,136.309	1.065	0.406	2.461	0.000	
	人均耕地面積	−	204,105.833	0.124	0.294	3.400	0.039	

表9-12所示為經過逐步迴歸后每一步構建的模型，第一步構建的模型1滿足各成立條件且擬合優度較好，隨后構建的模型2也滿足成立條件，但進一步構建的模型3由於容許度太小和方差膨脹因子（VIF）太大，並不滿足共線性檢驗，且老年人口比例未通過假設檢驗，此步驟系模型1、2的結果，老年人口比例變量被剔除，模型4和模型5都具備成立條件且擬合優度較好，但在同等條件下以模型保留變量最多為標準，因此經過逐步迴歸過程后最后一步選取的最優模型為模型5。進一步分析模型發現，在人口發展諸指標變量中，成人識字率、城鎮人口比重和人均耕地面積三個指標變量對人均GDP直接產生支撐和推動作用，由於三個指標變量的單位不同，因此迴歸系數值（B）存在巨大差異。但從標準化迴歸系數（Beta）發現，在三個影響指標變量中，城鎮人口比例影響最大，成人識字率和人均耕地指標變量對人均GDP變化的支撐和推動作用相對較小。最終從指標變量層次的迴歸結果看，雖然直接得出人口發展內部各要素間相互支撐和推動作用的結論可能會犯簡化論錯誤，但從各影響指標變量所代表的人口發展要素看，上述定量分析結果也已經說明在四川省人口發展過程中其人口結構、人口素質和人口與資源環境發展或許對人口經濟發展起到一定的支撐和推動作用。

（四）結論及討論

本研究通過對構建的四川省人口發展監測指標體系模型的應用，在具體考察四川省近10年的人口發展狀況基礎上，可得出如下幾點結論。

1. 四川省人口發展取得的成就

（1）四川人口發展水平在近10年間有著較大幅度的上升，人口發展綜合指數從2000年的65.8上升到2010年的101.56，已超過全國同期平均人口發展水平，人口數量、人口素質、人口結構和人口與外部協調發展水平都保持一定的增長勢頭。其中，得益於人口再生產類型的快速轉變，人口數量要素的發展增速尤為明顯，對總體人口發展水平的提高起到了較大的貢獻，未來應繼續穩抓人口數量控制工作，維持適度低生育水平，鞏固成果，力爭在人口數量層面的發展取得更為優異的成就。

（2）四川人口發展方式正在從單一發展向均衡發展轉變。2010年，四川省人口與外部協調發展水平指數為78.94，雖低於全國同期平均水平，但考慮到其起點相對較低，這也是在近10年來四川人口工作持續加強和深化的基礎上取得的較大成就，10年間，四川人口與外部協調發展水平上升幅度超過56.9%。在人口基數相對較大的情況下，四川省人均GDP逐年快速增加，就業狀況持續改善，城鄉居民生活水平和質量顯著提高，人均耕地面積有效保持，人口發展正走向人口與經濟社會和資源環境可持續協調發展的道路。未來工作的重心應切實定位在人口發展與本區域的經濟社會發展相協調、與資源環境承載力相適應的均衡發展角度上。

（3）近10年來，四川人口內部及其與外部因素在共同發展過程中的互動支撐能力進一步顯現。四川省人口與外部協調發展水平的提高有效促進了人口內部發展，人口經濟水平的提高、人口城鄉分佈的合理優化、人口生活水平和質量的改善以及資源環境可持續利用等有效促使了人口素質的不斷提升；而四川人口素質的發展有效促進了人口數量和人口與外部協調發展水平。分析結果顯示，四川省人口素質發展水平每上升1個百分點，將直接推動人口與經濟社會和資源環境協調發展水平上升超過4.5個百分點，四川人口素質的提高對本地經濟社會發展的強大推動力愈加明顯；同時，近年來四川人口素質的提高也有效刺激了人口生育觀念的理性轉變，對四川人口再生產類型的現代型深化起到了較強的推動作用。今後應進一步發揮人口發展系統各要素的互動支撐能力，將經濟社會發展成果更多地應用在人的全面發展上，相關部門的人口服務工作也應進一步把促進人口素質的提升作為工作重點之一，數量與素質並重，進一步促進人口與經濟社會統籌發展。

2. 四川省人口發展過程中的問題

通過四川省人口發展監測指標體系模型的實踐應用，在對四川省近10年人口發展狀況的定量考察後，本課題研究發現四川人口發展總體呈平穩推進狀

況，發展勢頭良好，尤其在 2008 年后人口發展開始加速，到 2010 年四川省人口發展水平已超過全國同期平均水平。但總體來說，近 10 年四川人口發展在取得較大成就的同時，也不斷暴露出一些亟待解決的新問題，如人口各要素發展步伐極不一致、人口結構發展相對遲緩、人口老齡化加速、人口城鎮化步伐緩慢等結構問題逐漸顯現。

（1）四川省人口發展各要素的具體發展狀況明顯存在巨大差異。分析結果顯示，四川省人口數量與人口素質、人口結構及人口與經濟社會和資源環境發展步伐明顯不一致，人口數量發展水平提升較為迅速，水平值較高，大幅領先於全國平均水平，而人口素質、結構和人口與外部協調發展相對緩慢，人口素質的提升水平、人口結構的優化水平和人口與經濟社會和資源環境發展的協調性水平都有待繼續提高。在四川省人口發展已經朝均衡發展轉向的大好局面下，政府應持續把本省人口均衡協調發展作為基本要務，努力採取各種有效措施促使人口內部各要素與外部要素協調並進地可持續發展。

（2）在人口發展各要素相互支撐力方面，諸要素間的互動支撐能力也存在顯著差異，人口數量發展對人口結構發展的帶動提拉作用較小。四川省近 10 年人口數量發展的巨大成效並未立即轉化為人口均衡發展的實際推動力，如何在切實有效解決人口數量這一基礎性問題的基礎上，利用人口數量發展推動人口均衡發展也成為未來政府工作的重點之一。

（3）在四川省人口結構發展優化過程中，逐漸暴露出眾多亟待解決的突出問題。四川省從 2000 年全面進入老齡社會後，老齡化進程呈加速的趨勢，10 年間全省 65 歲以上老年人口比例大幅上升了 3.5 個百分點，全面超過全國平均水平，相對於國內發達地區，四川省面臨著更為嚴峻的「未富先老」的尷尬局面，這也為未來地區經濟的可持續發展埋下了巨大隱患。年齡結構問題已經成為未來四川人口工作的重點和難點，也是四川人口均衡發展面臨的最大挑戰。此外，四川人口城鎮化水平、人口產業結構等眾多經濟社會結構的發展相對全國也較為緩慢，未來應進一步合理優化人口社會經濟結構，促進人口均衡發展。

第十章　區域人口發展的經驗模式

新中國成立以來，特別是 21 世紀以來，中國區域發展格局發生了巨大變化，人口發展模式也呈現出各具特色的新亮點。梳理最近時期中國人口發展的變化特徵，人口均衡發展、統籌城鄉發展和區域人口合作發展（全員人口發展）獲得了比較高的認可度和發展經驗，但由於區域差異特別是宏觀經濟社會環境的不同和人口政策的差異（比如人口相關政策的試點區域選擇），這三個人口發展的主流模式具有不同的區域代表。其中人口均衡發展模式以天津濱海新區為代表，統籌城鄉發展模式以成渝特別是成都為代表，區域人口合作發展模式以長三角和珠三角大區域為代表。

第一節　天津濱海新區模式：人口均衡發展

一、人口均衡發展的基本概念

（一）人口均衡與人口均衡發展

簡單講，人口均衡指人口數量、素質、結構、分佈之間的動態平衡，並且人口與經濟社會發展水平相協調、與資源環境承載能力相適應（章志敏，2013）。前者是人口內部均衡，后者是人口外部均衡。人口均衡發展就是人口均衡的過程和結果。人口均衡既是一種理想狀態和長期目標，也是一個相對的概念，受到社會制度、科技發展和認識水平等的制約。比如人口轉變實質就是一個人口均衡發展的過程，它是人口從高位均衡向低位均衡的轉變。「高生育率—高死亡率—低自然增長率」是一種均衡；「低生育率—低死亡率—低自然增長率」也是一種均衡。

（二）人口均衡型社會

「人口均衡型社會」是指社會中實現了人口數量、素質、結構、分佈之間的動態平衡，並且人口與經濟社會發展水平相協調、與資源環境承載能力相適

應（李輝，劉雲德，2013）。人口均衡發展的目標是建立人口均衡型社會，而為了建立人口均衡型社會，必須使用某些政策工具，比如計劃生育。計劃生育政策的實質正是通過控制人口過快增長，改變人口發展與經濟、社會、資源、環境發展失衡的現象，使人口的發展水平與社會、經濟、資源、環境的發展水平相適應。

（三）建設人口均衡型社會的必要性

人口、資源與環境的均衡發展是可持續發展的主要內容。人口、資源與環境是相互作用、相互影響的有機統一體，繼提出建設「兩型社會」（資源節約型和環境友好型社）目標后，提出建設「人口均衡型社會」是順理成章的、極其自然的。人口均衡發展是可持續發展的重要內容，是實現可持續發展的關鍵因素。可持續發展包括4個方面的均衡，即人口均衡、經濟均衡、資源均衡和環境均衡。

實現人口均衡是建設和諧社會的內在要求，建設人口均衡型社會是建設和諧社會的基礎性內容之一。人口是社會生產行為的基礎和主體，如果構成社會主體的人口發展極不均衡，這個社會不可能是協調的、和諧的、可持續的。

二、濱海新區人口均衡發展模式

（一）濱海新區簡介

濱海新區，是中國天津市下轄的副省級區、國家級新區和國家綜合配套改革試驗區，位於天津東部沿海地區，乃環渤海經濟圈的中心地帶，總面積達2,270平方千米，是中國北方對外開放的門戶、高水平的現代製造業和研發轉化基地、北方國際航運中心和國際物流中心、宜居生態型新城區，被譽為「中國經濟的第三增長極」。濱海新區在2005年開始被寫入「十一五」規劃並納入國家發展戰略，成為國家重點支持和開發開放的國家級新區。天津市第六次全國人口普查數據顯示，市內6區常住人口2010年達到434.32萬人，濱海新區常住人口達到248.22萬人，分別占全市常住人口總量的33.57%和19.18%，雙核城市佈局已經形成。另外，數據顯示，10年間城鎮人口總量增加了308.74萬人，城鎮化發展提速。

數據顯示（張晨，2012），天津市內6區與濱海新區兩個區域在城市東西兩部分形成相對獨立的人口聚集區，從區域功能上觀察，市內6區以金融商貿文化娛樂為主，濱海新區以港口物流加工製造為主，實現了功能互補，表明雙核城市佈局已經形成。

（二）濱海新區人口普查現狀

天津市濱海新區第六次全國人口普查數據顯示，濱海新區的人口現狀

如下：

（1）常住人口。天津市濱海新區常住人口為 2,482,065 人，同 2000 年 11 月 1 日零時第五次全國人口普查的 1,188,989 人相比，十年共增加 1,293,076 人，增長 108.75%，年平均增長率為 7.64%。

（2）家庭戶人口。常住人口中共有家庭戶 497,444 戶，家庭戶人口為 1,312,850 人，平均每個家庭戶的人口為 2.64 人，比 2000 年第五次全國人口普查的 3.06 人減少 0.42 人。

（3）性別構成。常住人口中，男性人口為 1,453,228 人，占 58.55%；女性人口為 1,028,837 人，占 41.45 %。總人口性別比（以女性為 100，男性對女性的比例）由 2000 年第五次全國人口普查的 106.36 上升為 141.2。

（4）年齡構成。常住人口中，0～14 歲人口為 181,211 人，占 7.30%；15～64 歲人口為 2,182,885 人，占 87.95%；65 歲及以上人口為 117,969 人，占 4.75%。

（5）人口受教育程度。常住人口中，具有大學（指大專以上）程度的人口為 391,936 人；具有高中（含中專）程度的人口為 605,776 人；具有初中程度的人口為 954,832 人；具有小學程度的人口為 405,577 人。

（6）人口地區分佈。常住人口中，人口居住較為集中的地域有：塘沽 850,974 人，占全區人口總量的 34.28%；漢沽 217,107 人，占全區人口總量的 8.75%；大港 523,144 人，占全區人口總量的 21.08%。

（三）人口均衡發展模式探索與總結

1. 濱海新區人口均衡發展提出背景

2010 年 10 月，在黨的十七屆五中全會上通過的《中共中央關於制定國民經濟和社會發展第十二個五年規劃的建議》第 35 條中，明確提出「全面做好人口工作，堅持計劃生育基本國策，逐步完善政策，促進人口長期均衡發展」的新要求，為中國未來人口發展指明了方向。為此，要按照中央的總體要求，正確把握人口自身發展規律以及人口與經濟社會、資源環境發展的互動關係，堅持計劃生育基本國策，穩定適度低生育水平，建立和完善與人口相關的各項政策措施，統籌解決人口問題，促進人口長期均衡發展。

科學發展的核心是以人為本，本質是發展。堅持以人為本，推進人口均衡發展，建設人口均衡型社會，與科學發展的本質要求是一致的。人口均衡發展是科學發展的重要內容，是實現科學發展的關鍵因素，在科學發展中，人口、資源、環境是相互作用、相互影響的有機統一體，只有三者協調持續均衡發展，才能實現科學發展。人口和諧是社會和諧的重要組成部分，社會和諧離不

開人口和諧。建設人口均衡型社會是建設和諧社會的重要基礎和基石，構建和諧社會必先構建和諧計生，實現人口長期均衡發展。從全面、協調、可持續發展的角度講，只有把人口均衡、資源節約、環境友好三個方面的工作都做好，才能實現真正的可持續科學發展，才能實現真正的和諧社會。要從建設和諧社會的戰略高度，搶抓機遇，乘勢而上，堅持把人口均衡型社會建設作為事關科學發展的大事要事抓緊抓好。

黨的十七屆五中全會后，中國的人口學界提出了人口均衡發展的概念。人口均衡發展，是在對獨生子女政策形成的「四二一」家庭反思的基礎上提出的，是對馬爾薩斯《人口論》以及人口大爆炸觀點的批判。人口均衡發展，是人口發展的學說，是對人口發展的科學理想化，是未來人口發展的努力方向、戰略方向。

2. 濱海新區人口均衡發展的主要內容

2010年11月，國家人口計生委、天津市人民政府決定共同支持濱海新區建設「人口均衡發展實驗區」。國家人口計生委將從經費補助、政策支持、技術指導等方面對濱海新區予以傾斜，從加快人口服務管理機制改革、開發人口發展戰略研究、打造流動人口管理數字化平臺、推進基本服務均等化等方面統籌解決人口問題，著力構建人口與經濟、社會、資源、環境協調發展的創新體制，推動濱海新區人口長期均衡發展，建立人口均衡型社會。

濱海新區「人口均衡型社會」的主要內容包括：資源、環境約束及經濟社會發展中的人口規模均衡；人口規模與年齡結構均衡；出生率、死亡率與年齡結構穩定均衡；生育政策與生育意願的均衡；生育率下降的性別均衡；勞動力供求均衡和養老供求均衡等（郭熠，2010）。隨著新區開發開放的不斷推進，將會有大量流動人口湧入，新區被國家人口計生委確定為全國49個流動人口計劃生育基本公共服務均等化試點城市之一，是全國人口和計劃生育綜合改革示範區，已經具備統籌解決人口問題的條件。國家人口計生委將進一步加快新區人口服務管理機制改革，創新流動人口管理模式，推進流動人口計劃生育基本公共服務均等化建設，為濱海新區、為天津市經濟和社會發展創造良好的人口環境，將有益的經驗向全國推廣。

濱海新區人口均衡發展包括5方面重點內容：加快人口服務管理機制改革，發揮示範作用；開展人口發展戰略研究，探索建設人口均衡型社會；創新流動人口管理模式，打造「數字人口」平臺；整合城鄉社區基層服務管理力量，組建統一高效的流動人口綜合協管員隊伍對流動人口動態信息及時核對補充，形成能即時更新的信息採集長效機制；推進基本公共服務均等化，促進流

動人口的社會融合。國家人口計生委將濱海新區作為流動人口基本公共服務均等化的試點，支持新區在計劃生育、優生優育、生殖健康服務等方面建立流動人口與當地戶籍人口享受同等待遇的制度；國家人口計生委在濱海新區建設「社區人口早期教育示範基地」「老年人口照料示範基地」「青蘋果之家」等示範項目，使這些陣地滿足濱海新區創新人口管理服務模式、提升為流動人口服務能力，成為對外開放、向世界展示中國人口計生良好形象的窗口的要求。

濱海新區人口均衡發展突出體現在更加重視提高人口素質、優化人口結構、促進人口合理分佈、促進人口與經濟社會資源環境協調可持續發展。首先，表現在「兩個統籌」的均衡發展：一方面統籌人口與經濟、社會、資源、環境等外部因素之間的關係；另一方面統籌人口數量、素質、結構、分佈等各內部要素之間的關係，促進人口長期均衡發展。其次，表現在創新工作體制機制，形成以統籌協調、科學管理、優質服務、利益導向、群眾自治和人財保障等為主要內容的統籌解決人口問題的體制機制。再次，表現在更加注重利益導向、更加注重服務關懷、更加注重宣傳倡導，健全了計劃生育家庭特別扶助等制度。最后，表現在人口計生系統和相關部門的密切合作，不斷拓展服務領域，從面向育齡群眾的計劃生育生殖健康服務逐漸向全人群和生命的全過程轉變。

3. 人口均衡發展效果及評價

2000—2010 年，天津市內 6 區先後完成了業態調整、道路整改、城市交通體系建造等工程，實現了環境質量的提升，變得更為宜居；濱海新區開發開放和跨越式發展，完成了由雛形到形成的成長，其間也聚集了大量的人口，人口密度由 533 人/平方千米增至 1,112 人/平方千米，表明了人口聚集的過程。此外，環城四區通過工業化和城鎮化的道路，已經成為具有發展潛力的地區，常住人口總量 10 年間增加了 79.29 萬人，由 172.39 萬人增加至 251.68 萬人，占全市常住人口的比重達到 19.45%，同樣體現出人口的聚集趨勢。

2000 年以來，天津一方面以土地整合促進城鎮化發展，一方面以高質量的工業化水平帶動經濟發展提高城市人口吸納作用，進而提升區域人口承載能力。工業化、城鎮化的雙輪驅動經濟發展作用十分明顯。數據顯示，10 年來天津城鎮化率從 71.99%提升至 79.55%，提高了 7.56 個百分點，城鎮人口總量增加了 308.74 萬人；同時，全市工業生產總值占全市生產總值的比重從 2000 年的 45.58%提升至 47.82%，總量從 747.28 億元增加至 4,410.85 億元。

工業化、城鎮化的雙輪驅動為全市經濟發展注入了活力，也加大了天津對外來人口的吸引力。普查數據顯示，2010 年 11 月 1 日零時，全市外來常住人

口總量為299.17萬人，與10年前相比增加了211.87萬人，外來常住人口占全市常住人口的比重從8.72%提高至23.12%；外來就業人口從51.01萬人增加至202.02萬人，增加了151.01萬人。

建設人口均衡型社會是一項長期、艱鉅、複雜的任務，更是一個長期的歷史發展過程。要求我們在相當長的時間內，要尊重人口發展的客觀規律，尊重人口與經濟社會發展關係的客觀規律，尊重人口與自然資源和生態環境關係的客觀規律，在保持人口發展與經濟社會發展水平相協調、與資源環境承載力相適應的同時，保持人口規模適度、人口素質優良、人口結構優化、人口分佈合理及人口系統內部各個要素之間協調平衡發展。濱海新區人口均衡發展經過多年的探索，基本形成了自己的人口發展特色，取得了良好的效果，在人口外部均衡和人口內部均衡方面都有所收穫。

但是，人口均衡發展的探索道路並未完成，還有路要走。濱海新區未來的工作重點是：①進一步促進城鄉一體化，把人口城鎮化作為深化改革的主導力量，改變城鄉二元結構的社會制度構架，逐步改革戶籍制度，建立城鄉統一的社會管理體制；②優先投資於人的全面發展，實現由人口向人力資源轉變，逐步實現由「廉價勞動力」向「技能勞動力」再向「知識勞動力」轉變；③進一步推進基本公共服務均等化，加快建設公共服務型政府；④進一步加快人口信息化建設。

第二節 成都模式：城鄉人口統籌發展

一、城鄉人口統籌發展的基本概念

（一）城鄉統籌發展

城鄉統籌發展是社會發展的必然趨勢，它是生產力發展到一定水平時，城市和鄉村成為一個相互依存、相互促進的統一體，充分發揮城市和鄉村各自的優勢和作用，即鄉村要確保農業的現代化，為城鎮的發展提供資源和市場，城鄉的勞動力、技術、資金、資源等生產要素在一定範圍內進行合理交流和組合；在空間上互為環境，生態協調、環境幽雅，人們享有充分的自由，形成一種城市和鄉村穩定持久的結合，城鄉交融發展，使城鄉系統的整體功能日益提高。

（二）城鄉人口統籌發展

城鄉人口統籌發展是城鄉統籌發展的基本組成部分，也是其主要目標。從

廣義上講它是與人口相關的城鄉二元社會結構的一元化：農民和市民享有同等的公民權利；城鄉社會融合，消滅城鄉人民在參與國家政策、決策方面的差別，在生產關係上體現共同利益；鄉村居民在收入水平、就業機會、受教育程度、醫療服務、社會保障、居住水平等方面與城市居民相同。

二、成都城鄉人口統籌發展的模式

（一）成都統籌城鄉發展簡述

成都市是中國西部地區一個特大城市，但是這個特大城市又和北京、上海等特大城市有著很大的差別：成都市面積為 12,390 平方千米，2013 年總人口為 1,404.7 萬人，全市轄 9 個區、4 個縣級市、6 個縣，是一個典型的大都市帶大農村的特大城市。成都市城市化水平在 2012 年末為 62%，一直以來，成都市城鄉居民人均收入不斷拉大，「三農」問題非常突出。中心城區的繁榮和邊緣城市的沉寂之間的矛盾正是「統籌區域社會經濟發展」所要解決的難題，但是如何解決這一難題，又是一個一直困擾這個特大城市的問題。

統籌城鄉發展，意義非常重大：它是科學發展觀的重要內容，是全面建成小康社會的重大舉措，是實現城鄉同發展共繁榮不可缺少的理念，是縮小城鄉差距、切實加強農村經濟社會事業建設的重大戰略部署。在成都，「城鄉統籌」「城鄉一體化」等概念已經家喻戶曉（景普秋，張復明，2003）。在成都人看來，統籌已經不是一種理念，而是一種實實在在的行動。隨著國務院批准成都市為統籌城鄉綜合配套改革實驗區，成都市統籌城鄉發展邁上了新臺階。2003 年以來，成都市開始積極探索以城帶鄉、以工促農、城鄉互動、城鄉互補的有效途徑，走出了一條城鄉共同發展的新路。作為成都標誌性的探索，2004 年 2 月，成都市委、市政府在充分調研的基礎上，出抬市委 7 號文件——《關於統籌城鄉經濟社會發展、推進城鄉一體化的意見》，提出在全市全面實施推進城鄉一體化戰略。統籌城鄉經濟社會發展，推進城鄉一體化，成為成都市的必然選擇，這也是破解目前面臨的難題的唯一有效戰略措施。

（二）成都統籌城鄉發展演變與規劃

成都市的統籌城鄉發展工作最初是 2003 年希望從根本上解決「三農」問題開始的，實踐中越來越感覺到就農業抓農業不行，就城市抓城市不行，於是在 2003 年 10 月明確提出了城鄉一體化的思路，專門成立了「推進辦」，即成都市推進城鄉一體化工作領導小組辦公室。經過四年大膽而有力的探索，成都的城鄉一體化建設取得了豐碩成果，可以說他們已經找到了破解統籌城鄉難題的鑰匙。具體來講，與成都統籌城鄉發展演變的幾個關鍵節點如下。

2002年11月，黨的十六大報告中提出要「全面繁榮農村經濟，加快城鎮化進程」，要「統籌城鄉經濟社會發展」。

2003年3月，成都市委、市政府為落實黨的十六大精神，在深入調研的基礎上，確定在雙流、大邑等五個區縣進行加快城市化進程的試點。

2003年8月，進一步擴大試點，將五城區納入試點範圍。

2003年10月22日，市委、市政府在雙流召開現場會，部署在全市全面推進城鄉一體化工作。

2004年2月5日，出抬第一份正式文件——《中共成都市委成都市人民政府關於統籌城鄉經濟社會發展推進城鄉一體化的意見》。

2005年4月，中央農村工作領導小組負責人在成都考察時對其城鄉一體化工作予以充分肯定。

2006年3月，成都市委、市政府發布《關於深入推進城鄉一體化建設社會主義新農村的意見》。

2007年6月7日，國務院批准成都、重慶為統籌城鄉綜合配套改革實驗區。

2010年4月，成都發布建設世界現代田園城市概念總體規劃。

(三) 成都人口統籌發展模式探索與總結

1. 城鄉人口統籌發展模式基本內容

城鄉協調發展及一體化是一種發展目標，更是一種發展過程。城鄉協調發展及一體化表現為地域社會經濟過程，是不斷地朝著區域內城鄉要素優化配置方向邁進，是城鄉協同度、融合度日益提高的過程。

成都推進城鄉人口協調發展的模式為：統籌城鄉社會經濟發展，以重點突破、圈層狀的空間擴散為途徑，走大都市帶動、自下而上型的農村城市化道路。這是全面建成小康社會的有效途徑。統籌城鄉經濟社會發展，是加快推進城鄉協調發展及一體化的重要方法之一；遵循循序漸進的原則，以區域重點城、鎮、村為核心點，逐步以圈層擴散式向外發展；中心大都市和農村城鎮化是城鄉一體化的原始驅動力。實現城鄉協調發展及一體化，是農村勞動力轉移，發展城鎮工業、農業、旅遊經濟，增加農民收入的重要載體。

成都圈層空間的存在的現實，給了成都城鄉人口協調發展時間換空間的發展模式，即不同時期不同階段發展不同的圈層。就目前來講，成都統籌城鄉人口發展走過兩個階段，但未來還有一個比較重要的階段。每個階段的模式特點又有所不同。

第一階段：2003—2010年，為城鄉一體化的順利推進奠定基礎階段，重

點在中心城區和近郊區推進城鄉一體化。這一階段主要為城鄉一體化的順利推進奠定經濟、政策等方面的基礎。

第二階段：2010—2014 年，為城鄉一體化的快速推進階段，重點在郊縣區Ⅰ和郊縣區Ⅱ推進城鄉一體化。這一階段為城鄉一體化的全面推進時期，充分利用 5 年的戰略機遇期，不斷總結中心城區和近郊區推進城鄉一體化的經驗。

第三階段：2015—2020 年，為城鄉一體化的進一步完善階段，重點是整個區域範圍的城鄉一體化協調共進。該階段的主要工作是突出重點，促進城鄉一體化在全市的協調推進，並基本實現城鄉一體化。

2. 城鄉人口統籌發展模式基本特點

成都市在推進城鄉一體化的過程中找到了一條適合發展的道路。根據成都市經濟、社會等實際情況，推進城鄉一體化的總體思路是：以科學發展觀、構建和諧社會理論為指導，以規劃為龍頭，以提升工業化、推進城市化為突破口，以體制機制創新為動力，以提高農民收入，城鄉協調發展為目標。

（1）成都市城鄉協調發展及一體化發展進程存在明顯的地域差異，並顯示出由中心向外圍擴散的圈層結構狀，說明成都市城鄉協調發展及一體化過程不可能在短期內同時實現，必須分階段、分步驟、有重點、有扶持地分步實施。中心城區經濟實力雄厚，規模大，集聚效應高，具備帶動城鄉一體化發展的足夠動力，以中心城區為中心的區域，具有較強的城鄉互動作用，是率先實現城鄉一體化的領頭地區。目前，中心城區及近郊區是城鄉一體化重點實施區域，由此逐步向外圈層擴散，使得中心城區的輻射越來越遠，最終達到全市範圍內的城鄉一體化。

（2）城市化水平的高低能在很大程度上決定城鄉一體化的發展水平。所以加快城市化進程，加強各級城鎮的核心作用，從而帶動區域整體發展是成都統籌城鄉發展的重點。中小城鎮是聯結城鄉的紐帶（潘永江，2001），具有接近鄉村的區位優勢，同時也是農村產業集聚和農村多余勞動力轉移的理想地。如近郊區的龍泉驛區、溫江區、新都區、郫縣、新津縣等地，是城鄉一體化重點擴展地區，是實現城鄉一體化的重點突破和重點扶持地區，也是城鄉一體化發展的重要城鎮，通過這些城鎮對農村腹地的層層帶動作用，實現要素的快速流通，達到城鄉共同繁榮的目的。

3. 城鄉人口統籌發展模式評價

（1）城鄉人口統籌發展成效直觀數據評價

直觀上，衡量城鄉人口統籌發展成效的指標可用城鄉相同的指標進行相比，得到新的指標；新的指標值越小則城鄉差距越小，否則越大。為了簡化起見，選擇比較常用的八個城鄉對應指標，得到四個評價指標體系。如表 10-1 所示：

表 10-1　　　　　成都市統籌城鄉發展評價指標體系

代號	指標
X_1	農村與城市居民人均收入比
X_2	農村與城市居民人均消費比
X_3	城市與農村恩格爾系數比
X_4	農村與城市居民人均醫療保健支出比

各項指標值越小，則城鄉差距越小，統籌城鄉發展水平越高，城鄉發展協調性越好。以上四個指標的原始數據如表 10-2 所示：

表 10-2　　　　　成都市統籌城鄉發展原始指標數據

年份	城市居民人均收入（元）	農村居民人均收入（元）	城市居民人均消費（元）	農村居民人均消費（元）	城市食品消費（恩格爾系數）	農村食品消費（恩格爾系數）	城市醫療保健支出	農村醫療保健支出
1978	340	140	328	117	57.6	71.6	4.11	0.88
1980	395	223	391	186	57.8	71.1	5.11	0.93
1990	1,755	773	1,681	693	51.4	63.6	25.24	5.43
2000	7,649	3,016	6,423	2,201	38.8	51.2	417.3	99.7
2001	8,123	3,178	6,801	2,353	37.4	49.1	442.3	117.7
2002	8,972	3,377	6,844	2,529	39.1	46.2	417.1	129.1
2003	9,641	3,655	7,058	2,721	38.3	46.4	559.7	134.9
2004	10,394	4,072	8,997	2,954	35.4	46.9	583.4	152.9
2005	11,359	4,485	9,642	3,074	35.3	46.5	601.6	175.3
2006	12,789	4,905	10,302	3,344	33.9	45.1	600.1	166.5
2007	14,849	5,642	11,703	3,998	39.1	46.3	686.8	203.9
2008	16,943	6,481	16,943	4,565	38.4	43.2	847.4	245.0
2009	18,659	7,129	18,659	5,012	37.5	40.8	943.9	305.7
2010	20,835	8,205	20,835	5,796	37.0	40.7	822.1	324.6
2011	23,932	9,895	23,932	7,033	37.0	42.0	925.3	436.0
2012	27,194	11,051	27,194	8,061	35.4	41.1	1,028.9	499.8

數據來源：成都市相關統計年鑒

將以上數據兩兩相比，得到城鄉比值（表 10-3）。由表中數據可以看出，成都市統籌城鄉發展評價體系的四個指標中，城鄉收入比、城鄉恩格爾系數比和城鄉醫療保健支出比基本呈下降的趨勢，說明成都市統籌城鄉發展的效果還是比較明顯，隨著經濟發展，城鄉差距也在不斷縮小。但是值得注意的是，城鄉消費比呈現增加的趨勢，說明當前農村的經濟發展水平提高後，消費水平的增長還是趕不及城市消費的增長。所以促進農村消費增加是未來成都市統籌城鄉發展的有力方向，比如家電下鄉等。

表 10-3　　　　　　　成都市統籌城鄉發展評價指標值

年份	城鄉收入比 (X_1)	城鄉消費比 (X_2)	城鄉恩格爾系數比 (X_3)	城鄉醫療保健支出比 (X_4)
1978	2.43	2.80	0.80	4.67
1980	1.77	2.10	0.81	5.49
1990	2.27	2.43	0.81	4.65
2000	2.54	2.92	0.76	4.18
2001	2.56	2.89	0.76	3.76
2002	2.66	2.71	0.85	3.23
2003	2.64	2.59	0.83	4.15
2004	2.55	3.05	0.75	3.82
2005	2.53	3.14	0.76	3.43
2006	2.61	3.08	0.75	3.60
2007	2.63	2.93	0.84	3.37
2008	2.61	3.71	0.89	3.46
2009	2.62	3.72	0.92	3.09
2010	2.54	3.59	0.91	2.53
2011	2.42	3.40	0.88	2.12
2012	2.46	3.37	0.86	2.06

數據來源：課題計算結果

（2）城鄉人口統籌發展效果評論

2011 年 4 月 26 日，中央就世界人口發展和全面做好新形勢下中國人口工作舉行第 28 次集體學習，胡錦濤總書記發表重要講話，進一步強調統籌解決

人口問題。成都探索建立了統一、協調、高效的人口發展統籌機制，各部門積極參與和監督公共決策，集中體現在國民經濟社會發展規劃、新農村建設、區域開發、社會保障、扶貧攻堅、移民安置等重大決策中，人口因素作為決策的重要依據。

城鄉人口統籌發展，重點在統籌，但矛盾的主要方面在「鄉」，即農村人口發展。長期以來農村缺乏正確的引導和政策的支持，大部分農村僅依靠單一、小規模、分散化的土地資產發展模式，沒有很好地利用城鄉空間關係和市場機制來構建多元化農村（人口）發展模式。成都作為典型的圈層城市結構，農村人口集聚在二三圈層或者說是近郊區和遠郊區。成都近郊區以現代產權制度為依託發展村集體經濟，構建城鄉市場無縫融合模式；確立農村人口在土地流轉過程中的主體地位。遠郊區以現代都市農業為基礎，構建現代化農場新型社區，形成現代農業推動農村人口發展模式。這就是成都統籌人口發展的現實收穫和意義，解決了農村人口發展問題，就基本上解決了城鄉人口統籌發展的核心問題。

成都市作為國家級統籌城鄉綜合改革試驗區，在探索和實踐城鄉一體化發展方面走在前列，也確實取得了很大的成果，比如建立了城鄉人口自由流動的機制、消除了困擾農村發展許久的戶籍制度。但是，實現城鄉協調發展及一體化是一項巨大的系統工程，包括城鄉規劃與佈局、基礎設施、經濟發展、戶籍制度與勞動就業、社會事業、生態環境建設等多個方面的一體化。成都在實踐的過程中也存在著一定的問題，比如農民集中居住區建設模式，這種模式受到不少學者的批評（徐持平，劉慶，2010；孫遠東，2011）。他們認為這種「農民騎著摩托車去種田」的農村耕作方式其實並不合理，許多農民也不願意這種居住方式。所以，成都統籌城鄉人口發展模式還有很多路要探索和創新。

第三節　長三角、珠三角模式：區域人口協作發展

一、區域人口協作發展的基本概念

（一）區域與分區

地理區域指一個比較獨立的地理地形區。比如，華北平原區包括海河平原、黃河平原、淮河平原。華北平原也叫作黃淮海平原。華北平原所涉及的省區就比我們所說的華北五省市（京、津、冀、晉、魯）的範圍大。再如，青藏高原區，要比青藏地區範圍大，青藏高原包括四川西部，而青藏區是行政上

的，指西藏和青海。另外，根據經濟社會發展的相似性劃分的區域更符合局部地理特性，比如長三角地區、珠三角地區、成渝地區等。

(二) 區域協作與人口協作發展模式

根據地理就近的相似性原理，地理區域和地理分區視角下的經濟、社會、制度等存在近似性，這就為區域分工協作提供了地理基礎。比如區域性經濟合作是指某一個區域內兩個或兩個以上的國家（地區），為了維護共同的經濟和政治利益，實現專業化分工和進行產品交換而採取共同的經濟政策，實行某種形式的經濟聯合或組成區域性經濟團體（李小建，2004）。區域性經濟合作是世界經濟生活越來越國際化的產物和表現。它是生產社會化和經濟生活國際化發展的歷史趨勢，有其深刻的現實基礎和客觀必然性。

因此，區域人口協作發展成為可能，它是指某一個區域內兩個或兩個以上的地區，為了共同的人口發展目的而採用集體合作的人口管理和發展政策，比如區域的勞務合作（馮鳳玲，2009）。區域人口協作發展模式突出分享區域內不同方式的人口管理和發展模式，共同應對人口危機，維護區域協調發展。

二、長三角、珠三角區域人口協作發展的模式

(一) 泛珠三角地區人口（和計劃生育）區域協作模式[①]

國家人口計生委 2010 年出抬了關於加強泛珠三角地區（包括福建、江西、湖南、廣東、廣西、海南、重慶、四川、貴州、雲南）人口和計劃生育區域協作的意見，這是為推動人口和計劃生育服務管理體制創新和計劃生育基本公共服務均等化、加強泛珠三角地區人口和計劃生育區域協作提出的專門性意見，它為珠三角地區人口協作發展模式提供了指導方向。

泛珠三角地區是中國較早形成的三大經濟區域之一，在全國經濟社會發展和改革開放大局中具有突出的帶動作用和舉足輕重的戰略地位。同時泛珠三角地區是中國重要的人口聚集區。在未來較長時期內，中西部地區的人口繼續向沿海發達地區轉移，泛珠三角地區仍將是國內人口流動遷移的重要區域。但是，由於區域內各地經濟社會發展和人口計劃生育政策、工作模式的差異，人口和計劃生育服務管理難以滿足統籌區域協調發展和城鄉一體化發展的要求。新形勢下，突破行政區劃限制、深化泛珠三角區域協作、加快建立以流動人口服務管理為重點的泛珠三角地區人口和計劃生育協作機制，對於統籌區域人口

[①] 本節內容主要來源於國家衛生和計劃生育委員會 2010 年頒布的《國家人口計生委關於加強泛珠三角地區人口和計劃生育區域協作的意見》，文件基本涵蓋了區域人口協作的內容、特徵和重點等。

發展，提高人口計生工作整體水平，促進人口與經濟社會、資源環境協調發展具有重要的現實作用。

1. 珠三角區域人口協作模式的重點內容

（1）深化區域人口發展戰略研究

進一步整合研究力量，建立公眾參與、專家論證和政府決策相結合的區域人口發展戰略研究機制。立足泛珠三角地區人口發展狀況及社會經濟發展規劃，深入分析產業佈局、城鎮體系、戶籍新政、土地制度、社會保障、公共服務等對人口流動遷移的影響，研究提出優化區域人口空間佈局、引導人口有序遷移和集聚、促進人口城鎮化健康發展的對策建議，為各級政府相關決策提供支持，促進泛珠三角地區經濟社會又好又快發展。

（2）完善區域人口信息管理體系

按照國家人口計生委統一部署，完善全員人口信息管理系統和人口發展決策支持系統，加快建立國家和省級集中的數據中心；依託PADIS流動人口子系統，完善跨省流動人口信息化管理平臺，率先實現區域內流動人口信息即時變動、異地查詢、跟蹤管理；整合統計、公安、勞動保障、衛生、人口計生等部門資源，推進部門信息共享；加強人口信息和統計數據綜合分析，為各級政府決策提供數據支撐。

（3）促進泛珠三角地區人口和計劃生育政策銜接

依據人口和計劃生育法律法規和政策規定，以泛珠三角地區人口和計劃生育協作為契機，開展人口政策調研，推進省際人口和計劃生育條例以及相關政策的銜接協調；簡化人口和計劃生育業務辦理程序，提高工作效率，維護育齡群眾合法權益；建立健全流動人口育齡婦女異地辦理婚育證明的協調機制；完善社會撫養費徵收信息通報和協調配合機制，降低徵收成本，提高徵收效率，引導群眾落實計劃生育政策。

（4）加強流動人口計劃生育區域協作

根據國家人口計生委關於建立流動人口服務管理新機制，實現全國「一盤棋」的工作部署，率先實現泛珠三角區域「一盤棋」。制定區域內流動人口計劃生育協作規則，建立定期協商、定期通報、個案對接制度，形成統一的管理規範、服務標準和工作流程；落實流動人口戶籍地和現居住地服務管理責任，擴大流動人口免費技術服務覆蓋面；積極探索多種形式的協作模式，不斷豐富和完善兩地流向聚集和省際邊界地區的協作方式，繼續深化和細化協作措施，引導區域協作向務實發展。

（5）切實維護實行計劃生育育齡群眾的合法權益

堅持以人為本、便民利民原則，嚴格依法行政，在區域內涉及跨省育齡群眾辦理生育服務證、獨生子女父母光榮證、社會撫養費徵收和相關計劃生育證明材料時加強溝通協商，防止推諉和侵害群眾合法權益現象發生；不斷完善政府主導、社會補充的人口計生利益導向政策體系，推進基本公共服務均等化；區域各成員單位在本級人口計生委網站上，公布計生技術服務機構及聯繫電話，公開群眾舉報信箱，開通「12356」維權電話，暢通群眾訴求渠道，切實維護育齡群眾計劃生育的合法權益。

2. 珠三角區域人口協作模式的保障機制

（1）建立統籌協調機制

建立聯席會議制度，形成區域協作長效機制。每年召開一次聯席會議，在十省（區、市）輪流進行，由各輪值省（區、市）人口計生委主任擔任年會召集人。聯席會議職責為協商解決區域人口發展的重要問題，研究制定流動人口服務管理政策措施，研討交流人口發展研究成果和計劃生育工作經驗。

（2）建立組織領導機制

國家人口計生委將泛珠三角地區作為全國流動人口「一盤棋」的重要區域，予以重點部署、統籌協調。各省（區、市）應加強組織領導，將區域協作工作作為「一把手」工程，各級人口計生委主任要親自抓、親自推動。各地應建立和完善區域內人口計生部門日常聯絡協調和磋商制度。

（3）建立宣傳倡導機制

廣泛宣傳報導區域協作的舉措和成效，形成有利於改革創新、推進區域一體化發展的輿論氛圍。國家人口計生委在系統內部刊物及對外媒體上開闢專欄，重點推介宣傳。泛珠區域內協作單方、雙方或多方出抬新政策、新措施、新制度等，通過官方網站、電子郵件、紙質媒體等方式進行宣傳交流。

（二）泛長三角地區流動人口（和計劃生育）服務和管理區域聯動協作模式[①]

國家人口計生委 2010 年出抬了關於加強泛長三角地區（包括上海市、江蘇省、浙江省、安徽省、江西省、河南省、湖北省）流動人口計劃生育服務和管理區域聯動協作的指導意見。這是為探索建立泛長三角地區「統籌管理、服務均等、信息共享、區域協作、雙向考核」工作機制，加快形成區域「一

[①] 本節內容主要來源於國家衛生和計劃生育委員會 2010 年頒布的《國家人口計生委關於加強泛長三角地區流動人口計劃生育服務和管理區域聯動協作的指導意見》，文件基本涵蓋了區域流動人口協作的內容、特徵和重點等。

盤棋」工作格局，就加強泛長三角地區流動人口計劃生育服務管理聯動協作所提出的意見，為長三角地區流動人口協作發展模式提供了指導方向。

泛長三角地區是中國第一大經濟圈和支撐中國經濟發展、提升國家競爭力的主要動力區域。泛長三角區域內的人口流動性強、流動量大，區域內各省（市）間工作的互補性要求更高，因此加強省際協作，強化區域內部整合，規範各級人口計生部門流動人口服務管理工作標準，搭建起包括信息交流、均等化服務、政策研究等方面的區域協作框架，使泛長三角區域率先形成「信息互通、服務互補、管理互動、責任共擔」的局面，對於最終實現全國「一盤棋」將起到引領示範作用。

1. 長三角地區流動人口協作發展和服務管理內容

（1）強化區域流動人口公共服務

全面落實流動人口免費享受國家規定的基本項目的計劃生育技術服務。現居住地為流動人口提供與戶籍人口同等的計劃生育、優生優育、生殖健康、避孕藥具等技術服務。做好流入已婚育齡婦女孕檢服務工作，及時通過網路信息系統將流入已婚育齡婦女孕檢等信息通報給戶籍地。逐步實現計劃生育基本公共服務均等化和免費基本項目計劃生育技術服務全覆蓋。

戶籍地人口計生部門應當依法落實法律法規規定的各項獎勵優惠政策，幫助解決留守家庭的實際困難和問題，保障流動人口計劃生育合法權益。要積極探索分類管理、誠信管理、委託管理等模式，戶籍地在接到現居住地人口計生部門通報避孕節育信息後，不得要求已婚育齡婦女返回戶籍地接受避孕節育情況檢查，也不得到現居住地開展避孕節育檢查或者向流動人口收取任何費用。不得到現居住地設立跨省工作站（管理站、服務站或孕檢站等）。

（2）加強重點對象的計劃生育管理工作

現居住地人口計生部門應當建立流入育齡婦女登記制度，及時掌握其懷孕、生育、避孕節育等信息。發現懷孕的，應盡快通報戶籍地人口計生部門，共同查清其是否符合生育政策規定，並加強有關服務，寓管理於服務之中。對於不符合規定懷孕的，戶籍地和現居住地要協同配合，做好人口計生法律法規和政策的宣傳教育，明確告知違法生育的法律後果，動員當事人採取補救措施，並落實免費計劃生育技術服務及有關待遇。各級人口計生部門要積極創造條件，開展聯合執法、集中服務等活動，努力控制和減少違法生育現象，穩定低生育水平。

（3）規範流動人口社會撫養費徵收

對於違法生育的流動人口，戶籍地與現居住地人口計生部門應當互相配

合，共同做好社會撫養費徵收工作。社會撫養費徵收，按照戶籍地徵收、現居住地配合的原則執行。兩地婚姻夫妻違法生育的，由夫妻婚后經常居住一方的戶籍地人口計生部門負責徵收，另一方戶籍地配合做好徵收工作。經常居住地不能確定的，由女方戶籍地人口計生部門負責徵收。

戶籍地人口計生部門決定對違法生育嫌疑人立案調查的同時，應向另一地人口計生部門發出《協助做好社會撫養費徵收工作的函》，另一地人口計生部門應當積極配合做好調查取證等工作。

（4）加大聯合打擊「兩非」行為的力度

建立區域協作、齊抓共管、聯合執法的工作機制，聯合打擊非醫學需要的胎兒性別鑒定和選擇性別的人工終止妊娠行為（以下簡稱「兩非」）。對已發生的「兩非」案件，由案件發生地的人口計生部門牽頭聯合公安、衛生、工商、食品藥品監管等部門立案偵查，相關地區的人口計生部門配合查處。

（5）建立健全出生登記實名制

各級人口計生部門要加強與衛生、公安等部門的協調配合，加大住院分娩和出生實名登記宣傳力度，積極引導和鼓勵孕婦到醫療保健機構住院分娩。建立健全出生登記實名制度，督促提供分娩服務的醫療保健機構按規定查驗孕產婦及其配偶的身分證明，做好信息登記，定期通報出生人口信息，建立完善部門共享的人口信息管理系統。

2. 長三角地區流動人口協作發展和服務管理保障措施

（1）建立聯動協作長效機制

建立泛長三角地區流動人口服務管理聯動合作聯席會議制度。聯席會議由各省（市）人口計生委主任、分管流動人口工作的副主任和流動人口服務管理處以及相關職能處室負責人組成。每年召開一次聯席會議，由各省（市）人口計生委主任輪流擔任召集人。各省（市）人口計生委流動人口服務管理處指定一名工作人員擔任聯席會議聯絡員，負責日常工作接洽。

（2）建立流動人口服務管理網路化協作機制

各地應在加快建設流動人口服務管理信息系統的基礎上，依託國家PADIS流動人口子系統，建立泛長三角流動人口計劃生育服務管理信息化協作平臺，開展流動人口信息即時查詢、即時協查，實現婚育、避孕節育等信息的網路通報。做到跨省流動人口信息區域共享、在線交換、動態更新，為流動人口計劃生育服務管理區域協作提供保障。

（3）建立區域協作年度通報制度

各地要加強工作信息交流。輪值省每年年初在各省（市）提出的區域協

作工作設想的基礎上，制訂泛長三角區域協作年度方案，各省（市）人口計生委按照方案內容，認真組織實施，穩步推進。年底，各省（市）人口計生委應當總結本省（市）流動人口服務管理和區域協作進展情況，深入分析存在的問題，提出進一步推進區域協作的工作對策建議，由輪值省人口計生委匯總后，形成泛長三角區域協作年度報告，上報國家人口計生委並通報區域內省（市）人口計生委。

參考文獻

[1] 鄔滄萍. 人口學學科體系研究 [M]. 北京：中國人口出版社，2007.

[2] 吳忠觀. 當代人口學學科體系研究 [M]. 成都：西南財經大學出版社，2000.

[3] 梁在. 人口學 [M]. 北京：中國人民大學出版社，2012.

[4] 李玲，沈靜，等. 人口發展與區域規劃 [M]. 北京：科學出版社，2008.

[5] 田雪原，王國強，王勝今. 中國區域人口與發展研究 [M]. 長春：吉林人民出版社，2006.

[6] 王桂新. 中國西部地區的人口與開發 [M]. 北京：科學出版社，2006.

[7] 羅淳，呂昭河. 中國東西部人口發展比較研究 [M]. 北京：中國社會科學出版社，2007.

[8] 李含琳. 西部區域人口發展戰略與規劃 [M]. 蘭州：甘肅人民出版社，2006.

[9] 楊軍昌，等. 區域人口與社會發展問題研究 [M]. 北京：知識產權出版社，2009.

[10] 張祥晶. 中國在業人口區域分佈研究 [M]. 北京：中國社會科學出版社，2012.

[11] 範紅忠. 中國的城市化與區域協調發展 [M]. 北京：中國社會科學出版社，2010.

[12] 葛寶琴. 新型城鎮化下的中國區域經濟協調發展 [M]. 杭州：浙江工商大學出版社，2013.

[13] 翟振武. 城鎮化發展中的經濟與人口 [M]. 北京：中國人口出版社，2014.

[14] 向華麗. 武漢城市圈人口空間均衡與區域可持續發展 [M]. 武漢：

中國地質大學出版社，2013．

　　[15] 劉志，等．人口長期均衡發展：北京的戰略選擇 [M]．北京：科學出版社，2013．

　　[16] 王世巍．城市人口均衡發展研究 [M]．北京：社會科學文獻出版社，2008．

　　[17] 張秦．區域可持續發展能力研究 [M]．北京：中國經濟出版社，2014．

　　[18] 張善余．人口地理學概論 [M]．3 版．上海：華東師範大學出版社，2013．

　　[19] 牛強．城市規劃 GIS 技術應用指南 [M]．北京：中國建築工業出版社，2012．

　　[20] 湯國安．ArcGIS 地理信息系統空間分析實驗教程 [M]．2 版．北京：科學出版社，2012．

　　[21] 中國科學院可持續發展研究組．中國可持續發展戰略報告 [M]．北京：科學出版社，2002．

　　[22] 國家人口計生委人口規劃與信息司．促進人口長期均衡發展研究 [M]．北京：中國人口出版社，2010．

　　[23] 國家人口計生委人口規劃與信息司．人口發展功能區研究：上、下冊 [M]．北京：世界知識出版社，2009．

　　[24] 王學義．廣元市人口發展戰略研究 [M]．成都：西南財經大學出版社，2014．

　　[25] 王學義．人口現代化研究 [M]．北京：中國人口出版社，2006．

　　[26] 劉家強，王學義．四川人口發展報告 [M]．北京：中國人口出版社，2015．

　　[27] 馬瀛通．數理統計分析人口學 [M]．北京：中國人口出版社，2010．

　　[28] 凱菲茨．應用數理人口學 [M]．鄭真真，等，譯．北京：華夏出版社，2000．

　　[29] 陳明立，譚遠發，陳明立，等．中國東中西部三大區域人口競爭力實證比較研究 [J]．經濟學家，2007（2）．

　　[30] 張彩霞，梁婉君．區域 PRED 協調發展的綜合評價指標體系研究 [J]．經濟與管理，2006，20（4）．

　　[31] 胡光偉．基於多目標模型的長株潭城市群人口容量研究 [J]．國土與自然資源研究，2009（2）．

［32］毛新雅，王紅霞. 城市群區域人口城市化的空間路徑［J］. 人口與經濟，2014（4）.

［33］鄧麗君，張平，李平. 中國十大城市群人口與經濟發展平衡性分析［J］. 中國科學院研究生院學報，2010（2）.

［34］張耀軍，張振. 京津冀區域人口空間分佈影響因素研究［J］. 人口與發展，2015（3）.

［35］王晟哲，楊成鋼. 中國城鎮區域人口集聚能力及其提升策略研究［J］. 理論與改革，2015（6）.

［36］聶真真，楊勝慧，等. 中國人口經濟的區域差異研究［J］. 現代管理科學，2015（4）.

［37］付雲鵬，馬樹才，等. 中國區域人口、經濟與資源環境耦合的時空特徵分析［J］. 管理現代化，2015（3）.

［38］周炎炎，王學義. 中國人口發展監測指標體系構建及應用研究［J］. 北京社會科學，2014（5）.

［39］王學義，曾永明. 中國川西地區人口分佈與地形因子的空間分析［J］. 中國人口科學，2013（3）.

［40］王學義，王晟哲. 縣區人口發展功能區劃研究［J］. 人口學刊，2015（3）.

［41］王學義. 人口現代化的測度指標體系構建問題研究［J］. 人口學刊，2006（4）.

［42］王學義. 人口轉變、人口政策影響經濟增長的可持續性研究［J］. 生態經濟，2007（10）.

［43］王學義. 人口轉變后果研究——西方視野、價值意義、主要缺陷與分析框架構建［J］. 人口學刊，2007（5）.

［44］LUC ANSELIN, RAYMOND FLORAX, SERGIO J REY. Advances in spatial econometrics: Methodology, tools and applications［M］. Berlin: Springer, 2004.

［45］CLARKE J I. Population Geography［M］. Elsevier Science&Technology, 1965.

［46］GU CHAOLIN, WU LIYA, IAN COOK. Progress in research on Chinese urbanization［J］. Frontiers of Architectural Research, 2012, 1（2）.

［47］GIOVANNI MARIN, MASSIMILIANO MAZZANTI. The evolution of environmental and labor productivity dynamics: Sector based evidence from Italy［J］.

Ecol. Econ., 2010.

[48] LIU SHIWEI, ZHANG PINGYU, KEVIN LO. Urbanization in remote areas: A case study of the Heilongjiang Reclamation Area, Northeast China [J]. Habitat International, 2014, 42.

[49] TIAN GUANGJIN, WU JIANGUO. Comparing urbanization patterns in Guangzhou of China and Phoenix of the USA: The influences of roads and rivers [J]. Ecological Indicators, 2014.

附　錄

附錄 1　預測模型及參數設置

一、人口預測模型概述

現實人口的形成是歷史長期發展的必然結果，同時又是未來人口發展過程的基礎與起點，人口發展所具有的強大慣性使得以現有人口狀況為依據對人口未來的發展趨勢作出科學預測成為可能。人口預測畢竟是在一定的假設前提下對未來人口發展態勢的一種展望，不同的預測方法所得的預測結果有所差別，但大體趨勢是基本一致的。國內外有關人口預測模型或方法主要包括：

（一）直接預測法

直接預測法是利用所選定的人口增長數學公式，根據基數人口總數，按照一定的人口增長速度（人口增長率）推算未來時期人口總數的方法。常用的推算公式有以下幾種：

1. 人口算術增長公式

$$p_n = p_0(1 + r_0 n) \text{ 或 } p_n = p_0 + mn$$

其中，p_n 為 n 年后的人口總數；p_0 為基年人口總數；n 為預測時期長度（年數）；r_0 為基期人口增長速度；m 為平均每年淨增人口數量。

運用這個公式進行預測，除了要求人口增長符合算術增長這一規律外，還要求未來人口淨增長量或增長速度大小方向均不變（至少相對穩定），實際上很難滿足，因此這一公式未得到廣泛應用，若運用的話計算結果較為粗略。

2. 人口幾何增長公式

$$p_n = p_0(1 + r)^n$$

其中，p_n 為 n 年后的人口總數；p_0 為基年人口總數；n 為預測時期；r 為人口增長速度。

這一公式假定人口按固定增長率增長，但實際上不可能，故經常有一定時期的人口年平均增長速度（或增長率）作為上式中的值，這種公式中的人口變動方向一致，而忽略了人口本身的結構問題。

3. 人口指數增長公式

$$p_T = p_n \mathrm{e}^{rt}$$

其中，p_T 為 T 時刻的人口總數；p_0 為起始時刻的人口總數；e 為自然對數的底；r 為人口增長率；t 為時間長度。

這一公式實際上是人口幾何增長的連續形式。它也是在假定各年人口增長率（增長速度）為常數的情況下運用，也未考慮人口結構問題對人口未來增長的影響。

4. 羅吉斯蒂增長公式

$$p_t = \frac{p_m}{1 + \mathrm{e}^{a+bt}}$$

其中，p_t 為 t 時刻的人口總數；p_m 為人口極限規模（特定參數）；e 為自然對數的底；t 為時刻長度；a、b 為待定參數。這一公式考慮到了人口總數增長的有限性，且提出了人口總數增長的規律，即隨著人口總數的增長，人口增長率逐漸下降。其缺點在於在短期內如 30~50 年由於人口生育率上升、死亡率下降等原因以致人口呈上升趨勢。

（二）因素法預測模型

1. 凱菲茨矩陣模型

人口年齡是用時間年（歲）來描述的。隨著時間的推移，人口年齡轉組，引起人口數的變動。凱菲茨矩陣方程是由美國著名人口統計學家、數理人口學家和社會學家內森·凱菲茨首先提出並應用於人口預測的預測方法，其矩陣模型的數學表達式為：$I = M \cdot K$

其中：M 為依據預測的年齡組為階數，並由育齡婦女各年齡的生育率和人口各年齡的生存率所構成的方陣，$M = m \cdot m$；K 為以 M 的階數為階數，並由分年齡人口預測基數所組成的列矢量矩陣，$K = m \cdot 1$，I 為預測結果所得的新矩陣。凱菲茨模型的基本構造為：

$$I = \begin{pmatrix} 0 & 0 & 0 & F_1 & F_2 & \cdots & F_m & 0 & \cdots & 0 & 0 \\ S_0 & 0 & 0 & 0 & 0 & \cdots & 0 & 0 & \cdots & 0 & 0 \\ 0 & S_1 & 0 & 0 & 0 & \cdots & 0 & 0 & \cdots & 0 & 0 \\ 0 & 0 & S_2 & 0 & 0 & \cdots & 0 & 0 & \cdots & 0 & 0 \\ \vdots & \vdots & \vdots & \vdots & \vdots & & \vdots & \vdots & & \vdots & \vdots \\ 0 & 0 & 0 & 0 & 0 & \cdots & 0 & 0 & \cdots & S_m & 0 \end{pmatrix} \begin{pmatrix} P_1(t) \\ P_2(t) \\ P_3(t) \\ \vdots \\ P_m(t) \end{pmatrix}$$

2. 人口發展方程

人口發展方程是中國學者、著名的控制論專家宋健等於 20 世紀 70 年代末提出的一套新的人口預測模型。這套預測模型具有對預測變量的設置更加合理、預測參數因素的考慮更加周密以及易於推廣應用的優點。所以，這套模型是當今國內被廣泛應用的一套人口預測模型。模型具體表述如下：

$$B_{(t)} = TFR \sum_{\alpha_1}^{\alpha_2} P_{x(t)}^F \cdot H_x$$

其中，B 為出生人數；H_x 為 x 歲婦女之生育模式函數，其數學表達式為

$$H_x = \begin{cases} \dfrac{1}{\lambda^{\frac{n}{2}} \Gamma^{\frac{n}{2}}} (\alpha - \alpha_1)^{\frac{n}{2}-1} e^{-\frac{\alpha-\alpha_1}{\lambda}} & (\alpha > \alpha_1) \\ 0 & (\alpha \leq \alpha_1) \end{cases}$$

其中，λ、n 為可調參數；α_1 為育齡婦女最低生育參數。

3. 分要素推算法

分要素預測的要點是將人口數按性別、年齡分組，並分別預測計算生育、死亡、遷入與遷出。

$P_{t+5}(x) = P_t(x-5) +$ 相應年齡的遷入人數−相應年齡的遷出人數−相應年齡的死亡人數

各年齡的死亡人數及生育人數可通過年齡別死亡率與生育率估算。

(1) 人口存活的年齡計算

以時間 t_1 時為 $(x, x+4)$ 歲的婦女 $K_{t_1}(x)$ 存活到時間 t_2 時為 $(x+5, x+9)$ 歲 $K_{t_2}(x+5)$ 的存活概率，等於 t_1 到 t_2 年間女性生命表函數（五歲年齡組）$L(x+5)$ 與 $L(x)$ 之比。

$$K_{t_2}(x+5) = K_{t_1}(x)[L(x+5)/L(x)]$$

$(x = 0, 5, 10, \cdots, W-5)$ （式1）

$L(x)$ 隨預測年份不同而不同。一般來說，年齡別死亡率都是逐年下降的。我們可以根據社會經濟發展趨勢預測未來各年份的 0 歲預期壽命，並利用適合本地區的模型生命表或布拉斯羅吉特生命表，系統估算出未來不同年份的年齡

別存活概率 $[L(x+5)/L(x)]$。

（2）出生人數的預測計算

在時間 t_2 時的 0~4 歲的女孩人數等於 t_1 與 t_2 期間出生且存活的女孩人數。記婦女 $(x, x+4)$ 歲生育女孩的生育頻率為 $F(x)$。一般我們只包括男、女孩婦女的年齡別生育率，但可將它們乘以女孩占出生嬰兒總數的比例而估計得到婦女年齡別女孩生育率。

在 5 年時間區間 (t_1, t_2) 內，年齡為 $(x, x+4)$ 歲的婦女生育的女孩數，近似等於 t_1 年與 t_2 年 $(x, x+4)$ 歲婦女人數的均值乘以 $F(x)$，再乘以 5，5 為 t_1 與 t_2 的時間間隔。

$(x, x+4)$ 歲婦女在時間區間 (t_1, t_2) 內生育的女孩數為：

$$\frac{5}{2}[K_{t_1}(x) + K_{t_2}(x)] \times F(x) \qquad (式2)$$

根據式 2：

$$K_{t_2}(x) = K_{t_1}(x-5) \cdot L(x)/L(x-5) \qquad (式3)$$

將式 3 代入式 2 得：

$$\frac{5}{2}[K_{t_1}(x) + K_{t_1}(x-5) \cdot L(x)/L(x-5)]F(x)$$

在時間區間 (t_1, t_2) 內出生的嬰孩存活到 t_2 時（0~4 歲）的概率近似等於 $[L(0)/5] \cdot L(0)$ [因為 $l(0) = 1.0$]，其中 $L(0)$ 表示生命表中 0~5 歲的存活人年數。因此，在 (t_1, t_2) 5 年時間區間內出生且存活到 t_2 的女孩總數，即時間 t_2 時的 0~4 歲的存活人數為：

$$K_{t_2}(0) = [L(0)/2]\left\{\sum_{x=a}^{b-5}[K_{t_1}(x-5) \cdot L(x)/L(x-5)] \cdot F(x)\right\} \qquad (式4)$$

利用式 1 和式 4 可直接進行不考慮遷入和遷出的女性人口預測。如能估計到預測時間區間內的遷入遷出之差，即各年齡組的淨遷移人數，則可對 $K_{t_2}(x)$ 加以調整從而反應遷移的影響。在完成時間區間 (t_1, t_2) 的預測計算後，以預測得到的 t_2 點人口年齡構成為基數，用同樣的方法可預測時點 t_3，t_4，…的人口數及年齡構成。

4. 灰色預測模型

灰色動態系統法是由鄧聚龍於 19 世紀 70 年代首先提出的，其主要思想是根據「小樣本數據不確定性」來進行預測。這種方法被許多學者用於人口預測，即根據人口數據複雜並暗含指數增長趨勢時使用 GM（1, 1）進行預測的一種方法。

GM（1, 1）模型為一階單序列的線性動態模型，是常用的一種灰色數列

預測模型，模型構造如下：

對於給定的原始時間序列 $x^{(0)} = \{x^{(0)}(1), x^{(0)}(2), \cdots, x^{(0)}(n)\}$，經過累加生成的數據序列 $x^{(1)} = \{x^{(1)}(1), x^{(1)}(2), \cdots, x^{(1)}(n)\}$，其中 $x^{(1)}(k) = \sum_{k=1}^{n} X^{(1)}(i)$，$k = 1, 2, \cdots, n$，作均值系列 $z^{(1)}(k) = 0.5x^{(1)}(k-1) + 0.5x^{(1)}(k)$，構造數據矩陣 B：

$$B = \begin{bmatrix} -z^{(1)}(2) & 1 \\ -z^{(1)}(3) & 1 \\ \vdots & \vdots \\ -z^{(1)}(n) & 1 \end{bmatrix} = \begin{bmatrix} -0.5x^{(1)}(1) + 0.5x^{(1)}(2) & 1 \\ -0.5x^{(1)}(2) + 0.5x^{(1)}(3) & 1 \\ \vdots & \vdots \\ -0.5x^{(1)}(n-1) + 0.5x^{(1)}(n) & 1 \end{bmatrix}$$

構造數據項量 $Y_n = [x^{(0)}(2), x^{(0)}(3), \cdots, x^{(0)}(N)]^T$，則白化形式的微分方程為 $\dfrac{dx^{(1)}}{dt} + ax^{(1)} = b$，式中 a、b 為待估參數，辨識微分方程參數 $\bar{a} = (B^T B)^{-1} B^T Y_N = [ab]^T$，得時間序列預測模型 $x^{(1)}_{(k+1)} = \langle x^{(0)}(1) - \dfrac{b}{a} \rangle e^{-ak} + \dfrac{b}{a}$，即為一階累加數列的擬合模型，預測數據還原為預測值：$x^{(0)}(k) = x^{(1)}(k) - x^{(1)}(k-1)$。

二、預測模型確定和參數設置

（一）預測模型的確定

以上模型是學術界學者進行人口預測經常使用的模型。鑒於對不同預測模型的比較分析，考慮到不同預測方法的優缺點和可靠性，本課題最終採用內森·凱菲茨模型（Nathan Keyfitz's Model），即人口矩陣預測方程式作為本課題預測的基本模型。

根據人口普查、各級公開發布的統計、公安、民政和人口計生系統的相關數據，按現行生育水平下的人口規模，以 2012 年戶籍人口數 9,097 萬人為預測初始值，通過 CPPS 軟件對 2013—2030 年四川省戶籍人口發展趨勢進行預測。由於資料所限，加之相應的調查數據較少，本次預測沒考慮人口遷移因素。

（二）參數的設置

1. 總和生育率

生育參數確定為育齡婦女總和生育率，在具體操作中既考慮到四川省人口發展的內在規律及生育水平的歷史發展趨勢，又結合了未來四川省社會經濟發

展的水平，依時期的不同總和生育率確定為不同的數值。數據以本次四川抽樣調查數據為主，結合人口普查相關數據，再參照寇爾-特拉賽爾的生育模型構建未來四川省標準生育模式，通過標準生育模式推算年齡別生育率，計算總和生育率，最後結合四川省的實際情況，參照實際重估後的總和生育率。本研究設定：

——方案一：實際總和生育率為1.72。

——方案二：只「開單獨」後的總和生育率2013年為1.72，2014年為1.897，2015年為2.062，2016年為2.062，2017年為2.062，2018年為1.952，2019年及以後每年都為1.787。

——方案三：只「開傷殘」後的總和生育率2013年為1.72，2014年為1.722,0，2015年為1.723,8，2016年為1.723,8，2017年為1.723,8，2018年為1.722,6，2019年及以後每年都為1.720,7。

——方案四：只「開再婚」後的總和生育率2013年為1.72，2014年為1.734，2015年為1.746，2016年為1.746，2017年為1.746，2018年為1.738，2019年及以後每年都為1.725。

——方案五：「開單獨、傷殘」後的總和生育率2013年為1.72，2014年為1.899,0，2015年為2.065,5，2016年為2.065,5，2017年為2.065,5，2018年為1.954,5，2019年及以後每年都為1.788,0。

——方案六：「開單獨、傷殘、再婚」後的總和生育率2013年為1.72，2014年為1.912,6，2015年為2.091,6，2016年為2.091,6，2017年為2.091,6，2018年為1.972,2，2019年及以後每年都為1.793,2。

2. 死亡率

在成熟的生命表技術基礎上確定本次預測的死亡水平和模式。首先根據三次普查年齡別死亡數據，編製1990年、2000年和2010年四川省人口完全生命表，在此基礎上構建模型生命表。對三個生命表的存活率進行Brass-Logist變換，求出相應的α和β，得到四川省人口死亡模式的「標準生命表」。

3. 平均預期壽命

根據2012年四川戶籍人口數據編製的生命表，顯示男性預期壽命為74.9歲，女性預期壽命為79.6歲。結合四川省的實際情況和聯合國預期壽命的步長經驗值，估算未來時期分性別的出生預期壽命。假定2030年，男性平均預期壽命達到77.9歲，女性到達82.6歲，中間線性插值。

4. 出生人口性別比

未來人口出生人口性別比假定。2012年四川省戶籍出生人口性別比為

109.61，按照四川省「十二五」人口發展規劃，要穩固當前的出生人口性別比，因此 2012—2030 年出生人口性別比逐年下降，到 2030 年到達 105 左右。

附錄 2　區域人口集聚風險評價模型方法

一、指標的無量綱化

考慮到狀態指標之間存在一定的相關性，指標所含信息在一定程度上有所重疊，故在此選用主成分分析法對原始變量進行降維處理。

由於指標數據的量綱不同，不具有可比性，也就無法進行指標綜合。指標數據的無量綱化是綜合評價的重要一步。因此首先要對數據進行標準化。無量綱化處理公式為：

正指標和逆指標：$x'_{ij} = \dfrac{\mathrm{Max}_j x_{ij} - x_{ij}}{\mathrm{Max}_j x_{ij} - \mathrm{Min}_j x_{ij}}$

適度指標：$x'_{ij} = \dfrac{|x_{ij} - u_i|}{|\mathrm{Min} x_{ij} - u_i|}$

其中，x_{ij} 為指標原始值；$\mathrm{Max}_j x_{ij}$ 為目標值；$\mathrm{Min}_j x_{ij}$ 為警戒值；如果 x_{ij} 超出目標值範圍，可轉換為 0；x_{ij} 超出警戒值範圍可轉換為 1。

二、主成分分析法

在實證問題研究中，為了全面、系統地分析問題，我們通常必須考慮眾多影響因素（統計指標、變量）。由於每個變量都在不同程度上反應了所研究問題的某些信息，加之指標間彼此存在一定的相關性，或多或少會反應一些重疊性的信息，這就為定量研究帶來很大不便或導致分析過程更趨於複雜。因此，需採用一種理想的多元統計工具，即主成分分析法。因為主成分分析法適應簡化變量而不影響結果可靠性的要求，把多個指標轉化為少數幾個綜合指標，在降低其維數后照樣能解釋原先的多個觀察變量所反應的某項系統特徵。其操作步驟為：

（1）選取指標，收集原始數據。

（2）對指標數據進行無量綱化處理。

（3）進行主成分分析。在 SPSS 軟件的輔助下，對因子旋轉可選擇方差最大法（Varimax）或四次方最大法（Quartimax）等，可得到主成分的因子載荷

矩陣、特徵值 λ、方差貢獻率及累計貢獻率等計算結果。

（4）根據特徵值 λ 確定權重，計算綜合評價得分。

（5）根據計算得分對風險水平進行評價。三分法和五分法的人口社會風險值和風險等級的對應關係如下：

$$\text{風險值} \begin{cases} 0\sim0.3 & \text{低風險} \\ 0.3\sim0.7 & \text{中風險} \\ 0.7\sim1 & \text{高風險} \end{cases} \qquad \text{風險值} \begin{cases} 0\sim0.2 & \text{低風險} \\ 0.2\sim0.4 & \text{中低風險} \\ 0.4\sim0.6 & \text{中風險} \\ 0.6\sim0.8 & \text{中高風險} \\ 0.8\sim1 & \text{高風險} \end{cases}$$

三級劃分法　　　　　五級劃分法

后　記

　　區域人口學是人口學研究的新方向和人口學的分支學科，儘管它在學科理論建設上目前還不夠成熟，但不管是從世界範圍來講，還是從中國來講，都仍然有其形成、發展的現實基礎和理論支持。世界人口在區域上的不均衡增長以及人口素質、結構、分佈等在區域上的差異性，正在給全球經濟社會發展帶來深刻影響。中國作為世界第一人口大國，人口發展的重要特徵之一是區域人口發展極不平衡，並且區域人口發展與區域經濟社會、資源環境之間的聯繫更加緊密，矛盾和問題更加複雜。這無疑為區域人口學的構建提供了良好的人口條件和實踐平臺。

　　但毋庸諱言，目前中國學界在此領域的研究還很薄弱，甚至尚未真正起步。有鑒於此，本書作者雖然深知自己才疏學淺，對區域人口學的研究和把握還很不夠，難當探索者、開拓者大任，但我們有一顆真誠和勇敢的心，期望為區域人口學的研究貢獻一份力量。目前，我們所呈獻給讀者的著述，儘管凝聚了我們不少的勞動和心血，展現了我們所理解的區域人口學的理論分析框架，研究闡釋了區域人口學的理論內涵、研究方法和基本問題，但掛一漏萬甚至偏頗錯誤的問題和不足都有可能存在。因此，懇請讀者批評指正，以使《區域人口學研究》在后續研究中得到進一步完善。

　　本書作者及撰寫分工情況如下：第一章、第三章、第八章由王學義負責；第二章、第五章、第七章由王學義、曾永明負責；第六章由王晟哲、王學義、曾永明負責；第四章、第九章由王學義、周炎炎、王晟哲負責；第十章由曾永明負責。此外，張衡、王春蕊分別對第三章、第七章有所貢獻，在此表示感謝。

　　值得強調的是，本書參考了大量著述，因篇幅所限，本書並未一一列出，敬請諒解並深表感謝。

國家圖書館出版品預行編目(CIP)資料

區域人口學研究：以中國區域治理為例 / 王學義、曾永明、周炎炎、王晟哲 著. -- 第一版.
-- 臺北市：財經錢線文化出版：崧博發行, 2018.12
　　面；　　公分

ISBN 978-957-680-279-9(平裝)

1.人口學 2.中國

542.132　　　107019085

書　　名：區域人口學研究：以中國區域治理為例
作　　者：王學義、曾永明、周炎炎、王晟哲 著
發行人：黃振庭
出版者：財經錢線文化事業有限公司
發行者：崧博出版事業有限公司
E-mail：sonbookservice@gmail.com
粉絲頁　　　　　　網　址
地　　址：台北市中正區延平南路六十一號五樓一室
8F.-815, No.61, Sec. 1, Chongqing S. Rd., Zhongzheng Dist., Taipei City 100, Taiwan (R.O.C.)
電　　話：(02)2370-3310　傳　真：(02) 2370-3210
總經銷：紅螞蟻圖書有限公司
地　　址：台北市內湖區舊宗路二段 121 巷 19 號
電　　話：02-2795-3656　　傳真：02-2795-4100　網址：
印　　刷：京峯彩色印刷有限公司（京峰數位）

　　本書版權為西南財經大學出版社所有授權崧博出版事業有限公司獨家發行電子書及繁體書繁體版。若有其他相關權利及授權需求請與本公司聯繫。

定價：650元
發行日期：2018年 12 月第一版

◎ 本書以POD印製發行